KB083027

오리엔트 문명과 예수 신화

오리엔트 문명과 예수 신화

신의 죽음과 부활을 체험하여 죽음에서 해방되는 이야기

초판 1쇄 인쇄 2024년 5월 1일
초판 1쇄 발행 2024년 5월 8일

—

지은이 이원구
펴낸이 이방원

책임편집 박은창   **책임디자인** 박혜옥
마케팅 최성수 · 김 준   **경영지원** 이병은

펴낸곳 세창미디어

신고번호 제2013-000003호   주소 03736 서울특별시 서대문구 경기대로 58 경기빌딩 602호
전화 02-723-8660   팩스 02-720-4579   **이메일** edit@sechangpub.co.kr   **홈페이지** http://www.sechangpub.co.kr
블로그 blog.naver.com/scpc1992   페이스북 fb.me/Sechangofficial   인스타그램 @sechang_official

—

ISBN 978-89-5586-811-1   03910

오리엔트 문명과 예수 신화

신의 죽음과 부활을 체험하여 죽음에서 해방되는 이야기

세창미디어 MEDIA

이원구 지음

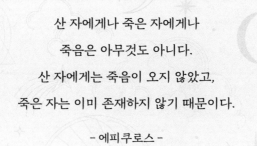

산 자에게나 죽은 자에게나

죽음은 아무것도 아니다.

산 자에게는 죽음이 오지 않았고,

죽은 자는 이미 존재하지 않기 때문이다.

- 에피쿠로스 -

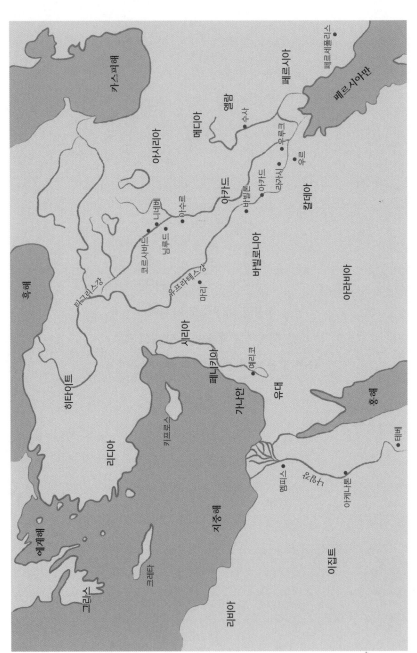

초기 오리엔트 지역도

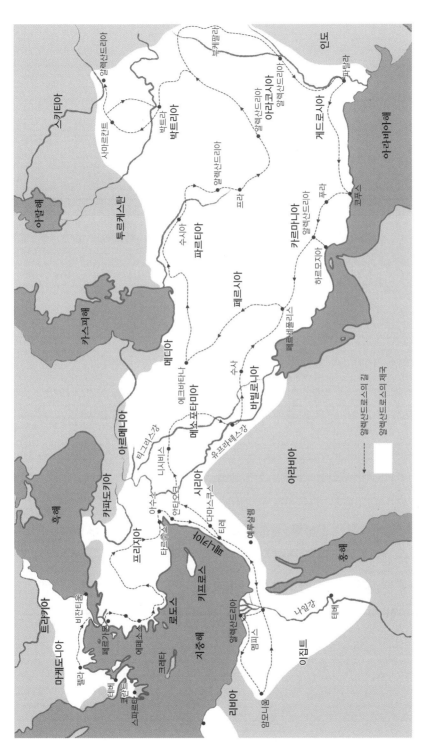

알렉산드로스의 길

전능한 신의 죽음과
부활의 기원

고대 오리엔트는 이집트에서 시작하여 시리아, 팔레스타인, 이라크, 튀르키예의 아나톨리아, 이란에 이르는 광대한 지역이다. 이 오리엔트 문명과 신학이 그리스에 흘러가 유럽이 점차 개화하게 되었고, 로마가 기독교를 공인하면서 여호와신이 유럽을 지배하게 된다. 그런데 전능한 신의 죽음과 부활은 복잡한 정치성을 지니고 있었다.

기원전 3000년부터 문자를 발명하여 고등문명을 이룩한 수메르의 신들은 위계질서가 있었다. 처음엔 하늘의 신 안, 폭풍의 신 엔릴, 지하수의 신 엔키의 서열이었지만, 도시국가의 세력에 따라 니푸르의 엔릴에 이어 에리두의 엔키가 거의 전능한 신으로 승격된다. 메소포타미아를 통일한 바빌로니아는 마르두크를 전능한 신으로 승격시켜 왕권을 강화하였고, 아시리아는 아슈르를 최고신으로 추켜세워 정복 전쟁을 합리화시켰다. 아시리아를 멸망시킨 칼데아는 마르두크를 숭배했지만 나보니두스왕은 달의 신 난나를 경배하다가 바빌론 궁정사제들의 반발과 히브리인의 협력으로 페르시아의 왕 키루스에게 허망하게 무너졌다. 이 칼데아의 멸망으로 유구한 메소포타미아 문명은 종말을 고하게 된다.

페르시아의 종교적 관용정책에 따라 바빌론에서 포로생활을 하던 히브리인은 기원전 538년 예루살렘에 귀환하여 오리엔트의 종교와 신화를 차용하여 창세기를 포함한 「모세오경」을 편찬한다. 특히 히브리인은 바빌로니아의 「에누마 엘리쉬」에서 천지창조를 차용하고, 「길가메시 서사시」에서 노아의 홍수를 모방하고, 수메르의 「우르-남무 법전」과 「슈르파크의 가르침」을 참고하여 십계명을 편집한다. 또한 히브리인은 페르시아의 조로아스터교에서 우주적 이원론, 구세주 신화, 최후의 심판, 죽은 자의 부활 등을 수용하여 신학적 기반을 마련한다. 중요한 것은 가나안의 부족신 여호와가 이집트 파라오 아케나톤의 유일신 아톤의 영향과 아시리아의 종주조약을 본받아 전능한 유일신이 되었다는 점이다.

기원전 4세기 알렉산드로스의 세계주의는 오리엔트와 그리스, 인도의 종교를 융합시켰고, 국가의 종교적 속박에서 개인을 해방시켜 신비종교가 탄생한다. 이 신비종교의 주인공은 이집트의 오시리스, 그리스의 디오니소스, 시리아의 아도니스, 소아시아의 아티스, 페르시아의 미트라였다. 인류학자 제임스 프레이저가 증명하고 신화학자 조셉 캠벨이 정리한 이 신들이 이름이 다르지만 본질은 동일한 인간신, 즉 신인(神人)이다. 신의 아들로 태어난 신인들의 공통점은 천체의 징조, 동정녀 수태, 신비한 기적, 수난과 죽음, 그리고 부활이다. 하지만 이 신화의 핵심은 수난을 당하고 죽은 인물이 부활하여 세상이 재생한다는 것이다.

그 공식에 들어맞는 인물이 바로 후대에 예수로 나타난다. 그런데 예수를 구세주, 즉 그리스도라고 보는 기독교의 성립은 로마 제국의 종교적 정치성과 깊은 관련이 있었다.

그리스의 다신교를 수용했던 로마는 당시 유행하던 페르세포네교, 이시스교, 미트라교 같은 신비종교를 금지하고 기독교를 공인하여 유럽을 신정국가로 만들어 제국을 통치했다. 그 사상적 기반은 네 복음서였다. 그러나 20세기에 발견된 사해문서와 영지주의 복음서들은 기독교 세계에 큰 충격을 주었다. 성경을 글자 그대로 해석한 문자주의를 저급하다고 비판한 영지주의 복음서들이 신비종교와 유사한 내용을 담고 있었기 때문이다. 더구나 영지주의는 예수의 기적이나 죽음과 부활을 비유나 상징이라고 보았다. 말하자면 영지주의는 예수가 죽은 나자로를 살리는 행동을 신비종교에서 죽음을 체험하는 의식이라고 보았다. 격노한 문자주의 사제들은 영지주의를 이단으로 몰아 그들의 경전과 문서들을 불사르거나 사제들을 처단했고 네 복음서만 기독교 정전으로 인정하여 오늘날에 이르렀다.

예수의 모델은 당시 예루살렘까지 널리 펴져 있던 신비종교의 신인이었다. 물론 멀게는 고대 수메르의 왕 두무지였다. 두무지, 즉 탐무즈 왕은 죽은 신이 부활하는 신년축제의 주인공이었는데, 축제의 절정은 신의 대리자인 왕과 여사제가 성적으로 교섭하여 사랑의 여신 인안나를 충족시키는 신성결혼이었다. 메소포타미아인은 신성결혼으로 저승에서 두무지왕이 부활하여 해마다 자연이 소생하고 왕권이 갱신된다고 믿었다.

오늘날 기독교의 중심은 예수의 죽음과 부활이며 가톨릭의 성찬식은 예수의 살과 피를 먹고 예수가 되는 상징적인 의식이다. 빵과 포도주를 먹는 가톨릭의 상징적 성찬식은 저승신이며 곡식의 신 오시리스의 육체를 먹고 오시리스 아무개가 된다는 이집트의 신화와 구조적으로 동일하다. 물론 수메르의 왕이 해마다 두무지로 재탄생하는 신화도 동일한 구조인데, 깨달으면 누구나 부처가 된다는 불교의 사고방식과 유사하다.

이 책은『수메르 문명과 히브리 신화』의 후속 편이다. 전편은 수메르 문명과 종교의 특성, 그리고 히브리인이 수메르와 바빌로니아의 종교와 신화를 모방하여 창세기를 편찬한 과정을 소개하는 내용이다. 그 핵심은 부제에 명시된 것처럼 신성결혼이 부활로 이어지는 인류의 죽음에 대한 이야기이다. 그 후속 편인『오리엔트 문명과 예수 신화』는 바빌로니아, 아시리아, 칼데아, 그리고 페르시아와 헬레니즘 시대를 거치면서 신비종교에서 기독교가 발생하고 발전하여 예수가 신이 된 과정을 추적하는 내용이다. 역시 핵심은 부제에 명시된 것처럼 기독교의 중심인 예수의 죽음과 부활을 체험하여 죽음에서 해방되는 인류의 죽음의식을 탐구하는 것이다.

캠벨은 구약에서 여호와신의 천지창조, 인간창조, 노아의 홍수, 바벨탑까지를 신화의 시대라고 보았다. 런던대학 종교학교수를 역임한 후크는 신약에서 예수의 탄생, 그리고 죽음과 부활을 신화라고 보았다. 신화(神話)는 말 그대로 초자연적 존재인 신과 관련된 인간의 이야기이기 때문이다. 따라서 그러한 관점에 따르면 부활과 천국을 꿈꾸는 기독교인은 지금도 신화 속에서 살고 있는 셈이다. 하지만 죽음을 피할 수 없는 것이 인간의 운명이다. 불이 꺼지듯이 살아 있는 것은 반드시 죽어서 자연으로 돌아간다. 지금도 이스라엘과 하마스는 치열하게 전쟁을 벌이면서 인간을 살육하고 있다. 이 전쟁의 근저에는 인간을 속박하고 군림하려는 정치적 야심과 종교적 독선이 도사리고 있다. 그러나 종교는 인간의 자유를 향상시키고, 사제들은 권력보다 인간을 섬겨야 한다. 그런 의미에서 필자는 수천 년 동안 지속된 오리엔트, 특히 팔레스타인 지역의 분쟁의 근원을 밝히려고 이 책을 쓰기 시작했음을 밝혀 둔다. 끝으로 집필과 출판에 도움을 주신 분들께 감사를 드리며 어두운 시대에 빛을 던진 현자들에게 이 부족한 책을 바친다.

2024. 4.

저자 이원구

머리말   8

1부   **바빌로니아, 메소포타미아 문명의 통합**   17

1장   메소포타미아 지역의 역사적 변동   19

2장   바빌로니아 문명과 함무라비 법전   35

3장   영웅신화 「길가메시 서사시」   54

4장   죽음에 도전한 길가메시   75

5장   창조신화 「에누마 엘리쉬」   89

6장   신의 탄생과 사제들의 권력투쟁   106

2부   **아시리아, 지구라트와 성스러운 결혼**   125

1장   포로의 껍질을 벗긴 군국주의   127

2장   아시리아의 충성맹세와 종주조약   140

3장   2500년간 묻혀 있던 아시리아의 도시들   159

4장   사랑과 전쟁, 두 얼굴을 가진 여신   179

5장   왕과 여신의 신성결혼   195

6장   두무지왕의 변신과 예수 그리스도   215

3부 **칼데아, 점성술과 비인격적인 신** 235

1장 아시리아의 멸망과 칼데아의 발흥 237

2장 메소포타미아 문명의 몰락 249

3장 대사제가 왕의 뺨을 때린 신년축제 261

4장 마르두크 신권에 도전한 나보니두스왕 273

5장 칼데아의 천문학과 추상적인 신 289

6장 칼데아의 점성술과 유럽의 별점 307

4부 **오리엔트와 그리스, 종교적 교류** 329

1장 페르시아 제국의 정복 전쟁과 종교적 관용주의 331

2장 페르시아의 영적인 조로아스터교 345

3장 알렉산드로스의 세계주의와 종교의 혼합 358

4장 데메테르와 디오니소스 381

5장 그리스의 사제 오르페우스 403

6장 피타고라스의 종교개혁과 인간신 엠페도클레스 423

7장 오시리스 신비종교 445

| 5부 | 로마 제국과 유대, 신비종교와 예수 신화 | 463 |

1장 신인들의 탄생과 천체의 징조, 동정녀 수태   465

2장 예수와 신인들의 기적   480

3장 예수와 신인들의 수난, 죽음, 부활   502

4장 경이로운 기독교 영지주의 문헌   525

5장 영지주의와 문자주의의 갈등   548

6장 기독교 영지주의와 예수의 부활   571

7장 이집트와 티베트의 죽음의 기술   594

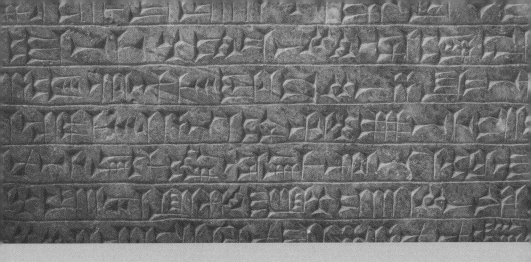

바빌로니아,
메소포타미아 문명의 통합

신전이나 왕궁의 재산을 훔친 자는 누구든 사형에 처하고 그가 훔친 물품을 넘
겨받은 자도 또한 사형에 처한다. 어떤 사람이 소나 양, 나귀나 돼지, 선박을 훔
쳤는데 그것이 신전이나 궁전의 것이면 30배를 배상하고, 평민의 것이면 10배
를 배상해야 한다. 만일 배상할 능력이 없으면 그를 죽인다.

— 「함무라비 법전」 제6조, 제8조

수메르의 도시국가들은 서로 다루다가 우루크의 루갈자게시가 통일했지만 아카드의 사르곤왕에게 멸망당했다. 수메르의 왕 우르-남무는 기원전 2230년경 아카드를 통합하고 부흥시켰으나 셈족인 바빌로니아에게 멸망당하고 말았다. 바빌로니아의 6대왕 함무라비는 중앙집권제를 시행하고 법전을 편찬하여 문화의 꽃을 피웠다.

고대 바빌로니아는 수메르의 종교와 문화를 계승하여 발전시켰다. 바빌로니아의 대표적인 문학작품은 「길가메시 서사시」와 「에누마 엘리쉬」이다. 전자는 죽음을 극복하려는 영웅 서사시이고, 후자는 신년축제에 사용된 창조 서사시인데, 최고신 마르두크의 죽음과 부활이 강조되었다.

자연과 자연현상의 상징인 신들은 개성을 갖춰 인간의 모습과 감정을 띠게 되고 특정한 곳에 거주하고 불사의 특권을 가지게 되었다. 신들은 도시의 세력에 따라 위계질서가 정해졌지만 메소포타미아를 통일한 바빌로니아의 궁정신학자들이 마르두크를 최고신으로 정하고 수메르의 신들을 이름만 바꾸어 숭배했다.

1부 전반부의 주안점은 사르곤에게 정복당한 수메르의 부흥과 멸망, 그리고 바빌로니아의 통일과 메소포타미아 문명의 특성이다. 후반부는 「길가메시 서사시」와 「에누마 엘리쉬」에 나타난 바빌로니아인들의 죽음 의식, 그리고 신들의 권력투쟁과 위계질서가 주안점이다.

1장

메소포타미아 지역의 역사적 변동

수메르, 아카드, 바빌로니아

최초로 인류문명을 창시한 수메르인은 세상을 생명이 넘치는 인격적인 존재로 보았다. 구름과 비, 햇빛과 곡식, 달과 동물의 번식 등 자연현상의 유기적 현상을 사회적인 관계로 보면서 국가가 질서는 잡는다고 여겼다. 이러한 우주적인 수메르의 원시적 민주정치는 신정정치에 속한다. 하지만 수메르에서 신들과 사제, 자유인만이 정치적인 힘을 행사하였고 여자와 노예, 어린이는 제외되었다.[1]

신정정치(神政政治, theocracy)는 신에 의한 지배라는 뜻이다. 고대 이집트의 파라오는 살아 있는 신이었고, 메소포타미아의 왕은 신의 대리자였다. 후대에 신정정치는 히브리 민족의 모세나 이슬람의 무함마드처럼 종교적 지도자가 신의 계시라는 경전이나 율법으로 백성을 다스리는 종교적 성격이 강해졌는데, 중세 유럽에서 교황은 그리스도의 대리자로서 최고 지배자가 되었다.

도시의 중심에 신전이 있었다

●

신정정치를 꾸려 온 수메르(sumer)는 기원전 3000년대를 지나면서 여러 작은 도시국가로 발전했다. 도시국가들은 국민의 보호와 행복보다 신을 더 중시하여 중심도시의 근처에 여러 작은 도시와 마을을 거느리고 있었다.

이 도시국가의 중심에는 도시를 수호하는 신의 신전이 서 있었고, 신전은 넓은 토지와 농노, 소작인들을 거느렸다. 고고학자 토르킬드 야콥센은 기원전 3000년대 중엽 신전이 수메르의 도시국가 재산의 반을 소유했다고 추정했다.[2] 이를 보면 당시 사제들의 세력이 막강했던 것을 짐작할 수 있다. 고고학자 고든 차일드에 따르면, 신전은 말하자면 지주, 은행, 고리대금업자였다.[3]

수메르 시대의 신화 「아트라하시스의 태초 이야기」에 표현된 것처럼 인간은 단지 작은 신들이 수행하는 노역의 괴로움을 덜어 주기 위해서 창조되었다. 그래서 국가의 관리자이면서 신전의 하급신인 사제들과 사제왕 엔시는 막강한 권력을 지니고 있었다. 사제들은 신전에 딸린 소작인과 농노, 양치기와 머슴, 양조장과 요리사들을 조직하여 관리하고 감독했으며, 국가의 중요한 산업시설인 토지와 숲, 어장, 방직공장, 양조장 등의 경영을 서기들과 함께 처리했다.

고대 수메르에서 엔시, 혹은 파테시는 최고 제사장이고, 관개수로의 감독관이며, 군사령관이었다. 도시국가의 우두머리인 엔시(ENSI)는 느슨한 동맹체를 이루다가 군사적인 필요가 생겼을 때 연합했던 여러 도시에서 자신의 권력을 확대하여 스스로 왕이라고 칭하기도 했다.[4] 일반적으로 엔시의 임무는 법의 준수와 질서유지, 대외관계 처리 등이었고,

전쟁이나 전염병 등 국가의 중대사는 신에게 도움을 받아 해결하였다.

사제들이 신전에서 신탁을 구하는 방법은 주로 꿈의 해몽과 별자리의 관찰, 양의 간점이었다. 사제들은 신의 분노를 피하려고 희생을 바치고 기도를 드렸을 뿐만 아니라 축제를 마련하여 재앙을 피하고 국가의 어려운 문제를 해결했다. 바로 제정일치 시대의 신정정치로 백성들을 통치했던 것이다.

루갈자게시, 수메르를 통일하다

●

인류 역사상 가장 먼저 쐐기문자를 창안하고 단일문화를 지녔던 수메르 도시국가들은 처음 5~6세기 동안 서로 충돌하지 않고 공존했다. 그러나 역사학자 아놀드 토인비는 도시국가들이 야생의 늪을 개발해 가면서 도시의 경계선이 서로 만나게 되자 생존권이 걸린 운하를 놓고 치열한 싸움을 벌였다고 지적했다. 그 결과 생존을 위한 다툼으로 수메르는 세력의 균형이 깨지게 되었다.

그런 투쟁과정에서 우루크 제3왕조의 왕 루갈자게시(기원전 2359년경~기원전 2335년 재위)는 라가시, 움마 등 모든 도시국가를 정복하여 수메르를 통일한 후 영토를 오늘날의 시리아 북쪽의 지중해 연안까지 넓혔다. 그래서 관개수로를 놓고 싸웠던 수메르 도시국가들을 통일한 루갈자게시는 자연스럽게 운하를 전국적으로 관리하면서 시리아의 안티오키아 북쪽 아마누스산의 목재와 구리 광산도 차지했다.[5]

사르곤의 아카드 제국

●

이집트보다 훨씬 늦게 통일국가를 이룬 수메르는 키시의 왕 사르곤(기원전 2334년경~기원전 2279년 재위)에게 송두리째 나라를 빼앗겼다. 기원전 2334년경 사르곤은 현재 바그다드에서 멀지 않은 곳으로 추정되는 바빌론 근처 아카데에 수도를 정하고 아카드(Akkad) 제국을 건설하여 티그리스-유프라테스강 상류와 하류의 넓은 지역을 차지했다.[6]

자료 1-1-1 사르곤왕의 청동 두상(아카드 제국 시대, 이라크 국립박물관 소장)

메소포타미아 전체를 통일한 사르곤은 권력을 중앙에 집중시키고 점령군 사령관이나 고위층 엔시인 총독에게 맡겨 정복된 도시들을 통치했다. 특히 아카드 제국은 경제적인 면에서 번영을 누렸는데, 사르곤은 무려 34차례의 정복 전쟁을 치러 엄청난 전리품과 메소포타미아 지역에서 아주 귀한 나무, 금속, 돌 같은 원료를 얻었으며 페르시아만과 오만에서 무역상들이 물품을 들여왔다.

원래 사르곤은 아버지를 모르는 여사제의 아들이라고 전해진다. 사르곤 이야기는 히브리의 모세, 아케메네스 제국의 왕 키루스, 로마의 건국자 로물루스와 레무스의 신화와 구조상 비슷한 특징을 담고 있다.[7] 특히 후대에 탄생하자마자 갈대의 요람에 실려 나일강에 버려졌다는 모세의 탄생 신화에 영향을 준 것으로 보이는 사르곤의 전설은 니네베(Nineveh)에서 나온 점토판에 다음과 같이 기록되어 있다.

내 어머니인 여제사장은 나를 임신하고 몰래 낳았다. / 그녀는 갈대 바구니에 나를 넣어 역청을 바른 덮개로 덮었다. / 그녀는 강가에 나를 두었다. 강은 내 위로 넘어오지 않았다. / 강은 나를 '물 긷는 자'인 아키 (Akki)에게 데려갔다. … '물 긷는 자'인 아키는 나를 아들로 키웠다. …[8]

사르곤은 왕권을 강화하여 신으로 숭배되었고 신전에 많은 신상까지 세워졌다. 사르곤의 세 번째 후계자 나람신은 살아생전에 신격화가 이루어져 신들만 썼던 뿔 모양의 관을 썼고, 주민들은 그의 집인 신전을 건축해 주었다. 사르곤이 40여 년을 통치한 후 리무시, 마니슈투스, 나람신, 샤르칼리샤리가 차례로 왕위를 이었지만 아카드 제국은 반란에 직면했다. 당시 남쪽에서 수메르의 우루크 등 여러 도시가 반발했고, 서쪽에서 시리아의 에블라,[9] 아모리족 등이 반란을 일으켰던 것이다. 특히 북부의 키시와 동부의 엘람족의 세력이 가장 강력했다.

자료 1-1-2 기원전 1500년까지의 메소포타미아 주요 도시

「리무시 텍스트」에 따르면, 당시 전투에서 엄청난 전사자가 발생했는데, 수메르 원정에서 무려 5만 4천 명의 포로를 잡았다고 기록되어 있다. 마침내 기원전 2200년 마지막 왕 샤르칼리샤리가 갑자기 죽은 직후 아카드 제국은 붕괴되고 30여 년 간 혼란에 빠졌다. 「수메르 왕명록」에 따르면, 이 위기의 시대에 91년 동안 구티족의 군인 21명의 왕이 아카드 제국을 통치했다. 결국 구티족을 몰아내고 우르 3왕조가 다시 제국을 건설하면서 혼란이 마무리되었다.[10]

구티족(Guti)은 원래 수메르의 동북쪽 자그로스산맥의 산악 지역에 살던 야만인으로 알려져 있다. 수메르인은 서남쪽에서 흘러들어 온 셈족인 아모르족(Amorite)과 함께 힘을 모아 구티족을 쫓아냈다. 결국 구티족으로부터 아카드인을 해방시킨 사람들은 수메르인이었다. 이처럼 사르곤이 세운 아카드 제국 주변에는 여러 종족이 살면서 침략을 일삼았지만 아카드인도 역시 침략자였다.

토인비는 반 야만족인 침입자이면서 셈어를 사용하는 아카드인이 가나안 사람들과 함께 원래 아라비아로부터 이동했을 것이라고 추측하고 있다. 민족 이동의 물결을 타고 아모리족, 아람족, 칼데아족, 아랍족, 그리고 히브리족 등이 차츰차츰 메소포타미아의 비옥한 초승달 지역으로 흘러들어 왔다는 것이다.[11]

하지만 프랑스의 아시리아학자 조르주 루는 고대의 기후학을 종합해 보면, 아라비아 반도의 중심부는 구석기 시대 말부터 지금처럼 건조한 사막이어서 다른 지역을 침략할 만큼 유목민이 많이 살지 않았다고 지적했다. 더구나 기원전 12세기에 단봉낙타가 중동지방에 퍼지기 전에 염소와 양을 기르면서 당나귀를 타고 다닌 유목민들은 이동이 제한적이었다. 이들은 초원 지대인 산기슭, 하천 주변, 도시 변두리를 이동하면서 도시인과 물물교환을 하거나, 노동자나 용병, 또는 소작을 하는 반유목민이 되어 도시인과 공생하면서 살았을 것이다. 그러다가 정치적 격변기가 되면 유목민들은 연맹을 결성하여 침략하고 정착했다. 따라서 셈족은 비옥한 남부 메소포타미아와 아라비아반도 주변에서 선사시대부터 살면서 수메르의 문명의 영향을 받아 성장했다는 것이다.[12]

수메르의 부흥운동

●

기원전 2371년경 이집트의 고왕국 무렵에 시작된 사르곤왕의 아카드 제국은 기원전 2230년경까지 수메르의 문자와 종교까지 포함하여 전면적으로 수메르 문명을 이어받았다. 로마가 그리스의 주신 제우스를 주피터로, 아프로디테를 비너스로 바꾸는 방식으로 거의 모든 그리스의 신을 수용한 것처럼 아카드도 수메르의 신들을 이름만 바꾸어 숭배하면서 아카드 말을 수메르의 쐐기문자로 바꾸어 기록하였다. 또 아카드 제국은 수메르의 상업적인 능력을 이어받아 발전시켰는데, 이런 사실은 수많은 점토판에 기록된 사업상의 거래 내용에 나타나 있다.[13]

아시리아학자 빈호프에 따르면, 아카드 제국의 옛 도시국가들은 줄곧 살아남아 엔시들의 지배 아래에 있었고 그 도시의 신들도 명목상 인정되었다.[14] 마침내 도시국가 우루크의 우투헤갈이 단시간 내에 남부 메소포타미아 전체를 지배하는 왕이 되었다. 그의 후계자이며 우르의 총독 우르-남무는 수메르-아카드 제국을 재건했는데, 바로 유명한 우르 3왕조였다.

우르 3왕조의 번영

●

구티족을 물리치고 수메르의 도시국가들을 통합한 우르 3왕조는 교육 기관을 세우고, 왕과 영웅을 예찬하는 영웅전과 시집의 발간, 야생 동물과 가축, 광물, 직업 등을 기록한 백과사전을 편찬하여 침체된 문학을 발전시키고 경제를 부흥시켰다. 수메르 문명은 특히 우르 3왕조의 창시자 우르-남무왕(기원전 2112년~기원전 2095년경 재위) 때부터 개화하기 시작했다.

우르-남무왕은 노예를 해방하고 도량형을 표준화했으며, 은을 화폐의 척도로 삼은 수메르의 영웅이었다. 그는 약자를 보호하려고 특권층의 권력을 제한하여 폭력을 제거하고 사회적 갈등이 사라지게 하였다. 또 그는 수로의 건설과 농업의 발전, 요새와 신전의 재건, 그리고 너무나 유명한 우르의 지구라트를 웅장하게 건설했다. 지금도 남아 있는 높이 20m의 지구라트도 우르-남무왕이 건설한 것이다. [15]

특히 우르-남무는 「우르-남무 법전」을 편찬하여 함무라비 법전의 기초를 쌓았다. 지금까지 가장 오래된 것으로 알려진 이 법전에는 우르-남무가 달의 신 난나(Nanna)에게 정의를 실현하는 임무를 받은 통치자로 등장한다.

아누와 엔릴이 우르의 왕권을 난나에게 넘겨준 뒤에 … 그때 여신 닌순의 아들 우르-남무가 그를 낳아준 사랑하는 어머니를 위하여 … 그(난나)의 정의와 원칙에 따라 ….

－ 「우르- 남무 법전」의 서문[16]

강렬한 서문으로 시작하는 이 법전의 조항은 점토판이 훼손되어 현재 30개 정도 남아있다. 법조항은 사례와 함께 구체적으로 묘사되어 있는데, 내용은 결혼, 신체의 상해, 위증, 농경 등이다. 이 법전은 후대에 메소포타미아를 뛰어넘어 유대, 히타이트, 로마 등에 널리 알려지게 되었다.[17]

자료 1-1-3 건축용 고리버들 바구니를 이고 있는 우르-남무왕과 설형문자 석판(© 미국 메트로폴리탄 박물관 소장)

자료 1-1-4 우르-남무 법전(기원전 22세기, 이스탄불 고고학 박물관 소장)

우르-남무의 아들 슐기(기원전 2094년~기원전 2047년경)왕은 구티족과 전투하다가 사망한 것으로 추정된다. 그는 용맹한 사령관이고 능숙한 외교관이었는데 백성들이 자기를 신으로 섬기게 하였다. 또한 슐기는 도로망을 정비하고 숙박소를 설치하여 고위관리가 감찰하는 제도를 만들어 국토를 조직화하는 방식으로 제국을 통치하여 영토를 지중해에서 이란 고원지대인 엘람까지 넓혔다. 그는 평생 동안 안으로는 제국의 결속을 다지고 밖으로는 다양한 전투를 치르면서 자기 딸을 엘람으로 시집보내는 정략정책까지 활용했다.

또한 슐기는 팔레스타인 북부와 시리아 사막에 살던 난폭한 유목민 아모리족의 위협에 대비하여 북서쪽에 289km의 긴 방어선을 건설하기 시작했다. 이는 슐기와 후계자들이 현지 고위관리들과 주고받은 편지에서 증명된다. 또 슐기는 30여 편의 「슐기 찬양시」에서 이상적인 왕으로 칭송받았는데, 그중 몇 편은 서사시적인 스타일의 노래이다.[18] 문예를 장려한 슐기는 스스로를 찬양하는 108행의 긴 시도 지었다.

나는 정의를 사랑한다. / 나는 악을 사랑하지 않는다. / 나는 사악한 말을 미워한다. / 나, 슐기, 나는 위대한 왕, 최고의 왕이다. / 나는 허리를 즐거워하는 능력이 있는 남자이기 때문에, / 나는 인도(人道)를 확장하였고, 거기에 큰 집들을 건설하였다.[19]

수메르의 우르 3왕조는 슐기와 그의 아들인 아마르-신 때 절정에 이르렀다. 아마르-신은 스스로 태양신이라고 자칭했다. 슐기의 후계자 아마르-신과 슈-신의 통치 시절에 우르 3왕조의 세력은 북서쪽으로 레바논 산맥과 에블라까지, 동부는 지금의 이란 서쪽에서 엘람에까지 이를 정도였다. 그들은 북쪽에서 반란을 일으킨 주민을 강제로 니푸르에 있는 엘릴 신전과 닌릴 신전 주변에 살게 하고 포로들은 신전에 노예로 주었다. 그러나 슐기의 세 번째 후계자 이비신왕 때 우르 3왕조는 붕괴하기 시작하여 제국의 중심부까지 흔들리게 되었다. 수사, 에슈눈나, 움마, 기르스, 니푸르 같은 도시의 문서에서 더 이상 이비신왕의 연호가 사용되지 않은 사실이 이를 증명한다.[20]

자료 1-1-5 우르의 지구라트(© Hardnfast)

우르 3왕조 몰락의 원인은 아모리족이 내륙으로 침입하고 농작물의 수확량이 감소하여 지방세가 감소하는 등 경제적인 문제도 작용했지만 그보다 지방의 총독들이 독립을 선언했기 때문이다. 결국 우르 제국은 기원전 2020년 총독 이슈비에라가 중부 바빌로니아에서 왕이 된 뒤에 마침내 이란고원에 살던 엘람족의 공격으로 무너졌다.

우르가 정복된 뒤에 이비신왕은 포로가 되어 달의 신 난나의 신상과 함께 엘람으로 끌려갔는데, 「우르의 파괴에 대한 탄식」에 그 끔찍한 주민들과 신의 참담한 운명이 묘사되어 있다. 「수메르 왕명록」에는 '우르는 왕권을 받았지만 영원한 지배권이 주어지지 않았다.'고 기록되어 있다. 결국 우르의 멸망은 바로 신들의 결정이라는 것이다.[21]

우르 3왕조, 대규모 공장을 경영하다

우르 3왕조의 가장 큰 특징은 도시국가의 엔시들이 교대로 소나 양 같은 가축을 세금으로 내고, 반면에 먼 도시와 속국은 조공(朝貢)을 바친 점이다. 이를 기록한 행정문서 점토판이 우르, 니푸르, 기르수, 움마에서 무려 3만 5천 점이나 발견되었다.

우르 3왕조는 전 시대와 마찬가지로 신전에서 농토를 관리했지만, 국가가 가축과 섬유, 밀가루를 생산하는 대규모 공장들을 운영했다는 점이 특이하다. 우르에서 나온 문서에 따르면, 무려 2천 톤의 양털이 왕실창고에 들어왔고, 기르스의 공장에선 1만 5천 명의 여성이 섬유 작업장에서 일하였다. 또 기르스의 곡식 가공시설에는 제분소, 제빵 공장, 맥아 제조소, 맥주 양조장, 돼지우리, 기름 압착실, 그릇 제조소가 있었는데, 1천 명 이상의 노동자가 고용되어 한해 1,100톤의 밀가루를 생산했다. 이런 대규모의 생산시설은 우르 3왕조의 시대에만 볼 수 있다. 이를 보면 우르 3왕조는 상당한 번영을 누린 시대였음을 알 수 있다.[22]

그러나 100여년 가량 지속된 우르 제3왕조가 현재 이란 남서쪽에 살던 엘람족의 반란과 공격으로 분열되자 아슈르, 바빌론, 마리, 아카드 등 여러 도시국가들이 생겨났다. 그중에서 기원전 1792년 왕위에 오른 바빌로니아의 왕 함무라비는 이 도시국가들과 10여 년 동안 치열한 전쟁을 치르면서 하나의 왕국으로 통합했다.[23]

바빌로니아 제국의 붕괴

●

문화인류학자 이희수에 따르면, 고대 바빌로니아의 건국자는 수무아붐(Sumu-Abum, 기원전 1897년~기원전 1883년 재위)으로 알려져 있다.[24] 6대 왕 함무라비는 메소포타미아 지역을 통합하여 제국을 건설하여 전성기를 마련했다. 그러나 강물의 수량이 감소하자 큰 강을 따라 자리 잡은 도시로 수많은 주민이 몰려들면서 여러 문제가 발생했다. 이는 기원전 4000년 말부터 시작된 일이었다. 물론 국가에서 관개시설을 개선하고 운하를 통제했지만 토지는 높은 기온과 불충분한 배수 때문에 염분이 증가해 가면서 수백 년 된 고대 도시들이 아쉽게도 서서히 사라지기 시작했다. 거기에 유프라테스강까지 지류를 따라 서쪽으로 점점 이동해 갔던 것이다.[25] 말하자면 기후가 건조해지고 강물이 줄어들면서 도시에 인구가 집중된 것이다.

결국 함무라비왕이 죽은 뒤에 바빌로니아 제국은 붕괴되었다. 그의 후계자 삼수일루나(기원전 1750년~기원전 1712년) 시대에 제국의 내부에서 반란이 일어나고 외부의 위협이 증가했는데, 바빌로니아 왕들의 연호 사용을 검토하면 제국이 축소되었음을 알 수 있다.[26]

그 후 바빌로니아는 수메르 지역, 티그리스강 상류, 유프라테스강 중류의 영토까지 다 잃어버리고 원래의 영토이던 아카드 지역으로 거의 되돌아갔다. 거대한 함무라비 제국은 사실상 지도에서 사라진 것이다. 이 왕조의 마지막 왕 삼수-디타나(기원전 1625년~기원전 1595년)는 히타이트에게 마르두크 신상을 빼앗기고 제대로 싸워 보지도 못한 채 왕위와 목숨까지 잃었다. 결국 고대 바빌로니아 왕조는 300년(기원전 1894년~기원전 1595년) 동안 존속했다.[27]

더구나 기원전 1595년 바빌론이 멸망하자 암흑시대가 시작되었다. 히타이트족이 바빌론을 정복한 이후에 메소포타미아는 힘의 공백이 생겨 무려 600여 년간 여러 민족의 쟁투가 이어진 혼돈의 시대가 되었던 것이다. 바빌론을 멸망시킨 히타이트(Hytite)는 철기로 무장하고 기원전 1750년까지 아나톨리아의 중앙부 대부분을 차지한 500여 년 역사를 지닌 강대한 왕국인데 수도는 하투사였다.[28]

하지만 기원전 1570년 히타이트를 내쫓고 바빌론을 400여 년 동안 지배한 종족은 비인도-아리안족인 카시트(Kassite)였다. 그러나 수메르 민족의 영토를 거의 정복한 이 카시트족은 기원전 1155년 엘람족의 침공으로 무너졌다. 그 후 엘람족은 신흥세력인 아시리아(Assyria)와 싸움에 휘말리게 되었는데, 아시리아의 네부카드네자르 1세가 엘람족을 내쫓고 수도인 수사까지 진격하여 100년간 바빌론을 다스렸던 것이다.[29]

이처럼 메소포타미아 지역에서 여러 종족의 쟁투가 이어졌지만 바빌론은 완전히 사라진 것은 아니고 정치적으로 문화적으로 신바빌로니아, 즉 칼데아 시대까지 줄곧 살아 있었다. 다음 장에서는 고대 바빌로니아 문명과 바빌로니아를 발전시킨 함무라비왕과 그의 재위 중에 편찬된 「함무라비 법전」을 탐구해 보기로 한다.

1 T. Jacobsen; 「Mesopotamia(메소포타미아)」 [H. Frankfort·J. Wilson·T. Jacobsen; The Intellectual Adventure of Ancient Man(고대 인간의 지적 모험), 대원사, 2002, 이성기 옮김, 160~171쪽.]

2 야콥센; 앞의 책, 236쪽.

3 G. Childe; Man Makes Himself(신석기혁명과 도시혁명), 주류성, 2013, 김성태, 이경미 옮김, 162~164쪽.

4 E. Burns·R. Lerner·S. Meacham; Western Civilzations 1(서양문명의 역사 1), 소나무, 1999, 박상익 옮김, 57쪽. 엔(EN), 엔시(ENSI)는 주(Lord), 또는 군주를 일컫는 수메르의 상형문자이다.

5 A. Toynbee; Mankind and Mother Earth – A Narrative History of the World(세계사– 인류와 어머니 되는 지구), 일념, 1991, 강기철 옮김, 82~84쪽.

6 K. Veenhof; Geschichte des Alten Orients bis zur Zeit Alexanders des Grossen(고대 오리엔트 역사– 알렉산더 대왕 시대까지), 한국문화사, 2015, 배희숙 옮김, 66쪽.

7 S. Hooke; Middle Eastern Mythology(중동 신화), 범우사, 2001, 박화중 옮김, 25쪽. / 「메디아의 역사와 키루스의 성장」 [Herodotos; Historiai(역사 상권), 범우사, 2001, 박광순 옮김, 84~106쪽.] / 「로물루스」 [Plutarchos; Bioi Paralleloi(플루타르코스 영웅전 전집 1), 현대지성, 2023, 이성규 옮김, 78~103쪽.]

8 J. Pritchard edited; The Ancient Near East An Anthology Of Texts & Pictures(고대 근동 문학 선집, 1975), 사)기독교문서선교회, 2016, 강승일, 김구원, 김성천, 김재환, 윤성덕 옮김, 177~178쪽.

9 에블라는 시리아의 알레포 남서쪽 55km에 있었으며 오늘날의 텔 마르디크이다.

10 빈호프; 앞의 책, 66~71쪽.

11 토인비; 앞의 책, 85쪽.

12 G. Roux; La Me'sopotamie 1(메소포타미아의 역사 1), 한국문화사, 2013, 김유기 옮김, 192~195쪽.

13 토인비; 앞의 책, 86~87쪽.

14 빈호프; 앞의 책, 73쪽.

15 조철수; 수메르 신화, 도서출판 서해문집, 2003, 537~538쪽.

16 「우르- 남무 법전」 [앞의 책(프리처드 편집; 핀켈슈타인 원역), 401쪽.] 아누는 하늘신, 엔릴은 폭풍의 신이다.

17 빈호프, 앞의 책, 74~75쪽.

18 빈호프; 앞의 책, 75~76쪽.

19 「도로의 왕; 스스로를 칭송하는 슐기의 찬송시」 [프리처드 편집; 앞의 책(크레이머 원역), 636~637쪽.] 허리를 즐거워하는 능력은 성적인 능력이다.

20 빈호프; 앞의 책, 77쪽.

21 빈호프; 앞의 책, 77~78쪽.

22 루; 앞의 책 1권, 226~229쪽.

23 루; 앞의 책 1권, 267~273쪽.

24 이희수; 인류본사(오리엔트-중동의 눈으로 본 1만 2,000년의 인류사), ㈜휴머니스트출판그룹, 2022, 73쪽.

25 빈호프; 앞의 책, 120~124쪽.

26 빈호프; 앞의 책, 145~148쪽.

27 루; 앞의 책 2권, 27~32쪽.

28 이희수; 앞의 책, 104~105쪽. 구약에서 히타이트는 헷족으로 나오는데, 솔로몬의 어머니 밧세바의 전 남편이 바로 헷족 출신이다.

29 주동주; 수메르 문명과 역사, 범우, 2021, 139~142쪽.

2장

바빌로니아 문명과
함무라비 법전

고대 바빌로니아는 수메르의 문화유산을 계승하고 손질하여 정치와 법률을 독특하게 변화시켰다. 바빌로니아는 왕권을 강화하고 중앙집권제를 실시하면서 신전보다 왕권을 중요시한 것이다. 특히 바빌로니아의 6대 왕 함무라비는 정복한 메소포타미아의 질서를 유지하고 정의를 세우려고 신과 법을 적절히 이용했다.

함무라비는 수메르의 위대한 폭풍신 엔릴의 위임을 받은 최고신 마르두크의 행정장관 노릇을 한다는 방식으로 통일국가를 완성하고 「함무라비 법전」을 편찬했다. 이 법전은 페르시아만에서 지중해에 이르는 지역을 하나로 묶어 주는 공헌을 하였고, 히브리 모세의 율법과 고대 로마의 성문법에 큰 영향을 주었다.[1]

상업이 발달한 바빌로니아

●

토지를 비옥하게 만드는 이집트의 나일강에 비하여 메소포타미아의 티그리스-유프라테스강은 불규칙하게 홍수를 일으켜 참혹한 재앙을 가져왔다. 또 바다와 산맥 등 외적의 침입을 막아 줄 자연적인 방어막도 없던 메소포타미아 지역은 크고 작은 민족들의 대립과 경쟁이 극심하여 자연스럽게 강력한 제국이 성장하게 되었다. 그러한 환경 속에서 메소포타미아 사람들의 생활은 이집트에 비하여 투쟁적이고 문화는 비관적이며 예술도 격렬하고 비인격적이었다. 특히 두 문명은 노예제도와 제국주의, 억압적인 왕과 지나친 사제의 권력 같은 결함을 가지고 있었지만 윤리적이고 사회적 정의적인 면에서 진보를 이룩했다.[2]

바빌로니아는 농업 중심의 사회였다. 농민은 토지를 소유할 수도 있었지만 소작농은 생산물의 상당량을 바쳐야 했으므로 농민들의 삶은 힘겨웠을 것이다. 함무라비왕 시대에 농민들은 여전히 돌로 만든 연장을 사용했으며 기원전 1000년경에 이르러서야 구리에 이어 쇠로 만든 괭이와 쟁기를 농사일에 널리 활용했다. 특히 수메르의 기술을 이어받은 쟁기는 혁신적인 농기구였다. 이를테면, 기원전 2370년경 수메르의 고대도시 라가시는 땅을 깊게 파는 쟁기에 설치된 골고루 씨를 뿌리는 기구를 이용하여 곡식의 수확량을 약 76배로 늘렸던 것이다. 이는 비료와 제초제를 사용하는 현대의 수확량과 별로 차이가 없다. 한편, 중세 유럽 밀의 수확량은 파종 때의 종자보다 겨우 5배 정도였다는 점에서 대단한 농경기술이었다.[3]

농사 기구와 함께 음식문화를 발전시킨 토기는 바빌로니아에서 물레를 돌려 제작되었고, 베틀에서 나온 무명실과 양털로 베를 짜서 염색한 직물은 중요한 수출품이었다. 또한 기원전 3500년 이전에 수메르에서 바퀴 달린 수레가 등장한다.[4] 바빌로니아는 당나귀가 끄는 수레를 이용하여 교역을 외국으로 확장시켰으며 안전한 티그리스-유프라네스강을 따라 배를 통해서도 교역이 이루어졌다.[5]

바빌로니아는 상업이 가장 발달했다. 기원전 18세기경 무역로에 커다란 변화가 일어났기 때문이다. 전에는 메소포타미아 남부의 항구에서 페르시아만을 통해 오만과 바레인을 거쳐 인더스 문명, 그리고 아프가니스탄과 중앙아시아와 교류했는데, 갑자기 두 도시가 쇠퇴해 버린 것이다. 그러자 자그로스산맥의 산길을 통하는 육상교역로가 중요시되어 티그리스-유프라테스강과 디얄라강이 만나는 도시 바빌론이 상업적 전략적으로 중요시되었다. 이 험난한 길을 낙타와 함께 당나귀가 고대의 트럭이 되어 짐을 실어 날랐던 것이다.[6]

무엇보다 함무라비왕 시대에 바빌론은 거대한 상업도시가 되었고 국가의 통제 아래 능력 있는 상인들은 특권층의 대우를 받았다. 「함무라비 법전」에 '계약파기, 토지임대, 동업, 보관, 대리인, 증서, 유언장, 상속, 이자 취득' 같은 언어가 나타난 것을 보면 당시 상당히 발달된 상거래가 활발하게 이루진 것을 알 수 있다. 상거래에서 교환은 보리와 밀, 금괴와 은괴로 이루어졌으며, 국가가 현금대부의 1년 이자를 20%, 현물대부를 33%로 제한하여 고리대금업자들의 횡포를 막았다.[7] 그밖에도 「함무라비 법전」에 절도, 음주의 제한, 결혼과 이혼, 치료, 건축, 가축, 일꾼, 노예의 고용에 관한 규정이 있는 것을 볼 때 바빌로니아는 번성하고 복잡한 사회였음을 짐작할 수 있다.

바빌론은 고대 중동 학문의 중심지였다

●

함무라비왕은 수많은 도시국가와 외교적인 관계를 맺어 바빌론을 학문의 중심지로 발전시켰다. 그는 메소포타미아의 지적인 문화를 전수하는 많은 교육기관을 설립하고 다양한 서적을 편찬했다. 즉, 백과사전, 행정과 경제의 용어사전, 수메르-아카드어 단어사전, 천문관측의 도표, 종교적 기도문집을 편찬했다. 또 문학작품의 열람표를 작성하고 도서관에 보관하여 바빌론은 고대 중동 지역의 문화적인 중심지가 되었다.[8]

상업과 학문이 발달한 바빌로니아에서 악사들은 다양한 악기를 사용하여 음악을 연주했다. 플루트, 하프, 백파이프, 리라, 북, 호른, 갈대피리, 트럼펫, 심벌즈, 템버린 같은 악기를 사용하여 악사들이 신전과 궁전, 부자들의 잔치에서 오케스트라를 연주하면 이에 맞춰서 가수들이 노래를 불렀다. 반면에 그림과 조각은 그리 발달하지 못했고 조각품은 남아 있는 것이 거의 없다. 건축은 예술성이 부족한 편이다. 신전과 천문대로 이용한 거대한 지구라트는 단기간에 흙벽돌로 건설되었지만 50년만 방치해도 무참하게 본래 모습인 흙으로 돌아갔다. 바빌로니아 시대의 대표적인 건물은 함무라비가 파괴한 마리(Mari)의 궁전이다. 선사 시대부터 사람이 거주한 마리는 2000년대 중반에 폐허가 되어 사라졌다가 1933년에 발굴된 시리아에 있던 고대 도시였다.[9]

당시 짐리-림(Zimri Lim, 기원전 1775~기원전 1761년 재위) 왕이 다스리던 마리는 지중해, 남북 메소포타미아, 이란으로 가는 교차로에서 번영했던 도시였다. 궁전의 거대한 규모, 사려 깊고 조화로운 배치, 장식적인 아름다움, 건축 수준으로 보아 고대 동양 건축의 보배라고 인정받고 있다. 이 마리에서 방이 300개나 되는 성곽이면서 세계의 불가사의로 불리는 미로(迷路)식 궁전도 발굴되었다. 강렬한 색채의 벽화들, 신과 왕을 비롯한 조각상들, 고문서와 엄청난 분량의 편지가 발견되었다. 특히 현대의 서적 30권 분량인 고문서는 당시 국제정치, 경제, 행정문서를 기록한 1만 5천 개의 점토판이었다.[10]

중요한 것은 함무라비왕 시대는 아카드어가 고전적 완성도에 도달한 시기였다는 점이다. 서기관들은 위대한 수메르의 작품을 베끼고 번역하고 각색하면서 「아트라하시스 서사시」나 「길가메시 서사시」같은 문학작품을 만들어 낸 것이다. 하지만 돌이나 그릇 등에 새겨진 왕의 명문(銘文)이나 편지, 사법과 행정문서는 고대 바빌로니아어인 셈어로 기록했는데, 이는 셈어가 메소포타미아에서 공용어가 되었다는 뜻이다.[11]

다시 말하면, 수메르어는 학문과 전통, 종교의식에서 살아남았지만 셈어인 고대 바빌로니아어가 널리 사용된 것이다. 그 범위는 이란 남서부의 수사, 시리아의 마리, 이라크의 에슈눈나, 시리아의 카트나, 이스라엘 북부의 하조르, 그리고 심지어 시리아 북부의 알레포에 이르기까지 폭 넓게 통용되었다.[12]

3차 방정식을 계산한 바빌로니아의 과학

●

영국의 과학사가 콜린 로넌에 따르면, 수메르의 60진법을 이어받은 고대 바빌로니아인은 간단한 방정식은 물론 2차 방정식이나 3차 방정식을 풀어서 건축, 토지측량, 상업의 문제를 해결했다. 그들은 평면도형의 면적이나 피라미드 원통, 원뿔과 같은 입체를 계산하였고, 이등변삼각형과 직각삼각형의 세변 사이의 관계를 파악하는 등 기하학을 발전시켰다.[13]

자료 1-2-2 기원전 2000~기원전 1600년경 바빌로니아 시대의 5단 구구단 곱셈표를 새긴 점토판의 뒷면(미국 메트로폴리탄 박물관 소장)

또한 고대 바빌로니아의 점토판에 따르면, 바빌로니아인은 해시계와 물시계 같은 관측기술을 창안하여 일출과 일몰, 일식과 월식, 혜성을 관찰했고, 별자리들을 분류하여 계절을 정했다.[14] 하지만 수메르처럼 바빌로니아의 천문학은 근본적으로 왕들의 통치에 봉사하는 수단이었다. 왕권신수설을 믿은 바빌로니아에서 왕은 신이 자기들에게 통치권을 주었고, 신이 별들을 통해서 길흉의 징조를 미리 보여서 통치를 돕는다고 선전했던 것이다.[15]

개인적 종교가 확립되다

주목할 것은 함무라비 시대에 개인적 종교가 확립되었다는 점이다. 작은 신상들과 함께 봉헌판에 나오는 수많은 신이나 귀신의 초상, 무척 아름다운 기도, 신에게 드리는 편지, 길모퉁이의 신전이 그 증거이다. 바빌로니아인은 인생의 중요한 문제에 대하여 의심하고 질문하며 곰곰이 생각하기 시작한 것이다. 그래서 초기 지혜문학이라는 장르가 등장했으며, 과학적 문서가 급격히 증가하고, 점술에 관한 온갖 종류의 글이 만들어졌다.[16]

메소포타미아에서는 유난히 점술에 대한 풍부한 문서가 집대성되었다. 주로 꿈, 간점, 점성술 같은 문서인데, 바빌로니아 중기에 이루어진 점성술 문헌인 『에누마 아누 엔릴』이 대표적이다. 그 후 아시리아 시대에 수집된 꿈을 분류한 『꿈에 대한 책』, 신바빌로니아 시대에 제작된 간의 모형과 설형문서로 기록된 50여 종의 징조도 점술에 대한 중요한 문서이다.[17] 고대 바빌로니아 시대에 편찬된 주문집 「악한 우둑 귀신」

의 일절을 소개하면 다음과 같다.

운명신이 하늘에서 방황한다. / 병마가 땅에서 폭풍처럼 헤매고 다닌
다. / 악한 귀신 우둑 귀신이 길거리에서 날뛰고 있다. / ··· 악신, 악한 저
승차사, 그들은 악하다. / 내 몸 가까이 오지 말라.[18]

바빌로니아인은 주로 악귀가 질병을 일으킨다고 믿었다. 하지만 의
사들은 과거의 임상경험을 토대로 질병의 원인을 진단하고 처방하기
도 했다. 이를테면, 18세기경 니푸르에서 제작된 중독을 치료하는 처방
전은 아주 과학적이다.[19]

함무라비왕의 종교개혁과 정치기술
●

함무라비(Hammurabi, 기원전 1792년~기원전 1750년 재위) 왕은 수메르의 신들을
자기들의 언어인 셈어로 바꾸어 계속해서 숭배했다. 그는 수메르의 하
늘신 아누와 폭풍신 엔릴의 우위권을 인정하고 도시의 옛 수호신들에
게 존경을 표시하면서 마르두크를 최고신의 위치로 올려놓는 일종의
종교개혁을 단행했다.

하지만 함무라비는 거대한 신전에서 거주하는 사제들의 자존심을
거슬리지 않으려고 바빌론 밖에 있는 마르두크 신전들도 소박하게 지
었다. 수백 년이 지난 뒤에 마르두크가 엔릴과 경쟁한 결과 창조신화
「에누마 엘리쉬」에서 최고신이라고 기록되었던 것이다.[20] 말하자면, 함
무라비는 신의 강제력을 동원하여 자신의 권위를 장식할 줄 알았던 인

물이었다. 물론 그가 사제들의 비위를 맞춘 이유는 백성들의 경외감과 복종을 받아 내기 위해서였다.[21]

이처럼 종교를 통치에 효과적으로 이용한 함무라비는 왕권을 강화하여 지방에 분산되었던 권력을 중앙에 집중시켰다. 그래서 도시는 질서의 유지와 재판, 세금의 징수를 담당하여 신전보다 더 중요시되었다. 또한 도시는 시장, 촌장, 부유한 시민, 부자들이 함께 운영되었지만 특히 함무라비왕은 각 도시에 총독이나 장관, 관리들을 임명하여 도시의 정책을 통제하고 농경과 목축, 어업 등 자원을 확보했다. 그리고 군사적인 면에서 도시에 고위관리의 지시를 받는 직업군인으로 편성된 주둔군과 징집병, 용병을 배치하여 반란을 진압하고 대규모 공사에 백성들을 동원했다. 더 나아가 함무라비는 신전의 재판관들을 통제하여 중앙집권 제도를 완성했다. 그래서 재판관들은 '어떤 신의 종'이라고 하는 대신 '함무라비의 종'이라는 원통형 인장을 각종 판결문에 찍게 되었던 것이다.[22] 이는 사제들의 권력이 강력했던 수메르 시대와 다른 점이다. 이러한 바빌로니아 시대의 사회상은 「함무라비 법전」을 통해서 더욱 상세하게 알 수 있다.

냉혹하고 계몽적인 「함무라비 법전」

●

함무라비왕은 백성들을 강제로 군인으로 징집하고, 강압적으로 세금을 거두었다. 특히 그는 반국가적인 범죄자의 체포와 처벌에 가혹하여 반역이나 폭동은 결코 용서하지 않았다. 함무라비 시대의 가혹성은 사형의 법조항에서 잘 드러난다. 즉 강도, 절도, 유괴, 강간, 근친상간을 사형에 처했던 것이다.

그밖에도 사형에 처한 범죄는 상당히 다양했다. 아내가 다른 남자와 살려고 남편을 살해할 때, 도망친 노예에게 은신처를 제공할 때, 적군을 앞에 놓고 비겁한 행동을 할 때, 관리가 배임했을 때, 그리고 여자가 가사에 소홀하거나 씀씀이가 헤플 때, 술을 부정하게 팔 때도 사형에 처했다. 특히 여사제가 술집을 개업하거나 술집에서 일할 때도 사형에 처한 것이 흥미롭다.[23]

이러한 「함무라비 법전」의 냉혹성은 당시 메소포타미아 지역의 정치적 사회적 혼란상을 반영한 것으로 볼 수 있다. 따라서 수메르의 「우르-남무 법전」보다 훨씬 잔인하고 엄격한 「함무라비 법전」은 '이에는 이'로 복수했던 과거의 보복의 법칙이 기본적인 원칙이지만 좀 더 계몽적인 규정, 곧 죄를 벌금으로 대신하는 것을 부분적으로 허용했던 것은 큰 발전으로 볼 수 있다.

또한 「함무라비 법전」은 수메르의 「우르-남무 법전」이나 「에슈눈나왕국의 법령집」 등의 영향을 받았지만 그들보다 더 완전하고 풍부하여 현대 유럽의 법전만큼 훌륭하다고 인정받기도 한다. 새로운 군주들이 사회의 변화에 따라 관습법인 메소포타미아의 법을 계속해서 수정했다는 점은 특별히 주목할 만하다. 하지만 왕이 즉위하면 사회적 불평등, 즉 특권층을 제거하고 토지개혁을 하거나 백성들의 빚을 탕감하고 물품의 가격을 조정하여 백성들의 인심을 사는 개혁을 단행하는 것이 관례였다. 말하자면 메소포타미아를 통일한 함무라비왕도 정치적 효과를 노리고 사법개혁을 단행했던 것이다.

「함무라비 법전」은 계층에 따라 처벌이 달랐다

「함무라비 법전」은 2.25m의 석록암으로 제작된 원추형 비석이다. 수메르의 쐐기문자로 아카드어를 새긴 비석의 꼭대기에는 얕은 돋을새김으로 함무라비왕과 태양신 샤마시의 모습이 새겨져 있다. 즉, 정의로운 태양신이 함무라비에게 법전을 기록하라는 임무를 내린 것처럼 묘사되어 있는 것이다. 후대에 바빌론을 침략한 엘람인이 전리품으로 수도인 수사로 가져간 이 비석은 1902년 프랑스 고고학자들이 발견하여 루브르 박물관으로 옮겨 갔다.[24]

「함무라비 법전」은 함무라비왕의 재위 39년에 만들어진 것으로 추정된다.[25] 282개 조항으로 이루어진 법전의 서문은 왕을 칭송하는 업적이 나열되었고, 본문은 주제별로 나눠져 있다. 법전의 후기(後記)에는 억울한 자가 읽어 볼 것을 권유하고, 왕들이 이 법령을 지키라고 하면서 비석을 훼손하거나 법령을 변경하는 자는 신의 처벌을 받으리라고 경고하였다.

「함무라비 법전」의 본문은 사유재산법, 부동산법, 교역과 사업법, 가족법, 상해법, 노동법이라는 제목으로 짜여 있다. 법전은 서문에서 신들을 예찬하면서 시작하지만 놀라울 정도로 세속적이고 구체적인 것이 특징이다. 헌데 법전은 사회적 계층에 따라 법의 처벌 규정이 다른 점이 독특하다. 이를테면, 임산부를 구타하여 유산시킨 경우가 그러하다.

자료 1-2-3 함무라비 법전(© Mbzt, 루브르 박물관 소장)

어떤 임산부가 구타당하여 유산을 하면, 그 여자가 자유인의 딸이면 10세켈(Shegel), 평민층이면 5세켈, 여자노예면 2세켈의 벌금을 물어야 한다.[26]

특히 귀족은 동일한 범죄에서 평민보다 엄중한 형벌을 받았지만 그런 귀족을 상대로 범죄를 저지르면 값비싼 대가를 치러야 했다. 만일 실수로 범죄를 저지른 경우에도 희생자의 지위에 따라 처벌이 다른 것은 당시 바빌로니아의 신분계급사회를 반영하는 것이지만 현대적 시각에서 볼 때 아주 후진적이다.

이를테면, 법전 195조~199조에서 귀족의 눈을 상하게 하거나 뼈나 이를 부러뜨리면 그대로 가해자의 눈을 상하게 하고 뼈나 이를 부러뜨린다. 만일 피해자가 일반 백성이면 은 1미나(Mina)를 지불하고, 피해자가 노예면 그 몸값의 절반을 지불한다고 되어 있다. 그런데 형벌이 범죄자의 지위에 따라 다른 것은 고대세계에서 상속된 최대의 유산이라고 평가받는 로마법에까지 계승되었다. 즉 로마시민은 채찍질 당하거나 고문당하거나 십자가에 못 박힐 수 없었지만 노예는 십자가에 못 박힐 수 있었다.[27]

더구나 법전 2조에는 주술의 혐의를 받은 피고인은 강물에 던지는 신명재판(神明裁判), 즉 강의 신의 판결을 받는 시련에 처해졌다. 이러한 법률은 왕궁이나 신전의 물건을 훔친 도둑에게 엄청난 벌금을 물리던 시대였기 때문에 가능했는데, 제8조에 다음과 같이 나타나 있다.

"만약 어떤 자유인이 황소나 양, 나귀나 돼지, 배를 도둑질했는데, 그것이 신전이나 왕궁의 소유였다면 그는 30배를 배상해야 한다. 만약 그

것이 일반시민의 소유였다면 그는 10배를 배상해야 한다. 만약 그 도둑이 배상할 재산이 없다면 그는 사형에 처해질 것이다."

그러나 「함무라비 법전」은 가족법에서 여자와 어린이, 가난한 사람들을 보호하고, 징벌이 심할 때는 정상참작을 해 주도록 배려했다. 이를테면, 129조항에 간통은 남녀 모두 사형이지만, 남편이 아내를 용서하고 왕이 정부(情夫)를 용서해 주면 남녀를 함께 묶어서 강물에 던지는 처벌을 면하는 관용도 있었다.

여자에게 가혹했던 「함무라비 법전」

●

메소포타미아는 일부다처제를 허용하여 부인이나 첩은 남편의 재산의 정도에 좌우되던 시대였다. 이를테면, 우르 3왕조의 왕 슐기는 20명의 자식을 두었고, 아시리아의 왕 니누르타-투쿨티-앗슈르는 무려 40명이상의 부인을 거느렸다. 이로 보면 지배자는 왕비 외에도 여러 후궁같은 여자들을 거느렸던 것을 알 수 있다.[28] 물론 슐기왕처럼 정략적으로 결혼을 이용하기도 했다.

그러나 근친상간은 엄격히 금지한 사실이 「함무라비 법전」에 나타나 있다. 157조에서 부친 사후에 어머니와 동침하면 둘 다 불에 태워 죽이는 화형, 158조에서 부친 사후에 수양모(收養母)와 동침하면 상속권 박탈, 155조에서 시아버지가 며느리와 동침하면 물속에 빠트려 죽이는 수장, 154조에 자기 딸과 동침하면 추방되었다.

바빌로니아가 여자에게 대단히 가혹했던 가부장사회였던 증거는 법전 142조, 143조에 나타나 있다. 즉, 여자가 신중하지 않고, 밖으로 나돌아 다니거나, 재산을 낭비하거나, 남편을 무시했다면 간통한 여자처럼 그녀를 물속에 던져 수장시켰다. 그러나 남자에게도 제한이 있었다. 법전 148조에서 아내가 전염성 피부병인 라붐에 걸리면 남편은 다른 여자를 맞이할 수 있으나 병든 아내와 이혼할 수 없고 평생 자기 집에서 돌봐야 한다.

바빌로니아에서 결혼은 자식의 생산이 중요한 목적이었다. 하지만 법전 138조에서 자식을 생산하지 못하는 불임은 이혼의 사유가 되었을 뿐 남편은 부인을 쫓아낼 수 없었다. 다만 자식과 시아버지가 없는 과부는 결혼 지참금을 제외한 모든 재산을 포기하고 떠날 때야 비로소 결혼은 무효가 되었다. 특히 여자도 이혼을 요구할 수도 있었다. 그러나 모범적인 행실을 증거로 제시하여 도시의 의회에서 조사를 받아야 했다. 말하자면 제도는 있으나 사실상 남자만이 이혼을 요구할 수 있었다는 뜻이다.

하지만 이혼은 권장된 것이 아니었다. 프랑스의 인류학자 글라스네르에 따르면, 메소포타미아 지역에서 남편이 이혼을 요구할 때는 맨손으로 집을 나가서 왕실의 가축을 기르는 곳에서 일을 해야만 했다. 반면에 여자가 이혼을 요구할 때에는 발가벗긴 채 집 밖으로 쫓겨나서 죄인을 처단하던 공식적인 단 위에 서야 된다는 색다른 이혼금지 자료가 전해지고 있다.[29]

여사제에 대한 규정

●

법전에서 대단히 흥미로운 부분은 여사제에 대한 규정이다. 원래 여사제의 제도는 수메르에서 시작되어 주로 치료와 종교에 관련된 의식을 맡았지만 신성결혼에서 왕과 동침하는 특별한 여사제도 있었다. 그처럼 고위급 여사제의 아들이 왕이 된 경우는 길가메시, 우르-남무 등이었다. 주목할 것은 바빌로니아의 「아트라하시스의 태초 이야기」에서 인구의 과잉을 해결하려고 여사제를 두어 결혼하지 못하도록 규정했다는 기록이다.[30]

그런데 함무라비 법전 108조에는 '만약 수도원에서 생활하지 않는 여제사장이나 여성 수도사가 음주를 위해 술집을 연다든지 술집에 들어갔다면 그 여자를 화형시킬 것이다.'라고 되어 있다. 이런 엄격한 규제는 당시 여사제가 여러 사회적인 문제를 일으켰다는 것을 암시하는데, 법전 127조에 그런 정황이 보인다.

"만약 자유인이 여성 수도사나 자유인의 아내를 지목하여 비난했는데, 증거를 제시하지 못했다면 그들은 그 자유인을 재판관 앞에 끌고 가서 그의 머리카락의 반을 자를 것이다."

여사제의 재산에 대한 규정도 아주 특이하다. 이를테면, 법전 178조에 여성 수도사, 신전 여제사장, 여자 헌신자의 지참금에 대한 규정, 그리고 179~180조에 지참금의 자유로운 증여에 대한 규정이 나와 있다. 또 187조, 192조에는 여자 헌신자의 입양된 아들에 대한 규정도 나타나 있다.

이처럼 바빌론의 여사제는 권위가 있고, 재산을 소유할 뿐 아니라 자식을 입양할 권리도 가지고 있었기 때문에 부유한 자들은 자진해서 딸을 여사제로 봉납하여 국가에 대한 충성심을 보이고 아울러 다양한 경제적인 이득을 꾀한 것을 추정할 수 있다. 특히 함무라비왕이 최고신으로 상승시킨 마르두크 신전의 여사제는 상당한 권력을 누렸을 것이다.

자료 1-2-4 승계와 상속에 관한 판결문을 새긴 점토판(신바빌로니아 시대, 미국 메트로폴리탄 박물관 소장)

함무라비 법전의 위력

●

함무라비왕은 마르두크신을 내세워 신들의 위계질서를 수립하고 다양한 종족을 통합하는 통치 기반을 다졌다. 따라서 「함무라비 법전」은 잔혹한 점도 있지만 법전의 서문에 표현된 것처럼 함무라비의 말년에 반포된 점에서 영광스러운 그의 통치를 정리한 느낌을 준다.[31]

"나는 북쪽과 남쪽의 적들을 없애고 나라에 행복을 안겨 주었다. 나는 정직한 홀을 가진 구원의 목자다. 나는 수메르와 아카드 사람들을 품에 안았고 언제나 평화와 지혜로 다스렸다."

수메르와 아카드 문화를 통합한 함무라비는 45년 동안이나 바빌로니아 제국을 통치했다, 그는 이라크 남중부에 있던 도시 키시와 페르시아만을 연결하는 운하를 건설하여 확보된 토지에 물을 공급하고, 강물의 범람을 막아 도시를 보호했다. 또 궁전과 신전을 건설하고, 거대한 배가 오르내리는 유프라테스강에 다리를 놓고 수도를 확장하여 기원전 2000년 무렵에 바빌로니아의 수도 바빌론은 역사상 가장 부유한 도시 중의 하나가 되었다.[32] 다음 장에서는 바빌로니아 문명을 대표하는 함무라비 시대의 「길가메시 서사시」를 감상해 보기로 한다.

1   R. Lamm; The Humanities In Western Culture(서양 문화의 역사 1권); 사군자, 1999, 이희
    재 옮김, 35쪽. 히브리의 경우 특히 「이집트 탈출기」 20장의 '죄에 대한 형벌이' 크게
    영향받은 증거이다.

2   번즈; 앞의 책 1권, 53~54쪽.

3   남영우; 퍼타일 크레슨트, 푸른길, 2021, 40쪽.

4   차일드; 앞의 책, 182쪽.

5   W. Durant; The Story of Civilization 1-1(문명 이야기 1-1), 민음사, 2012, 왕수민, 한상석
    옮김, 393~395쪽.

6   D. Rohl; Legend : The Genesis of Civilisation(문명의 창세기), 해냄출판사, 2001, 김석희
    옮김, 356~357쪽. / B. Fagan The Intimate Bond(위대한 공존), 반니, 2016, 김정은 옮김,
    162~166쪽.

7   듀런트; 앞의 책 1-1, 396~397쪽.

8   조철수; 앞의 책(수메르 신화), 138쪽.

9   J. Botteroll·M. Steve; Il était une Fois la mésopotamie(메소포타미아 – 사장된 설형문자의 비
    밀), 시공사, 2001, 최경란 옮김, 120~121쪽.

10 루; 앞의 책 1권, 269~272쪽. / 빈호프; 앞의 책, 140쪽.

11 루; 앞의 책 1권, 265~266쪽.

12 빈호프; 앞의 책, 120쪽.

13 C. Ronan; Science; Its History and Development Among the World's Cultures(세계
    과학문명사 1권), 한길사, 1999, 김동광, 권복규 옮김, 81~82쪽.

14 로넌; 앞의 책 1권, 83~87쪽.

15 江曉原; 12宮与28宿 一世界历史上的星占学(별과 우주의 문화사), 바다출판사, 2008, 홍상

훈 옮김, 43~45쪽.

16 루; 앞의 책 1권, 265~266쪽.

17 강승일; 이스라엘과 고대 근동의 점술, 기독교문서선교회, 2015, 77~87쪽.

18 조철수; 앞의 책(수메르 신화), 485~486쪽.

19 이희수; 앞의 책, 92~93쪽.

20 루; 앞의 책 1권, 276~277쪽.

21 듀런트; 앞의 책 1-1, 387~388쪽.

22 루; 앞의 책 1권, 274~275쪽.

23 「함무라비 법전」에서 사형에 처하는 범죄는 주로 1조~22조에 나타나 있지만, 그 밖에 108조~110조, 130조, 155조, 157조에도 나타나 있다.

24 「함무라비 법전」 [앞의 책(프리처드 편집; 미크 원역), 362~363쪽.]

25 빈호프; 앞의 책, 144쪽.

26 「함무라비 법전」 209조, 211조, 213조.(앞의 책: 프리처드 편집, 미크 원역, 393쪽.)

27 듀런트; 앞의 책 3-2, 139쪽, 135쪽.

28 A. Burguiere, C. Klapich-Zuber, M. Segalen, F. Zonabend(dir.); Histoire de la Famille(가족의 역사 I), 이학사, 2001, 정철웅 옮김, 176쪽.

29 뷔르기에르 외 엮음; 앞의 책, 168쪽.

30 조철수; 앞의 책(수메르신화), 117쪽.

31 「함무라비 법전」 서문 [앞의 책(듀런트 1-1), 386~387쪽)]. / 이희수; 앞의 책, 77쪽. 이희수는 함무라비의 지시로 기원전 1754년에 제정되었다고 보았다.

32 듀런트; 앞의 책 1-1, 387~388쪽.

3장

영웅신화
「길가메시 서사시」

바빌로니아는 문학의 찬란한 개화기였다. 수메르의 서사시와 신화를 바탕으로 바빌로니아는 창조 서사시 「에누마 엘리쉬」와 영웅 서사시 「길가메시 서사시」를 완성하였다. 특히 『일리아드』, 『오디세이』보다 무려 1천년 전에 만들어진 「길가메시 서사시」는 신보다 인간적인 관점에서 죽음을 극복한 영웅의 이야기이다.

세계사에서 처음으로 영웅적인 경험이 우아한 문학으로 표현된 작품이 바로 「길가메시 서사시」인 것이다. 런던대학교 후크는 이 작품의 주제의 범위와 깊이, 그리고 순수문학적 힘은 시대를 초월하는 매력을 안겨 준다고 격찬했다.[1]

메소포타미아를 뛰어넘은 길가메시

●

아카드어로 기록된 「길가메시 서사시」의 점토판은 대부분 기원전 7세기 아시리아의 왕 아슈르바니팔의 도서관에서 발견되었다. 그런데 기원전 2000년대 중반에 히타이트 제국에서도 아카드어 개정본이 유행한 사실이 밝혀졌다. 그밖에도 작품의 일부분이 튀르키예 남부의 술탄테베, 시리아 해안의 우가리트에서 발견되었고, 아카드 번역본이 팔레스타인의 므깃도에서 발견되었다. 이를 보면 성경의 편찬자들도 길가메시를 잘 알고 있었다는 가능성이 엿보인다.[2] 따라서 중동지역 전체에서 이 작품이 연구되고, 번역되고, 모방되었음이 확실하다.[3]

서사시의 주인공 길가메시는 실존 인물이었다. 「수메르의 왕명록」에 따르면, 기원전 2000년경 대홍수 이전에 다섯 도시가 있었다. 바로 에리두, 바드티비라, 라라크, 시파르, 슈르팍인데 홍수가 이 다섯 도시를 뒤덮었다. 홍수 뒤에 세워진 첫 번째 도시는 키시 제1왕조이고, 그 뒤를 이은 도시국가는 우루크 제1왕조였다. 길가메시는 바로 기원전 2650년경 우루크의 5대 통치자였던 것이다.[4]

선사 시대부터 시작된 우루크는 남부 메소포타미아 심장부에 자리한 수메르의 중심도시였다. 기원전 4000년대 후반기에 문자를 발명하고 거대한 사원을 건설한 우루크는 인구가 1만 명이 넘는 당시 세계 최대의 도시로 성장하여 영토가 시리아까지 이르렀다. 기원전 3500년경 우루크는 대량의 토기를 여러 지역으로 공급하였고, 기원전 3200경 빛나는 백색의 사원 위에 12m의 지구라트를 세워 찬사를 받았다.[5]

반신반인 길가메시는 저승의 재판관이 되다

「길가메시 서사시」는 도시국가 우루크의 실존인물이던 길가메시의 모험담이다. 이 서사시는 길가메시를 예찬하는 프롤로그인 「서시」로 시작된다. 「서시」에는 위대한 영웅 길가메시의 행적을 기념하려고 돌에 새긴다는 집필의도가 나와 있다. 즉, 신들이 길가메시를 창조할 때 지혜만이 아니라 완전한 육체와 용기, 강한 힘을 주었기 때문에 길가메시는 레바논 숲에서 귀한 재목을 가져오고, 우루크의 성벽을 쌓고, 신들의 신전을 세웠다는 내용이다.

자료 1-3-1 사르곤 2세 궁전의 알현실에 부조된 길가메시와 사자(루브르 박물관 소장)

그런데 「서시」에서 길가메시를 반신반인(半神半人)이라고 기록한 것은 신의 대리자인 왕과 사랑의 여신 인안나의 역할을 하는 여사제의 신성결혼에서 그가 태어났기 때문이다. 「수메르 왕명록」에 따르면, 길가메시의 아버지는 우루크의 3대 왕 루갈반다이고, 어머니는 닌순 여신이다. 수메르에서 작은 신으로 여겨진 여사제인 그녀는 황소로 불린 엔릴신을 모신 여사제였기 때문에 닌순 여신이라고 불렀다.[6]

영국의 여류 고고학자 샌다스는 후대에 저승의 재판관이 된 길가메시에게 백성들이 기도하고 추모하면서 제사를 지냈다는 기록이 전한다고 밝혔다.[7] 「서시」에 기록된 것처럼 길가메시가 신비로운 사실을 알았고, 신들만 아는 비밀을 알아내고, 홍수 전에 있었던 세상을 알려주었기 때문일 것이다.

「길가메시 서사시」의 구성과 줄거리

●

수메르어로 기록된 길가메시의 영웅 이야기는 6편이 전한다.[8] 기원전 1800년경 바빌로니아인은 수메르의 길가메시 이야기를 새롭게 각색하여 12개의 점토판에 완성했다. 수메르의 에피소드와 모티브의 내용을 바꾸고 형식을 개발하여 「길가메시 서사시」라는 전체적인 줄거리의 구조를 만들었던 것이다. 다만 마지막 12번째 점토판의 이야기는 수메르 시의 후반부를 요약한 내용이다.[9]

바빌로니아에서 편찬된 「길가메시 서사시」는 3500행에 이르는 장대한 작품이다. 12개의 점토판에 기록된 이 서사시는 각 점토판들이 300행에 달하는 노래 또는 시편이다. 후대에 여러 세기를 거치면서 내용이 다양하게 편집되어 전개되다가 기원전 7세기경 아시리아의 마지막 왕 아슈르바니팔 시대에 완성되었다.[10]

「길가메시 서사시」는 길가메시를 장엄하게 예찬한 서시, 그리고 그의 일생이 연대기 방식으로 구성되어 있다. 특이한 것은 보통의 영웅설화와는 다르게 탄생과 어린 시절 이야기를 생략하고 바로 성장한 어른 이야기부터 전개되는 점이다. 「길가메시 서사시」의 줄거리를 간추리면 다음과 같다.

길가메시(Gilgamesh)는 늙은이라는 '길가(Gilga)'와 젊은이라는 '메시(Mesh)'가 합성된 이름이다. 반신반인 길가메시는 괴력을 지닌 영웅이면서 폭군이었다. 길가메시를 처치하려고 창조의 여신 아루루가 괴물 엔키두를 보냈지만 두 사람은 싸움 끝에 친구가 되어 숲속의 괴물 훔바바를 무찌른다. 하지만 엔키두가 하늘의 황소를 죽이고 이슈타르 여신을 모욕하여 여신의 저주를 받아서 사망하자 충격을 받은 길가메시는 죽지 않는 비결을 찾으려고 떠난다. 그는 성자의 섬에서 우트나피시팀을 만나 노아의 대홍수에 해당하는 이야기를 듣고, 민물과 단물이 만나는 바다 속에 있는 불로초의 비밀을 알아낸다. 길가메시는 불로초를 캤으나 잠시 목욕하는 사이에 뱀이 먹어 버려서 빈손으로 우루크로 돌아온다.

『길가메시 서사시』는 국판 100쪽에 가까운 분량이다. 영국의 고고학자 샌다즈, 미국 펜실베니아대학교수 스파이저, 수메르어학자 조철수의 점토판 해독본을 참고하여 압축하고 간추려서 감상해 보기로 한다.

「길가메시 서사시」

서시

●

지금부터 길가메시의 행적을 알리겠다. 그는 모든 것을 알고 모든 나라를 본 왕이었다. 지혜로운 그는 숨겨진 사실을 찾아내고, 신들만이 알던 비밀을 밝혀내고, 홍수 이전에 일어났던 일을 우리에게 알려 주었다. 긴 여행에서 돌아와 피곤함에도 불구하고 그는 경험한 이야기를 비석에 새겼다.

신들은 길가메시를 창조할 때 완전한 육체를 주었다. 위대한 태양신 샤마시는 아름다움을 주었고, 폭풍신 아닷은 용기를 불어넣고, 많은 신이 들소처럼 강한 힘을 주어 그를 초인으로 만들었다. 신들은 그를 3분의 2는 신으로, 3분의 1은 인간으로 만들었다.

그는 우루크에 기나긴 담과 거대한 성벽을 쌓고, 대지의 신 아누와 사랑의 여신 이슈타르를 위해서 찬란한 에아나의 신전을 세웠다. 지금도 볼 수 있으니, 바깥벽이 구리처럼 번쩍이고 안쪽벽도 번쩍이는 것을. 이런 성벽을 다시 모방할 수 없을 것이다. 사랑과 전쟁의 여신 이슈타르가 살고 있는 에안나 신전에 가보아라. 후대의 어떤 왕이 어떤 인간이 그런 신전을 지을 수 있으랴! 우루크의 성벽에 올라가 성벽을 따라 걸어 보아라. 성벽의 토대와 석공기술을 보아라, 벽돌로 구워 만들었는데 이다지도 뛰어나다는 말인가. 일곱 현자들이 그 기초를 놓지 않았는가![11]

길가메시, 엔키두와 친구가 되다

●

용모가 아름답고 용기가 뛰어난 길가메시는 괴력과 함께 강한 욕정을 지녀서인지 우루크의 여자들을 빼앗아 자기 욕망을 충족시켰다. 왕의 초야권을 주장하면서 길가메시가 대신의 딸까지 차지하자 처녀들을 빼앗긴 우루크 사람들은 신들에게 하소연했다.

"당신께서 그를 창조하셨습니다. 이제 그와 겨룰 폭풍 같은 상대를 만들어 우루크에 평화를 오게 해 주세요."

신들이 우루크의 주신 아누(Anu)에게 따지자 창조의 여신 아루루

(Aruru)는 손을 씻고 진흙을 떼어서 들에 던져 엔키두를 창조했다. 그는 전쟁의 신 닌누르타(Ninurta)의 용감한 성격을 닮았고 곡식의 여신 니사바(Nisaba)처럼 긴 머리칼을 늘어뜨렸다. 온 몸에 털이 무성한 그는 영양과 함께 풀을 먹으면서 짐승들과 함께 살고 있었다.[12]

어느 날 엔키두(Enkidu)가 사냥꾼의 덫을 풀어 사로잡힌 야생동물들을 놓아 주자 사냥꾼은 그의 아버지에게 이 사실을 알렸다. 화가 난 그는 사랑의 신전에서 일하는 창녀의 힘으로 길가메시를 꺾을 계략을 세웠다. 그렇게 데려온 창녀가 가슴을 드러내 놓고 우물가에서 물을 먹던 엔키두를 유혹하여 여섯 낮과 여섯 밤을 함께 지내자 동물들은 그를 피하면서 슬슬 도망쳐 버렸다.

"엔키두, 당신은 지혜롭게 되었습니다. 신처럼 되었다는 말이오."

그리 속삭인 창녀는 우루크의 이슈타르 신전과 길가메시를 이야기를 하면서 엔키두를 충동질했다. 그녀의 유혹에 넘어간 엔키두는 털을 밀고 몸에 기름을 바른 뒤에 멋진 옷을 걸치고 번화한 우루크에 가서

자료 1-3-2 기원전 2027년~기원전 1763년 우르에서 출토된 엔키두(© Osama Shukir Muhammed Amin FRCP(Glasg), 이라크 박물관 소장)

빵과 술을 먹기 시작했다. 그리고 신부를 빼앗고 백성들을 억누르는 길가메시에게 도전했다.

"나는 옛 질서를 바꾸러 왔노라. 여기 가장 힘센 자가 있다!"

첫날밤 처녀의 방으로 들어가려던 길가메시는 엔키두와 맞붙어 황소처럼 싸웠다. 길가메시는 기진맥진하여 땅 속에 다리를 박은 채 무릎을 꿇었고, 엔키두도 지쳐서 쓰러졌다. 그 순간 난폭한 성질들이 사라지고 서로 끌어안으면서 우정이 싹트기 시작하였다.

아눈나키 성소에서 훔바바를 죽이다

●

어느 날 길가메시가 꿈을 꾸었고 엔키두가 그 꿈을 해몽했다.

"신들의 아버지가 당신을 왕으로 삼으셨습니다. 그것이 당신의 운명입니다. 그러나 영원한 생명은 당신의 것이 아닙니다."

엔키두는 마음속에 슬픔이나 걱정을 가지거나 스스로를 괴롭히지 말라고 충고했다. 대신 신들이 주신 힘을 남용하지 말고 궁전의 신하들을 올바르게 다스리고 태양신 샤마시(Shamash) 앞에서 정의로운 행동을 하라고 당부했다. 하지만 그리 충고한 엔키두도 점차 나태해 졌다.[13]

어느 날 길가메시는 신들의 성소인 향나무 숲을 생각하고 흉측한 거인 훔바바(Humbaba)를 물리쳐서 영웅들의 이름이 새겨진 곳에 자기 이름을 새길 작정이라고 말했다. 깜짝 놀란 엔키두는 괴력을 지닌 훔바바를 본 일이 있다면서 길가메시를 말렸다. 엔릴이 훔바바를 산지기로 임명하면서 일곱 벌의 갑옷으로 무장시켰는데, 그의 울부짖음은 폭풍 같고 숨결은 타는 불길 같다고 만류하였다.[14]

자료 1-3-3 초자연적인 존재 훔바바(© Rama, 루브르 박물관 소장)

그러나 길가메시의 의지가 분명하자 먼저 숲의 주인이고 정의로운 태양신 샤마시에게 흰 염소와 갈색 염소를 제물로 바치면서 허락을 청했다.

"나는 성벽 너머 시체들이 강물 위에 떠내려가는 것을 본 일이 있습니다. 내 운명도 그럴 것입니다."

죽음까지 각오한 길가메시의 결심을 들은 샤마시는 강렬한 바람을 선물로 주면서 허락하였다. 길가메시는 엔키두와 함께 한 달 반을 걷고 일곱 산맥을 넘어서 불을 뿜으면서 덤비는 훔바바를 힘겨운 격투 끝에 사로잡았다. 훔바바는 살려달라고 애원했지만 엔키두는 죽여야 한다고 주장하여 마침내 훔바바의 목을 쳤다. 그리고 숲속을 헤맨 끝에 아눈나키(Anunnaki)의 성소(聖所)를 찾아냈다.[15] 그들이 훔바바의 시체를 신들에게 내놓자 폭풍신 엔릴은 불같이 화를 내면서 저주를 내렸다.

"왜 그따위 짓을 했느냐? 앞으로 너희 얼굴 위에 불이 사라지지 않을 것이다. 너희가 먹을 빵을 그 불이 먼저 먹어 치울 것이고, 너희가 마실 물을 그 불이 먼저 마셔 버릴 것이다."

엔릴은 훔바바에게 베풀었던 일곱 광채와 화염을 거두어들여 먼저 강에게 주고, 다음에 사자에게, 바위에게, 산에게, 지옥의 공주에게 주어 버렸다. 하지만 길가메시여! 그대는 공포의 화염을 정복한 자다. 들소처럼 산 속으로 쳐들어갔고 파도치는 바다를 건넜도다. 더 큰 영광은

엔키두의 용감함에 돌리는 것이 마땅하다.[16]

이슈타르 여신의 유혹과 엔키두의 죽음

●

그때 거룩한 이슈타르(Isthar) 여신이 왕관을 쓴 길가메시의 아름다움
에 매혹되어 그를 유혹했다.

"길가메시여, 내게로 오세요. 내 연인이 되어 주세요. 당신 씨앗을 내
게 주시고 나를 당신의 신부로 삼고 내 남편이 되어 주세요."

이슈타르는 청옥석과 황금 전차를 선물하여 노새 대신 바람의 귀신
들이 수레를 끌게 하고, 향나무 향기 그윽한 자기 집에 들어오면 여러
왕과 군주들, 왕자들이 엎드려 절할 것이며, 염소들은 세 쌍둥이를 낳
고 양들은 두 쌍둥이를 낳을 것이라고 길가메시를 유혹하였다. 그러자
길가메시가 대답했다.

"만일 당신과 결혼하게 된다면 나는 어떤 선물을 드려야 합니까? 당
신 몸에 맞는 향수와 옷은 어떤 것으로 골라야 합니까?"

길가메시는 신들이 먹는 음식과 빵을 드리고, 여왕만이 마시는 술도
드리고, 곳간이 가득 차도록 보리를 드리겠다고 하였다. 그러나 이슈타
르가 자기 아내가 되는 것만은 사양하겠다고 단호히 거절하였다.

"당신은 한겨울의 휴대용 난로에 불과하고 / 돌풍을 막지 못하는 뒷문
이고 / 요새를 파괴하는 성벽이고 / 사람들을 더럽히는 역청이고 / 요새
를 파괴하는 공성무기이고 / 주인의 발을 불편하게 하는 신발이기 때문
입니다."

더구나 길가메시는 이슈타르 여신의 사랑의 편력을 노골적으로 비난하면서 "그대는 연인을 오랜 동안 사랑한 적이 있나요? 당신의 어떤 목동이 당신을 항상 만족시켰나요?"라고 비난했다.

자료 1-3-4 원통형 인장에 새겨진 이슈타르 여신,(© Sailko, 아카드 왕국 시대, 시카고 오리엔탈 박물관 소장)

또한 길가메시는 사랑과 전쟁의 여신 이슈타르의 버려진 애인들의 이야기를 조목조목 늘어놓았다.

젊은 시절의 연인 탐무즈(Tammuz)를 위해서 해마다 애곡하는 날을 정하고 / 점박이 목동새의 날개를 부러뜨려 나무에 앉아 '내 날개! 내 날개!' 하면서 울게 하고 / 강력한 사자를 가두려고 일곱 개의 함정을 파고 / 준마를 채찍질하여 지치게 하고 흙탕물을 마시게 하고 / 목동을 늑대로 만들어 쫓겨나게 하고 / 종려나무숲의 관리인 이슐라나를 눈먼 두더지로 만들어 버리지 않았나요?[17]

길가메시의 말을 들은 이슈타르는 화가 머리끝까지 치솟아 하늘로 올라가 아버지 아누와 어머니 안툼(Antum) 앞에서 길가메시가 자기의 추한 행실을 나열하면서 자기 치부를 들춰내고 부끄럽게 했다고 펑펑 울었다.

"아버지, 길가메시를 무찌를 하늘황소를 만들어 주세요. 그러지 않으면 지옥문을 부술 것이며, 죽은 자들을 일으켜서 산자들을 잡아먹게 하여 죽은 자들이 산자보다 더 많게 할 것입니다."

아누는 타이르면서 말렸다.

"만약 네가 요구하는 대로 해 주면 쭉정이 옥수수만 남는 가뭄이 7년간 계속될 것이다. 사람과 가축을 위해 양식을 충분히 저장해 두었느냐?"

우루크를 구할 곡식과 풀을 충분히 비축해 두었다는 이슈타르의 대답을 듣고 마침내 아누는 하늘황소를 우루크로 데려 가도록 허락했다.

우루크에서 하늘황소는 단지 두 번의 콧바람으로 수많은 사람을 죽어 넘어뜨렸다. 길가메시와 엔키두도 두 번이나 넘어졌으나 마침내 황소를 죽이고 심장을 태양신 샤마시에게 바쳤다. 이슈타르는 우루크의 높은 성벽에 올라가 저주를 퍼부었고, 엔키두는 황소의 넓적다리를 베어 그녀에게 던졌다. 길가메시는 황소의 거대한 뿔을 왕궁의 침실에 걸고 축하연을 베풀어 자기의 무용을 한껏 자랑했다.[18]

그러나 이슈타르의 저주를 받은 엔키두는 신들의 회의에서 훔바바와 하늘황소를 죽인 죄로 병들어 눕게 되었다. 그는 외로움 속에서 고통 받으면서 우루크 성과 사냥꾼, 자기를 유혹한 여인에게 저주를 퍼부었다. 그러나 샤마시가 그 여인이 문명인이 되게 하였다고 엔키두를 설득하자 저주를 그치고 대신 축복하였다. 길가메시는 엔키두가 죽을 운명임을 알자 옷을 찢고 눈물을 흘리면서 통곡하고 우루크의 시민들에게 외쳤다.

내 형제를 위해 우노라. / 그대는 나의 도끼였다. / 내 손의 힘이었고 내 허리띠의 칼이었다. / 나의 방패였고 / 나의 갑옷이고 내가 가장 아끼는 예복이었다. / 고약한 운명이 그대를 훔쳐갔도다. / 들의 나귀와 영양들이 / 그대의 아버지이고 어머니였다. / 그대를 키운 꼬리 긴 동물들이 / 그대를 위해 울고 있도다. / 순결한 유프라테스강도 울고 있구나. / 병사들도 울고 / 향나무숲 속 그대가 사랑하던 길들이 / 밤과 낮으로 흐느끼고 있도다.[19]

불멸의 비결을 찾아서 떠나다

●

엔키두를 잃은 길가메시는 비탄에 젖어 울면서 광야를 방황했다. '나도 죽으면 엔키두처럼 되는 것이 아닐까?' 죽음의 두려움과 근심으로 고뇌하던 길가메시는 마침내 전설 속의 인물 우트나피시팀(Utnapishtim)을 찾아 길을 떠났다.[20] 그는 홍수에서 살아남은 유일한 인간이고 신들은 오직 그에게만 생명을 주어 태양의 정문인 딜문(Dilmun) 땅에 살도록 했다는 것이다.

오랜 여행 끝에 길가메시는 거대한 산맥인 마슈(Mashu)에 도착했다. 그 산은 해가 뜨고 지는 것을 지키고 있고, 그 산 입구엔 반은 인간이고 반은 용인 문지기 스코르피온들이 감시하고 있었다. 괴물인 이 전갈인간(Scorpion-Man)들을 보면 뜨는 해를 볼 때처럼 인간은 죽음을 피할 수가 없었으나 길가메시는 죽고 사는 것에 대해서 묻고 싶다고 간청하였다.

"이 산에 들어간 인간은 하나도 없었소. 어둠뿐인 곳이오."

괴물들은 산의 문을 열어 주었다. 길가메시는 굽이굽이 산을 돌아 해 뜨는 쪽으로 난 길을 따라 끝없는 어둠을 뚫고 신들의 동산에 다다르자 비로소 햇빛이 새어 나왔다. 그 동산의 바닷가에서 길가메시는 포도주를 빚는 여인 시두리(Siduri)를 만났다. 그녀는 매혹적인 미소를 지으면서 말했다.

길가메시여, 어디를 그리 헤매시나요? / 당신은 영원한 생명을 얻지 못할 것입니다. / 신들이 인간을 창조할 때 / 죽음을 인간의 운명으로 정해 놓았습니다. / 길가메시여, 좋은 음식으로 배를 채우시고 밤낮 즐겁게 지내세요. / 매일 기쁨의 잔치를 벌이면서 춤추고 즐기세요. / 당신 손을 잡아줄 자식을 낳고 / 아내를 당신 품안에 품어 주세요. / 왜냐하면 그것이 인간의 운명이니까요.[21]

그러나 간곡하게 청하는 길가메시에게 시두리는 뱃사공 우르샤나비(Ur-shanabi)가 있는 곳을 알려 주면서 만약 죽음이 도사린 사나운 바다를 건너지 못하면 우루크로 되돌아갈 수밖에 없을 것이라고 겁박하였다. 화가 난 길가메시는 우르샤나비가 부리는 배의 고패[22] 장치의 부숴버렸다. 그 대가로 숲에서 80큐빗[23]의 기둥 120개를 만들고 역청을 칠한 뒤에 쇠로 묶은 배에 올랐다. 뱃사공 우르샤나비는 한 달 반의 거리를 단지 사흘에 달리면서 물이 손을 튀면 안 된다고 주의를 주었다. 길가메시는 금기를 지키면서 간신히 그 '머나먼 곳'에 도착했다.

우트나피시팀은 산의 동쪽 태양이 지나가는 곳인 딜문에 살고 있었다. 신들은 그에게만 영원한 생명을 주었던 것이다. 길가메시가 영원한 생명을 찾는 법을 묻자 그는 대답했다.

영구불변하는 것은 없다. / 영원한 집을 지을 수 있을까. / 약속을 영원히 지킬 수 있을까. / 형제들이 유산을 나눠 가진 뒤에 / 자기 몫에 만족할 수 있겠는가. / 강이 홍수를 견뎌 낼 수 있겠는가. / 잠자리는 번데기를 떠난다. / 까마득한 옛날부터 영원한 것은 없다. / 자는 것과 죽는 것은 그 얼마나 비슷한가! / 둘 다 죽음의 모습 같지 않은가. / 주인과 종이 운명을 다했을 때 그 차이가 무엇인가? / 재판관 아눈나키가 와서 / 운명의 어머니와 함께 운명을 결정하는 것이다. / 죽음에는 시간이 숨겨져 있고 / 삶의 시간은 쉽게 보이는 법이다.[24]

하지만 길가메시가 간곡하게 애원하자 우트나피시팀은 신들의 모임에 참석하게 된 연유와 영원한 생명을 얻게 된 비밀을 들려주었다.

대홍수의 비밀

●

유프라테스의 강변에 자리 잡은 슈르루팍[25]이란 도시가 점점 폐허가 되어 가고 그 도시에 살던 신들도 노쇠해 버렸다. 거기엔 신들의 아버지인 대지의 주인 아누와 참모 겸 투사 엔릴, 이들을 돕던 니누르타, 그리고 운하의 물결을 다스리던 엔누기(Ennugi)와 에아 또한 함께 살고 있었다. 인간들의 반란을 더 이상 보고 있을 수가 없던 엔릴은 소란스러워 도저히 잠을 이룰 수가 없다고 불평하자 신들이 인간을 심판하기로 결정하였다. 그런데 꿈에 에아가 나타나 이 사실을 우트나피시팀에게 신탁으로 알려 주었다.

갈대집아, 갈대집아! 담아, 오 담아! / 귀를 기울여라, 담아 대답하여라

/ 오 갈대집아, / 네 집을 부수고 배를 만들어라. / 모든 소유물을 포기하고 살길을 찾아라. / 세상의 재물을 버리고 네 영혼을 구하라. / 온갖 생물의 씨를 배에 실어라. / 배는 가로와 세로의 길이를 똑같이 만들어라.

그는 무슨 말인지 알아차리고 그의 주에게 말했다.

"들으소서, 당신께서 명하신 바를 기꺼이 지키리이다. 나는 나의 주 에아와 함께 심연에 살기를 원합니다. 그가 풍족한 비와 진기한 들새들을 내리시고 풍성한 추수를 주실 것입니다."

그는 에아가 상세하게 지시한 규격대로 7일 동안 배를 만들고 역청을 칠하여 완성했다.[26] 그리고 모든 것을 배에 실었다. 은과 금, 모든 생물들, 가족과 친척들, 가축과 들짐승, 온갖 장인들을 태우고 배 안으로 들어가 문을 잠갔다.

드디어 폭풍의 전령들이 나타나고 심연에 있던 신들이 일어났다. 우레의 신 아다드(Adad), 죽음과 역병의 신 네르갈(Nergal)이 지하수의 둑을 터놓고, 전쟁의 신 니누르타(Ninurta)가 둑을 부숴 버리자 7명의 지옥의 재판관 아눈나키들이 횃불을 높이 들었다. 절망의 공포가 하늘까지 달했을 때 폭풍의 신이 빛을 어둠으로 바꾸고 땅을 토기 그릇처럼 부숴 버렸다. 신들도 질려서 하늘로 올라가 버렸다.[27]

하늘의 여왕 이슈타르가 해산하는 여인처럼 울부짖었다.

"아! 지나간 날들이 슬프게 진흙으로 변했구나! 내가 심판을 고집한 탓이다. 이들은 내 백성들이지 않는가!"

하늘의 신들과 지옥의 신들도 울었다. 엿새 낮과 엿새 밤이 지나는 동안 폭풍이 불어 닥치고 홍수가 세상을 휩쓸었다. 이레째 되는 날 바다가 조용해지고 폭풍이 잠잠해지고 홍수가 멈추었다. 모든 인류가 진흙으로 되돌아갔다. 창문을 열자 빛이 그의 뺨에 닿았다. 그는 큰 절을 하고 앉아서 한없이 울었다.

드디어 땅이 드러났다. 배는 니시르산에 정박되어 움직이지 않았다. 이레째 되는 날 비둘기와 제비를 날려 보냈으나 되돌아 왔다. 마침내 날려 보낸 까마귀가 물이 줄어든 것을 보고 쪼아 먹고, 선회하고, 돌아오지 않자 그는 모든 것을 세상에 풀어 놓아 주고 세사를 지냈다.[28]

신들은 향기로운 냄새를 맡고 제상에 꼬여드는 파리 떼처럼 몰려들었다. 뒤늦게 이슈타르도 도착했다. 이슈타르는 홍수를 일으켜 제사를 받을 자격이 없는 엔릴을 제외하고 모두들 제사를 받아들이자고 신들에게 말했다. 엔릴은 홍수의 비밀을 누설한 것이 지혜의 신 에아인 줄 알아차렸다. 하지만 에아는 꿈을 꾸게 했을 뿐, 신들의 비밀을 알아낸 것은 우트나피시팀이라고 하면서 그의 이마에 손을 얹고 축복하였다.

"이제부터 그와 그의 아내는 강 입구에서 영원히 살리라."

그리고 에아는 엔릴에게 말하였다.

"죄인에겐 그 죄를 벌하고 범법자에겐 그 범법을 벌할지나 관대하게 벌할 것이다. 인간이 멸절되지 않도록 자비를 베풀어서 홍수보다는 사자를 시켜 인간을 벌하고, 홍수보다는 늑대를 시켜 인간을 벌하고, 홍수보다는 가뭄으로 세상을 쓸어버리고, 홍수보다는 나쁜 질병으로 인간을 쓸어버릴 것이다."[29]

불로초와 뱀, 그리고 귀향

●

"그러니 길가메시여, 그대가 찾는 영원한 생명을 얻을 수 있도록 누가 신들을 회의에 모이도록 할 수 있겠는가? 그러나 꼭 원한다면 한번

해 보시오. 다만 여섯 낮과 일곱 밤 동안 누워서 잠자지 마시오.”

길가메시는 앉자마자 잠이 폭풍우처럼 불어왔다.

“생명을 찾는 이 영웅을 보시오. 안개처럼 잠이 내리고 있소.“

아내가 그리 말하자 우트나피시팀은 일곱 번째 빵을 구웠을 때 길가메시가 깨어났다고 보여 주었다. 그는 길가메시를 데려온 뱃사공에게 출입 금지령을 내리면서 고향으로 길가메시를 데려다 주라고 하였다. 그리고 먼저 ‘씻는 샘’에 가서 눈처럼 깨끗하게 목욕하고 머리를 감으라고 했다. 그런데 길가메시가 뱃사공과 함께 배를 타고 출발하려고 하자 우트나피시팀의 아내가 고향에 가지고 갈 선물을 주자고 하였다. 그는 해저에 살고 있는 그 식물은 사슴뿔처럼 생겼지만 장미처럼 가시가 손을 찌를 것이라고 알려 주었다. 하지만 그 식물은 젊음을 회복시켜 준다는 것이었다.

그 말을 듣고 기쁨에 넘친 길가메시는 수문을 열고 흐르는 물을 따라 가장 깊은 바다로 들어갔다. 그리고 자기 발에 무거운 돌을 매달고 물속 깊숙이 들어가 그 신비로운 식물을 보았다. 손을 찔렸으나 조심스럽게 그 식물을 꺾었다. 자기 발을 묶었던 바위를 풀어 버리자 바다가 그를 해안가로 던져 올렸다. 감격에 벅찬 길가메시는 소리쳤다.

“늙은이를 젊게 만드는 이 불로초를 우루크에 가지고 가서 늙은 사람들에게 먹이고 나도 먹고 젊음을 되찾을 것이오!”

길가메시는 들어갔던 문으로 다시 나와 뱃사공 우르샤나비와 함께 여행하면서 밤을 지새울 준비를 하였다. 문득 찬물이 솟아오르는 샘이 보였다. 그는 내려가서 몸을 씻었다. 그런데 웅덩이 깊은 곳에 살던 뱀이 향기를 맡고 그 불로초를 빼앗아 도망쳐 버렸다. 눈 깜짝할 사이에 뱀은 껍질을 벗고 사라졌다. 길가메시는 주저앉아 비통하게 울부짖었

다. 그리고 뱃사공과 함께 우루크로 발길을 돌렸다.[30]

길가메시의 죽음

●

신들의 아버지 엔릴이 길가메시에게 정해준 운명의 날이 다가왔다. 어둠이 그에게 빛을 비추어 주리라. 많은 영웅과 현자가 달처럼 나왔다가 사라져 갔지만, 사람들은 '그러한 힘과 능력으로 다스릴 자는 없다'라고 말하리라. 오! 길가메시여, 이것이 당신의 꿈의 의미였다. 비록 왕이었으나 영원한 생명을 얻을 수 없었으니, 이것이 당신의 운명이었도다.

왕은 스스로 누웠다. / 다시는 일어나지 않으리. / 그는 악을 정복했으나 다시는 오지 않으리. / 당할 자 없이 강했으나 다시는 일어나지 않으리라. / 그는 슬기로웠고 온화한 얼굴을 지녔지만 다시는 오지 않으리. / 산 속으로 들어가 다시는 나오지 않으리. / 운명의 침대 위에 그는 누워서 다시 일어나지 않으리라.

백성들은 울면서 구슬픈 노래를 불렀다. 닌순(Ninsun)의 아들 길가메시를 위해 제사를 드렸다. 죽음의 여왕 에레쉬키갈(Ereshkigal)을 비롯한 지하세계의 여러 신에게 제사를 드렸다. 생명의 나무를 지키는 뱀의 신 닌기쉬지다(Ningiszida)에게 빵을 바치고, 엔릴의 선조이며 조상신인 목자 두무지(Dumuzi), 지혜의 신 엔키(Enki), 그리고 축제의 신, 양떼의 신, 창조의 여신 닌후르사그(Ninḫursag)에게 남녀제사장들은 제사를 드렸다. 닌순의 아들 길가메시는 무덤 속에 누워 있도다. 오, 길가메시여, 당신의 이름이 영원할지어다.[31]

1 후크; 앞의 책(중동 신화), 102쪽.

2 N. Sandars; The Epic of Gilgamesh(길가메시 서사시), 범우사, 1999, 이현주 옮김, 113~114쪽. 히타이트의 수도인 하투사의 문서 저장고, 즉 현대의 '보가즈코이'에서 발견되었다.

3 S. Kramer; History Begins at Sumer(역사는 수메르에서 시작되었다), 가람기획, 2000, 박성식 옮김. 259쪽.

4 「수메르 왕명록」(롤: 앞의 책), 262~263쪽.

5 R. Wenke; Pattern in Prehistory 2(선사문화의 패턴 2), 서경, 2003, 안승모 옮김, 117~121쪽.

6 조철수; 앞의 책(수메르 신화), 454쪽.

7 샌더스; 앞의 책, 11쪽.

8 「길가메시와 생명의 땅」, 「길가메시와 하늘의 황소」, 「대홍수」, 「길가메시의 죽음」, 「길가메시와 키시의 아가」, 「길가메시와 엔키두 그리고 저승세계」

9 크레이머; 앞의 책, 271~272쪽.

10 크레이머; 앞의 책, 259쪽.

11 샌다스; 앞의 책, 11~12쪽. / 「길가메시 서사시」 [앞의 책(프리처드 편집, 스파이저 원역), 109~110쪽.] 일곱 현자는 일곱 도시를 문명화시킨 분이다.

12 「길가메시 서사시」 [앞의 책(프리처드 편집, 스파이저 원역), 111~112쪽.]13 샌더스; 앞의 책, 29~30쪽.

14 T. Gaster; The Oldest Stories In The World(세상에서 가장 오래된 이야기), 대원사, 1991, 이용찬 옮김, 49~50쪽. 가스터 교수는 훔바바를 민간설화의 도깨비라고 보았는데, 훔바바의 '일곱 벌의 옷'은 일곱 베일에 감싸인 무섭고 신비로운 눈을 가리킨다. 원래 훔바바는 시리아 북부, 아나톨리아, 엘람의 신이었다.

15 아눈나키는 수메르와 아카드 시대에 신들의 집단으로 '아눈나'(Annuna, 50명의 위대한 신)

와 '이기기'(Igigi, 작은 신들)의 합성어이다.

16 샌더스; 앞의 책, 46쪽.

17 「길가메시 서사시」[앞의 책(프리처드 편집, 스파이저 원역), 126~129쪽.]

18 「길가메시 서사시」[앞의 책(프리처드 편집, 스파이저 원역), 129~132쪽.]

19 「길가메시 서사시」[앞의 책(프리처드 편집, 스파이저 원역), 138~140쪽.]

20 우트나피시팀은 수메르에서 지우수드라로 불린 슬기로운 왕이며 슈르르팍의 제사장이었다. 아카드에서는 '생명을 본 자'로 여겼다.

21 조철수 ; 앞의 책(수메르 신화), 121쪽. / 샌더스 ; 앞의 책, 73쪽.

22 고패는 높은 곳에 깃발이나 물건을 달아 올리거나 내리는 줄을 걸치는 도르래나 고리이다.

23 큐빗(cubit)은 중동과 서양에서 쓰이던 길이의 단위이다. 1큐핏은 팔꿈치에서 가운뎃손가락 끝까지의 길이에 해당되며 50cm 내외이다.

24 샌다스; 앞의 책, 79~80쪽. / 조철수; 앞의 책, 122쪽.

25 슈르루팍(Shurrupak)은 「수메르 왕명록」의 슈루팍(Shuruppak)이다.

26 「길가메시 서사시」[앞의 책(프리처드 편집, 스파이저 원역), 148~150쪽.]

27 「길가메시 서사시」[앞의 책(프리처드 편집, 스파이저 원역), 151~152쪽.]

28 「길가메시 서사시」[앞의 책(프리처드 편집, 스파이저 원역), 153~154쪽.]

29 「길가메시 서사시」[앞의 책(프리처드 편집, 스파이저 원역), 154~155쪽.] / 조철수; 앞의 책, 123~134쪽.

30 「길가메시 서사시」[앞의 책(프리처드 편집, 스파이저 원역), 155~160쪽.]

31 샌다스; 앞의 책, 101~104쪽.

4장

죽음에 도전한
길가메시

    고대 신화에는 회춘이나 장수, 혹은 불사를 가져다주는 기적의 식물이 나타난다. 고대 인도인과 그리스인은 그 식물을 찾아 젊음의 회복을 바란 반면에 셈족은 영원한 생명을 원하였다. 바로 히브리의 「창세기」에 '생명나무의 열매가 영원히 살게 한다.'고 기록되어 있는데, 그 기적의 식물은 인도의 소마, 그리스의 암브로시스, 이란의 하오마라고 알려져 있다.[1]

    고대 수메르의 신화에 저승에서 죽은 인안나 여신을 소생시키는 것은 엔키신이 만든 괴이한 존재가 간직한 생명초와 생명수이다.[2] 길가메시가 구한 불로초는 뱀이 먹고 불사의 존재가 된다는 점에서 역시 기적의 식물이다. 하지만 길가메시의 위대성은 우루크의 노인에게도 그 불로초를 나누어 주어 젊음을 회복시키려는 데 있었다.

길가메시가 자각한 인간의 숙명

●

「길가메시 서사시」는 인간과 자연, 사랑과 모험, 우정과 전쟁 같은 인간의 삶의 문제를 다루고 있다. 하지만 이 주제들은 냉혹한 죽음이라는 현실에 융합되어 있다. 그런데 이 작품이 시대를 초월하여 널리 읽힌 까닭은 죽음을 거부하고 영생을 추구했던 길가메시의 모험이 사람들의 공감을 샀기 때문이다. 왜냐하면 인간은 누구나 죽지 않기를 원하기 때문이다.

길가메시가 죽지 않는 비결을 찾아 나선 직접적인 계기는 사랑의 여신 이슈타르의 유혹을 물리치다가 저주를 받아 하늘의 황소를 죽이고 끝내 여신을 모욕한 엔키두까지 잃게 되었기 때문이다. 말하자면 신의 권위에 도전하여 징벌을 받은 것이다. 하지만 조력자 엔키두가 죽자 7일 동안 울던 길가메시는 피할 수 없는 인간의 운명을 자각하였다.[3] 그것은 바로 죽음의 문제였다. 길가메시는 대홍수에서도 살아남은 우트나피시팀이 생존하고 있다는 것을 알게 되고 마침내 그를 찾아 나섰다. 이는 가비라성의 왕자였던 싯다르타가 생로병사, 특히 병들어 죽어 가는 노인을 보고 출가를 결심한 것과 비슷하다. 그 후 전개되는 길가메시의 모험은 불가사의한 시련으로 가득 차 있는데 신화적인 상징의 옷을 벗겨야 그 정체가 드러난다.

천의 얼굴을 가진 영웅

●

독일의 인류학자 아돌프 바스티안은 세계의 신화와 종교에서 같은 이미지와 같은 주제가 되풀이되어 나타나지만 환경에 따라 서로 다른 옷을 입고 등장한다고 밝혔다.[4] 다시 말하면 영웅은 시대와 장소에 따라 열한 개의 얼굴을 가진 십일면관세음보살처럼 서로 다른 얼굴로 나타나지만 그 중심은 동일하다는 것이다. 즉 영웅은 스스로의 힘으로 자기복종의 기술을 완성한 인간이다.

이를테면 중국의 황제, 히브리의 모세, 아즈텍의 테까들리 포카 같은 영웅은 한 종족에게만 선물의 은혜를 베푼다. 하지만, 석가, 예수, 마호메트 같은 우주적 영웅은 전 세계에 풍부하고 넉넉한 소식을 전해 준다. 그러나 영웅들은 모험을 통해서 위기를 극복하고 자기를 초월한다. 그 모험의 기본 궤도는 네덜란드의 인류학자 게넙의 통과의례에 나타난 형식, 즉 '분리-입문-회귀(통합)'의 확대판이다.[5] 말하자면 영웅은 일상적인 세계에서 떠나 초자연적인 세계에 입문하여 엄청난 세력과 만나지만 결국 승리를 거두어 현실세계로 돌아와 세상에 널리 이익을 주는 홍익인간(弘益人間)인 것이다.[6]

중요한 것은 게넙에 따르면, 인간이 극복해야 할 중간지대의 경계가 있는데, 거기서 성과 속이라는 의례가 존재한다는 점이다.[7] 삶의 덧없음에 충격을 받고 불사의 여행을 떠난 길가메시도 시련과 위험이 가득한 통과의례를 겪으면서 성과 속, 즉 상승과 추락을 계속한다. 그러나 그것은 인간의 한계를 극복하려는 모든 영웅들이 받는 소명이다.

길가메시의 모험과 시련

●

길가메시가 처음 만난 위험은 마슈산맥에서 태양이 날마다 통과하는 문이다.[8] 그 관문에서 길가메시는 얼굴을 보면 죽는다는 반은 인간이고 반은 용인 괴물 스코르피온을 만난다.

인류학적으로 이 어둠의 터널은 저승세계로 가는 구멍이나 위험한 틈새이다. 뱀에 물려 죽은 아내를 데려오려고 저승에 간 오르페우스,[9] 두무지를 구하려고 저승에 내려간 인안나 여신, 그리고 죽은 자의 영혼을 불러내는 샤먼이 지하세계에 있는 저승에 왕래한 것은 바로 이 상징적인 구멍을 통해서 였다. 말하자면 이 관문은 다른 차원의 세계로 통과할 수 있는 블랙홀인 셈이다.

길가메시가 관문을 지키는 그 괴물을 감동시킨 것은 삶과 죽음이라는 고뇌의 간절함이었다. 이는 죽은 아내를 되찾아오려고 저승의 강을 통과한 그리스의 샤먼 오르페우스의 절실함과 비슷하다. 오르페우스는 동물이나 돌까지 감동시킨다는 노래를 불러 뱃사공 카론과 머리가 셋 달린 개 케르베로스를 감동시켜 강을 건넜기 때문이다.

마침내 위험한 관문을 통과한 길가메시는 어둠 속을 12시간이나 걸어서 산맥의 반대쪽에 있는 신기한 정원에 도착한다. 그리고 가까운 바닷가에서 시두리 요정을 만난 길가메시는 전설적인 인간 우트나피시팀이 있는 곳을 묻는다. 포도주를 빚는 여인 시두리는 인간은 죽을 운명이니 현실에 만족하고 불사라는 꿈을 버리라고 길가메시를 유혹한다. 이 시두리는 사비트(Sabit)라고도 불리는데, 술집 작부라는 뜻이다.[10]

시두리는 그리스의 서사시 『오디세이』에서 오디세우스를 유혹하는 마법의 여인 키르케[11] 혹은 길가메시에게 반한 이슈타르의 화신으로 볼 수 있다. 이 여인들은 수도하는 석가를 유혹하는 여인이나 예수가 광야에서 방황할 때 나타난 마귀와 비슷한 적대세력이다. 그러나 길가메시는 시두리의 유혹을 거부한다. 왜냐하면 사랑은 순간적이고 쾌락은 유한하며, 일시적인 행복은 새로운 괴로움을 불러일으키기 때문이다.

마침내 깊은 바다인 대해를 건너 하데스로 가는 길을 오디세우스에게 가르쳐 준 키르케처럼 시두리는 자기의 관문을 통과시키면서 우트나피시팀의 뱃사공 우르샤나비가 있는 것을 알려 준다. 하지만 '파도를 넘을 수 있는 방법이 없다면 되돌아갈 수밖에 없다.'는 시두리의 말에 길가메시는 화가 나서 칼과 도끼로 배의 줄을 걸치는 도르래인 고패 장치를 부숴 버렸다.

그러자 뱃사공 우르샤나비는 길가메시에게 우람한 나무 120개를 잘라 역청을 칠한 뗏목을 만들라는 시련을 준다. 대단히 힘들고 어려운 노역 끝에 거대한 뗏목이 완성되자 갈대배로 한 달 반이 걸리는 바다를 그들은 사흘에 달렸다. 길가메시가 죽음의 바다를 건너는 시련을 극복하자 우르샤나비는 길가메시를 우트나피시팀에게 데려다 주었다.[12]

우트나피시팀은 산 동쪽 태양이 지나가는 딜문에 살고 있었다. 신들은 오직 그에게만 영원한 생명을 주었던 것이다. 딜문은 엔키신이 닌후르상 여신과 함께 창조활동을 했던 곳으로 전쟁과 질병, 노쇠와 죽음이 없는 파라다이스이다. 오래전부터 중동 지역에서 널리 알려진 전설적인 섬 딜문은 히브리의 에덴동산과 비슷한 곳이다. 그런데 우트나피시팀은 강 건너 저쪽 피안의 열반 속에 영원히 살고 있는 부처를 연상시킨다.[13]

딜문에서 길가메시는 우트나피시팀에게 영원한 생명을 찾는 법을 묻는다. 그는 "영구불변하는 것은 없다. 영원의 집을 지을 수는 없다."고 대답한다. 왜냐하면 약속은 지켜질 수 없고, 소유욕은 끝이 없기 때문이다. 하지만 길가메시의 절실한 마음에 감동한 우트나피시팀은 자기가 신들의 모임에 참석하여 영원한 생명을 얻게 된 비밀을 들려준다.

바로 대홍수에서 살아남은 것은 지혜의 신 에아가 꿈에서 계시한 대로 모든 소유물을 포기하고 배를 만들어 영혼을 구했기 때문이다. 그러나 우트나피시팀은 여섯 날과 일곱 밤 동안 잠들지 않고 견디면서 육체를 극복하는 혹독한 길을 제시한다.

안타깝게도 잠의 유혹으로 자기 극복에 실패한 길가메시는 "악마가 나의 육체를 차지했습니다. 나의 침실에는 죽음이 살고 있고, 내가 가는 곳 어디에나 죽음이 있습니다."고 탄식하면서 다시 길 떠날 채비를 한다. 그런데 아내의 제안을 들은 우트나피시팀은 신들만이 아는 비밀, 즉 젊음을 되찾아 주는 식물이 있는 곳을 알려 준다. 길가메시는 깊은 바다 밑으로 내려가 그 불로초를 채집하여 귀향하는 도중에 샘에서 머리를 감고, 새 옷을 갈아입는다. 하지만 식물의 향기를 맡은 뱀이 빼앗아 먹고 껍질을 벗는다.

마지막 부분은 대단히 상징적이다. 잠은 인간의 한계성, 머리를 감는 행동은 새로운 각성, 새 옷은 자기 해탈을 암시한다. 또 깊은 바다 속은 정신분석학적으로 여성의 자궁, 곧 죽음을 극복한 재생을 의미한다. 특히 불로초는 세계의 민간설화에 공통적으로 등장하는 회춘의 식물이다. 이를테면 고대 이란의 하오마는 부라카샤 호수의 섬에서 자라는 식물인데, 하오마의 즙은 만물을 회춘시키는 힘이 있다고 한다. 또 인도의 낙원에서 자라는 소마도 불로장생의 영약으로 알려져 있다.[14]

마지막에 등장하는 뱀은 아주 상징적이다. 메소포타미아에서 뱀은 히브리의 「창세기」처럼 사탄이나 악마의 상징이 아니라 지혜와 의술의 상징으로 알려져 있었다. 지금도 두 마리의 뱀이 꼬인 모습이 병원이나 약국의 상징으로 사용되는 것은 그 흔적이다. 결국 뱀은 허물을 벗으면서 영생하고, 인간의 육체는 소멸할 수밖에 없다는 기원설화로

이 서사시는 막을 내린다. 프레이저에 따르면, 미개인들은 뱀, 도마뱀, 매미, 새우, 게, 딱정벌레처럼 허물을 벗는 동물들이 불멸 장생한다고 굳게 믿었던 것이다.[15]

이 작품의 결말인 길가메시의 귀환은 간결하고, 길가메시의 죽음은 수메르의 자료에만 보존되어 있다.[16] 영생불사를 꿈꾸던 길가메시는 실패하고 슬픔에 잠겨 고향에 돌아와서 끝내 죽고 말지만 사람들에게 선물을 가져온다. 그것은 삶의 비밀이다. 용이라는 괴물을 쓰러뜨리고, 위험한 관문들을 뛰어넘은 영웅 길가메시는 신의 모습으로 성장했던 것이다. 신화학자 캠벨은 이를 석가의 대각에 비유한다. 곧 모든 것이 헛되다는 깨달음을 얻은 부처로 본 것이다.[17]

길가메시가 깨달은 것은

신화학자 캠벨은 '신화란 잘못된 심리학'이라고 하였다. 정신분석학의 관점으로 본다면, 고대의 사제나 시인이 만들어 낸 천국과 저승, 신과 악마, 괴물 등은 모두 인간의 무의식의 상징에 불과하기 때문이다. 그런데 영웅은 우리가 깨닫지 못하는 초의식의 요구를 알고 이를 대리하는 자이다. 길가메시는 자아를 해방하고 재생하기 위하여 억압과 죄의 상징인 용을 살해하고 세상을 개혁한 인물이다. 그래서 캠벨은 길가메시를 깨달은 자, 즉 부처로 보았던 것이다.[18]

그렇다면 귀환의 결과는 무엇인가? 그것은 개인과 우주가 화해하여 무지를 추방해야 가능하다. 사랑의 여신 인안나와 죽음의 여신 에레쉬키갈이 두 얼굴을 가진 한 인물이듯이 마찬가지로 삶과 죽음도 화해가 필요하다. 그래서 수메르인은 지혜의 신 엔키가 대홍수에서 지우수드라를 구하여 딜문에서 영생을 누리게 했다고 보았다.

고대인이 신을 만나던 비결

●

고고학자 헨리 롤린슨은 「길가메시 서사시」의 12편은 황도 12궁과 일치하는 것이고, 시의 전개가 12개월을 통과하는 태양의 진행과 같다고 보았다. 이는 홍수설화가 11편에 배치된 것을 보면 알 수 있는데, 바빌로니아에서 11월은 우기의 절정이기 때문이다.[19]

중국의 천문학자 장샤오위안은 길가메시의 모험을 천문학적인 여행으로 보았다. 12차례에 걸친 길가메시 모험은 모두 황도 상의 별자리와 관련되어 있다는 것이다. 이를테면, 전갈자리에서는 전갈의 몸에 사람의 얼굴을 지닌 이를 만나고, 염소자리에서는 죽음의 강을 만난다. 그리고 황소자리에서는 에아-바니라는 상반신은 사람이고 하반신은 소의 모양을 한 괴물에게 가르침을 받고, 처녀자리에서는 이슈타르 여신에게서 청혼을 받았다는 것이다. 말하자면 길가메시의 모험은 영생불사를 추구한 영혼의 여행이라는 것이다.[20]

특이한 관점으로 길가메시를 해석한 인물은 독일의 고고학자 세람이다. 세람은 불멸을 갈구한 길가메시는 죽음을 피할 수 없었지만 최고신 엔릴은 그를 저승의 지배자로 임명했다고 보았다. 사제가 인간의 영혼을 지배하던 시대에 길가메시가 자신이 두려워했던 것을 지배하면서 그 두려움을 극복했기 때문이었을 것이다.[21]

종교사학자 미르체아 엘리아데는 길가메시 이야기는 여러 통과의례의 시련을 성공적으로 이겨낸 인간이라면 신의 도움 없이도 불사성을 획득할 수 있다는 생각을 어렴풋하게나마 담고 있다고 보았다.[22] 그런 의미에서 「길가메시 서사시」는 종교적인 작품이 아니라 인간적인 작품이라고 볼 수 있다.

문학적인 면에서 원래 전통적 서사시는 구전된 영웅이나 반신적인 주인공의 이야기를 고양된 문체로 서술하는 설화체의 장대한 시이다. 한 종족이나 국가, 인류의 운명을 좌우하기 때문에 서사시의 주제는 위대하고 진지하다.[23] 그러나 「길가메시 서사시」는 『일리아드』와 『오디세이』처럼 전쟁이나 영토의 확장이 아니라 인류의 죽음에 대한 문제를 다룬 작품이다.

문학은 상상의 산물이고 독창성을 생명으로 한다. 따라서 구전되는 과정에서 그리고 작가가 서사시로 정착시키면서 실존인물 길가메시는 반신적인 영웅으로 성장된 것은 당연하다. 또 작가는 우트나피시팀, 즉 수메르의 지우수드라 왕이 지붕이 있는 특별한 배를 건조하여 대홍수에서 살아남았기 때문에 딜문에서 영생을 누릴 것이라고 추정했을 것이다. 결국 두 인물은 구전되다가 서사시로 정착되는 과정에서 이야기 꾼들의 입담과 작가의 필력으로 자연스럽게 과장되고 미화된 것이다. 이는 딜문에서도 확인된다.

고고학자들은 지우수드라가 영생하는 전설적인 딜문이 페르시아만에 있는 바레인섬이라는 것을 확인했다. 또한 고고학자들은 바다 속에서 민물이 솟아나는 바레인에서 아직도 사용되지 않은 수많은 무덤이 존재하는 것을 발견했다. 수메르의 귀족들은 엔키신이 닌후르상 여신과 함께 여러 창조활동을 한 파라다이스에서 영원히 안식하기를 원했던 것이다.[24]

　마찬가지로 기적을 일으키는 식물의 정체도 밝혀졌다. 인류학자들은 기적의 식물인 고대 이란의 하오마, 인도의 소마, 그리스의 암브로시스를 마취환각제라고 확인했다. 즉 하오마나 소마는 대마초이고, 암브로시스는 특수한 약초가 가미된 포도주이다.[25] 고대의 사제들은 이 식물들을 복용하여 일시적으로 신이 되거나 신을 만나는 종교적 수단으로 이용했던 것이다.

　특히 독성이 강한 광대버섯은 북아메리카나 시베리아의 샤먼이 망아 상태에서 신들림을 경험하는 환각마취제이고, 페요테 선인장은 북아메리카와 멕시코 인디언이 집단적인 종교체험을 하는 환각식물임이라는 사실이 알려졌다.[26] 바빌론의 신전에서는 유향이 그런 목적에 사용되었는데,[27] 지금도 천주교에서 사제들이 향이 든 기구를 흔드는 것은 그 흔적이다. 결국 현대의 학자들은 파라다이스인 딜문이나 영생의 식물이 상상의 산물이고 사제나 시인들이 창조한 것을 증명해 낸 것이다.

자료 1-4-2 니네베에서 발견된 「길가메시 서사시」에서 대홍수와 방주의 건조에 관한 점토판(영국 런던 박물관 소장)

무엇보다 길가메시가 유명해진 것은 19세기 중반에 「길가메시 서사시」의 점토판이 아시리아에서 발굴되면서 유럽에 엄청난 충격을 던진 일이다. 『수메르 문명과 히브리 신화』 3부 3장 「표절한 노아의 대홍수」에서 상세하게 논의했지만, 신의 계시이고 역사적 사실로 여겨졌던 '노아의 홍수'가 「길가메시 서사시」를 모방했다는 것이 밝혀졌기 때문이다. 그것도 부분이 아니라 전체적으로 모방한 것이다.

즉, 바빌로니아판과 히브리판은 유사점이 너무 많고, 세부적 내용까지 너무 유사하다. 바로 인간의 멸망을 결정한 신들, 홍수의 비밀을 알려 준 어떤 신, 선박의 건조, 인간과 동식물의 승선, 바빌로니아의 11번째 영웅과 아담의 11번째 후손인 노아, 새들을 날려 홍수의 종식을 시험, 번제의 제물, 분노가 진정된 신들 등이 세부적으로 닮았다. 물론 히브리인은 바빌로니아나 더 오래된 수메르의 홍수 이야기를 비교적 후대에 차용한 것이라는 사실이 현대의 연구로 증명되었다.[28] 더구나 독일의 구약학교수 고든 웬함은 「창세기」와 「길가메시 서사시」의 공통점을 17가지나 찾아내서 세상을 깜짝 놀라게 하였다.[29] 다음 장에서는 바빌로니아의 사제와 시인들이 천지창조를 어떤 방식으로 상상하고 왕을 신의 대행자로 조작하면서 백성들을 복종하게 하고 권력을 장악했는지 탐구해 보기로 한다.

1   M. Eliade; Patterns in Comparative Religion(종교형태론), 한길사, 1997, 이은봉 옮김, 390~392쪽, 381~383쪽.

2   조철수; 앞의 책(수메르 신화), 287쪽. 조철수는 정체가 불분명한 존재인 두 생명체는 Kur-gar-ra(대신 우는 대곡꾼), Kala-tur-ra(어린 곡꾼)이라고 해석하였다.

3   S. Thompson; The Polktale(설화학원론), 계명문화사, 1992, 윤승준, 최광식 옮김, 58~106쪽. 조력자는 난장이나 요정, 죽은 자, 동물, 악마나 귀신, 혹은 비범한 동료로 나타나 마법의 물건이나 약, 신비한 재주 같은 초자연적인 수단으로 주인공을 돕는다.

4   J. Campbel; Myth Through Time(신화의 세계), 까치글방, 1998, 과학세대 옮김, 113쪽.

5   Tsuneo Ayabe(ed.); Bunka Jinrui-Gaku No Meicho 50(문화 인류학의 명저 50), 자작나무, 1999, 김인호 옮김, 59~65쪽.

6   J. Campbel; The Hero With A Thousand Face(천의 얼굴을 가진 영웅), 민음사, 2001, 이윤기 옮김, 29쪽, 453쪽, 4~45쪽.

7   츠네오; 앞의 책(문화 인류학의 명저 50), 61쪽.

8   가스터; 앞의 책, 54-55쪽. 터널의 입구는 보통 산 속에 있는데, 태양이 산 넘어 저물어가는 것처럼 보이기 때문이다. 원래 '마슈(Mashu)'는 바빌로니아어로 '쌍둥이'라는 뜻이므로 원통인장에 흔히 묘사된 '쌍봉우리'라는 신화적인 산으로 보인다.

9   Apollodoros; Bibliotheka Epitome(신화집), 민음사, 2009, 강대진 옮김, 49쪽.

10   샌더스; 앞의 책, 145쪽.

11   아폴로도로스; 앞의 책, 301~302쪽.

12   샌더스; 앞의 책, 146쪽. 수메르인은 깊은 대해가 페르시아만 밖에 있는데, 거기에 강물이 흘러들어 가는 딜문이 있다고 여겼다. 깊은 대해는 죽음의 파도와 대지를 감싸고 있는 심연, 즉 태초의 바다이며 신들이 태어난 바로 그 압수(Apsu)이다.

13 후크; 앞의 책(중동 신화), 64쪽.

14 가스터; 앞의 책, 58쪽.

15 J. Frazer; Folklore In The Old Testament- Studies In Comparative Religion, Regend And Law(문명과 야만 1), 강천, 1996, 이양구 옮김, 89~99쪽.

16 샌더스; 앞의 책, 152쪽.

17 캠벨; 앞의 책(천의 얼굴을 가진 영웅), 251~252쪽.

18 캠벨; 앞의 책(천의 얼굴을 가진 영웅), 326쪽, 331~332쪽, 29~30쪽.

19 프레이저; 앞의 책(문명과 야만 1), 135쪽.

20 쟝샤오위안; 앞의 책, 51~52쪽.

21 C. Ceram; A Picture History of Archaeology(발굴하는 발굴의 역사), 차림, 1977, 김대웅 옮김, 246쪽.

22 M. Eliade; Histoire des Croyances et des Idées Religieuses 1 (세계종교사상사 1권), 이학사, 2010, 이용주 옮김, 130쪽.

23 A. Abrams; A Glossary of Literary Terms(세계문학비평용어사전), 을유문화사, 1995, 이명섭 편저, 231쪽.

24 롤; 앞의 책, 370~388쪽.

25 J. Noss; Man's Religions 1(세계종교사 상권), 현음사, 2000, 윤이흠 옮김, 161쪽. / P. Mcgovern; Uncorking The Past: The Quest for Wine, Beer and Other Alcoholic Beverages(술의 세계사), 글항아리, 2018, 김형근 옮김, 213~217쪽, 330~331쪽.

26 J. Brosse; La Magie Des Plantes(식물의 역사와 신화), 갈라파고스, 2005, 양영란 옮김, 179~184쪽 / 맥거번; 앞의 책, 380쪽.

27 Herodotus; The Histories(역사 상권), 범우사, 20001, 박광순 옮김, 135쪽.

28 프레이저; 앞의 책(문명과 야만 1), 155~156쪽. 279쪽.

29 J. Walton; Ancient Near Eastern Thought and the Old Testament(고대 근동 사상과 구약성경), 기독교문서선교회, 2017, 신득일·김백석 옮김, 46쪽.

5장

창조신화
「에누마 엘리쉬」

「에누마 엘리쉬」는 바빌로니아의 사제들이 신년축제에 사용하려고 만든 신화로 인류 역사상 가장 훌륭한 창조서사시의 하나라고 평가되고 있다.[1] 그것은 이 작품이 우주의 기원과 질서를 근본적이고 웅대하게 다룬 서사시이기 때문이다.[2]

「에누마 엘리쉬」는 신년축제 때 판토마임이나 연극으로 공연되었다. 민간전승의 성격을 지닌 서사시를 사제들이 재미있고 실감나게 공연하려고 이야기를 각색하거나 노래를 끼워 넣어 산문보다 기억하기 쉬운 시로 낭송하였다.[3] 신년축제에서 가장 극적인 부분은 마르두크신의 사라짐과 나타남, 즉 죽음과 부활을 보여 주는 장면이다.

「에누마 엘리쉬」, 저 높은 곳에

●

「에누마 엘리쉬」는 이 서사시가 시작되는 첫 구절 '저 높은 곳에 (Enuma elish)'에서 비롯되었다. 이 장엄한 서사시는 튀르키예의 술탄 테페, 아시리아의 니네베, 수메르의 키시, 그리고 바빌론의 점토판에 기록되어 있다.[4] 7개의 점토판으로 구성된 「에누마 엘리쉬」는 1,100행이 넘는 긴 서사시로서 비교적 보존 상태가 좋은 편이다. 작품의 장대함이나 극적인 긴장감에서 「길가메시 서사시」와 함께 이 서사시는 바빌로니아 시대의 가장 중요한 종교적 문학작품으로 손꼽힌다.[5]

이 서사시는 국가적인 행사인 바빌론의 신년축제 넷째 날에 순례자들 앞에서 마르두크신이 우주와 인간을 창조하는 극적인 과정을 연극으로 공연하면서 주문처럼 낭송되었다. 그것은 마르두크가 우주를 창조하던 태초의 힘을 불러와 국가의 번영과 풍요를 누리기 위해서였다. 말하자면 이 점토판들은 시와 찬가의 형식으로 기록된 제의문집이었다.[6]

「에누마 엘리쉬」의 원형은 수메르

●

바빌로니아인이 수메르의 길가메시의 이야기를 장편 서사시로 완성한 것처럼 마르두크 창조 서사시의 원형도 수메르에 있었다. 즉, 수메르인은 원초적인 바다에서 하늘의 신 안과 땅의 신 키가 창조되고 폭풍의 신 엔릴이 만들어졌다고 보았다. 그리고 수메르에는 엔릴이 달의 신 난나와 태양신 우투를 낳고, 지하수의 신 엔키가 어머니 신 닌후르상과 함께 식물과 동물, 인간을 창조하는 신화가 있었다.

이러한 수메르의 창조신화를 바탕으로 바빌로니아 사제들은 전해 오는 여러 자료들을 모아 재편집하고 고쳐서 「에누마 엘리쉬」를 만들었다. 사제들은 전사이며 영웅, 그리고 '태양신의 송아지'라는 뜻을 지닌 마르두크(Marduk)가 혼돈의 괴물이며 네발 달린 바다의 용 티아마트(Tiamat)와 싸우고 승리하여 세계와 인간을 창조한 영웅담을 서사시로 창작했던 것이다. 야콥센은 기원전 2000년대 중엽 고대 바빌로니아가 정치적 문화적 전성기일 때 이 서사시가 만들어진 것으로 보았다.[7]

왕의 수난과 질서의 회복

●

수메르에서 신년축제는 한 해의 시작이란 뜻을 지닌 '자그무트(Zagmuk)'라고 하였다. 바빌로니아의 신년축제는 '아키투(A'kiti)'라고 했는데, 춘분인 나산달 3, 4월의 처음 12일 동안 열렸다.[8] 아카드어로 아키투

자료 1-5-1 파종 축제 때 바칠 동물의 수를 적은 점토판(우르 3왕조 시대, 미국 메트로폴리탄 박물관 소장)

는 '보리'라는 뜻이므로 신년축제는 보리의 풍요를 기원한 농경의례로 볼 수 있다. 신년축제의 넷째 날에 「에누마 엘리쉬」가 낭송되었는데 축제는 몇 단계가 있었다.

첫째 포로로 잡힌 마르두크와 왕의 속죄, 둘째 마르두크의 해방, 셋째 전투와 승리의 행진, 넷째 왕과 여사제의 결혼, 다섯째 신들이 내리는 운명의 결정이다. 단적으로 신년축제는 티아마트가 마르두크를 포로로 잡자 혼돈에 빠진 세상을 회복하는 제의였다. 주목할 것은 이 의식이 마르두크 신전에서 대사제가 왕의 홀, 반지, 왕관을 빼앗은 뒤에 왕의 얼굴을 때리고 모욕하면서 시작된다는 점이다. 이처럼 수난을 당한 왕이 무릎을 꿇고 자기의 무죄를 주장하는 동안 백성들은 행방불명된 마르두크를 찾아다니지만, 왕은 신의 군대인 백성들을 끌고 티아마트에게 대항하여 물리치는 것이다. 최종적으로 왕은 이슈타르 여신의 화신으로 변장한 여사제와 신성한 결혼식을 거행하여 세계의 질서를 회복하는 방식으로 의식이 끝난다.[9]

그런데 수메르 시대부터 이어져 내려온 이 신년축제는 히타이트, 우가리트, 페르시아, 이집트에서도 거행되었다. 신년축제 날 두 패로 나뉜 연극배우들이 서로 전투를 벌였는데, 이는 12일 동안의 윤일(閏日) 동안에 12개월의 운명을 결정하던 관습이 반영된 것이며 오늘날엔 중동지방과 동유럽에 남아 있다. 특히 고대 로마에서 연말인 12월 17일에서 23일까지 치른 사투르날리(Saturnalia) 축제는 아주 광란적이었다. 사람들은 뒤집혀진 사회의 질서를 회복하기 위해 모든 불을 끈 상태에서 가면을 쓴 배우들을 세워 죽은 자들이 귀환하는 모습을 연극으로 공연했다.[9] 인류학자 프레이저에 따르면, 이때 대리왕을 세워 마음껏 환락을 누리게 하다가 30일 뒤에 대리왕은 제단에 올라가 스스로 자기 목을 베

었다. 나중에 이 대리왕은 인형으로 대체되었다고 한다.[11]

수메르의 신년축제와 신성결혼은 바빌로니아, 아시리아, 칼데아 시대까지 무려 3500년 동안 이어졌다.[12] 우리의 관심을 끄는 것은 마르두크의 수난과 귀환이 저승사자에게 끌려가는 수메르의 두무지를 인안나 여신이 구해 내는 신화와 관련되어 있고 예수의 수난과 부활을 강하게 연상시킨다는 점이다.

「에누마 엘리쉬」의 줄거리

●

「에누마 엘리쉬」는 종교적으로 대단히 주목을 받는 작품이다. 왜냐하면 이 서사시를 모방하여 히브리의 사제들이 「창세기」의 천지창조를 편찬했기 때문이다. 자세한 내막은 『수메르 문명과 히브리 신화』 3부 4장에서 이미 자세하게 다루었는데, 바로 천지창조의 순서, 방법, 6일간의 창조 등이 그러하다. 「에누마 엘리쉬」의 중심내용과 줄거리는 다음과 같다.[13]

단물의 신 압수와 짠물의 신 티아마트만 존재하던 태초의 원시바다에서 안개와 충적토, 하늘과 땅이 창조되고, 지하수의 신 에아가 아내와 함께 마르두크신을 창조한다. 신들은 짠물의 신 티아마트의 공격에 대비하여 회의를 열고 하늘신 아누와 지하수의 신 에아에게 조정을 맡겼으나 전투에서 실패한다. 마침내 신들은 마르두크의 능력을 시험하여 그의 권위를 인정하고 티아마트를 물리치게 한다. 온갖 신기한 무기를 만들어 전투에서 승리한 마르두크는 티아마트의 육체로 하늘과 물, 인간을 창조하고 세 주신을 위해서 에샤라 신전을 건설한다. 이어서 우주를 재창조한 마르두크는 하늘을 나누어 아누와 엔릴, 에아 세 신에게 관리를 맡긴다. 마지막으로 마르두크는 인간에게 노동을 책임지게 하여 신들을 해방시키고 그들이 거주할 신전을 건축하고 50가지 왕의 권능을 가지게 된다.

「에누마 엘리쉬」는 국판으로 45쪽에 가까운 작품이다. 7개의 점토판에 새겨진 이 창조 서사시를 멕컬, 스파이저, 조철수 교수가 점토판을 해독한 것을 압축하고 간추려서 감상해 보기로 한다.

「에누마 엘리쉬」

마르두크의 탄생

●

태초에 하늘의 이름이 지어지지 않았고, 땅의 이름이 불려 지지 않았을 때 단지 두 신만이 살고 있었다. 땅 밑의 지하수인 아버지 압수(Apsu)와 어머니인 바다의 신인 티아마트(Tiamat)가 바로 그 두 신이었다. 이로부터 진흙 쌍둥이인 라흐무(Lahmu)와 라하무(Lahamu), 그리고 수평선인 안샤르(Anshar), 지평선인 키샤르(Kishar)가 생겨났다. 하지만 그 신들이 몹시 떠들어댔다. 아버지 압수는 도저히 참을 수가 없어서 신들을 모두 불러 모았다.

그러나 그 신들이 티아마트를 괴롭히는 시끄러운 소리가 울려 퍼지고 티아마트의 뱃속까지 뒤엉키게 하였다. 신이 사시는 곳을 시끄럽게 뛰어다니면서 어지럽혔다. 하지만 압수는 그 소란한 소리를 가라앉힐 수가 없었다. 압수는 자기 자식들에게 너무 너그러운 티아마트에게 불평을 토로했다. 그들의 행동이 마음을 아프게 하여 낮에 쉴 수가 없고 밤에 잠을 잘 수가 없다고 하소연했다. 하지만 티아마트는 화가 나서

"우리들이 함께 만든 것들을 어떻게 없애 버릴 수가 있나요?"라고 남편에게 소리를 질렀다.

마침내 몹시 짜증이 난 압수는 시종인 뭄무(Mummu)와 함께 이들을 처치할 계획을 세웠다. 하지만 지혜의 신인 에아(Ea)가 그 계획을 알아차리고 거룩한 주문을 외우자 물이 잠잠해 졌다. 이어서 잠을 쏟아 붓자 압수는 스르르 잠에 빠져들고 시종 뭄무도 눈이 몽롱해졌다. 마침내 에아는 잠든 뭄무와 함께 압수를 죽여 압수의 허리띠를 풀고 왕관을 벗기고 빛나는 망토를 빼앗아 자기가 썼다. 그리고 에아는 환성을 지르면서 압수가 사는 곳을 차지했다. 에아의 부인 담키나(Damkina)는 용사 중의 용사이고 신들의 현자인 마르두크를 창조하였다.

어린 마르두크는 여신들의 젖을 빨았다. 그를 기른 유모는 그에게 위엄을 채워 주었다. 그의 모습은 찬란했고 눈매는 불길 같았다. 태어나면서부터 용사였고 처음부터 용감했다. 그의 아버지 에아를 낳은 하늘 신 아누(Anu)가 마르두크를 쳐다보았다. 아누는 즐거워 얼굴색이 환하게 빛났고 가슴은 기쁨으로 가득 찼다. 아누는 마르두크를 완벽하게 만들어 그의 신성이 두 배가 되었다.

마르두크는 성장하면서 최고가 되었고 모든 면에서 탁월했다. / 그의 모습은 솜씨 있게 창조되어 어느 누구도 알 수가 없었다. / 이해하는 것이 불가능했고 간파하기가 너무 어려웠다. / 그의 눈은 네 개였고 귀도 네 개였다. / 마르두크의 입술이 움직일 때 사나운 불길이 타올랐다. / 귀가 거대하여 네 배로 감지하고 눈도 모든 것을 감시했다. / 그의 육체는 너무 우람하여 신들 가운데 가장 장대했다. / 태양신 우투의 아들 마르두크 / 태양의 후광이 머리를 감싸는 그는 / 신들의 태양이고 태양의 아들

이었다.[14]

티아마트의 분노와 마르두크의 출현

●

티아마트는 불안해졌다. 더구나 신들이 티아마트에게 남편인 압수의 죽음에 복수해야 한다고 자꾸만 충동질했다. 분노에 불이 붙은 티아마트는 무시무시한 괴물들을 만들었다. 뿔 달린 뱀, 괴기한 사자, 험악한 개, 광포한 전갈인간, 힘센 귀신들, 어류인간, 황소인간 등 열하나의 괴물병사를 만들었다.[15] 그리고 지휘권은 킨구(Qingu)에게 주었다. 킨구를 왕좌 위에 앉히고 유일한 연인으로 부르면서 운명의 서판(書板)을 주고 최고의 권력을 부여했다.

마침내 티아마트는 병사들을 집합시켰다. 그러자 충격을 받은 에아는 아버지 안샤르에게 거대한 뱀 무시무시한 티아마트에 대하여 들려주었다.

누구도 대적할 수 없는 무기를 만들고 기괴한 뱀들을 낳았습니다. / 이빨은 날카롭고 엄니는 무자비합니다. / 몸속에 피 대신 독을 가득 채웠고 / 사나운 용들에게 무서운 빛을 씌웠고 / 광채 나는 망토를 걸쳤습니다. / 그들을 본 자는 힘없이 꺾일 것이며 / 그들이 육중하게 덤벼들면 그들의 가슴을 돌리지 못할 것입니다.

안샤르는 괴물들의 이름과 킨구에게 준 운명의 서판(書板)에 대한 설명을 다 듣고 크게 놀라 입술을 깨물었다. 갑자기 분노가 치밀어 오른 안샤르는 에아가 전쟁을 선언했다고 소리를 지르면서 에아를 책망했다. 그러자 에아는 "아버지, 당신의 마음은 깊고 모든 운명을 결정합니다. 창조하고 파괴하는 권한이 당신에게 있는데, 지금 일어날 일을 누가 예측했겠습니까?"라고 변명하였다. 그러나 안샤르는 에아에게 주문으로 티아마트의 공격을 막으라고 명령했다.

마침내 티아마트와 에아 사이에 전쟁이 터졌다. 에아는 티아마트의 행로를 수소문하여 그녀의 뒤를 미행하면서 그녀의 작전을 알아보려고 애썼지만 헛수고였다. 패하고 만 것이다.[16] 풀이 죽은 에아가 되돌아오자 수평선 안샤르는 말없이 땅을 응시할 뿐이었다. 안샤르는 이를 악물고 에아에게 실망하여 머리를 내저었다. 이어서 작은 신 이기기들과 큰 신 아누키들이 모여들었다. 하지만 그들도 입술을 다문 채 잠시 조용히 앉아 있을 뿐이었다.

"티아마트를 상대하는 것은 목숨을 내놓는 것이다!"

그리 중얼거리면서 어떤 신도 전쟁터에 나가려고 하지 않았다. 에아는 마르두크를 몰래 비밀장소로 불렀다. 그리고 아버지를 대신해서 투사가 될 위대한 상속인은 누구인지, 누가 두려움 없이 전쟁에 뛰어들 수가 있는지 물어 보았다. 이어서 에아는 그 자는 영웅 마르두크라고 외쳤다. 가슴이 벅찬 마르두크는 기뻐하는 안샤르에게 다가갔다. 불안한 마음을 감추고 안샤르는 마르두크의 입술에 자기 입을 맞추었다. 마르두크는 자신만만하게 말했다.

"나의 창조주이신 아버지, 기뻐하십시오. 머지않아 티아마트를 완전히 꺾을 수 있도록 해 드리겠습니다."

그런데 마르두크는 자기가 티아마트를 이기고 신들의 목숨을 구해주면 최고신의 자리를 달라고 요구했다. 안샤르는 그의 요구를 쾌히 승낙하였다.

"내 입에서 떨어지는 명령은 결코 취소되지도 바뀌지도 않을 것이다."

안샤르는 신들을 소집했다. 신들은 별자리 하나를 세운 뒤에 마르두크에게 사라지게 하고, 다시 나타나게 해 보라고 시험했다. 마르두크의 말에 정말 별자리가 사라졌고, 마르두크가 다시 말하자 별자리가 다시 나타났다. 마르두크가 이 시험을 통과하자 신들은 기뻐서 "마르두크는 왕이다!" 라고 소리쳤다.[17] 그리고 홀, 옥좌, 용포를 주면서 티아마트의 목숨을 끊어 버리라고 말했다. 마르두크는 대규모 전투를 위해서 특별한 무기들을 만들었다.

티아마트와 마르두크의 우주전쟁

●

마르두크는 활을 만들어 자기의 무기로 삼았고 / 그곳에 화살을 붙이고 시위를 당겼다. / 그는 곤봉을 들었다. 오른손으로 그것을 잡았다. / 그는 활과 화살통을 옆에 차고 / 그 앞에 번개를 장전하고 / 자신의 몸을 불타는 화염으로 채웠다. / 마지막으로 티아마트를 사로잡으려고 그물을 만들었다. / 그녀가 전혀 빠져나갈 수 없도록 남풍, 북풍, 동풍, 서풍, 네 바람을 배치시켰다. / 그는 그물을 자기 옆구리에 끼었다. / 그는 악한 바람, 회오리바람, 허리케인, 사중의 바람, 칠중의 바람, 사이클론, 최악의 바람을 일으키고 / 그 일곱 개의 바람을 내보냈다. 그리고 거센 폭우를 일으키고 무시무시한 무적폭풍의 전차에 올라탔다.[18]

이 폭풍우 전차는 살인자, 무자비한 자, 경주자, 비행사로 불렸는데, 넷이 한 조를 이루고 이빨마다 독을 지니고 있었다. 그들은 약탈의 전문가이고 파괴의 기술자 들이었다.[19]

그러나 티아마트에게 다가간 마르두크는 그녀를 보자마자 갑자기 의지력이 무너졌다. 하지만 티아마트가 비웃자 자기도 모르게 그는 용기가 치솟아 올랐다. 티아마트는 주문을 외우면서 마법을 걸었지만 마르두크는 입술에 주문을 담고 독을 제거하는 풀을 손에 들고 있었다. 싸움은 어지럽게 지속되었다. 마침내 마르두크는 둘이서 결판을 내자고 외쳤다.

티아마트와 마르두크는 얼굴을 마주보고 맞섰다. / 둘은 싸우려고 서로 다가섰다. / 주(主) 마르두크가 그물을 펼쳐서 그녀를 사로잡으려고 / 뒤를 따르던 사나운 바람을 그녀의 얼굴에 날려 보내자 / 티아마트는 그 바람을 삼키려고 입을 벌렸다. / 그는 사나운 바람에게 그녀가 입술을 다 물지 못하게 하라고 명령하자 / 모진 바람들이 그녀의 뱃속을 부풀렸다. / 그녀의 몸은 기운이 더욱 빠져 입을 한없이 벌리자 / 마르두크가 쏜 화살이 그녀의 배를 관통했다. / 그녀의 몸 가운데를 두 동강 내고 심장을 쪼갠 뒤에 / 그녀를 짓이겨서 죽이고 말았다. / 드디어 마르두크는 시체를 넘어뜨리고 그 시체 위에 섰다.

티아마트를 도우려고 왔던 신들도 겁을 먹고 도망을 쳤지만 포위된 그들을 붙잡아 그물 속에 집어넣었다. 그녀의 오른 편에 섰던 악마의 무리들의 팔을 밧줄로 묶어 감옥에 던지자 악마들은 괴성을 지르면서 울부짖었다. 뒤늦게 티아마트의 지휘관 킨구가 도착했지만 그는 운명의 서판을 빼앗기고 말았다. 마르두크는 운명의 서판을 자신의 인장과 함께 봉해서 가슴에 껴안고, 한 번 더 티아마트의 하반신을 짓밟고 엄니로 두개골을 짓뭉개고 동맥을 끊어 버렸다. 북풍은 그것을 아무도 모르는 장소로 가져갔다.

마르두크의 우주 재창조

마르두크는 말리려고 내놓은 생선처럼 티아마트의 육체를 둘로 쪼개 반쪽을 하늘의 지붕으로 삼고, 나머지 반쪽으로 지하수가 새어 나가지 않게 땅을 만들었다.

그리고 마르두크는 아누, 엔릴, 그리고 에아를 위한 지상의 성스러운 곳에 거대한 에샤라(Esharra) 신전을 세웠다. 다음에 마르두크는 우주의 나머지 부분을 만들어 나갔다.

신들의 모습을 한 별무리를 한 곳에 고정시키고 / 고정된 별자리를 통해서 일 년을 정했다. / 열두 달에게 각각 세 개의 별자리를 정해 주었다. / 그리고 하늘의 거처에 네비루를 건설하여 하늘의 띠를 정했다.

자료 1-5-2 바빌로니아 왕의 원통 인장에 묘사된 마르두크. 기원전 9세기경.

마르두크는 천상의 기지인 네비루(Nebiru), 즉 목성의 북쪽 하늘을 엔릴에게 맡기고, 남쪽 하늘을 에아에게 맡기는 구역을 정한 것이다. 그리고 달이 빛을 내게 하고 밤을 맡기면서 매달 달이 여러 모양으로 위상을 변화시키는 운명을 부여하였다. 마르두크는 매달 쉬지 않고 왕관으로 달을 존귀하게 했다.

매달 초에 지상으로 오르면서 / 당신은 엿새를 표시하도록 밝은 뿔을 가질 것입니다. / 이레 날에는 반쪽 왕관을 가질 것입니다. / 보름에는 당신은 반대쪽에 설 것입니다. / 태양이 하늘 끝에서 당신을 따라 잡을 때 / 당신의 왕관을 줄이고 빛 속으로 사라지세요. / 당신은 대양의 길로 접근합니다. / 그리고 당신은 다시 태양의 맞은편에 설 것입니다.[20]

마르두크는 밤과 낮의 구역을 정한 뒤에 티아마트의 침으로 날아가는 구름과 바람, 비를 만들고, 티아마트의 독으로는 크게 굽이치는 안개를 만들었다. 그리고 그녀의 눈에서 유프라테스강과 티그리스강을 열었다.[21]

마르두크 신전의 건설과 인간의 창조

●

감격한 신들은 기뻐서 환영회를 열었다. 아누, 엔릴, 에아가 마르두크에게 선물을 주고 호화로운 옷을 입히고 왕위를 수여하자 마르두크도 답례를 했다.

푸른 바다 빛의 거처인 압수 위에 / 내가 당신들을 위해 만들었던 에샤라 앞에 / 나는 신전을 짓기 위해서 땅을 튼튼히 다졌소. / 내가 머무를 수 있는 화려한 집을 짓고 / 그 안에 나 마르두크의 신전을 짓겠소. / 그리고 밀실을 만들어서 나의 왕권을 확실히 해 두겠소. / 당신들이 회의에 참석하러 압수에 올 때마다 / 나의 신전에 여러분을 받아들여 밤에 쉴 수 있는 곳을 만들겠소. / 나는 이곳을 큰 신들의 거처인 바빌론이라고 부르겠소. / 우리는 그곳을 종교의 중심지로 만들 것이오.[22]

그리고 이어서 마르두크는 창조의 기적을 행하겠다는 계획을 에아에게 말했다.

나는 피를 모아 뼈가 되게 할 것이오. / 야만종(룰루)를 만들고 그의 이름을 사람이라고 할 것이오. / 진실로 나는 '야만종-사람'을 창조할 것이오. / 신들이 안식할 수 있도록 신들에게 봉사하는 임무를 받게 될 것이오. / 나는 신들의 삶을 예술적으로 바꿀 것이오. / 비록 그들은 여전히 존경받지만 두 부류로 나뉘게 될 것이오.[23]

신들은 킨구의 시체에 복수했다. 마르두크가 킨구의 피로 만든 사람들은 신들이 쉴 수 있도록 일 년 내내 벽돌을 만들었다. 그리고 마르두크가 신들을 하늘의 신과 저승의 신으로 크게 나누어 600명의 신을 배치했다.

"이제 주여! 당신이 우리를 자유롭게 했습니다."

신들은 감사의 표시를 했다. 그리고 마르두크가 밤에 쉴 수 있는 장소를 자기 자신들이 직접 짓겠다고 제안했다. 그러자 마르두크의 얼굴이 대낮처럼 밝아 졌다.

"여러분이 요구했던 바빌론을 건설하시오. 진흙 벽돌을 빚고 성전을 높이 지으시오."

신들은 일 년 내내 벽돌을 빚었다. 두 해가 다 지나갈 무렵에 그들은 커다란 성전과 에사길라 지구라트를 세웠다. 그 안에 마르두크, 엔릴, 에아의 거처를 마련했다. 에사길라를 세운 뒤에 아눈나키 신들은 자기들의 성소를 세웠다. 그 자리에서 큰 잔치가 열리고 마르두크는 왕으로 선포되었다. 무려 50개의 명칭들이 마르두크에게 주어졌다.[24] 그리고 제의를 행한 뒤에 신들의 규범(規範)과 전조(前兆)가 확정되었고 모든 신들은 하늘과 땅에서 자기 거처를 배당받았다. 50명의 신들이 자기들의 보좌를 취했고, 운명의 신 7명이 하늘에 300명의 신을 세웠다.[25]

1   후크; 앞의 책, 48쪽.

2   야콥센; 앞의 책, 233쪽.

3   가스터; 앞의 책, 14~25쪽.

4   H. Mccall; Mesopotamian Myths(메소포타미아 신화), 범우사, 1999, 임웅 옮김, 113쪽.

5   엘리아데; 앞의 책(세계종교사상사 1권), 115쪽.

6   후크; 앞의 책(중동 신화), 87쪽.

7   야콥센; 앞의 책, 214쪽.

8   이혜정; 「메소포타미아 문명과 바빌로니아」(김현선 외; 중동신화 여행, 아시아, 2018, 240쪽.)

9   엘리아데; 앞의 책(세계종교사상사 1권), 120~125쪽.

10 엘리아데; 앞의 책(세계종교사상사 1권), 122쪽.

11 J. Frazer; The Golden Bough(황금의 가지 상권), 을유문화사, 2001, 김상일 옮김, 256~261쪽.

12 조철수; 앞의 책(수메르 신화), 10쪽.

13 조철수의 『수메르 신화』에는 「에누마 엘리쉬」의 6개 점토판의 내용이 수록되어 있다. 프리처드 편집 『근동문학선집』에서 스파이저는 점토판 4~6까지의 내용을 수록하였고, 그레이손이 점토판 5의 내용을 보충하였다.

14 맥컬; 앞의 책, 116~118쪽. / 조철수; 앞의 책(수메르 신화), 158~159쪽.

15 맥컬; 앞의 책 118쪽. / 조철수; 앞의 책(수메르 신화), 161쪽.

16 맥컬; 앞의 책, 119쪽. 맥컬은 에아의 어조로 보거나 점토판의 다른 조각난 부분으로 볼 때 에아가 전투에서 패배한 것이 분명하다고 보았다.

17 맥컬; 앞의 책, 122쪽.

18 「창조서사시, 에누마 엘리쉬」(프리처드 편집; 앞의 책, 스파이저 원역, 92~93쪽.)

19 맥컬; 앞의 책, 122쪽.

20 「창조서사시, 에누마 엘리쉬」(프리처드 편집; 앞의 책, 스파이저 원역, 97~98쪽.)

21 「토판 5의 부기」(프리처드 편집; 앞의 책, 그레이손 원역, 104~105쪽.) / 맥컬; 앞의 책, 125쪽.

22 맥컬; 앞의 책, 125~126쪽.

23 「창조서사시, 에누마 엘리쉬」(프리처드 편집; 앞의 책, 스파이저 원역, 98쪽.)

24 조철수; 앞의 책(수메르 신화), 141쪽. 50은 엔릴신의 숫자이며 그의 칭호이다.

25 「창조서사시, 에누마 엘리쉬」(프리처드 편집; 앞의 책, 스파이저 옮김, 101~102쪽.)

6장

신의 탄생과 사제들의 권력투쟁

「에누마 엘리쉬」를 차용한 성경의 천지창조

「에누마 엘리쉬」는 우주의 기원, 세계의 질서, 왕권의 신성을 다룬 서사시이다. 다시 말하면, 우주는 혼돈에서 창조되었고 신들이 혼돈을 극복하여 세계의 질서가 잡히면서 왕권이 수립되었다는 내용이다.

그런데 마르두크가 전능한 능력을 획득하는 모습은 신전이 중심이던 수메르와 아카드를 함무라비왕이 하나의 왕국으로 통합하는 과정을 암시한다. 특히 마르두크가 최고신으로 승격된 것은 유럽의 종교사에서 보편적인 신의 형성에 크게 공헌하였다.[1]

우주의 기원과 세계의 질서

●

「에누마 엘리쉬」는 설화적인 관점에서 창세신화, 영웅설화, 살해와 창조의 모티브, 제의문의 성격으로 설명되기도 한다.[2] 복잡한 요소가 혼합된 이 서사시는 창세신화의 관점에서 볼 때, 세계와 인간의 기원을 설명하지만 동식물의 창조는 다루지 않고 창조의 과정을 중시하는 다소 불완전한 창조신화이다.[3] 그리고 이 서사시는 내용이 자주 반복되고 전달하는 의미가 불가해한 단점이 있는데, 그것은 종교적인 서사시이기 때문이다. 야콥센 교수는 대단히 난해한 창조의 과정을 다음과 같이 해석하였다.

원시의 세계는 혼돈 속에서 민물과 짠물, 구름과 안개가 혼합되어 있었다. 이 혼돈 속에서 흙과 모래가 서서히 쌓이면서 침적토가 생겨난다. 그리고 이 한 쌍에서 하늘을 에워싼 수평선인 남성이 태어나고, 땅을 에워싼 지평선인 여성이 태어난다. 이 남녀의 신성한 결혼에서 하늘신 아누가 태어나고, 아누는 누딤무드, 즉 지하수의 신 에아를 낳는다.[4]

단적으로 바빌로니아인은 티그리스-유프라테스강의 강물이 흐르면서 만들어 내는 침적토를 관찰하면서 세계의 기원을 상상하고 자연을 의인화한 것이라고 추정된다. 메소포타미아 지역이 오랜 동안 충적된 땅에서 이루어졌고, 수메르 문명도 강가에서 시작되었기 때문이다. 아마 두 강물과 바닷물이 만나는 페르시아만의 뭉게구름을 상상하면서 이 서사시가 창작되었을 것이다.[5] 결국 바빌로니아인은 히브리의 여호와신의 창조론에 반하여 스스로 만들어졌다는 자연적인 창조론으로 세계의 기원을 설명하였다고 볼 수 있다.

세계의 기원을 설명한 다음에 「에누마 엘리쉬」는 신들이 탄생하면서 세계의 질서가 잡히는 과정을 이야기한다. 즉, 우주를 창조한 힘은 티아마트라는 혼돈의 세력과 갈등을 일으키는데, 지혜의 신 에아가 주술을 이용하여 민물과 뭉게구름을 처치하고, 에아의 부인은 마르두크를 출산한다. 하지만 혼돈의 세력들의 비난을 받은 티아마트는 두 번째 남편 킹구를 내세워 마르두크와 전투를 벌인다. 상급 신들과 맞먹는 국왕의 지위를 허락 받은 마르두크는 마침내 혼돈의 세력들을 물리치고 세계의 질서를 세운 것이다.

셋째로 이 서사시는 국가의 창건을 이야기한다. 메소포타미아에서 무엇보다 중요한 일은 혼돈의 세력을 무찌르고 우주적 국가를 세우는 일이었다. 그러한 임무를 완수한 마르두크는 내부조직을 세우고, 역법을 창제하는 등 개혁을 단행한다. 그리고 신들을 아누의 지시에 따르게 하면서 하늘과 지상에 각각 반절씩 배치한다. 또 하늘을 셋으로 나누어 엔릴은 북쪽 하늘, 아누는 하늘의 중심, 에아는 남쪽 하늘을 다스리게 한다. 그리고 하늘의 질서를 관리하는 곳에 목성을 배치한다. 그 뒤에 마르두크는 티아마트의 남편 킹구의 피로 인간을 만들고, 모든 신에게 각각 신전을 지어 준다.

마지막으로 마르두크는 신전의 봉헌식을 하면서 50가지의 능력을 가진 강력한 국왕의 권력을 가진다. 결국 「에누마 엘리쉬」는 혼돈을 물리치는 마르두크의 승리를 이야기하는 과정에서 우주의 기원을 밝히고, 신들이 질서를 세운 내막을 밝히는 동시에 국왕의 통치를 정당화시켰던 것이다.[6]

세계의 질서와 왕의 신성성

●

「에누마 엘리쉬」는 자연현상을 비유적으로 다룬 작품이다. 하지만 이 작품이 다루는 혼돈과 질서는 일출과 일몰, 겨울과 여름, 죽음과 재생, 그리고 선과 악의 이원론적인 투쟁으로 확대할 수 있다. 그런데 언제나 승리하는 것은 바로 마르두크이다. 이는 인류학자 호카드가 밝힌 신성한 왕권과 관련성이 있다는 점에서 대단히 중요하다.

호카드는 초기의 종교가 신의 대리자인 왕의 신성에 대한 신앙이었다고 설명했다. 하지만 지상의 대리자인 왕의 숭배는 신에 대한 숭배나 마찬 가지이다. 세계 각지에서 왕은 전쟁의 승리, 질병의 치유, 토지의 비옥, 과일의 결실을 가져오는 초자연적인 힘을 지니고 있다고 여겨졌기 때문이다. 특히 왕의 즉위식은 세상을 다시 창조하는 의식이라고 알려졌는데, 만일 세계가 잘 돌아가지 않으면 살아 있는 제물을 바치면서 신들의 노여움을 푸는 제사를 지냈던 것이다.[7]

그런데 마르두크가 최고신이 되는 방식은 메소포타미아에서 국가의 세력에 따라 신들의 위치가 정해지던 과정과 아주 비슷한 점에서 아주 흥미롭다. 이 문제를 밝히려면 메소포타미아 문명의 출발점이 된 수메르 시대부터 신들이 어떻게 탄생되었고, 어떤 권력투쟁을 겪었고, 또 어떻게 중요한 자리를 차지했는지 그 과정을 살펴볼 필요가 있다.

신의 탄생과 사제들의 막강한 권력

●

메소포타미아의 종교에서 신들의 탄생 과정은 대단히 난해하고 복잡하다. 프랑스의 신화학자 기랑에 따르면, 처음에 신들은 자연과 자연 현상의 상징이었다. 남녀의 성 구별도 없을 정도였다. 이를테면 수메르에서 하늘신 안(An)은 하늘의 상형문자인 '✳' 처럼 표현되었다.

훨씬 뒤에 메소포타미아인은 신에게 동물의 모습을 주었다. 그래서 엔릴은 힘센 소, 에아는 에리두의 숫양, 마르두크는 태양의 검은 소로 불렸다. 그 뒤에 점차 개성을 띠기 시작한 신들은 인간의 모습을 갖추기 시작하여 옷을 입고 관을 쓴 채 가족과 함께 일정한 장소에서 살게 되었다. 그러나 신들은 죽지 않는 특권을 가졌고, 사람들이 바치는 공물을 받아먹고, 인간처럼 욕망과 열정, 불안과 공포 등의 감정을 지니게 되었다.

한편 신들은 위계질서가 있었다. 하지만 그 위치는 수정되었다. 도시의 힘에 의해서 신들은 계급을 가지게 되었고 최종적으로 바빌론의 궁정 신학자들이 그 지위를 결정했다. 즉 아누는 하늘, 엘릴은 땅, 에아는 물을 지배한다고 결정했고, 신(Sin)은 달, 사마슈는 태양, 이슈타르는 금성의 신이라고 정리했다. 특히 바빌로니아에서 중요한 세 신은 아누, 엘릴, 에아이다. 물론 이는 수메르의 전통을 계승한 것이다.[8]

마르두크신의 천하통일

●

바빌로니아의 마르두크가 최고신이 될 때까지 아누, 엘릴, 에아는 그 힘을 유지했다. 함무라비왕은 아카드와 수메르를 장악하고 제국을 건설했다. 수도 바빌론은 2000년 동안 세계적인 대도시였기 때문에 당연히 바빌론의 신인 마르두크도 주변의 신들을 흡수하여 최고의 신이 되었다.[9] 이는 일종의 종교적 혼합으로 볼 수 있다. 특히 우르 3왕조 시대부터 수메르와 셈족이 공생하여 지역을 초월한 종교로 발전된 것이다.[10]

마르두크는 원래 수메르 시대에 엔키(에아)신의 장남으로 물의 신이었지만, 쟁기를 지닌 것으로 보아 농경과 풍요의 성격을 지니고 있었다. 그러나 마르두크는 티아마트와의 전쟁을 통해서 아누와 에아 대신 권력을 차지했다. 이어서 에아의 장남이며 생장과 전쟁의 신인 니누르타도 흡수하고, 도시국가 보시르파의 불의 신인 나부를 자기 아들이자 신들의 기록자인 서기로 만들었다. 또 수메르의 도시국가 니푸르의 최고신 엔릴이 지닌 성격도 가져가 마르두크는 최고신으로 인정을 받게 되어 신들은 50개의 칭호를 내리게 된다.

다시 말하면 바빌론의 궁정사제들이 마르두크를 최고신으로 만들기 위해서 과거에 전해오던 종교적인 문헌들을 광범위하게 고쳐서 다음과 같이 예찬했던 것이다.

"곡식과 숲을 창조하고, 신들을 개혁하고, 죽은 자를 되살아나게 하는 주문의 주(主), 정의와 권리의 수호자, 모든 것의 창조자, 모든 주의 제1인자, 주들의 주, 신들의 목자 …"[11]

그런데 천체물리학의 아버지 로키어에 따르면, 이집트에서 아멘라가 하지의 태양신이었던 것처럼 춘분에 범람하는 티그리스-유프라테스강에서 신성시된 에아의 아들 마르두크는 춘분의 태양신이었다. 말하자면 고대의 신들은 토템이나 별들이 인격화된 것이다. 그래서 「에누마 엘리쉬」에서 마르두크가 별자리를 사라지게 하고 다시 나타나게 한 능력은 바로 일출과 일몰을 상징하는 천문현상이었다. 그리고 낮과 정의를 상징하는 태양신 마르두크가 밤과 악령을 상징하는 티아마트를 물리치는 것은 춘분점의 태양신에 대한 숭배사상이 반영된 천문현상인데 함무라비왕 시대에 한층 강화되었다.[12]

어쨌건 바빌론의 사제들은 최고신 마르두크의 신상을 만들어 매년 평원에 있는 신전 아키두에 가서 주술적인 기도와 부정을 씻는 의식을 치르고 공물을 바치면서 마르두크에게 제사를 지냈다. 물론 전국에서 모여든 백성들은 마르두크를 섬기면서 복을 빌고 재앙을 물리쳤다. 그리고 왕이 방문을 마치면 사제들은 마르두크의 신상을 유프라테스강까지 인도하여 배를 타고 성지 순례를 마친 뒤 아키두 사원에 되돌아갔다.[13]

흥미로운 사실은 바빌로니아가 수메르의 신들을 수입하여 자기들의 언어로 이름만 바꾸어 활용한 점이다. 로마인이 제우스를 주피터, 아프로디테를 비너스라고 불렀던 것과 비슷하다. 런던대학교 종교학교수 후크에 따르면, 수메르의 신들은 바빌로니아에서 다음과 같이 신들의 이름이 아카드어로 바뀌었다.[14]

안(An 하늘신) → 아누(Anu)

키(Ki) / 닌후르상(Ninhursag 대지의 여신) → 아루루(Aruru) / 맘미(Mammi)

엔릴(Enlil 바람의 신) → 엘릴(Ellil)

엔키(Enki 지혜의 신) → 에아(Ea)

난나(Nanna 달의 신) → 신(Sin)

인안나(Innana 사랑의 신) → 이슈타르(Ishtar)

우투(Utu 태양신, 정의의 신) → 샤마쉬(Shamash)

닌릴(Ninlil 엔릴의 아내) → 물리투(Mullitu) / 미릿타(Mylitta)

두무지(Dumuzi 목자의 신) → 탐무즈(Tammuz)

종교의 기원은 공포와 감사

●

기랑의 지적처럼 수메르에서 신은 자연과 자연현상의 상징이었다. 그래서 하늘은 안, 폭풍은 엔릴, 물은 엔키, 그리고 달은 난나, 금성은 인안나, 태양은 우투가 되었다. 이는 자연과 자연현상에 대한 두려움이나 감사의 감정에서 비롯된 것이고 종교의 기원에 대한 문제에 속한다.

독일의 종교철학자 루드비히 포이어바흐는 종교의 기원이 자연현상에 대한 공포심과 종속감에 있다고 보았다. 세계의 미개민족들은 천둥번개 치는 하늘과 소용돌이치는 강을 두려워하여 신으로 만들어 의존했는데, 심지어 문화민족인 그리스도 천둥번개를 최고신 제우스로 만들어 받들었던 것이다. 반대로 포이어바흐는 기쁨과 감사, 사랑과 존경의 감정도 신을 만들었다고 보았다. 두려운 하늘이 비를 내려주고 거친 강물이 생명을 살리기 때문에 인간은 하늘에 계신 신과 강물의 신에게 의존한 것이다.[15] 이집트나 인도에 비하여 그다지 풍요롭지 못한 자연환경에서 문명을 세운 메소포타미아 사람들은 두려우면서도 은혜로운 자연과 자연현상을 신으로 섬겼던 것은 어쩌면 자연스러운 일이었을 것이다.

토템, 동물의 신격화

●

자연과 자연현상이 의인화된 신들은 다음 단계에서 동물의 모습을 지니게 되었다. 이런 사고방식은 원시시대의 토테미즘의 계승이다. 다시 말하면 수렵채집시대에 동물의 힘이나 용기, 반대로 동물에 대한 두려움이 신으로 형상화된 것이다. 이를테면 신석기시대 서남아시아의 차탈 휘익의 신전에서 발견된 황소머리와 대머리수리의 상도 동물숭배의 흔적으로 볼 수 있다.[16] 선사 시대의 수많은 동굴벽화도 그러한데, 프랑스의 라스코, 알타미라 동굴벽화가 유명하다.

토템(Totem)은 부족이나 씨족이 신성하게 여기는 동식물이나 자연물이다. 북아메리카 원주민들은 자기들이 토템의 후손이거나 동물의 정령이라고 믿었다. 그 토템동물이 시조의 사냥을 돕거나 귀가할 때 길을 인도해 주었다는 전설이 전해 오기 때문이다. 특히 씨족 사람들은 그 토템동물의 특성을 가진다는 생각이 널리 퍼져 있었다. 이를테면, 이로쿼이족은 거북씨족, 곰씨족, 늑대씨족과 같은 집단이 있었는데, 곰 씨족은 강한 힘과 사나움을 가지고 있다고 알려져 있었다.[17]

자료 1-6-1 알래스카 발대즈의 토템(ⓒ Jami430)

따라서 동물의 후손이거나 친척이라고 믿는 북아메리카의 많은 부족은 동물이 인간처럼 공경과 대접을 받을 권리가 있다고 믿고 있다. 동물이 생명을 바쳐 사람들을 살아가게 하기 때문이다.[18] 그래서 신화학자 캠벨은 수렵인은 동물의 가여운 영혼에게 제사를 지내주었다는 것이다.[19] 말하자면 죽은 동물에 대한 두려움이나 동정심 때문에 동물의 재생을 기원한 것이다. 특히 고대 이집트에서 하마와 악어, 혹은 매를 신성시하던 종족의 신앙도 그런 흔적이다. 더구나 신석기 시대에 가축이 인류의 동반자가 되면서 힘을 상징하는 소나 강인한 생명력을 가진 숫양이 신으로 형상화되었을 것이다. 그런 과정을 거쳐 수메르에서 폭풍신 엔릴은 황소, 지하수의 신 엔키는 숫양으로 표현되었다고 추정된다.

히브리인을 닮은 여호와신

●

동물로 상징되던 신들이 개성을 가진 인간의 모습을 갖추면서 신들은 특권을 가졌고 공물을 받아먹고 인간처럼 감정을 지니게 되었다는 신화학자 기랑의 설명은 단적으로 신을 의인화시킨 것이다. 이러한 종교 현상은 인류학자 타일러가 주장한 애니미즘, 즉 만물이 살아서 활동한다는 물활론(物活論)의 반영이다.

영국 인류학자 타일러에 따르면, 원시 부족이 생물이건 무생물이건 만물이 살아서 활동한다고 여긴 것은 그들이 영혼을 가졌기 때문에 가능하다. 이 영혼은 죽은 자의 빈번한 출몰이나 꿈속에서 육체를 벗어나 활동하는 존재를 추론하여 태어났는데, 이로부터 종교가 발생하게 되었다. 주목할 것은 인간이 자기들의 모습, 감정, 성질을 신에게 불어넣었다는 점이다.[20] 수메르에서 사랑을 의인화한 인안나, 즉 바빌로니아의 이슈타르 여신에서 그런 특성을 엿볼 수 있다. 특히 타일러는 원시 부족만이 아니라 충분히 발달된 종교에서도 영혼의 존재와 내세를 믿으면서 높은 신이거나 낮은 정령들을 적극적으로 숭배하는 애니미즘이 존재한다고 지적했다.[21]

그런데 신에게 인간의 모습을 주면서 개성을 갖추게 되고 감정을 지니게 되었다는 기랑의 주장은 대단히 중요한 문제를 제기한다. 히브리의 신 여호와가 자기의 모습대로 흙으로 인간을 만들었다는 「창세기」 1장 26~27절의 기록은 다음과 같이 히브리인이 자기들의 모습대로 인격신을 창조했다는 반증에 불과한 것이다.

하나님은 "우리의 모습을 닮은 사람을 만들어 바다의 고기와 공중의 새와 가축과 온 땅과 땅에 기어 다니는 모든 생물을 지배하게 하자" 하시고 자기 모습을 닮은 사람, 곧 남자와 여자를 창조하셨다.

주목할 것은 이 히브리의 신화에 메소포타미아의 다신론(多神論), 특히 남녀 다신론이 반영되어 있다는 점이다. '우리의 모습을 닮은' 이란 표현이 그러하다. 물론 이는 수메르의 「사람이 태어난 이야기」에서 엔키신이 출산의 여신들을 시켜 반란의 우두머리 신의 피를 점토에 섞어 사람을 만들었다는 신화를 히브리인이 모방한 것이다.

엔키는 자신의 피와 몸을 마음속으로 지혜롭게 생각한 후에 / 그의 어머니 남무에게 말하였다. / … / 출산의 모신들이 점토 덩어리를 떼어낼 것입니다. / 당신은 거기에서 몸의 형태가 생기게 하십시오. …[22]

「에누마 엘리쉬」를 모방한 히브리의 창세기

놀라운 것은 『구약성경』의 천지창조가 「에누마 엘리쉬」에서 비롯되었다는 사실이다. 뿐만 아니라 구약의 「창세기」에서 창조의 내용과 순서까지 거의 일치한다는 점이다.

이 문제는 『수메르 문명과 히브리 신화』 3부 4장 「모방한 히브리의 천지창조」에서 상세하게 다루었다. 구약의 「창세기」에서 '빛과 하늘, 땅을 만들고, 육지와 바다를 갈랐다.'는 것은 「에누마 엘리쉬」의 네 번째 점토판과 일치한다. 또한 '여호와의 창조가 7일간 연속적으로 이루어졌다.'는 것도 「에누마 엘리쉬」의 창조순서와 동일하다.[23] 그리고 구약의 「창세기」 4장 2~22절은 수메르의 「지우수드라 홍수 이야기」의 '우주와 세계의 창조, 도시의 건설, 대홍수'의 영향을 받은 것이다.[24] 또 '아담의 갈비뼈로 하와를 만들었다.'는 것은 수메르의 신화 「엔키와 닌후르상」을 모방한 것이고, 에덴은 수메르의 딜문을 가리킨다.[25]

특히 인간 창조에서 1장과 2장은 서로 모순된다. 즉 1장은 다섯째 날에 물고기와 새들, 여섯째 날에 인간을 창조한다. 2장은 맨 먼저 남자를 창조한 뒤에 하등 동물, 그리고 남자의 갈비뼈로 여자를 창조한다. 이러한 모순은 두 개의 독립된 문서를 어떤 편집자가 수백 년 뒤에 한 권의 책 속에 결합시켰기 때문이다. 이른바 1장은 제사장(Priest) 문서이고, 2장은 더 오래 된 여호와(Jehovistic) 문서인 것이다.[26]

결국 케임브리지대학교 인류학교수로 있던 에드먼드 리치에 따르면, 『구약성경』은 수백 년에 걸쳐 시대와 성격이 다른 고문서들이 재편집된 히브리의 경전이다.[27] 특히 구약학자 존 월톤에 따르면, 「창세기」 1장부터 11장은 메소포타미아 신화에서 파생된 신화이다. 즉, 천지창조, 인간의 창조, 히브리인의 족보, 노아의 홍수, 바벨탑도 마찬가지로 파생된 신화에 불과하다.[28] 단적으로 종교학교수 사무엘 후크는 "히브리의 신학자들은 자기들의 신학적 목적과 의도에 따라 고대 메소포타미아 신화의 자료들을 그대로 인용하거나, 혹은 적절히 수정하거나, 변용(變容)했다."고 단정했다.[29]

그렇다면 히브리인이 메소포타미아의 신화를 모방하여 「창세기」를 편찬한 까닭은 무엇일까? 기원전 587년부터 50여 년 동안 수천 명의 히브리인이 바빌론에서 포로생활을 하다가 예루살렘에 귀환할 당시 제사장인 사제들의 관심은 바빌로니아의 네부카드네자르(느부갓네살)왕이 파괴한 예루살렘 성전의 재건과 자기들의 여호와 신앙을 부흥시켜 종교적인 축제를 지내면서 민족과 국가를 유지하는 일이었다. 그래서 제사장, 즉 사제들은 축제의식에 맞도록 「창세기」를 편찬하고 「모세 오경」의 순서도 정착시켰던 것으로 보인다. 주목할 것은 히브리의 신년축제가 메소포타미아의 신년축제와 매우 닮았는데, 여호와의 7단계 창조활동은 바로 7일 동안 진행된 축제와 일치한다는 점이다.[30]

국가의 세력과 신들의 위치

●

메소포타미아는 신들이 통치하는 신정국가였다. 야콥센에 따르면, 수메르의 아눈나키 50명의 신들의 모임에서 하늘신 아누는 의장이고 엔릴은 국무장관 내지 군사령관이었다. 이들이 파견한 도시국가의 수호신은 통치자인 인간 엔시를 부려서 도시국가를 통치하였다.

만약 영토분쟁이 생기면 니푸르에 거주하던 엔릴이 판결을 내렸다.

따라서 왕이 되면 먼저 니푸르에 가서 엔릴신의 윤허를 받아야 되었는데, 만일 50명의 아눈나키 신들의 회의에서 왕을 바꾼다는 결정이 내려지면 도시는 파괴되고 왕권은 다른 신이나 다른 도시로 넘어가거나 또는 정지되었다.[31] 이는 수메르가 50명의 신이 다스리는 민주연합 정치였다는 것을 반영하는 것이다.

그런데 바빌로니아에서 마르두크가 아주 강력해진 것은 함무라비왕 때였다. 주로 사제들이 지배한 메소포타미아의 도시국가들을 통일하고 왕권을 강화한 함무라비는 마르두크가 최고신이 된 내력을 「함무라비 법전」의 서문에 기록했다.

"여러 신의 왕이자 지고하신 아누와 천지의 주인으로 나라의 운명을 주재하시는 엘릴께서 모든 인류에 대한 통치권을 에아의 큰아들 마르두크에게 수여하시어 그분을 여러 신들 가운데 가장 빛나는 분으로 만드셨다. … 아누와 엘릴께서 백성들에게 복을 주시고자 내 이름을 호명하

자료 1-6-2 함무라비 법전 상단. 태양신 샤마시가 측량줄과 지휘봉으로 추정되는 것을 주고 있다(© Mbzt, 영국 박물관 소장)

셨도다. 나 함무라비는 엘릴께서 임명하신 목자이니 …"[32]

　단적으로 법전의 비문에는 왕권신수설, 즉 왕권은 신이 주었다는 사고방식이 나타나 있다.

　그렇다면 일반백성들은 어떤 존재였을까? 창조신화 「에누마 엘리쉬」에 그 대답이 나와 있다. '마르두크가 킨구의 피로 만든 사람들은 신들이 쉴 수 있도록 일 년 내내 벽돌을 만들었다.' 더구나 사악한 티아마트의 연인 킨구의 피가 흐르는 인간에게는 스스로 열등감과 함께 특히 사제들의 경멸감까지 포함되어 있다. 특히 기원전 3000년대 중엽 수메르의 도시국가 토지의 절반 이상이 신전이 소유한 영지로 추정되는데, 백성들은 소작인, 농노, 또는 신들의 머슴으로 생계를 유지하고 있었던 것이다.[33]

　결국 수메르나 바빌로니아에서 백성들은 신의 노예에 불과했는데, 이는 사제들의 권력이 막강했다는 뜻이다. 말하자면, 천문학자 로키어에 따르면, 시리우스가 해뜨기 전에 나타날 것을 예측한 이집트의 사제들처럼 신전에서 강물이 범람하는 춘분점을 파악한 바빌로니아의 사제들은 사람들을 지배하는 도구로 천문학적 지식을 이용하여 특권층이 된 것이다.[34] 마찬가지로 히브리의 사제들도 해마다 특정한 날 예루살렘 신전의 지성소에 들어가서 그곳에 비치는 햇살을 관찰한 뒤에 지점과 역년(曆年)의 관계를 정확하게 예언한 것도 천문학적인 특별한 지식을 소유했기 때문에 특별한 계층이 된 것이다.[35]

　물론 사제들은 종교적 권위와 함께 커다란 정치적 경제적 특권을 누렸다. 기원후 1세기경 히브리의 역사학자 폴라비우스 요세푸스에 따르면, 제사를 담당한 히브리의 특권층인 레위지파는 가나안에서 정복한 땅의 48개 도시, 성벽에서 반경 2,000큐핏의 토지, 1년 농작물의 1할을 받았다. 또한 레위지파는 제사장에게 48개 도시 중 13개, 십일조의 1할, 첫 열매와 짐승의 첫 새끼, 장남 대신 1.5세켈의 금전, 첫 번째 깎은 양털을 주었는데, 심지어 개인적 축제에서도 짐승의 두 볼과 오른쪽 넓적다리를 바쳐야 했다.[36] 이런 규약은 구약의 「레위기」에도 나타나 있지만 흥미로운 것은 모세가 자기 형 아론을 제사장으로 임명한 점이다.

죽음과 부활, 그리고 시간의 순환

●

바빌로니아 궁정 신학자들은 자연의 힘을 통제하거나 질서를 세우려고 신년축제를 거행했다. 이 축제에서 공연된 왕의 죽음과 부활은 수메르 시대부터 이어져 내려온 제사의식이다. 하지만 미국의 천문학자 앤서니 애브니에 따르면, 대부분의 문화권에서 재생의 시간인 새해 첫날은 부활과 순환으로 표시된다. 쇠약해진 햇빛이 동지부터 되살아나 대지를 깨우면서 태양이 가장 왕성한 하지의 위치로 되돌아오기 때문이다. 기독교에서 가장 중요한 축제일이고 예수가 탄생했다는 성탄절이 한 해의 끝자락인 동지 무렵인 것도 그 때문이다.

이를테면, 이집트는 1개월이 30일씩 12개월, 360일로 1년이 이루어졌는데, 한해의 끝자락 5일은 중요한 신들이 탄생한 날로 여겨졌다. 중앙아메리카는 1개월이 20일씩 18개월, 360일로 1년이 이루어졌는데, 한해의 끝자락 5일은 불운한 날이어서 출산을 비롯한 어떤 행위도 금지되었다. 단적으로 한 해의 끝자락은 나쁜 사상과 생각을 씻어내 버리는 시간이었고 새해는 새로운 출발이었다.[37]

두무지의 죽음과 소생에서 비롯된 마르두크 창조신화는 지중해 연안에 흘러들어가 히브리의 창조신화와 후대에 예수의 죽음과 부활 신화에 큰 영향을 끼쳤다. 중요한 것은 바빌로니아의 최고신 마르두크가 전능한 신의 출발점이 되었다는 사실이다.[38] 다음 2부에서는 마르두크 대신 아슈르신이 아시리아에서 어떤 방식으로 최고신이 되었는지 살펴보기로 한다.

1 엘리아데; 앞의 책(세계종교사상사 1권), 111~115쪽.

2 이혜영; 앞의 글(김현선 외; 앞의 책, 228~245쪽.)

3 조철수; 앞의 책(수메르 신화), 143쪽.

4 민물(앞수), 짠물(티아마트), 구름과 안개(뭄무), 침적토(라흐무, 라하무) 남성 수평선(안샤르), 여성 지평선(키샤르)이다. / 조철수; 앞의 책(수메르 신화) 140쪽. 티아아트(Tiamat)는 바다를 뜻하는 아카드어(Tiamtu)에서 나온 말인데, 바다를 상징하는 '바다의 용'으로 사용되었다.

5 야콥센; 앞의 책, 219~229쪽.

6 야콥센; 앞의 책, 229~233쪽.

7 츠네오; 앞의 책(문화인류학의 명저 50), 144~151쪽.

8 F. Guirand; 「Mythology Assyro Babylonienn(아시리아와 바빌로니아 신화)」 [세계의 신화 Ⅲ, 대종출판사, 1974, 방곤 옮김, 100~105쪽.]

9 기랑; 앞의 책, 105쪽.

10 빈호프; 앞의 책, 120~124쪽.

11 기랑; 앞의 책, 105쪽.

12 N. Lockyer; The Dawn of Astronomy(천문학의 새벽), 아카넷, 2018, 김문숙 전관수 옮김, 264~265쪽, 434쪽, 248쪽, 227쪽, 437쪽, 469쪽.

13 기랑; 앞의 책, 107쪽.

14 후크; 앞의 책, 75쪽.

15 L. Feuerbach; Vorlesungen über das Wesen der Religion(종교의 본질에 대하여), 한길사, 2013, 강대석 옮김, 72~81쪽.

16 웬키; 앞의 책 2권, 94쪽.

17 L. Zimmerman; Native North America(북아메리카 원주민), 창해, 2001, 김동주 옮김, 80~81쪽.

18 짐머맨; 앞의 책, 108쪽.

19 캠벨; 앞의 책(신화의 세계), 14~16쪽.

20 츠네오; 앞의 책(문화인류학의 명저 50), 24~26쪽.

21 E. Tylor; Primitive Culture : Researches into the Development of Mythology, Philosopy, Religion, Language, Art, and Custom(원시문화 : 신화, 철학, 종교, 언어, 기술, 그리고 관습의 발달에 관한 연구) 2권, 아카넷, 2018, 유기쁨 옮김, 25~26쪽.

22 조철수; 앞의 책(수메르 신화), 53~54쪽.

23 후크; 앞의 책, 240~244쪽.

24 이원구; 수메르 문명과 히브리 신화, 세창미디어, 2022, 235~239쪽.

25 이원구; 앞의 책, 245~246쪽.

26 프레이저; 앞의 책(문명과 야만 1), 45~47쪽.

27 E. Leach; Structuralist Interpretations of Biblical Myth(성서의 구조인류학), 한길사, 2009, 신인철 옮김, 47쪽.

28 월톤; 앞의 책, 50쪽

29 후크; 앞의 책(중동 신화), 234쪽.

30 후크; 앞의 책(중동 신화), 244~246쪽.

31 야콥센; 앞의 책, 248~251쪽.

32 「함무라비 법전」 서문(장사오위안; 앞의 책, 44쪽.)

33 야콥센; 앞의 책, 236쪽.

34 로키어; 앞의 책, 133쪽.

35 로키어; 앞의 책, 292쪽. 역년은 책력 상의 1년을 가리키는데, 책력(冊曆)이란 천체를 관측하여 해와 달의 운행이나 월식, 일식, 절기 따위를 적어 놓은 책이다.

36 Josephus; The Antiquities of the Jews 1(유대고대사 1), 생명의말씀사, 2022, 김지찬 옮김, 242쪽.

37 A. Aveny; Empires Of Time(시간의 문화사), 북로드, 2009, 최광렬 옮김, 192~193쪽.

38 엘리아데; 앞의 책(세계종교사상사 1권), 111~115쪽.

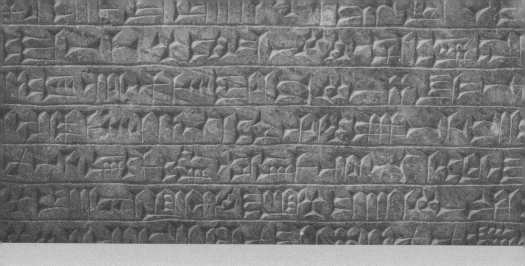

2부

아시리아,
지구라트와 성스러운 결혼

성직자들은 실권을 장악하려고 신의 뜻이라는 체계를 만들고 자기들의 소망을
신의 뜻이라고 바꿔 말했다. 그리고 성직자만이 인간을 구원할 수 있다는 억측
이 완성되었다. 그 사회에서는 죄가 반드시 필요한데, 성직자들이 죄를 이용하
여 영향력을 행사하기 때문이다.

– 니체, 『안티 크리스트』

길안내

기원전 3000년경 수메르 문명의 영향을 받아 성장한 아시리아의 정복 전쟁은 교역로를 확보하려고 시작되었다. 전투 기술과 신무기를 개발한 아시리아는 잔인성과 공포심을 선전하여 대제국을 건설했다. 반란을 일으키면 철저히 파괴하거나 지배층을 이주시켜 민족의식까지 말살시켰다.

19세기 중엽 고고학자들은 2500년 동안 묻혀 있던 아시리아의 대도시들을 발굴하여 세상을 경악시켰다. 수메르의 종교를 계승하고 신성결혼식을 유지한 아시리아에서 수메르의 인안나 여신은 최고신 아슈르의 전투적인 아내가 되었고, 사제들은 왕들의 정복 전쟁을 아슈르의 영광을 위한 행동이라고 정당화시켰다.

바빌론의 최고신 마르두크는 강력한 군국주의 아시리아의 신 아슈르에게 자리를 내주었다. 하지만 수메르의 인안나 여신과 두무지 왕은 바빌론과 아시리아를 비롯한 주변의 민족들이 이름을 바꾸어 숭배하였다. 특히 죽음과 부활을 반복하는 두무지는 오시리스, 아도니스, 아티스라는 이름의 신으로 숭배되다가 후대에 예수로 나났다고 추정된다.

2부의 전반부는 아시리아가 대제국을 건설하고 잔인하게 관리하다가 한순간에 멸망하는 과정과 2500년 뒤에 발굴되어 놀라운 정체성이 드러나는 모습이 주안점이다. 후반부는 주로 신성결혼으로 대지를 풍요롭게 하던 수메르의 인안나 여신과 두무지왕의 모습이 변형되다가 예수로 출현하는 것이 주안점이다.

1장

포로의 껍질을
벗긴 군국주의

아시리아(Assyria)는 고대 오리엔트에서 최초로 대제국을 건설한 민족이다. 아시리아는 기원전 6000년경 오늘날의 이라크 북부에서 관계시설을 이용하여 농사를 짓고 가축을 길렀다. 500년 뒤에는 목재의 회전판으로 만든 정교한 아시리아의 토기가 폭넓게 퍼지게 된다.[1] 아시리아는 이른바 군국주의 사회였다. 물자가 부족한 아시리아는 공격무기를 개발하여 대제국을 건설하였다. 아시리아가 정복한 국가를 관리하는 방식은 이주정책과 충성맹세였다. 특히 아시리아의 사제들은 왕들의 정복 전쟁을 최고신 아슈르(Ashur)를 위하는 길이라고 합리화시켜 주었다.

아시리아의 역사적 변동

●

기원전 3000년경 아시리아는 남쪽의 수메르 문명의 영향을 받아 도시 아슈르(Ashur)를 건설한다. 하지만 아슈르는 기원전 2400년경 아카드 제국을 건설한 사르곤왕의 손자 나람-신에게 정복당했다.[2]

아시리아를 통일한 인물은 기원전 1800년 직후 샴시-아다드 1세(Shamshi-Adad, 기원전 1813년~기원전 1781년 재위)였다. 그는 도시국가 마리를 정복하고 북부 메소포타미아를 거의 지배하였고, 전쟁에서 빼앗은 전리품과 조공, 무역으로 얻은 막대한 재물로 아슈르, 니네베, 마리 등에 화려한 왕궁과 신전을 세웠다. 고대 메소포타미아에서 가장 강력한 통치자가 된 그는 '우주의 왕'이란 칭호를 사용했다.[3] 그 후 아시리아는 한 세기 동안 바빌론과 끊임없이 전쟁을 벌이다가 끝내 바빌로니아의 함무라비왕(기원전 1792년~기원전 1750년 재위)에게 정복당했다.

아시리아는 그 뒤에도 자그로스산맥의 산악지대에 살던 후르리족의 침입을 받았고, 기원전 1500년경에는 인도-이란족인 미탄니 왕국의 속국이 되었다. 그러나 기원전 1400년 중반에 아슈르 우발리트 1세(Ashur-uballit 기원전 1365년~기원전 1330년 재위)는 북부 메소포타미아를 회복하여 아시리아 제국의 진정한 건국자가 되었다. 그의 후계자들은 150여 년 동안 이집트, 바빌로니아, 히타이트와 어깨를 나란히 하다가 기원전 1300년 말에는 잠시 바빌론까지 지배하였다.

하지만 기원전 1000년대 이후에 아시리아는 티그리스강을 따라 길이 160km, 너비 80km의 영토로 쇠약해지면서 2세기 동안 겨우 독립을 유지했다. 이 무렵 왕들의 비문을 보면 아시리아의 무자비한 잔인성과 약탈에 대한 탐욕성이 잘 드러나 있다. 이 군국주의적 정신이 수세기

동안 군사적인 정복활동을 벌인 이유가 되었다.[4]

아시리아의 역사에서 가장 위대한 인물은 티클라트-필레세르 1세 (Tiglath-Pileser, 기원전 1115년~기원전 1077년 재위)이다. 그는 맨발로 120마리의 사자를 죽이고, 전차를 타고 8백 마리의 사자를 죽인 용맹한 군주로 알려져 있었다. 주변의 산악 민족들과 유목민인 아람족 등 40여개 국가를 정복한 그는 바빌론을 점령하고 이집트에서 예물을 받았다. 그러나 바빌론의 반란으로 수치심 속에서 괴로워하며 죽었다고 전한다.[5]

아시리아의 정복 전쟁

●

아시리아의 정복은 잔인하기로 악명이 높았지만 초기엔 주로 방어나 예방적인 전쟁이었다. 아시리아가 정복 전쟁에 몰두한 것은 산악 민족들과 호전적인 아람인들, 그리고 바빌로니아가 생존에 필요한 교역로를 끊임없이 위협했기 때문이다. 특히 항구가 없는 아시리아는 바다로 진출하려고 정복 전쟁을 감행하면서 약탈이 재화의 획득만이 아니라 포로를 통한 노동력 확보에도 도움이 된다는 사실을 알게 되었다. 따라서 세금만 걷히면 굳이 전쟁을 치르면서 강제로 병합할 필요가 없다는 것을 깨달았다.

주목할 것은 아시리아의 정복 전쟁은 아슈르신의 대리자인 왕의 지배권을 모든 민족들에게 확장해야 한다는 의무감 때문에 강탈과 학살을 정당화시켰다는 점이다. 그래서 봄이 되면 최고신 아슈르신의 명령을 받은 아시리아의 왕은 약탈 전쟁을 나갔다. 만약 조공을 바치지 않으면 지도자는 가혹한 형벌을 받았고 마을은 불태워졌고 백성들은 학

살당하거나 노예로 끌려갔다.[6]

한편 군사적인 점령만으로는 오랫동안 자기들의 지배하에 둘 수 없다는 사실을 알게 된 아시리아는 반란을 막으려고 포로를 이주시키는 아주 독특한 정책을 폈다. 티쿨티니누르타 1세는 수천 명의 히타이트의 포로를 이주시켰고, 기원전 1200년경에는 바빌론을 정복하고 왕을 사로잡아 수많은 포로를 강제로 이주시켰다. 지금의 이란고원의 무역로를 통제하여 이익을 챙긴 그의 명성은 「티쿨티니누르타 서사시」에 찬미되어 있다. 그러나 바빌론의 저항이 거세져서 귀향길에 오른 뒤 아들에게 살해당하고 말았다. 그의 아들은 왕이 되었지만 15년 동안 아시리아는 세 번이나 왕이 바뀌는 혼란을 겪게 된다.[7]

기원전 900년 무렵부터 아시리아는 '만국의 왕'이라고 불린 아슈르나시르팔 2세(Ashurnasirpal, 기원전 883년~기원전 859년 재위) 때부터 강력한 군국주의 국가가 되었다. 그는 '아시리아의 이리'라는 별명으로 불리었다.

내가 큰 사자를 450마리나 죽였다. 곧바로 돌진해 오는 야생소 390마리를 맞아 지배자답게 지붕이 없는 전차를 타고 사냥했다. …[8]

아슈르나시르팔 2세는 비상한 전략과 새로운 무기를 개발한 뒤에 보병과 전차부대, 기병대를 끌고 북쪽의 무역로를 확보하고, 서쪽으로 시리아와 페니키아 등의 여러 도시를 굴복시켰다. 이 전쟁으로 아시리아는 소아시아의 철광석, 북쪽 아마누스 산맥의 은, 레바논의 삼나무를 수중에 넣어 막강한 대제국이 되었다.

그때 내가 레바논산을 전부 점령했고, 아무루 땅에 있는 큰 바다까지

도달했다. 내 무기들을 그 깊은 바다에 씻었고, 모든 신들에게 양을 제물로 바쳤다. … 그들의 공물을 내가 받았고 그들이 내 발을 껴안았다. … [9]

자료 2-1-1 아슈르나시르팔 2세가 이슈타르 여신의 상징인 금성을 가리키고 있다(기원전 9세기, 영국 박물관 소장)

아시리아의 신무기와 전투기술

●

거대한 군사 조직체인 아시리아는 군사령관이 정복한 땅과 전리품을 하사받아 가장 부유하고 강력한 권력을 소유했다. 정복 사업의 원동력은 군인들이 개량한 신무기와 전투기술이었다. 금속제 갑옷과 투구, 커다란 방패로 무장한 아시리아 군의 신무기는 철제 검, 강력한 활, 석궁, 긴 창, 갈고리가 달린 철퇴, 곤봉, 투석기, 그리고 성을 공격하는 망치, 성을 오르는 기구, 바퀴 달린 요새 등 무시무시한 것이었다.[10]

자료 2-1-2 두 명의 마차병과 함께 전차를 탄 센나케리브

특히 예루살렘을 포위한 센나케리브(Sennacherib, 기원전 704년~기원전 681년 재위) 왕이 사용한 공격 무기는 그의 기념비에 다음과 같이 새겨져 있다.

유다 사람 히스기야가 내 멍에를 매려하지 않았다. 나는 그의 도시 46개, 즉 성벽이 있는 요새를 포위했고 그 주위에 있는 셀 수 없는 마을을 점령했다. 단단하게 만든 경사면과 성벽 가까이 밀어올린 파성퇴, 보병부대, 땅굴 파기, 구멍 뚫기, 그리고 다른 공병 공사를 통해서 점령했다.[11]

이러한 무기를 이용한 아시리아는 전차와 기병대, 보병대, 공병대를 유연하게 조직하고 신속하게 이동하여 산발적인 공격이 가능한 전투 기술을 개발했다. 이를테면, 아슈르나시르팔 2세는 전차를 타고 직접 전투를 지휘하면서 기병대를 전차 보조 부대로 이용하여 결정적인 승리를 거두었던 것이다.

한편 자기 성이 포위당하면 아시리아는 날아가는 무기, 불을 붙인 역청, 성을 넘는 갈고리를 막아내는 사슬만이 아니라 현대의 독가스에 해당되는 악취 항아리까지 사용하여 물리쳤다고 한다.[12] 과장이겠지만, 바빌론의 페르시아 궁전에서 살았던 역사가 테시아스는 당시 아시리아의 보병이 170만 명, 기마병 20만 명, 그리고 전차 1만 6천 대로서 당시 세계 최강의 군대라고 기록했다.[13]

특히 아다드-니라리 2세(Adad-nirari, 기원전 911년~기원전 891년 재위) 이후에 아시리아는 도시를 포위하고 굶주리게 하는 봉쇄 작전을 펴서 끝내 항복을 받아 냈다. 아시리아는 망치가 달린 충각(衝角)과 충각을 실은 충차(衝車)로 성벽의 하단부를 허물었고, 사다리로 성벽을 타고 올라갔기 때문에 성 주위를 둘러싼 방어적 호수인 해자는 장애물이 되지 못했다. 기원전 900년 이후 장기간의 원정에 이 기술과 전략이 동원되었다. 아시리아는 정복하면 그 지역을 자기들의 영토로 편입시켜 속주로 만든 뒤에 주둔군, 전령, 첩자 등을 동원하여 통치했다.[14]

공포심을 불러일으킨 잔인성

아시리아의 신무기나 비상한 전술보다 더 강력한 것은 소름끼치는 공포 전략이였다. 이 무시무시한 전략은 아시리아 왕들의 전승기념비에 생생하

자료 2-1-3 아다드-니라리 3세의 비석(© Osama Shukir Muhammed Amin FRCP(Glasg), 이라크 국립박물관)

게 기록되어 있다. 즉, 아시리아는 포로를 산 채로 껍질을 벗기고, 말뚝으로 찔러 죽이고, 귀와 코와 성기를 절단한 뒤에 그 시체를 가축의 우리 안에 전시하여 항복하지 않는 적들을 공포에 떨게 했다. 심지어 아슈르나시르팔 2세는 도시를 점령하면 살아남은 주민들을 한 곳으로 모아서 그들의 손발을 자르고 죽을 때까지 광장 한 복판에 쌓아두거나 불 태워 죽였다.[15] 어느 왕의 전승비엔 '나는 귀족들의 껍데기를 벗겼고, 3천 명의 포로들을 불에 태워 죽여서 단 한 명의 포로도 남겨 두지 않았다.'고 기록되어 있다.[16]

그런데 상대를 겁에 질리게 만드는 이 전략이 먹히지 않아서 항복하지 않거나 특히 반란을 일으키면 성을 포위하고 충각과 충차를 이용하여 성문을 격파했다. 그리고 정복한 도시의 재물을 약탈한 뒤에 불을 질러 건물을 파괴하고 일부러 나무를 베어 잔인하게 폐허로 만들어 버렸다. 아시리아는 비전투원까지 참혹하고 잔인하게 다루었는데, 이를 자기들의 용맹성으로 여겼다. 센나케리브왕의 기념비에는 반역자들을 잔인하게 처단한 글이 새겨져 있다. '내가 에그론으로 돌아가서 반역을 저지른 관리들과 귀족들을 죽이고 그 시체를 장대에 매달아 성을 둘러가며 세웠다.'[17] 특히 아슈르나시르팔 왕의 가학적인 행동은 정평이 나 있었다.

나는 도시 앞에 기둥을 세우고 나에게 대항해 반란을 일으켰던 우두머리의 가죽을 벗겨 그 가죽을 기둥에 널어놓았다. … 나는 수많은 죄수들을 불태워 죽이고 수많은 군사를 생포했다. 그중 일부는 팔이나 다리를 잘랐고, 일부는 코나 귀를 잘랐다. 나는 많은 군사들의 눈을 뽑았다.[18]

메소포타미아의 모든 주민은 두려움에 떨었다. 물론 이런 가학성은 계산된 잔학 행위였을 것이다. 말하자면 심리전술의 하나였다. 농경지와 농산물, 관개시설을 파괴하고 불을 지른다고 위협하면서 도시를 강탈하며 지나가는 아시리아 군대의 무시무시한 모습이 비문과 돋을새김에 기록되어 있는 것이다. 또 그곳에는 잘린 목을 피라미드처럼 쌓아 올리고, 정복한 적군을 말뚝으로 박아서 죽이고, 가죽을 벗기고, 사지를 절단하는 모습도 돋을새김의 수법으로 생생하게 표현되어 있다. 흥미로운 것은 비문과 돋을새김의 묘사가 사실적이고 아주 상세하다는 점이다. 이는 문헌과 그림에 잔인성을 재현하여 반란을 약화시키고 미리 항복을 받아내려는 의도였다.[19]

특히 사르곤 2세(Sargon, 기원전 721년~기원전 705년 재위)는 연대기와 여러 전시용 명문(銘文)에 자기의 위업과 잔인성을 새겨 놓았다. 즉 자기가 정복하여 공물을 받는 도시들을 나열하거나, 시리아의 도시 하맛의 왕이 반란을 일으키자 그 도시를 불태우고 그의 가죽을 벗겼다는 사실을 기록하여 공포심을 조장했던 것이다. 또 팔레스타인의 사마리아에서 27,290명을 잡아와 그들 중 일부로 마차부대를 50승 조직했다면서 적을 회유하기도 했다.[20]

반면에 아시리아의 잔인성은 정복당한 국가들에게 오히려 반란을 부채질했고, 히브리의 선지자들처럼 평화적인 왕국에 대한 소망을 강화시켰을 것이다.[21] 더구나 아시리아의 잔인한 행동은 너무나도 비인간적이었다. 서기관이 기록한 연감에 따르면, 아슈르바니팔왕은 엘람을 정복하고 폐허로 만들어 버렸으며 그곳의 토지를 망가뜨리기 위해서 심지어 소금을 뿌리고 가시나무로 덮었다.[22] 이러한 끔찍한 잔인성은 주변 민족들에게 강렬한 복수심과 함께 평화에 대한 열망을 자아냈을 것이다.

물론 「가나안 정복사(수)」 6장 20~21절에서 히브리인도 여리고성을 점령할 때, 남자 여자 어른과 아이를 가리지 않고 성 안에 있는 모든 사람을 칼로 쳐서 죽이고 소나 양, 나귀와 같은 가축도 모조리 죽여 버렸다. 이때 제사장들은 나팔을 불어 성벽을 무너뜨리는 공로를 세웠다고 기록되어 있는 것이다. 만일 노예로 삼으면 후대에 복수할지도 모른다는 치밀한 계산이 작용했을 것이다.

주목할 것은 아시리아의 궁정사제들이 그처럼 농토까지 불모지로 만드는 잔인성을 최고신 아슈르신의 소명을 받은 왕들의 정복 전쟁이라고 정당화시켜 주었다는 점이다. 아시리아학자 빈호프에 따르면, 아시리아 왕들은 그들의 신 아슈르가 임명했기 때문에 즉위식에서 이미 아슈르의 영토를 확장하도록 예정되어 있었다. 아슈르는 왕들에게 원정의 임무를 주었는데, 이때 신탁, 예언, 징조를 통해 지원하였다.[23] 물론 이 신탁과 예언, 징조의 해석은 사제들의 몫이었다.

전쟁포로에 대한 중동지역의 일반규칙

●

아시리아의 반인륜적 잔인성은 가축을 죽이고 껍질을 벗기는 일에 익숙한 스키타이족에 잘 나타나 있다. 헤로도토스에 따르면, 흑해 근처에서 수레를 끌고 유목 생활을 하던 기마민족 스키타이는 전투에서 최초로 쓰러트린 적의 피를 마셨다. 또 스키타이는 적의 머리수로 왕에게 전리품을 받았는데, 머리의 가죽을 벗겨 손수건을 많이 만들어서 말의 굴레에 달아 놓는 자가 훌륭한 전사가 되었다.[24] 기원전 7세기말 아시리아의 「에스하르돈왕의 연대기」에 처음 나타나는 스키타이는 아시리아와 혼인 동맹을 맺은 뒤 니네베를 침략한 바빌로니아, 메디아를 물리치기도 했다.[25]

특이한 것은 스키타이는 1백 명의 포로 중에서 한 명을 골라 전쟁신에게 제물로 바쳤는데, 당시 전쟁포로는 노예를 삼거나 살해할 수 있다는 '중동지방의 일반 규칙'을 엄격하게 지켰다는 점이다. 즉, 전투 후에 군인들은 절단된 적의 머릿수로 포상을 받았고, 식량을 소비하는 포로는 전투 후에 신속하게 죽였다. 결국 아시리아인은 인간의 생명을 훼손하면서도 새로운 생명이 곧 그 자리를 채울 것이며, 인구가 줄어든 덕분에 주민들이 먹고 살아갈 압박감이 줄어든다고 생각해 양심의 가책을 전혀 느끼지 않았던 것 같다고 프랑스의 역사학자 마스페로는 지적했다.[26] 다음 장에서는 '군국주의' 아시리아의 통치술과 멸망, 그리고 아시리아의 충성맹세가 히브리인에게 끼친 영향을 살펴보기로 한다.

1 웬키; 앞의 책 2권, 98~104쪽. 토기가 사용된 직후에 사마라와 하라파 양식의 문양이 복잡하고 정교한 토기가 등장했는데, 이는 정치적 조직과 관리로 이루어진 것이다.

2 루; 앞의 책 1권, 250쪽.

3 빈호프; 앞의 책, 128~131쪽.

4 빈호프; 앞의 책, 214~215쪽.

5 듀런트; 앞의 책 1-1, 447~448쪽.

6 루; 앞의 책 2권, 85~88쪽.

7 빈호프; 앞의 책, 215~217쪽.

8 「아슈르나시르팔 2세의 잔치」(프리처드 편집; 앞의 책, 오펜하임 원역, 509쪽.) 아무루 왕국은 레바논 지역인 유프라테스강 서쪽의 시리아와 가나안을 차지하고 있었다.

9 「아슈르나시르팔 2세의 레바논 원정」(프리처드 편집; 앞의 책, 오펜하임 원역, 505쪽.)

10 번즈; 앞의 책 1권, 65~66쪽.

11 「센나케리브왕의 예루살렘 포위」(프리처드 원역; 앞의 책, 오펜하임 원역, 533~534쪽.)

12 Maspero; Passing(재인용, 듀런트; 앞의 책 1-1, 435쪽.)

13 A. Brackman; The Luck of Nineveh(니네베 발굴기), 대원사, 1990, 안경숙 옮김, 14쪽.

14 빈호프; 앞의 책, 284~285쪽.

15 램; 앞의 책, 39~40쪽.

16 듀런트; 앞의 책 1-1, 459쪽.

17 「센나케리브의 예루살렘 포위」(프리처드; 앞의 책, 오펜하임 원역, 533쪽.)

18 루; 앞의 책 2권, 93쪽.

19 빈호프; 앞의 책, 286~287쪽.

20 「사르곤의 사마리아 멸망」(프리처드; 앞의 책, 오펜하임 원역, 527~532쪽.)

21 빈호프; 앞의 책, 287~288쪽.

22 듀런트; 앞의 책 1-1, 450쪽.

23 빈호프; 앞의 책, 288쪽.

24 헤로도토스; 앞의 책 상권, 403~404쪽.

25 정수일; 고대문명교류사, 사계절, 2013, 230~264쪽.

26 Maspero; Struggle(재인용, 듀런트; 앞의 책 1-1, 453~454쪽.)

2장

아시리아의
충성맹세와 종주조약

아시리아의 정복 전쟁은 신무기와 전투기술로 성취되었다. 아시리아가 선전한 잔인성은 충성맹세와 종주조약을 강화시켰는데, 만일 충성맹세를 어기고 조공을 바치지 않으면 군사적인 약탈을 당하고 철저하게 파괴당했다.[1] 하지만 아시리아가 건설한 대제국은 광대하여 관리가 너무 힘들어졌다. 마침내 아시리아는 반란에 가담한 연합군에게 남김없이 파괴되어 역사에서 사라졌다. 아시리아의 제국주의는 페르시아, 마케도니아, 로마가 물려받았다.

아시리아의 줄기찬 정복 전쟁

잔인성과 광폭함으로 유명한 아슈르나시르팔 2세는 같은 문화를 계승한 바빌론을 과격하게 공격하지 않고 일종의 존경심을 가지고 교역하고 문화적으로 교류했다. 그는 칼루, 즉 님루드를 재건하여 수도로 삼고 광대한 궁전을 건설하여 문화의 중심지로 삼았다. 또 튀르키예 동부 지역인 쿠르디스탄 깊숙이 진출하고 지중해까지 진군하여 티로, 시돈, 비블로스 등 여러 군주로부터 예물과 함께 충성맹세를 받았다.[2]

왕위를 이어받은 샬마네세르 3세(Shalmaneser, 기원전 858년~기원전 824년 재위)는 행정조직을 강화하고 부왕보다 더 많은 원정을 하여 영토를 더욱 확대했다. 그는 이스라엘의 조공을 받았고, 바빌론의 신전 에사길라에 들어가 제물을 바치고 거룩한 지역의 주민들에게 극도로 친절하게 대했지만 그가 죽은 뒤 수십 년 간 북방지역과 시리아를 잃어 버렸다.

그러나 샴시-아다드 5세(Shamshi-Adad, 기원전 823년~기원전 811년 재위)는 기원전 827년 아시리아의 공정치 못한 분배에 저항하여 지방 유지들과 주요 도시 27곳의 주민들이 일으킨 반란을 제압했다. 또 바빌론에 들어가 칼데아 왕의 조공을 받고 '수메르와 아카드의 왕'이란 직함까지 얻는 위력을 발휘했다.[3]

이처럼 아시리아는 거의 40여 년 동안 모든 전선에서 전투를 벌이고 시련을 겪어 나가면서 자연스럽게 지치고 쇠퇴해질 수밖에 없었다. 그러다가 기원전 8세기에 군사 쿠데타로 왕이 된 티글라트-필레세르 3세(Tiglath-pileser, 기원전 746년~기원전 727년 재위)부터 다시 약동하기 시작했다. 내정을 개혁한 그는 정복한 국가에서 모집한 군인과 철제무기를 주력으로 삼아 대대적인 원정에 나섰다. 정복한 나라들을 더욱 효율적으로 관리하려고 아시리아의 한 지방으로 개편한 그는 왕명과 함께 편지를 전달하는 제도를 두어 총독과 감독관을 통제했다. 한마디로 아시리아는 정복지나 반란지역을 직접 통치한 것이다.

아시리아는 정복한 주민들을 이주시켰다

●

티글라트-필레세르 3세는 북쪽의 우라르투, 서쪽의 다마스쿠스, 시리아, 페니키아, 유대를 공격하여 이집트 국경까지 세력을 확대하고, 동쪽으로 오늘날의 이란 북서부 메디아의 일부를 장악했다. 또한 남쪽 바빌로니아의 왕을 겸임하여 대제국시대를 활짝 펼쳤다.[4]

특히 그의 강제 이주 정책은 대단히 강력했다. 시리아 원정 도중에 하마의 주민 3만 명을 자그로스산맥으로 이동시키고, 티그리스강가의 아람인 18,000명을 시리아의 도시 하마로 이주시켰다. 또 기원전 744년에는 바빌론의 주민 65,000명을 아시리아로 이송시키고, 기원전 929년에는 15만 명의 성인남녀와 어린이를 아시리아로 이송시켜 바빌론에게 큰 타격을 주었다.

이처럼 300여 년 동안 아시리아 제국 내부에서 이주시킨 사람은 무려 450만 명 정도로 추산된다. 이주민들은 아시리아의 왕도와 새 도시에서 군인이나 농민, 수공업자, 노동자가 되었다. 특이한 것은 바빌로니아, 칼데아, 아람의 포로가 서쪽에 이주당했는데, 그 결과 아람어가 점점 번져서 나중에 페르시아의 아케메네스 왕국에서 만국공용어가 된 일이다.[5]

정복 전쟁에 활용된 아시리아의 기병대

●

정복 사업에서 티글라트-필레세르 3세는 전차 대신 기병대를 끌고 산악지대 전투를 치렀다. 원래 말을 길들인 것은 기원전 4470년~기원전 3530년 사이에 흑해 북쪽 오늘날의 우크라이나의 드네예프강 유역에 살던 유목민이었다. 기원전 2000년경에 이르러 유목민들은 말이 끄는 바퀴살이 달린 전차를 타고 교역과 전쟁을 했는데, 가장 유명한 종족이 히타이트였다.

히타이트의 무와탈리 2세(Muwatalli, 기원전 1295년~기원전 1272년 재위)는 이집트의 람세스 2세와 싸울 때 쌍방이 서로 3천 5백 대의 전차를 이용했다고 한다. 마부병, 방패병, 전투병사 셋이 탄 히타이트의 전차는 마부와 궁수 두 사람이 타는 이집트의 전차를 여지없이 격파할 수 있었다. 방패병이 창이나 화살을 방어하기 때문이었다. 이 전차전은 기원전 12세기 히타이트 제국의 멸망과 함께 쇠퇴하고 그 후 스키타이가 일대 변혁을 일으켰다. 키가 크고 민첩하고 체력이 좋은 말을 탄 스키타이 병사들은 당시로서는 세계 최고의 경무장 기마병이 되어 늦가을과 겨울이되면 말을 타고 약탈을 시작하여 메소포타미아 지방까지 종횡무진 누볐던 것이다.[6]

그런데 스키타이의 기마술이 북쪽의 초원 지대에서 점차 남하하여 아시리아에게 전해지게 되었다. 이란 서부의 우라르투에게 기병술을 배운 아시리아는 빠른 속도로 그 기술을 익혔는데, 거추장스런 전차를 버리고 기병들은 금속으로 만든 굴레를 채운 말을 타고 전투에 나갔다. 특히 아시리아는 유목민보다 더 많은 말을 사로잡아 길들여 샬마네세르 3세(Shalmaneser)는 기원전 853년, 시리아의 카르카르에서 전투를 벌여 약 2천 명의 정예기병으로 3940대의 전차를 상대하였다. 뒤를 이은 사르곤 2세의 군대는 전차보다 기병의 수가 더 많아서 잘 훈련된 기병은 적군을 적시에 강타할 수 있었다.[7]

이처럼 날렵한 기병을 이용하여 샬마네세르 5세(기원전 726년~기원전 721년 재위)는 사마리아를 정복하고 이스라엘 사람들을 강제 이주시켰으나 몇 년 뒤에 갑자기 죽고 말았다. 그 이후를 사르곤 왕조라고 부른다. 즉 왕위를 물려받은 사르곤 2세(기원전 722년~기원전 705년 재위)부터 센나케리브, 에사르하돈, 그리고 아슈르바니팔까지이다.

대제국의 관리는 멸망을 자초하였다

●

아시리아의 사르곤 왕조는 100년도 채 안 되는 동안 대제국을 건설했다. 아시리아는 에사르하돈왕 때 영토가 이란 서부에서 이집트 본토 전체에 걸쳐 아카드-수메르 전 지역을 통치했던 것이다.

한편, 에사르하돈은 파괴된 바빌론을 재건하고, 흉년에 시달리는 엘람인에게 식량을 제공하는 국제적인 자선활동을 펼치면서 야만적인 아시리아의 역사에서 가장 정의롭고 자비롭게 제국을 통치했다. 특히 문명사학자 듀런트는 아슈르바니팔왕 때 부와 명성이 절정에 달했다고 평가했다.[8] 하지만 그가 죽자 아시리아는 10년도 지나지 않아서 역사에서 막을 내리고 말았다.

이러한 정복 전쟁의 결과 영토는 아주 넓어졌지만 아시리아가 대제국을 관리하고 유지하는 것이 쉬운 일은 아니었다. 특히 사르곤 2세의 치세부터 아시리아의 역사는 끊임없는 반란과 진압의 반복이었다. 아시리아는 반란을 일으키면 무시무시하고 잔인하게 보복했다. 이집트에서 폭동이 일어나자 아시리아는 군대를 파견하여 잔인하게 주동자의 살가죽을 벗겨 성벽 위에 걸어 놓았다. 또한 아라비아 지역에서 폭동을 일으키자 지휘자의 목에 줄을 달아 끌고 귀국하여 가축을 지키게 하거나 자칼이나 개와 함께 니네베의 성문을 지키게 했다. 무엇보다 아시리아는 바빌론에겐 더 가혹하게 대하여 반란 주동자의 혀를 뽑았고, 동강 난 몸을 개와 돼지, 혹은 늑대와 물고기의 먹이로 던져 주었다. 심지어 무덤을 파헤쳐 시신을 꺼내고 훼손하였다.[9]

더구나 아시리아는 끊임없이 정복 사업을 전개한 결과 군사조직이 점점 피폐하게 되었고, 특히 멀리 떨어진 이집트와 선진 문명인 바빌론의 반발을 사게 되었다. 그리하여 이스라엘을 점령하고 기원전 689년 센나케리브가 바빌론을 파괴하고 약탈한 뒤 기원전 670년 이집트 정복 사업을 끝으로 아시리아는 몰락하기 시작한다.

아시리아 몰락의 결정적인 원인은 이집트의 정복을 떠난 센나케리브가 갑자기 사망한 이후부터 왕위를 둘러싸고 세 차례나 터진 형제 간의 골육상쟁 때문이다. 먼저 센나케리브의 왕위를 이은 아시리아의 왕 에사르하돈과 역시 센나케리브의 장남인 바빌론의 왕 샤마시 사이의 내전이다. 두 번째 내전은 에사르하돈을 계승한 아시리아의 왕 아슈르바니팔과 역시 에사르하돈의 장남이면서 바빌론의 왕 샤마시-슘-우킨 사이에 벌어진 전쟁이다. 세 번째는 아슈르바니팔의 무능한 두 왕자 사이에 벌어진 후계자 싸움에 정치적인 장군까지 끼어들어 복잡한 내전에 휩싸이게 되었다.

아시리아 제국의 혼란을 틈타 나보폴라사르(Nabopolassar, 기원전 658년~기원전 605년)왕이 이끄는 칼데아, 메디아, 유대, 그리고 아시리아를 배반한 스키타이의 협공으로 마침내 아시리아는 멸망에 이르렀다. 기원전 614년 아슈르, 기원전 612년 니네베가 함락되고, 기원전 609년에 마침내 아시리아는 무너졌다. 아시리아의 주요 도시는 남김없이 파괴되고 약탈당했으며, 산 사람들은 노예가 되어 아시리아인은 역사에서 절멸되었다.

문명사학자 램은 하루아침의 '장엄한 몰락'이라고 표현했다.[10] 아시리아의 멸망을 목격한 유대의 선지자 나훔은 그 비참한 모습을 다음과 같이 시적으로 표현했다.

그러나 때가 너무 늦었다. 강들의 수문이 열리고 왕궁은 공포의 도가니에 휩싸이고 말았다. 왕후가 벌거벗은 몸으로 끌려가니 시녀들이 가슴을 치며 비둘기처럼 슬피 우는구나. … 니느웨가 모조리 약탈을 당하고 파괴되어 황폐해졌으므로 두려워서 사람들의 마음이 녹고 무릎이 떨리며 온 몸에 맥이 풀리고 얼굴이 창백해진다.[11]

반란의 동맹국들은 아시리아의 수도 니네베 곁을 따라 흐르던 티그리스 강물의 물길을 돌려 대담하게 니네베를 수장시키는 작전을 세웠던 것이다. 그리스의 역사가 테시우스는 아시리아의 마지막 왕 사르다나팔루스(Sardanapalus)가 포로로 잡히는 수모를 피하려고 왕비와 후궁들을 방에 가두고 불을 질러 자기 몸에 치장한 보석과 장신구들을 집어던지면서 불타 죽었다고 조롱했다. 역시 그리스의 역사가 디오도로스도 호색하고 방탕한 왕이 옷차림이나 목소리, 버릇이 요염한 여자와 같았다고 혐오했다. 이처럼 그리스의 역사가들은 아슈르바니팔왕을 아시리아의 마지막 왕 사르다나팔루스라고 부르면서 비난했지만 마지막 왕은 샤르 이슈쿤이었다.[12] 아슈르바니팔은 아시리아가 멸망한 지 14년 뒤에 사망했다는 사실이 밝혀진 것이다.

아시리아 제국의 파괴적인 통치기술

●

몰락하기까지 광대한 영토를 소유한 아시리아 제국이 정복한 국가들을 관리하는 방식은 정치적으로 아주 독창적이었다. 정복한 나라를 식민지나 위성국가로 만들고, 그 나라의 왕을 감독하는 아시리아의 관리를 두거나 항복한 국가의 귀족들을 아시리아의 행정장관으로 임명했다. 특히 반란이 심한 곳은 대량으로 학살하거나 모두 추방하여 그 세력을 분산시켰다.

역사학자 토인비는 아시리아가 제국을 건설하는 방법이 이집트보다 더욱 잔인하고 파괴적이었다고 지적했다. 이집트는 종주권을 강요하는 것으로 만족했지만, 아시리아는 정복한 나라의 엘리트와 숙련공까지 영토에서 멀리 추방하여 외진 곳에서 무지한 농민들과 함께 살게 했던 것이다. 그 목적은 정복한 나라를 아시리아의 행정 구역으로 재편성하여 국경선을 소멸시키고 무엇보다 공동체나 시민의식을 말살시키는 데 있었다. 그리하여 기원전 732년에 정복당한 다마스쿠스나 기원전 722년에 정복당한 북부왕국 이스라엘은 민족의식이 소멸되어 다시 독립하지 못하게 되었던 것이다.[13]

중요한 것은 아시리아의 잔인성이 종교적으로 정당화되었다는 점이다. 즉, 아시리아의 궁정 사제들은 최고신 아슈르가 임명한 왕의 원정을 신탁과 예언, 그리고 징조의 해석을 통해서 지원해 주었다. 다음 글은 에사르하돈왕과 관련된 이라크 북부의 도시 아르벨라의 사제 바야(Baia)의 입에서 나온 신탁이다.[14]

"나 벨이 말한다. 위대한 신 60분이 전투를 위해 내 주위에 둘러서 있다. … 사람을 의지하지 마라. 네 눈을 들어 나를 보아라. 두려워 마라. 나를 찬양하라. 내가 잠잠히 있는 동안 너를 공격한 적들이 어디에 있느냐? …"15

그런데 「아슈르바니팔왕에게 보낸 편지」에는 제사장이 꿈을 꾸고 왕에게 사랑의 여신 이슈타르의 신탁을 전한 사실이 나타나 있는 점이 아주 신기하다.

> … 샤브루의 제사장이 꿈을 꾸었다. 아르벨라의 이슈타르 여신이 왔다. 오른쪽과 왼쪽에는 화살통이 매달려 있었습니다. 손에는 활을 들고 있었으며 날카로운 칼이 전투를 하기 위해 달려 있었습니다. … 그녀는 당신에게 다음과 같이 지시하였습니다. "공격을 기다려라. 네가 어디로 가려고 하든지 나는 너와 함께 갈 것이기 때문이다." ….16

수메르에서 사랑의 여신 인안나, 즉 이슈타르는 놀랍게도 아시리아에서 전쟁의 여신으로 탈바꿈한 것이다. 더 중요한 것은 제사장이 전투에 관여한 사실이다. 아마 제사장은 아슈르바니팔왕의 도서관에서 발견된 「꿈에 관한 책」을 참고하여 공격의 시기를 제시했을 것이다. 이 문서는 기원전 1000년대에 다양한 꿈을 모아서 종류별로 분류한 점토판이기 때문이다.17

예언자의 정치적 영향력

●

메소포타미아에서 통계적인 간점이 널리 사용되었지만 2000년대 중반부터 점성술이 더 중요한 점술이 되었다. 아시리아의 사르곤 왕조 시대에는 하늘의 징조를 왕에게 보고한 기록이 많이 남아 있는 것이다.

고대 바빌로니아 시대에 70개의 점토판으로 편찬된 「에누마 아누 엔릴」은 대부분 왕이나 국가 또는 사회 전체에 영향을 끼치는 수천 개의 징조와 해설을 다루고 있다. 그 점토판의 사본이 아슈르바니팔왕의 도서관에서 발견된 것이다. 그곳에는 징조의 인용, 징조의 해설, 하늘을 관찰한 사실, 편지와 비슷한 내용, 관찰자 이름과 날짜가 기록되어 있다.[18]

그런데 사르곤 왕조 시대인 기원전 7세기경 아시리아의 에사르하돈왕과 아슈르바니팔왕은 유난히 점성술을 통하여 신들의 뜻을 발견하는 데 노력을 기울였다. 아시리아에서 예언자는 락기무(Laggimu), 여성은 락긴투(Laggintu)라고 불렀는데, 주로 이슈타르 여신의 계시가 여성 예언자를 통해서 왕에게 전달되었다. 이 예언자들은 정치적이고 종교적인 정책을 뒷받침하는

자료 2-2-1 사르곤 2세와 칼을 찬 제사장(루브르 박물관 소장)

중요한 역할을 담당했다. 그런데 비슷한 시기에 히브리 민족의 예언자, 즉 선지자들이 활발하게 활동한 사실은 대단히 관심을 끈다.[19]

더구나 예언자들의 신탁을 정치나 전쟁에 적극적으로 활용한 아시리아의 왕들은 적국의 신앙심을 제국의 관리에 이용했다. 다시 말하면, 아시리아는 정복당한 국가의 통치자가 자기들이 믿는 신 앞에서 모욕적인 충성맹세를 시켜 배반하지 못하게 만들었던 것이다. 물론 아시리아는 종속국의 신앙을 인정해 주었지만 때로 정복한 국가의 신상을 빼앗아 갔다. 주목할 것은 정복당한 민족은 자기들의 신이 백성들에게 벌을 내린 것으로 여기게 되었다는 점이다. 한마디로 잘못을 저질러 신의 저주를 받아서 망했다고 생각한 것이다.

아시리아학자 빈호프는 이러한 역사적 해석은 『구약성경』의 「이사야의 예언」에도 보이지만, 「신명기」와 「에스겔의 예언」에 두드러지게 나타난다고 지적했다. 즉 「에스겔의 예언」 17장 19절에서 "여호와는 신실하지 못한 자들에게 내린 '내 저주와 언약'에 관해서 말하고 있는 것이다.[20] 그처럼 아시리아의 충성맹세는 복잡한 종교적인 문제를 일으킬 만큼 악랄하지만 상당히 효력이 있었던 셈이다.

충성맹세와 유일신 여호와, 그리고 모세의 십계명

●

스위스 취리히대학 구약학교수 콘라트 슈미츠는 히브리인이 유일신 여호와와 맺은 언약(言約)은 놀랍게도 아시리아의 충성맹세에서 비롯되었다고 추정했다. 말하자면, 히브리의 예언자들은 아시리아가 요구한 충성맹세의 관계를 히브리 민족의 신 여호와가 히브리 민족에게 요구

한 관계로 전환시켰다는 것이다.[21]

이 문제를 논의하려면 충성맹세가 얼마나 냉혹하고 철저했는지를 살펴볼 필요가 있다. 아시리아의 충성맹세는 「에사르하돈의 종주조약」에 뚜렷하게 나타나 있는데, 이 조약은 무려 106조에 달하는 방대한 내용이다.

먼저 종주조약(宗主條約)의 서두에는 '신들의 왕이자 온 땅의 주인이신 최고신 아슈르의 불변의 인장, 위대한 통치자, 신들의 아버지의 논란의 여지가 없는 인장'이 찍혀 있다. 즉, 주로 금속이나 청금석으로 만든 원통형 인장을 점토판에 굴리고 찍어서 서로 약속을 굳게 다짐한 것이다.

종주조약의 본문 1조는 세계의 왕이며 아시리아의 왕 에사르하돈과 우라카자바누의 통치자 라마야타와 그 자손, 모든 백성과 그 후손들과 맺은 조약이라고 명시되어 있다. 2조는 목성이나 금성 등 모든 행성, 아누와 엘릴 등 천지의 모든 신들, 아슈르의 신들과 수메르, 아카드의 신들, 이방의 모든 신 앞에서 맺은 조약이라고 강조했다. 3조는 '신들의 아버지이며 모든 땅의 주(主)이신 아슈르신의 이름으로 종주국인 너희에게 명령한다.'는 내용이다. 그리고 앞에서 말한 신들의 이름을 다시 장황하게 부르면서 명령하는 내용이다.

종주조약 4조부터 38조까지는 이 조약이 에사르하돈의 후계자 아슈르바니팔을 위하여 맺은 조약인데, 만일 복종하지 않고 반란을 일으킨다면 아슈르신을 비롯한 모든 신과 행성들이 온갖 재앙을 가져올 것이라고 잔인하게 협박하는 내용이다. 41조, 42조, 96조를 소개하면 다음과 같은 내용이다.

신들의 우두머리인 니누르타가 맹렬한 화살로 너를 넘어뜨리고, 너희

의 시체로 들판을 채우고, 너희의 살을 매와 독수리에게 주어서 먹게 할 것이다.(41조)

가장 밝은 별인 금성이 너희의 부인들을 눈앞에서 적들의 품에 안기게 하고, 너희 아들들이 너희 집의 소유를 얻지 못하고 외국의 적이 너희 소유를 나누게 될 것이다.(42조)

만일 너희가 아시리아의 왕 에사르하돈과 왕세자 아슈르바니팔을 저버리고 좌우로 흩어지면, 우로 가는 자를 검이 칠 것이며 좌로 가는 자도 검으로 칠 것이다. (96조)[22]

마지막에 날짜와 이름이 표기되어 있는 이 종주조약은 한마디로 독립국가의 자격을 잃어버리는 종속국가, 즉 강대국 아시리아의 식민지가 되는 조약이라고 볼 수 있다.

그런데 앞에서 슈미트 교수는 히브리 민족의 유일신 여호와와의 언약이 이 종주조약에서 비롯되었다고 지적했다. 특히 슈미트 교수는 히브리의 일신론은 바빌론 포로기에 갑자기 태어난 것이 아니라 아시리아 시대부터 점진적으로 발달하여 「제2이사야서」에서 명시적인 표현이 시작된다고 지적했다. 따라서 모세가 여호와신과 맺은 계약인 「십계명」도 제국주의 아시리아의 충성맹세의 반영이라고 볼 수 있다. 왜냐하면 아시리아 시대에 히브리 문헌에서 처음으로 여호와를 절대적인 제국주의적 권세로 인정하기 때문이다.[23]

하지만 히브리의 유일신과 「십계명」의 근원은 멀리 이집트와 수메르에 있었다. 다신교였던 메소포타미아에서 독창적이라고 알려진 히브리의 유일신은 이집트의 종교개혁가 아케나톤왕의 유일신 아톤신의 숭배를 모방한 것이다. 특히 주목할 것은 모세의 「십계명」이 수메르의 「우르-남무 법전」과 「슈르파크왕의 가르침」의 영향을 받아 마련되었다는 사실이다.

『수메르 문명과 히브리 신화』 3부 5장 「편집된 모세의 십계명」에서 상세하게 논의했지만, 「슈르파크의 가르침」, 즉 '도둑질, 살인, 간음, 헛된 맹세, 말다툼, 거짓증거'는 500년 뒤에 「우르-남무 법전」으로 발전되었다. 「우르-남무 법전」에서 1조~3조가 살인, 강도, 상해이고, 6~8조가 간음이고, 13~14조가 거짓증거의 판례이기 때문이다.[24] 그런데 놀랍게도 이는 성경의 「십계명」과 상당히 유사하다.

> 너희 부모를 공경하라. 그러면 너희 하나님 나 여호와가 너희에게 줄 땅에서 너희가 오래오래 살 것이다. 살인하지 말아라. 간음하지 말아라. 도둑질하지 말아라. 너희 이웃에 대하여 거짓 증언하지 말아라. 너희 이웃집을 탐내지 말아라 [25]

어쨌건, 기원전 721년 아시리아에게 정복당한 북부 이스라엘 왕국은 아시리아의 이주 정책으로 인구가 분산되어 끝내 사라져 버렸다. 유대의 역사가 요세푸스에 따르면, 살마네세르왕이 호세아왕을 비롯한 모든 주민을 메디아와 페르시아로 사로잡아 갔는데, 이스라엘의 열 지파가 유대 밖으로 옮겨진 것이다.[26] 겨우 남부의 유다 왕국만 살아남아 여호와신과 충성계약을 맺어 로마 제국 시대까지 자기 민족의 생명줄을 유지했던 것이다. 무엇보다 중요한 것은 사제들이 아시리아의 정복 전쟁이건 정복당한 민족의 멸망이건 신학적으로 정당화시켜 주면서 자기들의 권위를 키워 간 점이다.

군국주의 아시리아 사회상

●

아시리아는 바빌로니아와는 달리 상업과 공업을 경멸하여 주민들은
주로 농업에 종사했다. 사회는 귀족, 기술자, 농민, 농노, 노예의 5계층
으로 나뉘어져 있었다. 토지는 대부분 고위군인이 차지했지만 주로 북
부의 농민들이 밀, 보리, 기장, 깨를 재배했다. 특히 기술자들은 기원전
7세기에 청동 대신 철을 사용하여 칼이나 창 등 강력한 군사 장비를 만
들었으며, 유리의 가공과 염색, 유약을 입힌 도기를 제작했다. 주로 교
역은 남부에서 활발했는데, 대출 이자는 25%였고, 납, 구리, 금, 은이 통
화의 수단으로 이용되었다. 그런데 수도 니네베의 주택은 산업혁명 이
전의 유럽의 주택만큼 훌륭한 설비를 갖추고 있었다고 한다.[27]

특이한 것은 아시리아인이 전리품인 쌍봉낙타가 수레를 끄는 모습을
벽화에 부조로 묘사했다는 점이다. 티글라트-필레세르 3세는 삼시 여
왕 같은 아라비아의 통치자로부터 낙타 3만 마리, 소 2만 마리, 향신료
5천 자루 등의 엄청난 전리품을 노획했다고 한다.[28] 이미 메소포타미아
남부의 목축인들이 단봉낙타와 쌍봉낙타를 교배시켜 짐을 410kg이나
실을 수 있는 강력한 잡종 단봉낙타를 만들어 냈던 것이다. 결국 실크
로드의 대상은 따뜻한 지역에서는 이 잡종 낙타를 이용하게 되었다.[29]

그처럼 힘센 낙타와 당나귀, 노새에 전리품을 가득 싣고 귀국하는 왕
들의 정복 전쟁이 얼마나 흥미진진하고 탐욕스러운 사업이었겠는지
상상해 볼 수 있다. 하지만 아시리아는 잦은 정복 사업으로 자원과 인

력 등 국가의 힘을 소모시켰다. 그래서 바빌로니아처럼 반란과 폭동을 무섭게 처단한 아시리아는 낙태와 동성애를 더욱 엄격하게 다루었다. 그것은 전쟁으로 부족해진 백성을 보충하기 위해서였다.

그러나 다른 나라들을 광대하게 정복한 결과 방대한 왕의 토지는 점차 고위층 군인들이 차지했고, 귀족들은 오만해져서 사치와 향락에 빠져들었다. 그리고 문명사학자 번즈는 일부다처가 허용된 남자들은 여자를 재산의 일부분으로 취급했으며, 이혼도 남편만의 권한이었다고 비판했다. 반면에 가난한 노예들은 공공 근로 사업에 강제로 동원되었

자료 2-2-2 삼나무를 운반하는 두르샤루킨 왕궁의 부조(루브르 박물관 소장)

고, 거기에다 군대생활로 삶이 극도로 피폐해졌다. 더구나 전쟁포로들은 무거운 족쇄에 채워진 채 죽는 날까지 도로와 운하, 궁전 건설 사업에 동원되었다는 것이다.[30] 그런데 점령지에서 끌려온 수백만 명의 외국인들이 아시리아를 멸망시키는 커다란 역할을 한 것은 참으로 아이러니하다.

아시리아의 유산

●

미국의 문명사학자 윌 듀런트는 아시리아가 대제국을 건설했지만 역설적으로 정복 사업이 아시리아를 멸망시킨 결정적인 원인이 되었다고 예리하게 지적했다. 정복 사업은 막대한 재물을 끌어오고 교역을 촉진했지만 결정적으로 패배하게 되면 한순간에 끝장이 난다는 것이다. 더구나 정복 사업으로 용감한 전사들이 사라지는 대신 연약한 사람들은 살아남을 뿐만 아니라 아시리아로 들어온 수백만 명의 몰락한 이방인들은 강렬한 생존본능으로 점점 그 수가 증가했다. 더 큰 문제는 증오와 복수심으로 가득 찬 피정복자들이 아시리아의 군인으로 채워져 갔던 점이다. 거기에 확장된 점령지에선 끊임없이 반란이 일어나고 약탈자들이 국경선을 괴롭혔다.[31]

기원전 626년 아슈르바니팔왕이 사망한 뒤 겨우 14년 뒤에 아시리아는 신바빌로니아, 즉 칼데아의 나보폴라사르가 이끄는 연합군에게 일시에 타격당하여 역사에서 사라졌다. 그 뒤 아시리아가 식민지를 관리하는 방식은 페르시아와 마케도니아의 알렉산드로스, 그리고 로마에 계승되었다. 듀런트는 아시리아가 남긴 것은 전쟁의 전술과 무기, 반이오니아식 기둥 장식 외에는 아무것도 없다면서 차갑게 평가하였다. 그 많은 그들의 신전도 사라지고 심지어 영원한 신 아슈르도 죽었다고 차갑고 강하게 비판했다.[32] 다음 장에서는 2500년 동안 모래언덕 속에 갇혔던 아시리아의 놀라운 도시들을 만나 보기로 한다.

1   K. Schmid; Literaturgeschichre des Alten Testaments Eine Eineführung(고대 근동과 구약 문헌사), 기독교문서선교회, 2018, 이용준 옮김, 135쪽.

2   빈호프; 앞의 책, 291쪽. 티로와 시돈은 고대 페니키아의 항구도시이고, 비블로스는 레바논 베이루트 시에서 북쪽으로 약 30㎞ 떨어진 고대의 항구도시.

3   루; 앞의 책 2권, 99~113쪽.

4   루; 앞의 책 2권, 114~120쪽.

5   빈호프; 앞의 책, 286쪽.

6   B. Pagan; The Intimate Bond: How Animals Shaped Human History(위대한 공존), 반니, 2016, 김정은 옮김, 207~225쪽.

7   페이건; 앞의 책(위대한 공존), 230쪽.

8   듀런트; 앞의 책 1-1, 449~450쪽.

9   번즈; 앞의 책, 67쪽. / 브랙만; 앞의 책, 15~17쪽.

10   램; 앞의 책, 40쪽.

11   「나훔 2장 6절~10절」(생명의말씀사 편집부; 현대인의 성경, 1990.)

12   브랙만; 앞의 책, 21쪽, 18쪽.

13   토인비; 앞의 책, 168~169쪽.

14   아르빌라는 이라크 북부에 있는 고대 도시로서 이슈타르 신전이 있었다.

15   「에사르하돈과 관련된 신탁들」(프리처드 편집; 앞의 책, 빅스 원역, 735~735쪽.) 벨은 바빌로니아의 최고신 마르두크의 다른 이름이다.

16   「아슈르바니팔과 관련한 신탁들」(프리처드 편집; 앞의 책, 빅스 원역, 739쪽.)

17   강승일; 앞의 책, 77쪽.

18   강승일; 앞의 책, 83~86쪽.

19 강승일; 앞의 책, 122-123쪽

20 빈호프; 앞의 책, 288~289쪽.

21 슈미츠; 앞의 책, 141쪽.

22 「에사르하돈의 종주조약」(프리처드 편집; 앞의 책, 괴체 원역, 455~471쪽.) 니누르타는 바빌로니아의 전쟁신이다. 엘릴의 아들이며 니푸르에 신전이 있었는데, 수메르의 신 닌기루스와 동일시되었다.

23 슈미트; 앞의 책, 141쪽, 216쪽, 165쪽.

24 「우르-남무 법전」 [조철수; 앞의 책(수메르 신화), 543~545쪽.]

25 생명의말씀사 편집부; 앞의 책(이집트 탈출기(출)), 20장 12~17절.

26 요세푸스; 앞의 책(유대 고대사 1), 616쪽.

27 듀런트; 앞의 책 1-1, 457쪽.

28 페이건; 앞의 책(위대한 공존), 262~63쪽.

29 페이건; 앞의 책(위대한 공존), 274쪽.

30 번즈; 앞의 책 1권, 65~70쪽.

31 듀런트; 앞의 책 1-1, 467~470쪽.

32 듀런트; 앞의 책 1-1, 469~470쪽.

3장

2500년간 묻혀 있던
아시리아의 도시들

아시리아는 전성기 때 소아시아 지역을 장악하고, 동쪽은 인도, 서쪽은 이집트, 북쪽은 남부 러시아, 남쪽은 아라비아까지 무려 3,200km에 걸친 대제국을 건설했다. 그러나 기원전 612년 아시리아 제국이 무너지면서 아슈르, 님루드, 두르샤루킨, 니네베 같은 대도시들은 대부분 철저하게 파괴되었다.[1]

아시리아가 망한 뒤 2500여 년 동안 무자비한 사막의 돌풍은 화려한 문명의 자취를 모래와 흙으로 파묻어 도시들은 거대한 구릉이 되어 버렸다. 19세기 중엽에야 고고학자들이 역사에서 잊혀진 아시리아의 유물을 발굴하면서 서서히 아시리아의 정체가 드러났다.

아시리아의 종교도시 아슈르

●

아시리아의 수도는 차례로 아슈르, 님루드, 두르샤루킨, 니네베로 바꿔었다. 첫 수도 아슈르(Ashur)는 종교적으로 신성시되어서 아시리아가 멸망할 때까지 안전하게 보존되었다. 왕들이 아슈르에 매장되었던 것이다. 그런데 아시리아의 신 아슈르(Ashour)는 초기에 이 도시의 수호신이었지만 아시리아의 세력이 커지면서 점차 국가의 최고신이 되어 신의 명칭이 도시이름으로 불리게 되었다.

아시리아의 북부 샤니다르 동굴에서 5만 년 전의 네안데르탈인의 두개골이 발견된 것을 보면 아슈르는 선사 시대부터 사람들이 살아온 도시로 추정된다.[2] 지중해와 페르시아의 교역로였던 아슈르는 티그리스 강변에 세워진 길이 3.5km 남짓한 자그마한 도시로서 언덕으로 둘러싸인 천연적인 요새였다. 아슈르 남쪽의 트인 곳은 벽돌로 성벽을 쌓아 적을 방어했고, 북쪽은 티그리스강을 따라 내려온 돛단배들이 각종 생활용품이나 산악지대의 목재와 돌을 실어 나르는 선착장이었다.

그런데 대리석 같은 석재 외에는 자원이 빈약한 아슈르는 뜻밖에도 기원전 1900년경에 이미 튀르키예의 아나톨리아 지역에 식민지인 카니슈와 하투사를 건설하여 활발하게 교역했던 사실이 밝혀졌다. 아나톨리아의 도시 카룸의 상인들의 집에서 발견된 약 2만여 편의 문서에 현대와 비슷한 관세의 규정, 대금의 결제, 채무의 증서만이 아니라 복잡한 상인들의 관리 규정 등이 나타나 있는 것이다. 현대의 무역은행과 비슷한 이 문서는 당시 무역도시 아슈르의 상업이 얼마나 발달했는지를 잘 보여 준다.[3]

자료 2-3-1 아슈르 폐허(© Unesco/Veronique Dauge))

고고학자들이 아슈르 북문 밖의 구릉을 발굴하자 햇빛에 드러난 것
은 높이 26m의 언덕이었다. 바로 바빌로니아의 최고신 마르두크를 대
신하여 아시리아 시대에 최고신이 된 아슈르신을 모시고 천체를 관측
하던 60m의 지구라트가 파괴되어 진흙 해골만 남아 있었다. 지구라트
앞쪽에는 사방 50m 규모의 흙벽돌 왕궁 터와 파헤쳐진 왕릉이 처참하
게 드러누워 있었다. 군국주의 아시리아가 멸망하고 칼데아도 망한 뒤
에 아슈르는 기원전 139년 페르시아 왕자가 머무르면서 다소 번창하다
가 이슬람 시대에는 카라반들이 왕래하는 상업도시로 발전했다. 그러
나 지금 도시의 흔적은 전혀 찾아볼 수 없고 다만 아이들이 나귀를 타
고 한가롭게 양떼를 몰고 다닐 뿐이다.[4]

님루드는 인류가 최초로 정착한 도시였다

아시리아의 두 번째 수도는 님루드(Nimrud)이다. 현재 이라크의 도시 모술의 동남쪽 30km에 자리 잡고 있다. 지금 님루드의 서쪽에서 4km 떨어진 곳에서 티그리스강이 흐르지만 전성기 때는 님루드 서쪽 성벽을 따라 강물이 굽이치면서 흘러갔다.

님루드는 기원전 1274년에 즉위한 샬마네세르 1세가 세운 신도시로 칼루라고 불리었다.『구약성경』에 갈라로 기록된 바로 그 칼루였다. 기원전 9세기말에는 아슈르나시르팔 2세가 수도를 이 칼루에 옮겨 거대한 왕궁과 신전을 지으면서 이름이 님루드로 바뀌어 제국의 명성을 떨치면서 기원전 720년까지 아시리아의 왕도를 유지했다.

독일의 고고학자 세람은 님루드의 건설자를 님로드라고 보았다.[5]『구약성경』「창세기」 10장 8절에 "구스는 또 니므롯(Nimrod)이란 아들을 낳았는데 그는 세상에서 최초의 정복자였다."고 기록되어 있기 때문이다. 구스가 노아의 손자인 것이 사실이라면, 님루드는 아주 오래된 도시였다. 님루드를 발굴한 고고학자는 영국인 오스틴 레이아드였다.

유럽의 제국주의 열강들이 식민지를 개척하던 1864년 우기인 겨울에 레이아드는 무장한 사람들을 거느리고 거대한 언덕들이 즐비한 사막 속으로 들어갔다. 이 님루드의 구릉들을 별자리 삼아 유목민 베두인족은 자기들의 위치를 찾고, 구릉 위에서 아랍인들이 쟁기질하여 밭을 갈아 곡식의 씨를 뿌리던 겨울이었다. 그런 겨울에 레이아드는 님루드 근방에서 무려 1백여 개에 가까운 구릉들을 세어 본 일이 있었다고 기록했다.[6]

그런데 레이아드가 발굴한 님루드의 구릉은 무려 길이가 540m, 너비가 270m, 높이는 20m가 될 정도로 장대한 언덕이었다.[7] 말하자면 아시리아의 수도였던 님루드가 통째로 파묻힌 이 구릉은 이집트의 피라미드에 해당되는 높고도 넓은 인공언덕, 소위 텔(tell)이었다. 이상한 것은 레이아드가 구릉 꼭대기를 파고들어가 님루드의 궁전을 발굴하자 여러 기의 무덤이 나타난 점이다. 레이아드는 어리둥절했지만 아시리아는 수백 년 된 도시의 폐허 위에 새 도시를 건설했던 것이다.

메소포타미아의 주민들은 진흙에 갈대를 섞어 벽돌집을 지었지만 50여년이 지나면 건축물들이 저절로 허물어졌다. 주민들은 이주하는 대신 그 집터 위에 조금 높게 다시 건물을 지은 결과 장구한 세월이 흐르면서 도시는 거대한 언덕이 되어 버렸다. 이처럼 메소포타미아 지역에 수만 개의 인공언덕, 즉 텔이 만들어진 것이다. 더구나 철저하게 파괴되어 폐허가 된 아시리아의 도시들은 2500년 동안 사막의 모래바람이 거대한 공동묘지처럼 수천 개의 인공언덕을 조성하여 놓았다.

이 님루드의 1백여 개의 구릉 속에서 궁전과 왕릉, 신전과 지구라트, 그리고 도시를 둘러싼 성채 안에 즐비한 관청들, 수많은 주택들, 동물원과 식물원이 파괴된 채 2500여 년간을 침묵을 지키면서 잠들어 있었다. 물론 아시리아의 궁전은 석재건축이라 흙벽돌로 지은 수메르보다 오래도록 남아 있었다. 특히 아시리아는 왕들의 전쟁과 사냥 장면을 돌에 부조(Relief, 浮彫), 즉 돋을새김하는 기법을 사용하여 극적이고 사실적으로 묘사하여 예술적 탁월성을 보여 주었다.[8] 독일의 고고학자 세람은 이 돋을새김을 보면 광대한 평원에서 동물을 쫓는 사냥꾼의 함성이 들린다면서 최정상의 재능과 예술적 형태에 대해 통달한 자의 경지가 드러나 있다고 극찬했다.[9]

님루드에서는 수메르 후기의 왕도였던 우르만큼 수많은 유물이 발

자료 2-3-2 샬마네세르 3세 앞에 절하는 이스라엘 왕 예후와 사절단(© Osama Shukir Muhammed Amin FRCP(Glasg), 기원전 840년, 영국 박물관 소장)

견되었다. 아슈르나시르팔 2세부터 마지막 왕까지의 모든 궁전이 포함된 거대한 복합 건축물이 나타났는데, 기원전 7세기경 센나케리브의 궁전에서는 무려 71개의 방과 2000여 개의 조각이 출토되었다. 센나케리브는 바빌론을 불태우고 궁전과 신전을 약탈하고 수많은 주민을 죽여 시신이 산처럼 쌓여 거리를 막았다고 전해지는 인물이다. 아마 바빌론의 마르두크의 신전을 파괴하여 아시리아의 아슈르신이 최고라는 것을 증명하려던 의도였을 것이다.[10]

님루드에서 발견된 특이한 유물은 기원전 841년 샬마네세르 3세가 세운 오벨리스크이다. 영국인들이 영국 박물관에 옮겨가서 소장된 이 오벨리스크에 샬마네세르왕 앞에서 복종을 맹세하는 유대의 왕 옴리의 아들 예후의 모습이 그려져 있다.[11]

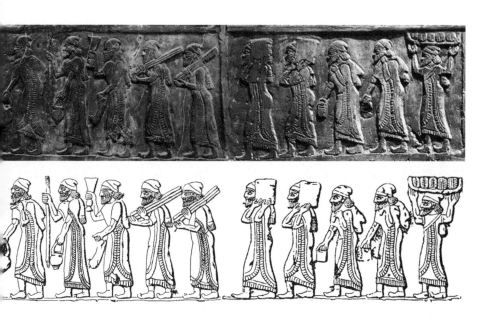

    화려했던 시절에 님루드의 입구에 50m의 지구라트가 위용을 자랑했지만 현재는 겨우 17m 정도로 초라하다. 이 지구라트 앞에 전쟁신 니누르타(Ninurta) 신전의 폐허가 너무 처참할 뿐이다. 니누르타신은 도시국가 기르수, 즉 지금의 텔로에서 천둥과 비바람, 홍수의 신이면서 동시에 쟁기와 경작의 신이었다. 처음엔 날개를 편 거대한 검은 새로 그려진 천둥구름이었지만, 나중에 신의 적인 악마가 되었고 군국주의 아시리아에서 돌변하여 전쟁의 신이 되었다.[12]

아슈르나시르팔 궁전과 비석의 명문

●

레이아드가 님루드의 구릉 속으로 6m 정도 깊이 파고들어 가자 높이 14m의 두께 3.7m의 흙벽돌로 쌓은 성벽 안에 건축된 아슈르나시르팔 2세의 북서쪽 궁전이 나타났다. 어마어마하게 넓은 홀의 입구엔 날개 달린 거대한 황소, 석회암으로 만든 한 쌍의 스핑크스가 버티고 있었다. 소위 아시리아의 수호신 라마수(Lamassu)였다. 하지만 잔인성으로 악명 높았던 아슈르나시르팔의 거대한 궁전은 불에 그슬려 있었는데, 도시 전체가 파괴될 때 왕궁이 가장 먼저 불길에 휩싸였을 것이다.[13]

자료 2-3-3 아슈르나시르팔 2세의 궁전 알현실을 재현한 도시의 문에 설치된 수호신 라마수(© Mujtaba Chohan, 영국 박물관 소장)

그런데 1951년 아슈르나시르팔 2세의 궁전 알현실의 현관 부근에서 왕의 돋을새김과 함께 무려 154행의 명문이 새겨진 비석이 발견되었다.

이 명문(銘文)은 간단한 역사적 회고를 제외하면 대부분 새 왕도인 칼라, 즉 님루드의 왕궁 정원의 건설, 궁전 완공식의 축제를 다루고 있다.[14]

이 장황한 명문은 기원전 865년경 아슈르나시르팔 2세의 과시욕과 약탈의 정당성, 아시리아의 국제적 성격을 잘 보여 준다는 점에서 주목할 만하다. 명문의 서두에서 왕은 '아슈르신의 사제, 정당한 왕, 전 세계의 왕'이라고 선포하면서 점령지, 공물, 포로는 모두 위대한 주님 아슈르신의 거룩한 결정이라고 선언했기 때문이다.

또한 흥미로운 내용은 명문의 본문에 나타난다. 즉, 왕궁의 건축 과정과 사용된 재목들, 왕의 업적을 새긴 돋을새김 그림, 관개시설과 과수원 조성, 시리아와 하티나 등 9개 점령지의 주민과 지배자를 칼루에 정착시킨 일이 아주 상세하게 나타나 있다. 특히 정벌에서 종자를 수집하여 정원에 심은 50여종의 수목, 즉 몰약나무와 수지나무 같은 희귀한 나무들, 석류와 자두, 배, 무화과, 포도, 사과 같은 중동지역의 다양한 과일나무도 아주 흥미롭다. 아마 몰약은 전쟁에서 부상병을 치료하는 마취제로 사용되었을 것이다.

다음에 명문(銘文)에는 여러 신전, 버려진 궁전, 마을의 재건, 신상과 왕의 동상의 건립, 그리고 사자 450마리, 야생소 390마리 등을 사냥한 왕의 용맹성과 함께 호화로운 잔치 광경이 묘사되어 있다. 왕이 아슈르신과 자기들의 나라에서 섬기는 모든 신을 초청하여 엄청난 제물을 바친 자화자찬이 기록되어 있는 것이다.

"나의 여주인 이슈타르신을 위해서만 소 2백 마리, 양 1천 마리를 잡았다."

또한 수백 마리의 수사슴, 가젤, 거위, 비둘기, 생선, 날쥐, 새알 등 육류음식을 소개하고, 1만 개의 빵, 1만 개의 항아리와 가죽부대에 가득한 맥주와 포도주, 향신료와 채소, 치즈, 볶은 보리, 석류와 포도, 대추야자 같은 수십 가지의 식물성 음식이 마치 뷔페의 화려한 메뉴판처럼 나열되어 있다. 그리고 명문의 마지막엔 왕이 전국에서 온 축하객 47,074명에게 열흘 동안 음식과 술을 대접하고, 사후와 하티나, 시돈 등 11개 지역에서 파견한 사절단 5천 명, 칼라 주민 1만 6천 명, 궁전 신하 1천 5백 명, 모두 69,574명을 대접하고 무사히 귀환시킨 내용이다.[15]

이처럼 잔인성으로 악명 높았던 아슈르나시르팔은 정복과 약탈, 착취로 끌어 모은 엄청난 재물로 화려한 궁전을 건축하고 위세를 과시하는 잔치를 베풀었던 것이다. 더구나 정복지에서 잡아온 지도자와 이주민을 수도인 칼라, 즉 님루드에서 살게 하면서 그들의 민족의식까지 소멸시킨 잔인한 왕으로 알려져 있다.

사르곤의 요새, 두르샤루킨

●

아시리아의 세 번째 수도는 사르곤 2세가 건설한 두르샤루킨(Dur Sharrukin)이다. '사르곤의 요새'라는 뜻을 지닌 이 도시의 현재 이름은 코르시바다인데, 1843년 프랑스의 외교관 보타가 발굴했다.

신기한 것은 보타가 두르샤루킨을 발굴하니, 1.5km가 넘는 정사각형 도시의 성벽에 견고한 성문 7개가 달려 있었고, 200개가 넘는 방과 30곳이 넘는 정원을 포함한 왕궁이 화려한 돌다리로 철필과 운명의 신 나부(Nabu)의 신전과 연결되어 있는 모습이었다. 그리고 일곱 계단이 서로 다른 색으로 칠해진 지구라트도 웅장하게 서 있었다. 무엇보다 경이로운 것은 돋을새김과 명문이 새겨진 비석들이 거의 2km나 벽을 따라 펼쳐져 있는 광경이었다. 그런데 이 도시를 건설하는 데 겨우 10년밖에 걸리지 않았다는 것이다. 아시리아는 전쟁 포로와 수천 명의 이주민을 강제로 동원했을 것이다.[16]

아시리아 제국 말기에 위대한 왕이라고 불린 사르곤 2세는 부왕이 정복한 칼데아, 아람족, 우라르투, 시리아, 팔레스타인을 완전히 장악하고 확장하여 아시리아의 최고신 아슈르의 권능을 증명하고자 했던 것이다.[17] 특히 「사르곤 2세의 명문」에 따르면, 그는 기원전 880년경 히브리의 오므리왕이 북왕국 이스라엘의 새 수도로 정한 사마리아에서 포로 27,290명을 잡아왔고 다른 점령지의 주민까지

자료 2-3-4 사르곤 2세의 궁전에 새겨진 날개 달린 정령이 솔방울을 들고 두르샤루킨을 축복하는 부조(© Jastrow, 루브르 박물관 소장)

정착시켰다. 또 사르곤 2세는 도시 카르카르를 점령하고 불태운 뒤 반란한 지도자의 살가죽을 벗긴 잔인한 정복자였다.[18]

하지만 사르곤 2세는 수도를 옮긴 지 1년이 채 못 되어 튀르키예의 아나톨리아 지방으로 정복을 떠나 기원전 705년 갑자기 전사했다. 그의 아들 센나케리브왕이 수도를 니네베로 옮겨 버리자 두르샤루킨에

는 고위 관리들이 살았지만 왕이 살지 않은 도시는 버려지고 점차 폐허가 되었다. 이 도시에서 님루드보다 훨씬 큰 날개 달린 황소와 사자의 몸을 한 왕의 얼굴상이 발굴되었다.

현재는 방치된 궁전 터와 멀리 두르샤루킨을 둘러싼 구릉들 속에 성곽의 거대한 돌덩어리들이 뜨거운 햇빛에 녹고 바람에 서서히 삭아가고 있을 뿐이다.[19] 수메르와는 달리 아시리아는 북쪽의 산악지대에서 채취한 돌로 성과 성곽을 쌓았지만, 돌덩이도 세월이 흐르면 스러질 운명을 지니고 있다는 것을 증명하고 있다.

만국이 경의를 표한 니네베

●

아시리아의 마지막 수도는 니네베(Nineveh)이다. 니네베라는 이름은 수호신인 달의 신 난나(Nanna)에서 유래된 듯 보인다. 기원전 1200년 무렵 티클라트-필레세르 1세는 아슈르와 니네베에 웅장한 건축물을 세우고 니네베에서 살면서 신전과 궁전, 성벽을 세웠다.[20]

그 뒤 기원전 7세기경 센나케리브왕이 수도를 아예 니네베로 옮겼는데, 당시 니네베는 티그리스강의 동쪽 언덕을 따라 건설된 아주 광대하고 찬란한 도시였다. 웅장한 궁전과 정원, 신전, 그리고 운하가 딸린 니네베의 성벽은 초원 위에 높이 60m로 우뚝 서 있었고 그 길이가 무려 12km였다. 1천 5백 개의 망루를 세운 니네베성은 15개의 문이 달린 5개의 성벽, 그 주위에 3개의 해자를 파고 성을 수비하면서 아슈르, 칼라, 두르샤루킨 등의 성곽 도시들을 다스렸다.[21]

자료 2-3-5 고고학자 오스틴 레이어드가 상상한 니네베 궁전(영국 박물관 소장)

바빌론에 비하여 북쪽에 치우친 니네베는 상업적 요충지가 되지는 못했다. 그러나 정복 사업에서 약탈한 재물을 바탕으로 교역이 점차 활발해져서 기원전 8세기 무렵 센나케리브왕은 은으로 화폐를 만들어 사용했다. 또한 그는 48km 밖에서 니네베로 물을 공급하는 수로를 건설했는데, 후대에 이라크 탐사단이 수로의 터 8km를 발굴했다.

특히 기원전 7세기에 니네베에서는 청동기 대신 철이 산업과 군사 장비로 이용되었고, 유리의 제작과 유약을 바른 도기를 사용했으며, 목화로 만든 면직물 제조 등 수공업이 발달했다. 그래서 훌륭한 주택을 건설한 니네베는 인구 12만여 명이 넘는 대도시로 발전하여 아시리아의 수도로서 당시 세계의 중심지가 되었다. 특히 아슈르바니팔왕 시대에는 놀랍게도 무려 30여만 명의 주민이 거주하여 동방의 서부지역 전체가 '만국의 왕'에게 경의를 표했다고 한다.[22]

그런데 니네베의 왕궁에 살던 센나케리브왕이 부왕인 사르곤 2세의 원수를 갚으려고 튀르키예의 아나톨리아를 정복하고 지중해 연안 도시들까지 복속시키고 예루살렘을 포위했으나 전염병이 돌아 철군했다. 당시 유대의 히스기야왕이 애원하는 글이 『구약성경』 「왕들의 통치 2」 18장 14~16절에 다음과 같이 기록되어 있다.

'내가 잘못했습니다. 제발 군대를 철수하여 돌아만 가 주신다면 당신이 요구하는 대로 내가 조공을 바치겠습니다.' 그러자 앗시리아 왕은 은 약 10톤과 금 약 1톤을 보내라고 요구하였다. 그래서 히스기야는 성전과 궁전에 있는 모든 은을 모으고 또 성전 문과 기둥에 입힌 금을 벗겨 모두 앗시리아 왕에게 주었다.

특히 니네베 성의 돋을새김에는 유대의 견고한 도시였던 라키시가 정복당한 모습이 생생하게 묘사되어 있다. 특히 파괴될 당시의 투석, 화살촉, 투구, 전차의 청동덮개, 60여 미터의 공격용 다리 등과 함께 끔찍하게도 1천 5백 명의 희생자 두개골이 발견되었다. 이 도시를 파괴한 센나케리브왕은 포로의 수가 200,150명이라고 기록했는데, 아마 수 천 명 정도였을 것이다.[23]

이 센나케리브왕의 죽음과 왕위 다툼으로 내전이 벌어진 니네베는 아시리아 멸망의 처참한 상처의 흔적이 남아 있는 곳이다. 무엇보다 니네베의 아슈르바니팔(기원전 685~기원전 627년) 궁전의 도서관에는 그 유명하고 방대한 점토판이 2500여 년 동안 잠들어 있었다. 고고학자들은 아시리아가 종교, 문학, 법률 등 다방면에서 수메르와 바빌로니아의 문명을 계승하였고, 예술은 고대 바빌로니아를 능가하여 수메르와 그 수준이 거의 비슷하다고 평가하고 있다.[24]

자료 2-3-6 사자를 사냥하는 아슈르바
니팔(© Carole Raddato, 영국 박물관 소장)

사르곤 2세 왕비의 무덤과 죽음의식

●

아시리아에서 왕이 죽으면 종교도시 아슈르에 묻혔다. 이 아슈르에
서 아슈르나시르팔 서북쪽 궁전의 가족용 부속건물 지하에서 뜻밖에도
약탈을 피한 세 기의 무덤이 발굴되었다. 첫 번째 무덤에서는 한 남자
의 시신이 200개의 금붙이와 함께 발견되었다. 두 번째 무덤은 아슈르
나시르팔 왕의 아내인 물리스의 무덤인데, 아쉽게도 시신이 옮겨졌는
지 텅 비어 있었다. 하지만 1989년, 청동으로 만든 두 개의 관 속에 왕관
과 황금 57kg에 달하는 440점의 유물이 출토되어 고고학계를 말할 수
없이 흥분시켰다. 이 세 번째 무덤에는 사르곤 2세의 아내인 탈리야의
시신, 그리고 샬마네세르 5세의 아내로 보이는 야바의 시신이 있었다.[25]
뜻밖에도 사르곤 2세의 왕비 야바야의 시신은 딸 탈리야와 함께 거

의 원형 그대로 관 속에 누워 있었는데, 관을 덮은 석판에는 다음과 같은 글이 새겨져 있었다.

"해의 신, 지하의 신의 이름으로 아시리아의 왕, 두르샤루킨의 왕 사르곤의 궁전 부인인 나 야바야는 임종을 맞아 내 아버지의 길을 따라 이 세상을 하직한다. 나는 지하의 신께 기원하노라. 누구든지 나의 관에 손을 대는 자, 나의 묘실을 여는 자는 그가 죽은 뒤 그 영혼이 태양의 불꽃 속을 영원히 헤맬 것이며, 꿀과 포도주와 성스러운 음식으로 아눈나키 신과 닌기쉬지다신께서 사자에게 베푸는 성찬식에 참여하지 못할지라. 불면귀(不眠鬼)시여, 그를 영원히 잠들지 못하게 하소서."[26]

키가 170cm의 백골만 남은 이 여인은 20kg의 황금패물과 장신구로 치장되어 있었다. 황금귀걸이 100여 개, 그밖에 평소에 사용하던 황금바늘, 손잡이에 보석을 박은 청동제 거울, 눈썹 그리는 연필, 털 뽑는 집게 등 왕비의 화장도구도 함께 묻혀 있었다. 그 외 이집트 파라오들이 선물로 보내온 황금기물 몇 점, 그리고 관 주위에는 저 세상으로 가는 도중에 먹을 음식을 담은 항아리가 놓여 있었다.[27]

이 화려한 유물은 정복 전쟁에서 약탈한 재물로 지은 화려한 궁전에서 그의 가족들이 얼마나 호화롭게 사치를 누렸는지를 보여 준다. 특히 이 석판의 기록에서 주시할 것은 수메르의 50명의 아눈나키신과 닌기쉬시다의 등장이다. 이는 수메르의 종교를 이어받은 아시리아의 내세관을 보여 주기 때문이다. 특히 닌기쉬시다는 뱀의 신으로 치료와 저승과 관련 있는 수메르의 신이었는데 아시리아에서도 중요시된 것을 알 수 있다.

아시리아의 수도는 신과 관련되었다

●

아시리아의 수도는 모두 종교적인 도시이다. 이는 신들이 자기 도시를 수호해 준다는 고대인의 신념에서 나온 것이다. 그런데 종교학자 후크는 '아시리아의 신은 모두 바빌로니아에서 숭배되던 신과 같은 신이었을 뿐만 아니라 아시리아의 종교의식도 바빌론에서 행해지던 종교의식과 마찬가지로 똑같은 시기에 똑같은 방식으로 거행되었다고 밝혔다.[28] 물론 바빌로니아의 신들과 종교적 의식도 수메르에서 이어진 것이다.

이와 관련하여 신화학자 기랑에 따르면, 정복자들은 어떤 지방을 통치할 때 자기들의 신을 그 지방에 이식시키지만, 그 신은 그 지방의 신들과 합일해 간다. 거기에서 신들의 동화, 혹은 계보나 친근 관계가 생기는데, 아시리아와 바빌로니아의 신화를 구성하고 있는 것은 수메르 아카드의 만신들의 종교적 혼합에 불과하다는 것이다.[29]

군대 다음으로 중시된 아시리아의 종교

●

아시리아는 군국주의였지만 군대 다음으로 중요시된 것은 종교였다. 모든 것은 신의 이름으로 발표되고, 법은 신의 뜻에 따른 칙령이며, 모든 세금은 신의 창고를 채우려고 거두어 들였다. 결국 모든 전쟁은 신들에게 전리품과 영광을 안겨 주기 위해서 일어난 것이다. 아시리아의 왕은 주로 태양신 샤마시의 화신으로 묘사되었다. 그러나 아시리아 말기에 왕위 계승을 둘러싸고 음모와 암살이 그치지 않은 것은 강력한 왕이 필요했기 때문이다. 그래서 정복한 국가들의 반란을 진압하고 포로로 잡아온 이방인들을 다스리는 방편이 바로 엄격성과 잔혹성이었다. 그러한 아시리아의 종교에서 사제들은 중요한 역할을 담당했다. 사제들은 정복 전쟁에서 코와 귀를 절단하고, 혀를 뽑고, 눈을 도려내고, 말뚝에 꿰거나 참수하고, 혹은 거세까지 감행한 아시리아의 폭력 중독을 완화시키기보다는 백성들을 고분고분한 애국자로 훈련시키고 마술과 제사를 통해서 신들의 호의를 얻어 내는 기술을 가르치는 것으로 만족했던 것이다.[30]

특히 아시리아는 바빌론과 끊임없이 다투었다. 그 이면에는 바빌론의 마르두크신과 아시리아의 아슈르신의 충돌이 있었다. 바빌론의 왕은 끝내 아시리아를 멸망시켰지만 수메르의 종교를 이어받은 아시리아도 바빌로니아처럼 신전의 지구라트에서 왕과 여사제의 신성한 결혼의식을 거행하여 이슈타르 여신을 만족시켜 대지의 풍요를 기원했던 것이다. 다음 장에서는 서사시 「이슈타르의 저승 하강」을 통하여 아슈르신의 아내가 된 사랑과 전쟁의 두 얼굴을 가진 여신을 탐구해 보기로 한다.

1 현재 앗수르(Assur)는 아슈르(Ashur)로 불리고, 니므룻[Nimrod 혹은 칼라(kalla)]는 님루드(Nimrud), 두르샤루킨(Du Sharrukin)은 코르사바드(Khorsabad), 니네베는 모슬강 건너편에 자리한 쿠윤지크로 불리고 있다.

2 루; 앞의 책 1권, 48~51쪽.

3 빈호프; 앞의 책, 126~127쪽.

4 정진국; 메소포타미아를 찾아서, 혜안, 1999, 179~189쪽. 저자는 1986년부터 6년 동안 현대건설의 직원으로 13번이나 아슈르를 방문했다고 한다.

5 C. Ceram; Götter, Gräber und Gelehrte(낭만적인 고고학 산책), 고려서적, 1994, 안경숙, 264쪽.

6 브랙만; 앞의 책, 309~310쪽.

7 브랙만; 앞의 책, 168쪽.

8 번즈; 앞의 책 1권, 69~70쪽.

9 세람; 앞의 책(발굴하는 발굴의 역사), 225쪽.

10 듀런트; 앞의 책 1-1, 448~ 449쪽.

11 브랙만; 앞의 책, 212~225쪽.

12 정진국; 앞의 책, 191~193쪽.

13 브랙만; 앞의 책, 235~237쪽.

14 「아슈르나시르팔 2세의 잔치」(프리처드 편집; 앞의 책, 오펜하임 원역, 505~506쪽.)

15 「아슈르나시르팔 2세의 잔치」(프리처드 편집; 앞의 책, 오펜하임 원역, 505~511쪽.)

16 루; 앞의 책 2권, 127~129쪽.

17 빈호프; 앞의 책, 319~323쪽.

18 「사르곤 2세의 사마리아 멸망- 전시용 명문 23~26」(프리처드 편집; 앞의 책, 오펜하임 원역,

528~529쪽.)

19 정진국; 앞의 책, 201~202쪽.

20 빈호프; 앞의 책, 252쪽.

21 브랙만; 앞의 책, 11~12쪽.

22 듀런트; 앞의 책 1-1, 446쪽, 457~458쪽.

23 빈호프; 앞의 책, 333~334쪽.

24 번즈; 앞의 책 1권, 68~70쪽.

25 루; 앞의 책 2권, 159~160쪽. 정진국의 저서에서 사르곤 왕비는 야바야이고 딸이 탈
    리야인데 조르주 루가 혼동한 것 같다.

26 아시리아에서 해의 신은 샤마시, 지하의 신은 아눈나키이다. 그런데 수메르에서 아
    눈나키는 50명의 큰 신이고, 닌기쉬시다(Ningishzida)는 지하세계의 신인데 뱀의 모습
    으로 나타난다.

27 정진국; 앞의 책, 198~199쪽. / 루; 앞의 책 2권, 159~160쪽.

28 후크; 앞의 책(중동 신화), 77~78쪽.

29 P. Grimal; 「Mythologie Grecque」 [앞의 책(세계의 신화 1권), 96~97쪽.]

30 듀런트; 앞의 책 1-1, 454~460쪽.

4장

사랑과 전쟁,
두 얼굴을 가진 여신

고대 바빌로니아는 수메르의 신화를 발전시켜 기원전 2000년대에
「길가메시」 같은 장대한 영웅 서사시와 「에누마 엘리쉬」 같은 웅장한
창조 서사시를 편찬했다. 이 두 작품은 메소포타미아를 뛰어넘어 여러
주변 민족의 문학에 크게 공헌했다.

아시리아는 수메르 신화의 여러 요소를 확장하여 「이슈타르의 저승
여행」 같은 서사시를 편찬했지만 문학적 성취를 이루어 내지 못하였
다. 아시리아의 큰 공로는 전해 오던 여러 문학작품을 수집하여 아슈르
바니팔왕의 도서관에 정리해 놓은 것이다.

아슈르바니팔왕의 도서관과 백과사전

●

아시리아의 수도 니네베에 세운 아슈르바니팔왕의 도서관에서 2만 5천여 개의 점토로 만든 문자판이 1858년 그 모습을 세상에 드러냈다.[1] 점토판 서적은 그 종류가 무려 1만 5천여 종이나 되었는데, 왕의 명령으로 전국에 흩어져 있던 서적들을 수집하여 궁정서기들이 체계적으로 목록을 만들었다. 즉, 아슈르, 님루드 등에 있는 신전의 서적들을 검토하고 그 점토판으로 사본을 만들어 니네베의 도서관에 비치하여 보관했던 것이다. 물론 귀족이나 부유한 상인들의 사설도서관의 점토판도 복사되었을 것이다.

뒤에 언어학자들이 쐐기문자를 해독하자 이 문서판들은 일종의 아시리아 백과사전으로 판명이 났다. 어휘사전과 문법은 물론 식물학, 천문학, 점성학, 야금술, 지질학, 지리학에 관한 논문, 중요한 사건을 연대별로 기록한 연대기(年代記), 종교와 역사에 대한 소책자들, 칙령과 포고문, 그리고 법률 등의 모음집이 총망라되어 있었다.[2] 이 점토판들 속에 아시리아의 문학이 숨어 있었고 오랜 고심 끝에 학자들이 복원했는데, 「이슈타르의 저승 여행」도 그중 하나이다.

아시리아는 수메르의 신화를 바탕으로 여러 문학작품을 모방했다. 하지만 「길가메시 서사시」나 「에누마 엘리쉬」 같은 뛰어난 문학작품, 그리고 「함무라비 법전」 같은 실용적인 문서를 생산한 바빌로니아처럼 독창성을 발휘하지는 못하였다. 대신 아시리아는 방대한 「에사르하돈의 종주조약」이나 「샬마네샤르 3세의 아람연합군과 전투」 같은 원정기나 전투기 등 여러 역사문서를 만들어 냈다. 또한 아시리아는 「아슈르나시르팔 2세의 잔치」 같은 사실적이고 선전적인 명문, 그리고

「에사르하돈과 관련된 신탁」 같은 예언문서도 다수 남겨 놓았다.[3] 이는 문학작품이라기보다 논픽션에 속하는 실용적인 글이다.

여신의 원형 이슈타르

　●

　수메르의 인안나 여신은 아시리아에서 이슈타르로 불렸다. 그러나 최고신 아슈르의 아내가 되면서 여신의 성격도 바뀌었다. 이는 시대에 따라 신들이 그 모습이 바뀐다는 점에서 아주 흥미로운 일이다. 즉, 고대 바빌로니아가 멸망할 때까지 최고신이었던 마르두크는 아시리아가 패권을 잡자 아시리아의 국가의 신 아슈르에게 그 자리를 내주었다. 바빌론의 안샤르와 동일시된 아슈르는 전사의 신인데, 사랑의 여신 이슈타르는 아슈르의 아내가 되면서 전쟁의 여신까지 겸하게 되었던 것이다.

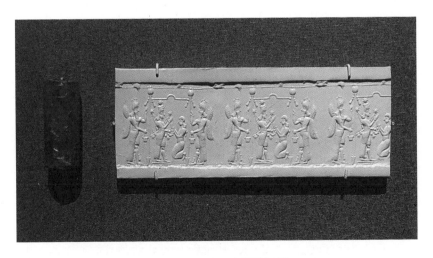

자료 2-4-1 이슈타르 여신에게 기도하는 장면을 새긴 원통형 인장(신아시리아 시대, 미국 메트로폴리탄 박물관 소장)

이처럼 이슈타르는 아주 흥미로운 여신으로 메소포타미아와 유대, 더 나아가 그리스와 튀르키예 등 지중해 연안의 민족들에게도 전파되었다. 그런데 이 여신은 그리스를 유럽 문명의 근원으로 여기는 유럽의 종교현상을 이해하는 데 아주 중요하다. 그런 점에서 인안나, 즉 이슈타르는 일종의 여신의 원형이라고 할 수 있다.

이슈타르 여신의 두 얼굴

고대 바빌로니아에서 신(Sin)은 달의 신, 샤마시(Shamash)는 태양신, 이슈타르(Ishtar)는 금성의 신이다. 프랑스의 신화학자 기랑에 따르면, 이슈타르는 수메르의 주신이던 하늘의 신 아누와 땅의 여신 닌후르상 사이에서 태어났지만 혹은 달의 신의 딸이라고도 한다. 그런데 이슈타르는 복잡한 신이어서 고대 바빌로니아와 아시리아에서는 여신이지만, 엘람의 수도이며 이란의 고대 도시 수사에선 남녀 양성을 가지고 있었다. 또 아랍에서는 아타르(Attar)라는 남신으로 숭배되었다. 이는 이슈타르를 하늘의 신 아누의 딸로 보느냐, 아니면 달의 신의 딸로 보느냐에 따라서 전쟁의 여신으로 돌변하기도 하고 사랑의 여신으로 나타나기도 했던 것이다.

이 이슈타르는 소아시아에서 가장 강력한 신이 되었고, 아시리아에서는 남편 아슈르신을 따라다니며 전투에서 용맹을 떨쳤다. 특히 아시리아의 니네베에서 이 여신은 아주 숭배되었고, 사르곤이 세운 아카드 제국의 수도 아카드와 도시 시파르에서는 심지어 전사로서 존경을 받았다.

반면에 수메르의 우루크에서는 하늘신 안의 딸로 사랑과 쾌락의 여신이었다. 하지만 이 상냥한 여신이 120명의 연인들을 지치게 할 수 있는 성적인 힘을 지니고 있었으며, 여신이 지상에 내려올 때 쾌락을 탐하는 여인들과 매춘부들을 거느렸고 스스로 신들의 창부라고 자처했다고 한다.[4]

이처럼 성적으로 강력한 에너지를 소유한 여신이었으니 당연히 전투적인 여신으로 바뀔 수도 있는 것이다. 또 이슈타르를 상징하는 신성한 동물도 사자였으며, 이슈타르는 지옥까지 지배하여 그 영토를 넓히려고 한 이야기가 수메르의 서사시 「인안나의 저승여행」에 나타난 것을 보아도 이슈타르 여신의 무한한 욕구를 짐작할 수 있다.[5]

인류학적으로 이슈타르는 그녀의 부친인 달의 성격에서 파생되어 나온 것으로 보인다. 엘리아데에 따르면, 빙하시대부터 여성 생식기나 동물의 뿔을 닮은 달은 풍요를 상징했다. 신석기시대에 농경이 발견되면서 모습이 항상 변하지만 영원히 순환하는 것처럼 보이는 달은 재생과 풍요, 불사(不死)의 힘을 나타냈다.[6] 이는 달이 여성의 월경, 동식물의 성장, 바닷물의 조수에 끼치는 신비한 영향을 인류가 알게 되면서부터 시작되었을 것이다.

「이슈타르의 저승여행」

●

강력한 힘을 지닌 두 얼굴의 여신 이슈타르의 저승여행은 참으로 흥미롭고 신비롭기까지 하다. 아시리아는 수메르 서사시의 여러 요소를 확장하여 아시리아판 「이슈타르의 저승세계 여행」을 만들어 냈다. 프리처드의『고대 근동문학선집』에 수록된 이 작품은 아슈르바니팔 도서관에서 발견된 아시리아의 판본으로 170여 행에 가까운 서사시이다.[7] 이 서사시는 불완전하지만 격조 있는 서사시라고 평가되고 있었다.[8] 서사시의 줄거리를 간추리면 다음과 같다.

이슈타르는 남편인 곡물의 신 탐무즈왕이 죽자 그를 되살리기 위하여 그의 언니 에레쉬키갈(Ereshkigal)이 지배하는 지하세계로 내려간다. 지하세계의 문을 통과할 때마다 온갖 장신구를 다 빼앗긴 이슈타르는 언니의 저주를 받아 온몸에 60가지의 병에 걸린다. 그러자 지상에서는 모든 생식활동이 중단된다. 하지만 지하수의 신 에아가 만들어 준 신비한 젊은이가 저승의 여왕의 욕정을 충족시키고 역시 에아가 준 생명수로 소생된 이슈타르는 지상으로 되돌아온다. 대신 탐무즈가 일정 기간 지하세계에 머물러야 한다는 조건이 붙는다.

이 서사시는 가을이 되어 쇠약해진 햇빛을 되살리려고 풍요의 여신이 지하세계에 내려가 봄이 되면 햇빛이 되살아나는 상징적이고 시적인 신화이다. 졸저『수메르 문명과 히브리 신화』5부 5장「인안나 여신: 저승에서 남편을 살려 내다」에서 이미 자세하게 수메르 시대의 내용을 소개했다. 여기서는 스파이저 교수가 해독한 글을 참고하면서 신화학자 맥컬이 소개한 아시리아의「이슈타르의 저승세계 여행」을 간추려서 감상하면서 여신의 강력하고 충만한 힘을 중심으로 검토해 보기로 한다.[9]

「이슈타르의 저승여행」

이슈타르가 내려가는 저승은 여동생 에레쉬키갈이 여왕으로 군림하는 어둡고 침울하고 회색빛의 무시무시한 곳이다. 이슈타르는 저승 쿠르누기의 문에 도착해서 문지기에게 말했다.

여보게 문지기, 날 위해 문을 열어 주게. / 내가 들어갈 수 있도록 문을 열어 주게. / 만약 문을 열어 주지 않으면 / 문을 부수고 빗장을 박살 낼 것이다. / 문기둥을 부수고 뒤집어엎을 것이다. / 죽은 자를 다시 살려 내서 산 자를 잡아먹게 할 것이다. / 그러면 죽은 자가 산 자보다 수가 더 많아지겠지.[10]

저승의 문지기가 이슈타르가 왔다는 말을 전하자 저승의 여신 에레쉬키갈은 얼굴이 창백해지고 입술이 까맣게 타들어 갔다. 그리고 이슈타르가 왜 저승에 왔을까? 하고 스스로 물어 보면서 옛날 방식대로 문을 열어 주라고 거칠게 지시했다. 한편 아름다운 이슈타르는 그녀의 보물을 하나하나 빼앗기는데, 먼저 머리에 쓴 왕관을 빼앗아가려고 했다.

문지기여, 왜 내 머리에 쓴 큰 왕관을 벗기려고 하느냐? / 들어오십시오, 이슈타르. 이것은 저승의 여왕에 대한 의식입니다.

두 번째 문에서 이슈타르는 귀걸이를 빼앗겼다. 이어서 문을 통과할 때마다 차례로 목걸이, 가슴에 건 비녀장, 탄생석으로 만든 허리띠, 손목의 팔찌와 발목걸이, 옷을 빼앗겨서 결국 여동생 앞에 섰을 때는 발가슴이가 되었다. 이런 '정결의 의상'을 빼앗았지만[11] 에레쉬키갈은 무서워 떨면서도 잔인하게 시종인 남타르를 불러서 이슈타르의 눈, 팔, 발, 신장, 머리 그리고 그녀의 몸뚱이 전체에 60가지 질병을 내보내라고 명령했다. 그러자 땅에서는 모든 생식의 활동이 중지되었다.

어떤 수소도 암소 위에 올라타지 못했고 / 어떤 당나귀도 암 당나귀를 수태시키지 못하였다. / 젊은이는 거리에서 여자를 잉태시키지 못했고 / 젊은이는 그의 방에서 홀로 잠을 잤으며 / 처녀들은 친구들과 함께 잠을 잤다.[12]

마침내 큰 신들의 시종인 팝수칼이 에아신 앞에서 눈물을 흘리자 에아는 에레쉬키갈의 마음을 기쁘게 하고 기운을 북돋워 줄 아름다운 사내를 만들었다.[13] 에아는 이슈타르가 다시 살아나도록 가죽부대에 들어 있는 생명수를 뿌리라고 하였다. 그런데 멋진 사내에게 매혹당한 에레쉬키갈은 갑자기 그에게 저주를 퍼부었다.

도시의 경작지에서 주워 모은 이삭으로 먹고 살게 하겠다. / 도시의 하수도에서만 물을 구할 수 있고, / 성벽의 그늘에서만 서 있도록 하겠다. / 문간의 계단에서만 앉아 있도록 하고, / 난쟁이와 목마른 자들이 너의 뺨을 찰싹 때리도록 하겠다.[14]

에아가 만든 멋쟁이를 저주하면서도 애욕의 기쁨에 취한 에레쉬키갈은 마침내 이슈타르를 용서하면서 시종 남타르에게 생명의 물을 이슈타르에게 뿌리도록 지시했다. 그러자 살아난 이슈타르는 처음 들어

오던 문으로 다시 나가면서 차례로 옷과 장식과 왕관을 되찾아 그녀의 신성을 회복하였다. 다만 이슈타르를 석방하는 대가로 매년 이슈타르의 연인 탐무즈를 넘겨 저승에서 살도록 하고, 매년 탐무즈의 달인 6월과 7월 타클림투 의식 때만 탐무즈가 지상으로 돌아오게 되었다.[15]

탐무즈를 부활시키는 이슈타르의 호전성

●

수메르의 줄거리를 따른 이 신화가 수메르의 신화와 다른 점은 저승의 여왕 에레쉬키갈이 멋진 사내에게 홀려 기쁨에 충만하고 그 대가로 탐무즈가 지상으로 귀환한다는 것이다. 그리고 아시리아 신화에서 이슈타르는 더욱 전투적인 언동을 보이는 점이 아주 재미있다. 문을 열지 않으면 부수고 빗장을 박살 내고 문기둥을 부수고 뒤집어엎겠다는 거친 협박이 그렇다. 특히, 저승의 문 앞에서 사자들을 지상에 풀어놓겠다는 이슈타르의 적대적인 협박은 죽은 자들의 망령이 살아 있는 사람들의 육체에 나타난다고 믿었던 종교적 태도를 암시한다.[12] 이는 아시리아의 호전성이 이슈타르에게 반영된 것이라고 볼 수 있다.

결국 이슈타르가 이승으로 돌아오자 죽었던 대지와 인간, 그리고 생물은 생명력을 되찾게 되는데, 이 신화는 다른 민족에게 전파되면서 여러 특징은 사라지고 오직 탐무즈의 죽음과 귀환, 그리고 탐무즈를 위한 비탄의 의식만이 강조되었다. 바로 『구약성경』의 「에스겔의 예언」과 그리스의 「아도니스와 아프로디테」 신화에서 그 모습을 찾아볼 수 있다.[16]

그런데 신화학자 기랑은 이슈타르가 격한 성격이지만 결코 악하지 않다고 보았다. 길가메시는 그녀를 매춘부라고 비난했지만, 탐무즈가 죽자 이슈타르는 비탄의 눈물을 뿌리면서 그를 구하려고 험난한 저승까지 갔으며 후대에 그리스에 전해져 이름만 바뀐 사랑의 여신 아프로디테도 아도니스의 주검에 술을 뿌리면서 애통하였기 때문이다. 또한 원래 이슈타르의 이름은 '자비로운 자'를 뜻했으며 왕들이 옥좌를 유지한 것도 그녀의 사랑 덕분이었다.

이를테면, 여사제의 아들로 태어난 아카드 제국의 사르곤왕은 자기가 버려져 정원사가 되었을 때 이슈타르 여신의 모성적인 사랑으로 왕권을 행사하게 되었다고 고백했다. 또한 이슈타르 여신은 아시리아의 아슈르바니팔왕에게 가서 어머니처럼 다음과 같이 말했다.

"어미가 그 열매를 사랑하듯 내 얼굴이 그대 얼굴을 덮친다. / 나의 유방 사이에 새겨진 보석처럼 나는 그대를 내 가슴에 품으리라. / 밤에 나는 그대의 이불이 되고, 낮에는 그대의 옷이 되리라. / 겁내지 말라, 그대 내가 고른 나의 귀여운 사람아."

결국 신화학자 기랑은 사랑의 권능으로 세계의 여왕이 된 이슈타르 여신은 바빌로니아와 아시리아에서 가장 인기 있는 여신이었고, 그녀의 권위의 빛은 멀리 퍼져 페니키아의 아스타르테 여신, 그리고 그리스의 아프로디테 여신에게도 그 특질을 많이 빌려주었다고 보았다.[17]

이슈타르의 호전성과 금성의 실종

프로이트식의 정신분석학으로 보면, 「이슈타르의 저승여행」은 남녀의 성행위와 생명의 창조성이 교묘하게 은유로 감춰져 있는 신화이다. 「이슈타르의 저승여행」은 성행위의 은유이고, 두무지의 부활은 생명 창조의 은유로 볼 수 있기 때문이다.

수메르인이 금성을 사랑의 여신으로 의인화한 것은 밤하늘에서 달 다음으로 가장 밝고 아름다운 행성이기 때문에 당연한 일이다. 중요한 것은 『수메르 문명과 히브리 신화』 5부 5장에서 상세하게 설명했지만 아시리아에서 이슈타르의 호전성이 금성의 실종과 관련성이 깊다는 점 이다. 즉, 매일 새벽이나 저녁에 빛나는 금성은 동쪽 하늘에서 약 50일 동안 사라지고 서쪽 하늘에서 8일 동안 사라진다. 이런 천문현상은 무 한한 공포심을 주었을 것이다. 하지만 아시리아에서 사랑의 여신이 호 전성을 지닌 특성은 중앙아메리카의 신화를 참고하면 의외로 쉽게 그 비밀이 풀린다.

미국의 천문학자 앤서니 애브니는 전쟁과 희생, 그리고 풍요의 행성 인 금성을 숭배하는 것은 중앙아메리카 전역에 퍼져 있는 보편적 사상 이라고 지적했다. 그리고 금성의 출현과 실종 시기에 제사를 지내면서 사제가 인간의 심장을 제물로 바친 그림을 증거로 대면서 분명 금성이 전쟁의 신이라고 보았다.[18]

원래 빙하가 녹으면서 기원전 1만 1천 년에 시베리아에서 베링해협을 건너가 기원전 6500년경부터 농경을 시작한 중앙아메리카 사람들은 거대한 도시를 건설하고, 아주 발달된 문자와 세련된 예술, 그리고 고 도의 역법을 지니고 있었다는 사실이 그들의 문자가 해독되면서 밝혀 졌다.[19]

중앙아메리카에서 기원전 100년 전에 문명을 이룩한 마야인은 60m의 계단식 피라미드 꼭대기에 신전을 세우고 천체를 관측했다. 특히 마야인은 해와 달, 금성을 세심하게 관찰하여 금성 주기의 역법과 37,960일의 대주기 역법을 만들었다. 해와 달의 주기를 이용한 태양력과 태음력의 역법은 부정확하여 여러 역법을 통합하여 대주기 역법을 만들었던 것이다. 놀랍게도 유럽에선 마야인보다 600년 뒤인 1583년에 스칼리게르가 비로소 율리우스 날짜 계산법을 고안한 것을 볼 때 마야인의 정확한 계산법은 탁월하다고 평가받고 있다.[20]

신기한 것은 마야의 신화가 유럽이나 메소포타미아 신화와 매우 닮은 모습을 보인다는 점이다. 하지만 중앙아메리카의 종교와 신화는 스페인 가톨릭 신부들의 독선적이고 야만적인 파괴로 아쉽게도 그 일부만 전해 온다. 캘리포니아대학 예술사학 교수 토베는 『아즈텍과 마야 신화』에서 중앙아메리카 사람들은 금성의 첫 출현이 바로 새벽의 신 틀랄우이스칼판테쿠틀리가 나타난 것으로 여겼다고 보았다. 이는 새벽의 신이 첫 새벽에 떠오르는 태양과 전투를 벌였다는 신화에 근거하는 것이다.[21] 밤은 악령들이 되살아나는 신화적인 시간이고 새벽은 세상에 질서와 안정을 주는 시간이기 때문에 태양이 뜨면 금성이 사라지는 자연현상을 '태양과 금성의 전투'라는 신화로 표현된 것이다.

더구나 중부 멕시코인은 태양과 금성, 수많은 별, 은하수, 그리고 그 밖의 천체들을 신이라고 믿었고, 많은 신이 전쟁과 관련이 있다고 보았다. 이는 별들의 위치가 바뀌는 것을 우주에서 벌어지는 전쟁의 결과라고 여겼기 때문이다. 그래서 태양신 토나티우는 무기를 휘두르는 전사의 모습이고, 새벽과 황혼에 태양과 맞서 싸우는 별들은 여인의 모습을 한 밤의 악령들이다. 그리고 은하수의 신 믹스코아틀은 죽은 전사들의 영혼이다.

무엇보다 금성의 신은 사람들에게 공포심을 주었다. 금성의 빛이 인간들에게 심각한 상처를 입힐 수 있다고 생각되었던 것이다. 실제로 태양신 토나티우와 금성의 신 틀랄우이스칼판테쿠틀리의 전투 장면이 아즈텍의 천지창조 신화에 대략 다음과 같이 나타나 있다.

비록 태양과 달이 생겨나기는 했지만 그들은 정지해 있었다. 태양신은 자신의 길을 따르는 대가로 다른 신들의 충성과 피를 요구한다. 이런 오만함에 격분한 새벽의 신은 태양을 향해 짧은 단창을 던졌지만 빗나가고 오히려 태양신의 단창에 머리를 맞아 추위의 신 이차틀라콜리우키로 변하고 만다. 마침내 신들은 자기들을 희생시켜 태양을 움직이게 하는데 동의하고, 케잘코아틀이 제사용 칼로 각 신들의 심장을 차례로 도려낸다. 그 후 신들처럼 인간들도 태양이 계속해서 자기의 정해진 길을 가게 하려고 심장과 피를 바쳐야 했다.[22]

물론 이 신화에서 새벽의 신은 새벽 하늘을 빛내 주는 금성이다. 하지만 태양이 뜨면 금성은 사라지는 운명을 지니고 있다. 그래서 아즈텍인은 태양신의 단검을 맞아 금성이 추위의 신으로 변했다고 표현한 것이다.

속죄의식과 인신희생
●

신화학자 토베는 마야인이 인신희생을 바치거나, 자기의 성기와 혀에 상처를 내면서 피를 흘리는 속죄의식을 치렀던 것은 단순히 태양의 노쇠를 회복하기 위한 것만이 아니라 실종된 금성의 재출현을 위한 종교적인 제사의식이라고 지적했다. 왜냐하면 금성의 실종과 출현은 매우 중요시되었는데, 그것은 고대 중앙아메리카의 역법과 점성술, 신화가 강력한 신앙체계로 통합되어 있었기 때문이다.

또한 토베는 천문학을 다분히 군사적 개념으로 본 아스텍인은 역법의 계산을 통해서 52년의 순환기가 마감되는 시기가 되면 세상이 지속될 것인지, 아니면 멸망할 것인지 태양과 별, 행성, 하늘의 변화를 초조하게 지켜보았다는 것이다. 그것은 신들과 다른 힘 사이에 전투가 일어난다고 믿었기 때문이다.[23]

프랑스의 인류학자 레비스트로스는 아메리카 문화의 큰 약점이라고 할 수 있는 아스텍인의 피와 고문에 대한 광적인 집착은 비교적인 관점으로 볼 때는 좀 지나치지만 전 인류의 보편적인 특징이라고 지적했다. 그런 잔인한 행동은 죽음에 대한 공포감을 완화하기 위해서 시작되었으며 유럽의 원죄의식과 비슷하다는 것이다.[24]

결론적으로 중앙아메리카 사람들과 비슷하게 군국주의 아시리아인은 사랑과 풍요의 여신인 금성을 호전적인 전투의 여신으로 전환시켜 성적인 에너지를 더욱 증폭시킨 것이라고 볼 수 있다. 다음 장에서는 호전적인 이슈타르 여신을 달래려고 실제 왕과 여사제가 치렀던 신성결혼식을 더 구체적으로 살펴보기로 한다.

1 루; 앞의 책 2권, 176쪽.

2 브백만; 앞의 책, 304~306쪽.

3 프리처드 편집; 앞의 책, 455~471쪽, 512~516쪽, 505~511쪽, 734~738쪽.

4 기랑; 앞의 책, 109~110쪽.

5 기랑; 앞의 책, 111~112쪽.

6 엘리아데; 앞의 책(종교 형태론), 227쪽.

7 「이슈타르의 지하세계여행」(프리처드 편집; 앞의 책, 스파이저 원역, 169~177쪽.)

8 맥컬; 앞의 책, 152쪽.

9 맥컬; 앞의 책, 152~157쪽.

10 맥컬; 앞의 책, 153~154쪽. / 「이슈타르의 지하세계 여행」(프리처드 편집; 앞의 책, 스파이저 원역, 170쪽.)

11 기랑; 앞의 책, 111쪽. 신화학자 기랑은 이를 '정결의 의상'이라고 표현하였다.

12 맥컬; 앞의 책, 155쪽. / 「이슈타르의 지하세계여행」(프리처드 편집; 앞의 책, 스파이저 원역, 173~174쪽.)

13 기랑은 에아가 '아수슈나미르'를 만들고 여자로 변장시켜 마술의 주문을 가르쳐 에레쉬키갈을 꼼짝 못하게 만들었다고 해석하였다. 반면에 맥컬은 그 남자를 '프레이보이', 즉 바람둥이라고 해석하였고, 스파이저는 남색소년(男色少年)이라고 해석하였다.

14 맥컬; 앞의 책, 156쪽.

15 맥컬; 앞의 책, 157쪽.

16 후크; 앞의 책(중동 신화), 86쪽.

17 기랑; 앞의 책, 111~112쪽.

18 A. Aveni; Staiways to the Stars(별을 향한 길), 영림카디널, 1999, 양순윤 옮김, 200~201쪽.

19 B. Fagan World Prehistory: A Brief Introduction(세계 선사 문화의 이해), 사회평론, 2013, 이희준 옮김, 480쪽, 467~472쪽.

20 로넌; 앞의 책 1권, 99~106쪽.

21 K. Toube; Aztec And Maya Myths(아즈텍과 마야 신화), 범우사, 1998, 이응균, 전경효 옮김, 26~29쪽.

22 토베; 앞의 책, 90쪽, 70~71쪽, 98쪽.

23 토베; 앞의 책, 168쪽.

24 Lévi-Strauss; Tristes Tropiques(슬픈 열대), 한길사, 2013, 박옥줄 옮김, 699쪽.

5장

왕과 여신의
신성결혼

수메르의 도시국가 우루크는 봄맞이 축제에서 수호신 인안나의 역할을 하는 여사제가 죽은 두무지왕의 영혼을 불러오는 무가를 불렀다. 이 축제에서 여사제는 왕과 신성한 성교를 하여 사랑의 여신 인안나의 욕정을 충족시키면서 대지의 풍요를 기원했다. 수메르의 신성결혼은 칼데아 시대까지 무려 3,500년 동안 이어졌다.

왕과 여사제의 신성결혼은 신전의 지구라트 꼭대기에서 이루어졌다. 지구라트는 신이 내려오는 문이라고 여겨졌는데, 특히 바빌론 다음으로 거대한 도시 보르시파의 지구라트는 수성, 금성, 화성, 목성 토성 등 7개의 행성을 상징했다.[1] 이 지구라트는 하늘의 일곱 층을 뜻한다. 지금도 알타이 타타르족은 하늘을 일곱 층으로 생각하고 있다.[2]

고대 세계에서 가장 거대한 도시 바빌론

●

아시리아 신의 특성과 종교의식은 바빌로니아와 비슷하고 수메르에서 이어진 것이다.[3] 아시리아의 중요한 종교의식은 수도였던 아슈르, 님루드, 두르샤루킨, 니네베의 신전에 서 있던 지구라트에서 이루어졌던 신성결혼에 반영되어 있는데, 아슈르바니팔왕의 도서관에서 발견된 서사시 「이슈타르 여신의 저승여행」에 잘 나타나 있다. 수메르의 인안나 여신은 아시리아에서 이슈타르로 그 이름이 바뀌고 전투적인 성격이 강화되었다.

칼데아, 즉 신바빌로니아의 네부카드네자르왕은 아시리아의 대표적인 도시들을 철저히 파괴했다. 그래서 아시리아의 신성결혼에 대한 기록은 바빌론에 대한 고대문헌을 참고할 수밖에 없다. 그 대표적인 것이 칼데아가 망하고 100여 년이 지난 기원전 5세기경 바빌론을 방문한 그리스의 역사가 헤로도토스의 저서 『역사』이다. 헤로도토스는 그 당시 바빌론을 대략 다음과 같이 묘사했다.

아시리아에는 수많은 대도시가 있지만 그 가운데에서 이름 있고 또한 가장 강력한 도시는 니네베가 황폐해진 후 왕궁의 소재지가 된 바빌론이다. 바빌론은 광대한 평야 한 가운데 있는 대도시로서 도시 전체의 둘레는 480스타디온(약 90km)이다. 이처럼 규모가 거대한 바빌론은 또한 우리가 아는 한 비할 데 없이 아름답게 정비된 도시이기도 하다.[4]

또한 헤로도토스는 정복자들이 탐내던 마르두크의 황금 좌상이 황금 받침대 위에 안치되었고, 그 옆의 테이블과 의자는 800탈란톤(22톤)

의 황금으로 제작되었다고 기록했다. 그리고 해마다 마르두크신에게 제례를 올릴 때 무려 1천 탈란톤의 유향을 피운다는 것이다. 특히 이 성역에 12페키스(450cm)나 되는 순금 황금상이 페르시아 키루스왕의 원정 때에도 있었다고 한다.[5]

1896년 독일 고고학자 콜데바이가 발굴을 시작하여 세상에 드러난 바빌론은 헤로도토스의 기록이 거짓이 아님을 증명했다. 성경연구가이자 아시리아학자인 보테로는 대략 다음과 같이 소개했다.

자료 2-5-1 1932년에 촬영된 바빌론의 폐허

바빌론이 발굴될 당시 거대한 이 도시는 엄청난 흙더미 안에 파묻혀 있었다. 그 뒤에 발견된 문서는 성안에 100개가 넘는 신전과 성지가 있었음을 알려 준다. 가장 거대하고 유명한 것은 마르두크신에게 바쳐진 장엄한 첨탑신전인 에사길라였다. 기원전 2000년대 중반 이후에 건축된 이 신전에는 거대한 지구라트가 있었는데, 바로 『구약성경』이 말하

는 그 유명한 바벨탑이다. … 그러나 지금 아랍인들은 바빌론을 폐허라는 뜻인 '무드셸리브'라고 부른다.[6]

바빌론의 지구라트와 성경의 바벨탑

●

수메르의 지구라트는 바빌로니아, 아시리아, 칼데아로 이어졌다. 칼데아 시대에 바빌론에 포로로 잡혀온 히브리인이 바빌로니아의 영웅신화 「길가메시 서사시」나 창조신화 「에누마 엘리쉬」에 큰 자극을 받은 뒤에 이를 차용하여 자기들의 경전을 편찬했다는 사실은 이미 학자들의 연구로 밝혀졌다. 그런데 「창세기」 11장의 바벨탑 이야기는 좀 황당한 점이 보인다.[7]

성경의 바벨탑은 인간들이 꼭대기가 하늘까지 닿는 탑을 쌓아 이름을 사방에 떨치려고 하였으나 신이 내려와 언어를 뒤섞어 놓고 그들을 산산이 흩어 놓았다는 소박한 전설 같은 이야기이다. 단적으로 히브리의 바벨탑 신화는 언어가 갈라지는 기원신화와 인류가 분산되는 기원신화 두 가지가 결합된 것이다.[8] 더구나 프레이저에 따르면, 창세기 저자들이 조잡하게 추측한 이 바벨탑 이야기를 근거로 후대의 교부들과 기독교 학자들은 최초의 언어가 당연히 히브리어라고 생각했다.[9]

그러나 독일의 고고학자 세람에 따르면, 바빌로니아인이 만든 것은 탑이 아니라 마르두크 신전에 건축된 지구라트이다. 단지 성경에는 그 탑에 대하여 단편적인 이야기만이 남아 있는 것이다.[10] 그런데 1920년대부터 성경고고학자들이 바벨탑의 유적지를 발굴하여 『구약성경』의 바벨탑 이야기가 메소포타미아의 신화에서 차용(借用), 즉 빌려다 사용한 사실이 밝혀지게 되었다. 그 신화는 바로 기원전 2100년 경 수메르의 「엔메르카르 서사시」이다.[11]

이 작품은 우루크의 왕 엔메르카르가 에리두에 있는 인안나 여신의 신전에 지구라트를 건설할 때 아라타, 즉 지금 이란 북서부의 우라르투의 왕에게 귀금속을 바치지 않으면 아라타를 파괴하고 사람들을 분산시켜 버리겠다고 위협했다는 내용이다. 그리고 엔메르카르는 엔키신에게 아라타의 언어를 분열시키도록 다음과 같이 기도했다.

"그때까지 사람들의 말은 하나였다. 전 인류의 모든 사람들은 한 목소리로, 하나의 언어로 엔릴신을 찬양했다. … 풍요의 신 엔키는 사람들의 입에서 나오는 말을 바꿨고, 그때부터 언쟁을 일으켰다."[12]

신과 여사제가 동침한 지구라트
●

신비로운 것은 바빌로니아의 최고신 마르두크의 신전인 에사길라(Esagila)의 지구라트에서 거행된 신과 여사제의 신성한 결혼이다. 헤로도토스는 신전의 지구라트와 신성결혼을 대략 다음과 같이 기록했다.

바빌론의 양쪽은 장대하고 견고한 벽으로 둘러싸인 왕궁이고 다른 한쪽은 제우스 벨로스 신전이다.[13] 우리 시대까지 남아 있는 청동 문이 달린 정사각형 신전은 각 변이 약 185m이다. 성역의 중앙에는 네 변이 각각 약 92.5m의 견고한 탑이 서 있고, 제2, 제3의 탑이 세워져 8층에 이른다. 탑 바깥쪽에는 나선형의 통로가 있어서 사람들은 계단을 반쯤 올라 의

자에 앉아서 숨을 돌린다. 특히 탑의 정상에 있는 거대한 신전에는 화려한 침상과 황금 탁자가 놓여 있는데, 오로지 토착인 여자만 머무른다. 사제인 칼데아인에 의하면, 신이 전체 여자 중에서 선택한 자라 한다.

이어서 헤로도토스는 "나는 믿지 않지만, 그 칼데아인에 따르면, 신이 이 신전에 내려와 그 침상에서 휴식을 취한다."고 기록했다. 다시 말하면, 마르두크신이 지구라트 꼭대기의 침실에 내려와 신탁을 받는 여사제와 동침한다는 것이다. 그리고 이집트의 테베도 마찬가지인데, 그녀는 결코 인간 남자와는 관계를 갖지 않는다. 또한 리키아의 파타라도 그러하다.[14] 특히 항상 신탁이 있는 것이 아니기 때문에 필요할 때만 신탁을 전하며, 밤에 여자는 신전 안에 틀어박혀 있다고 기록하였다.

아시리아학자 조르주 루는 당시 바빌론에는 무려 1,179개의 신전과 신당이 있었고, 인구는 약 10만 명이었다고 추정했다. 아마 메소포타미아는 물론 당시 세계에서 가장 웅대했을 것이다.[15] 이러한 기록들이 사실이라면 기원전 2000년대 중반 이후 마르두크신에게 바친 대신전 에사길라는 참으로 장엄했을 것이다. 실제 고고학자들은 모래에 파묻힌 지하 20m에서 에사길라를 발굴했는데, 신전의 앞에는 정원과 여러 개의 신당이 있었다. 바로 마르두크와 그의 배우자 사르파니툼, 지하수의 신 에아, 점토판과 철필의 신 나부의 신당 등이다.[16] 그러나 에사길라는 고대에 완전히 도굴당해서 크게 값진 것은 전혀 나오지 않았다.[17]

지하수의 신 엔키의 아들 두무지왕

●

헤로도토스가 묘사한 바빌론의 마르두크 신전에서 거행된 왕과 여
사제의 신성결혼은 수메르의 신년축제에서 시작되었다. 특히 수메르의
도시국가 우루크는 하늘신 안과 함께 사랑의 여신 인안나를 수호신으
로 숭배했다. 그런데 신년축제에서 두무지의 역할을 하는 왕과 인안나
여신의 대역인 여사제가 실제로 성교를 하여 인안나의 욕구를 충족시
키면서 대지의 풍요를 기원했던 것이다.

수메르 신의 족보에서 하늘의 신 안과 지하수의 여신 남무 사이에서
지하수의 신 엔키가 태어난다. 또 엔키와 양의 수호여신 두트르 사이에
서 양치기 두무지와 포도주의 여신 게쉬틴안나가 태어난다.[18] 하지만
두무지는 수메르 시대에 실존인물이었다. 「수메르 왕명록」에 따르면
두무지(Dumuzi)는 도시국가 바드티비라의 왕이었고 그의 명칭은 목자(牧
者), 즉 양치기였다. 목축업을 중시한 바드티비라는 수메르에서 가장 이
른 시기에 만들어진 도시국가 가운데 하나였다.[19] 이 두무지를 아시리
아, 바빌로니아, 히브리인은 아카드어인 탐무즈 (Tammuz)라고 불렀던 것
이다.

영국의 고고학자 차일드는 수메르의 도시국가 우루크에서 왕과 여
사제의 신성결혼이 처음 시작되었다고 보았다. 우루크는 원래 신석기
시대 농경민의 마을로부터 출발하였다. 이 원시마을은 인공적인 언덕
인 '텔(Tell)'로 서서히 바뀌었고, 신전과 비슷한 건축물이 등장하면서 구
운 벽돌과 역청을 사용하여 약 10 미터 높이의 지구라트를 세웠다. 특히
지구라트가 동서남북에 맞추어 건설된 것은 천문관측을 담당한 사제
가 특수한 의례를 치르면서 신을 달랜 증거로 볼 수 있다.[20]

신을 달래는 신성결혼이 우루크에서 시작되었다는 뚜렷한 증거는 수메르에서 발견된 원통형 인장이다. 이 인장에는 침대에서 남녀가 성교하는 장면에 전갈이 첨가되어 있는데, 성스러운 혼례가 추분이었다는 것을 암시한다. 기원전 4000년부터 2000년 동안 춘분에 황소별자리, 추분에 전갈별자리가 동쪽 밤하늘에 떠서 빛났기 때문이다. 이로 볼 때 성스러운 혼례의식이 기원전 4000년경에 수메르의 도시국가에

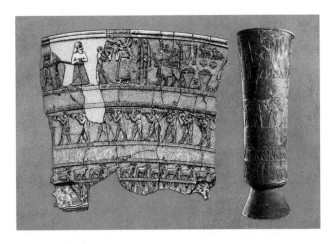

자료 2-5-2 기원전 3200년~기원전 3000년경 우루크의 꽃병에 묘사된 신성결혼. 상단 좌측의 두 번째는 왕, 중앙에 인안나 역할을 하는 여사제, 우측에 사제와 희생제물이다. 가운데 부분에는 제물을 든 사제들, 최하단은 풍성해진 가축들(© Jennifer mei, 이라크 국립박물관 소장)

서 마련되었음을 알 수 있다.[21]

　하지만 신성결혼식을 거행하여 대지가 풍요로워진 반면에 두무지왕은 저승세계에 갇히게 된다는 신화는 계절의 순환과 초목의 성쇠가 반영된 것이다. 아시리아의 「이슈타르 여신의 저승여행」에서 살펴본 것처럼 인안나 여신의 강력한 사랑의 힘으로 두무지는 저승에서 부활하여 지상으로 귀환하게 된다. 신기로운 것은 수메르에서 왕과 여사제의

신성결혼에서 아이가 태어나면 대부분 신전에서 일했지만 특별한 인물은 왕이 되었는데, 바로 길가메시, 구데아, 우르-남무 같은 걸출한 인물이었다.

두무지왕을 찬미한 애도가

●

수메르의 시인들은 고문을 당하면서 저승으로 끌려가는 두무지의 비극적인 운명을 탄식하고 슬퍼하는 만가를 지었다. 또한 수메르인은 애도의 날을 정하고 의식까지 거행했다. 매년 3월이나 4월의 두무지의 제의는 연극으로 공연되었고, 살해당하여 죽은 신이 산다는 사막으로 가는 행렬에서 여인들은 다양한 애도가를 부르면서 두무지의 귀환을 애타게 기원했던 것이다.[22] 왕과 여사제의 신성결혼이 땅을 비옥하고 생산력이 좋게 하고, 도시의 안녕과 번영을 위해서 필수적이라고 믿었기 때문이다.

그런데 흥미롭게도 인안나가 신랑으로 선택한 두무지왕을 찬미한, 노골적이고 성적인 노래가 발견되었다. 이 신성한 결혼식에서 인안나 여신은 두무지에게 신성한 권력을 주고 자기의 생식기를 예찬한다. 즉, 그녀의 음부는 '뿔, 배, 초승달, 경작되지 않은 땅, 높은 들, 낮은 산'이라는 뛰어난 은유로 나타난다.

나를 위하여, 나의 음부를 위하여 / 나, 낮은 산, / 나, 처녀 - 누가 나를 위해 그것을 쟁기질하겠는가? / 나의 음부, 촉촉한 대지, / 나, 여왕, 누가 그의 황소를 거기에 두겠는가?

마침내 인안나는 두무지왕과 성적으로 풍성한 교섭을 하면서 다음과 같은 표현처럼 지상에 풍요를 가져오게 한다.

자라나는 삼나무 같은 왕의 하체여! / 식물은 그 주위에서 높이 자랐고 곡식은 주위에서 높이 자랐고 / 과일나무들도 주위에서 풍요롭게 자라났네. 23

주술적인 신성결혼은 세계적인 풍요제의였다

●

인안나 여신을 달래면서 한 해의 풍요와 다산을 기원하는 풍요제사는 세계 여러 곳에서 거행된 주술적인 종교 행사였다. 이는 인류학자 제임스 프레이저가 『황금의 가지』에서 방대한 근거를 대면서 상세하게 밝혔다. 물론 원시사회의 풍요제는 공감주술, 혹은 모방주술에 근거한 것이다. 즉, 비를 청하려고 항아리의 물을 뿌리면서 비 내리는 자연현상을 흉내 내듯이 풍년을 위하여 신년 초나 수확기를 전후해서 신들을 위하여 상징적으로 왕과 여사제가 성적인 교섭을 거행한 것이다.24

경이로운 것은 풍요제에서 왕이 제물이 되었다는 사실이다.25 다시 말하면 대지의 풍요를 위해서 왕과 여사제의 성적인 교섭뿐만 아니라 사람을 땅에 바치는 인신희생 의식도 세계 도처에 있었던 것이다. 이를테면, 남아메리카 에콰도르에선 밭에 씨앗을 파종할 때 사람의 피와 심장을 제물로 바쳤으며, 서부 아프리카와 필리핀군도, 인도 뱅골의 드라비다족은 물론 유럽에서도 사람을 제물로 바치는 풍속이 흔히 있었다.26

프레이저에게 큰 영향을 끼친 영국의 인류학자 타일러는 원시부족부터 현대의 인도, 유럽의 기독교 국가까지 세계 도처에서 수많은 희생제의가 존재했다고 『원시문화』에 밝혔다. 특히 희생제의는 신격을 인간처럼 여기고 바치는 선물인데, 희생제의가 완전하게 남아 있는 것은 18세기 독일의 하지축제였다. 독일인은 음식의 일부를 불과 물, 바람에 던지거나, 땅에 묻는 풍습을 지키고 있었다.[27]

인안나 여신의 풍요로운 사랑노래

●

두무지왕의 죽음과 부활을 주제로 하는 수메르의 신성결혼은 점차 국가적 축제로 발전되었다. 이는 기원전 2000년대 후반 무렵 수메르를 지배했던 우르 3왕조의 유명한 왕 슐기를 찬미한 뛰어난 서사시에 나타나 있다. 슐기왕이 희생에 쓰일 동물과 함께 인안나의 신전 에안나에 가서 예복을 입고 제사를 드리자, 인안나는 그녀를 섬기는 여사제의 입을 통해서 노골적인 사랑의 노래를 불렀던 것이다. 말하자면 신이 내린 여사제가 사랑의 노래를 부른 것이다.

들소, 왕을 위해 내가 목욕했을 때 / 목자인 두무지를 위해서 내가 목욕했을 때 / 내가 꽃으로 내 주변을 장식했을 때 / 내가 호박색으로 내 입을 칠했을 때 / 내가 숯으로 내 눈을 칠했을 때 / 그의 흰 손이 나의 사지들을 어루만졌을 때 / 왕이며 목자인 두무지가 신성한 인안나 곁에 누웠을 때 / 우유와 기름으로 하체가 감미로웠을 때 / 나의 음부에 그의 손이 놓였을 때 / 그가 검은 배처럼 그것을 했을 때 그러면서 인안나 여신의 역할을 대신한 여사제는 슐기왕에게 생명과 지혜와 영광, 그리고 확실한 운명을 보장한다.

전투에서 나는 그대를 인도하고 / 싸움에서 나는 그대의 갑옷을 지키리라. / 회의에서 나는 그대를 지지하고 / 전쟁에서 나는 그대에게 영감을 주겠노라. / 그대, 신성한 신전이 선택한 목자여. / 그대, 인안나의 부양자인 왕이여. / 그대 안의 신전의 등불이여.[28]

더구나 슐기왕의 부왕인 우르-남무, 그리고 100년 뒤의 이딘-다간왕도 두무지의 화신이 되어 인안나 여신과 결혼하면서 자기 자신이 인안나의 남편이라고 시인들의 입을 통해서 자랑했다. 한편 축제에 참여한 사제와 백성들은 마음껏 술을 마시고 가수들이 하프를 타면서 노래를 부르면, 왕은 인안나의 여사제를 통하여 이웃 국가들에 대한 강력한 통제력을 과시하면서 자기 나라의 풍요와 번영을 다짐했던 것이다.[29]

신성결혼의 사랑노래와 구약성경의 「사랑의 노래」

●

신성결혼식 때 부른 수메르의 선정적인 사랑 노래가 놀랍게도 『구약성경』의 「사랑의 노래(아가)」와 아주 다양하고 광범위하게 닮았다는 사실이 밝혀졌다. 양자 사이에 양식, 주제, 시적 모티브, 또 가끔 어법상에서 닮았다는 것이다.

크레이머 교수에 따르면, 인안나, 즉 이슈타르 여신과 수메르의 목자인 두무지왕의 결혼을 경축하는 이 선정적인 노래는 『구약성경』의 감각적인 노래들을 모은 「사랑의 노래」의 선구적인 작품이다. 말하자면, 「사랑의 노래」의 상당 부분이 풍요의 여신과 히브리 민족의 왕, 이를테면, 솔로몬왕의 결혼을 경축하는 고대 히브리의 기도문이 수정된 형식이다. 그것은 히브리인이 가나안에 정착하는 과정에서 자연스럽게 원주민의 영향을 받았던 탓으로 볼 수 있다. 물론 가나안은 선진민족인 수메르의 영향을 받았을 것이다.[30]

자료 2-5-3 기원전 2030년 기르수에서 발견된 수메르와 아카드의 왕 슈-신의 이름이 쐐기문자로 새겨진 석록암(© Jastrow, 루브르 박물관 소장)

특히 수메르가 사르곤왕에게 멸망한 뒤에 떨쳐 일어난 우르 3왕조는 수메르 문명을 찬란하게 부흥시켰는데, 우르 3왕조의 왕권은 우르-남무왕, 슐기, 아마르신, 슈신, 입비신으로 이어졌다. 다음에 소개하는 노래는 슈-신왕의 신부인 인안나의 여사제가 왕을 기쁘게 하려고 부른 신성하고 아름다운, 그리고 노골적인 사랑 노래이다. 바로 이 세련된 작품이 성경의 「사랑의 노래」와 아주 비슷하다.

신랑이여, 내 가슴속의 사랑하는 이여. / 꿀같이 달콤한 그대의 아름다움이여. / 사자여, 내 가슴속의 사랑하는 이여. / 꿀같이 달콤한 그대의 아름다움이여.

당신은 나를 사로잡았고 / 나는 당신 앞에 떨며 서 있습니다. / 신랑이여, 나를 침실로 데려가 주세요. / 당신은 나를 사로잡았고 / 나는 당신 앞에 떨며 서 있습니다. / 사자여, 나를 침실로 데려가 주세요.

신랑이여, 당신을 어루만지겠습니다. / 나의 소중한 애무는 꿀보다 달콤합니다. / 침실에는 향긋함이 가득하고 / 우리는 당신의 아름다움을 즐깁니다. / 사자여, 당신을 어루만지겠습니다. / 나의 소중한 애무는 꿀보다 달콤합니다. …

그대여, 당신이 나를 사랑하기 때문에 / 나를 애무해 주세요. / 나의 주인, 나의 보호자여. / 엔닐의 마음을 기쁘게 하는 나의 슈- 신이여. / 나를 애무해 주세요. …[31]

다음은 솔로몬이 지었다는 「사랑의 노래」 1장 2~4절로 여자가 부르는 노래이다.

나에게 입 맞춰 주세요. / 당신의 사랑은 / 포도주보다 더 달콤합니다. / 당신의 기름이 향기롭고 / 당신의 이름이 / 쏟은 향수와 같으므로 / 처녀들이 당신을 사랑합니다. / 나를 데려가 주세요. / 자, 함께 달려갑시다. / 왕이 나를 / 자기 궁전으로 데려가셨으니 / 우리는 정말 행복할 것입니다. / 당신의 사랑이 / 포도주보다 나으므로 / 모든 여자가 / 당신을 사랑하는 것도 당연합니다.

결혼과 성교의 즐거움을 노골적으로 다룬 「사랑의 노래」 1장~8장 14절까지는 기독교 해석에 따르면, 예수의 신성이 '신랑-연인-왕자'의 이미지로 나타나고, '신부-공주'는 교회를 나타낸다. 그래서 마리아를 계승하는 수녀들은 그리스도의 신부이며, 최초의 성찬식 때 가톨릭의 모든 딸은 그리스도의 신부가 된다.[32]

그런데 기이하게도 솔로몬의 「사랑의 노래」에 몰약 등의 마취환각제가 자주 나타나 있는데, 역시 아시리아 수도 두르샤루킨의 부조에 양귀비의 열매를 손에 든 날개 달린 정령이 등장한다. 이는 양귀비에서 채취된 아편이 신성결혼에서 사용되었음을 암시한다.

자료2-5-4 양귀비 꽃을 들고 있는 정령
(루브르 박물관 소장)

두무지왕은 예수의 원형이다

●

인안나와 사랑을 나눈 두무지는 저승사자인 갈라들에게 고문당한 채 저승으로 끌려간다. 그런데 바빌로니아의 네부카드네자르왕에게 수많은 유대인이 바빌론으로 끌려가던 기원전 6세기말경 예루살렘의 여인들도 두무지, 즉 탐무즈의 죽음을 애통해하는 기록이 『구약성경』 「에스겔의 예언」 8장 14절에 기록되어 있다.

경이로운 것은 크레이머 교수에 따르면, 두무지 신화는 30세켈에 팔린 예수 그리스도가 십자가를 지고 채찍질을 당하면서 골고다로 가는 이야기의 원형이라는 것이다. 크레이머는 그리스도 이야기의 다음과 같은 일부 모티브, 즉 중심 소재가 수메르에 일부분 그 원형을 두고 있다는 것은 최근에 알려졌다고 밝혔다.

첫째, 죽은 뒤 3일 뒤에 부활한 예수는 초목이 시드는 시기에 죽었다가 파종기에 부활하는 두무지와 구조적으로 유사하다.

둘째, 주인인 예수를 배신하기 위해서 유다가 받은 '30세켈'은 경멸과 모욕을 뜻하는 수메르의 관용어이다.

셋째, 예수를 목자(牧者)로 비유하는 것처럼 두무지왕도 바드티비라의 목자, 즉 양치기라고 「수메르 왕명록」에 기록되어 있다.[33]

넷째, 성경에 '우리 주 여호와의 기름 부은 자(Adoni Messiah Jehovah)'라고 나오는 예수는 대사제이면서 이스라엘의 왕으로 표현되었다. 역시 두무지는 「수메르 신의 계보」에 따르면, 전능에 가까운 엔키신의 아들이다.[34]

다섯째, 나사렛 예수는 직업이 목수이고 두무지도 수목의 신이다.

여섯째, 예수는 여러 난치병과 귀신들린 자를 치료했다.

마찬가지로 조철수 교수에 따르면, 두무지와 동일한 신인 '다무(Damu)'는 「마귀를 쫓는 주문」에서 귀신을 내쫓는 행위를 통해 병을 치료하는 의사였다.

> "위대한 구마사제 다무가 좋은 징조를 보여 줄 것이다. / 죽은 사람을 살리는 여주(女主) '시원한 손의 어머니'가 / 깨끗한 손으로 문질러 그를 시원하게 할 것이다."[35]

어쨌건 이러한 모든 모티브와 함께 예수 그리스도의 고난을 연상시키는 잔인한 저승사자인 갈라가 두무지에게 가하는 고문도 더해질 수 있다.

> 저승사자들은 큰 나무토막에 그 젊은이의 발을 묶었다. / 젊은이에게 올가미를 씌우고 그의 목에 멍에를 묶었다. / 그의 눈앞에서 도끼와 긴 창을 들어올렸다. / … 그의 호화로운 옷을 벗겨 버리고 지푸라기를 얹었다. / 젊은이의 팔을 묶었다. / 그의 옷을 삼십 세켈로 여겼다. / 그 자신의 옷으로 그의 얼굴을 덮어 씌웠다. … [36]

중요한 것은 두무지가 십자가에 못 박힌 예수와 마찬가지로 인류를 대신하여 고난을 당한다는 점이다. 만일 두무지가 풍요의 여신 인안나 대신 저승에 잡혀있지 않으면 지상의 모든 생명은 종말을 고하게 된다. 물론 두무지는 신의 왕국을 설파하다가 희생당한 메시아가 아니었다. 그러나 크레이머는 그리스도의 이야기가 문화적 진공상태에서 만들어지고 전파되었다는 가정은 불가능하다고 단정했다. 즉, 가장 오래되고 영향력이 있는 원형이 바로 두무지 이야기라는 것이다.[37] 그런데 그리스의 '아프로디테와 아도니스 신화'가 이슈타르와 탐무즈 신화의 변형이라는 사실을 프레이저가 다음 장에서 보듯 너무나 잘 밝혀 놓았다.

1   듀런트; 앞의 책 1-1, 431쪽.

2   U. Harba; Die Religien Vorstellungen Der Altaischen Vker(샤머니즘의 세계), 보고사, 2014, 박재양 옮김, 53~54쪽.

3   후크; 앞의 책, 77~78쪽.

4   헤로도토스; 앞의 책 상권, 132~133쪽.

5   헤로도토스; 앞의 책 상권, 134~136쪽.

6   보테로·스티브; 앞의 책, 92~98쪽.

7   프레이저; 앞의 책(문명과 야만 1), 302쪽. 바벨탑의 전설이 바빌론, 혹은 보르시파의 지구라트인지는 확실치 않지만 바빌로니아 지역의 유대인 전통은 비문을 근거로 보르시파의 비르스- 니므룻 신전의 폐허를 바벨탑과 동일시하고 있다.

8   후크; 앞의 책, 271쪽, 305쪽.

9   프레이저; 앞의 책(문명과 야만 1), 298쪽.

10   세람; 앞의 책(발굴하는 발굴의 역사), 181~182쪽.

11   크레이머; 앞의 책, 44쪽. 「엔메르카르 서사시」는 세 편이 있다. 크레이머는 언어의 분산과 관련된 서사시를 '엔메르카르와 아라트의 왕'이라고 이름 지었다.

12   민희식; 성서의 뿌리, 블루리본, 2008, 100~101쪽. 「엔메르카르 서사시」가 기록된 점토판은 펜실베이니아대학 도서관에 소장되어 있다.

13   바빌론의 최고신 벨, 즉 마르두크신을 그리스 식으로 표현함.

14   제우스는 이집트의 오시리스신의 그리스식 표현이다. 파타라는 그리스의 크산토스 남방에 있던 도시로서 아폴론신을 섬겼고, 리키아의 파타라는 아나톨리아 남쪽에 있는 고대국가의 도시이다.

15   루; 앞의 책 2권, 218쪽.

16 마르두크신의 아들 나부신은 서예를 후원해 주는 신이고 식물의 신이지만 모든 것을 보는 신이라고 여겨져서 백성들에게 인기가 높았다.

17 루; 앞의 책 2권, 225쪽.

18 조철수; 앞의 책(수메르 신화), 41쪽. 안(An), 남무(Nammu), 엔키(Enki), 두트르(Dutur), 두무지(Dumuzi), 게쉬틴안나(Geshtinanna).

19 조철수; 앞의 책(수메르 신화), 235쪽. 「수메르 왕명록」에 왕권이 에리두 다음에 바드티비라에 내려온 것으로 되어 있다.

20 차일드; 앞의 책, 206~208쪽.

21 조철수; 한국 신화의 비밀, 김영사, 2003, 47~48쪽, 49~51쪽.

22 조철수; 앞의 책(수메르 신화), 299~350쪽.

23 크레이머; 앞의 책, 371~376쪽.

24 프레이저; 앞의 책(황금의 가지 상권), 37~120쪽.

25 프레이저; 앞의 책(황금의 가지 하권), 9~14쪽.

26 프레이저; 앞의 책(황금의 가지 상권), 369~373쪽.

27 타일러; 앞의 책 2권, 607쪽, 648쪽

28 크레이머; 앞의 책, 384~385쪽.

29 크레이머; 앞의 책, 386쪽.

30 크레이머; 앞의 책, 389~390쪽.

31 크레이머; 앞의 책, 391~395쪽. 슈-신 왕과 관련된 서정시는 왕의 밤을 위해서 선택된 다른 여사제들이 부른 사랑노래의 모습으로 몇 편 더 발견되었다.

32 리치; 앞의 책, 178~180쪽.

33 조철수; 앞의 책(수메르 신화), 523쪽.

34 조철수; 메소포타미아와 히브리 신화, 도서출판 길, 2000, 55~56쪽, 99쪽.

35 조철수; 앞의 책(수메르 신화), 347쪽.

36 「저승사자에게 붙잡힌 두무지」[조철수; 앞의 책(수메르 신화), 304쪽.]

37 크레이머; 앞의 책, 400쪽, 403~404쪽.

6장

두무지왕의 변신과
예수 그리스도

　이집트와 서남아시아의 여러 민족은 해마다 죽음과 부활을 되풀이하는 식물의 생명을 오시리스, 탐무즈, 아도니스, 아티스라는 이름을 가진 신으로 표현하여 숭배했다. 이 신은 해마다 죽었다가 다시 살아나는 인간의 모습을 하고 있는데, 이름은 다르지만 본질적으로 같은 성격을 지닌 중동 지역의 동양신이다.[1]

　인류학자 프레이저가 지적한 이 동양신의 원형은 수메르의 두무지, 혹은 이집트의 오시리스이다. 특히 두무지신은 바빌로니아와 아시리아에서 탐무즈로 이름이 바뀌고, 지리적으로 가까운 지중해 연안의 민족들과 문화적으로 교류하는 과정에서 그리스의 아도니스, 시리아와 프리지아의 아티스라는 신으로 변형되었다.

탐무즈 신앙을 유럽에 전한 페니키아

●

그리스는 기원전 7세기에 이집트나 혹은 바빌로니아, 아시리아로부터 탐무즈 신앙을 받아들여 탐무즈를 아도니스라는 이름으로 바꾸고 그리스식으로 신화를 재창조하여 숭배했다.[2] 하지만 수메르의 알파벳을 그리스에 전해 준 것처럼 탐무즈 신앙을 직접 전파한 것은 페니키아였을 것이다. 페니키아는 당시 지중해 연안의 여러 국가의 염료와 유리, 금속 제품을 인도와 서남아시아의 곡식과 술, 직물, 보석과 교환한 중개무역으로 유명했기 때문이다. 그 후 지중해를 지배한 페니키아는 카르타고, 마르세유, 시칠리아, 잉글랜드, 키프로스 같은 식민도시를 건설하고, 이집트와 크레타, 중동의 예술과 학문을 유럽에 전달하여 그들을 야만에서 구하고 동서양을 문화적으로 연결한 종족이었다.[3]

아버지를 사랑한 스미르나의 아들 아도니스

●

페니키아가 전해 준 셈족의 탐무즈신은 그리스 신화에서 미의 여신 아프로디테가 사랑하는 아름다운 청년 아도니스로 바뀌었다. 로마의 신화 작가 아폴로도로스의 『신화집』에서 탐무즈 신화는 다음과 같이 그 모습이 바뀌었다.

시리아의 왕 테이아스의 딸 스미르나는 아프로디테 여신의 분노를 사서 아버지를 사랑하는 마음을 품게 되고 아버지가 모르는 사이에 열두 밤을 동침했다. 그 사실을 알게 된 그녀의 아버지는 칼을 뽑아들고 스미르나를 쫓았지만 잡히는 순간 그녀는 자기가 보이지 않게 해 달라고 신에게 기도했다. 신들은 스미르나를 몰약나무로 변화시켰고 열 달이 지나자 나무가 갈라지면서 아도니스가 태어났다. 그런데 아도니스의 아름다움에 반한 아프로디테는 아기를 궤짝에 담아 지하의 신 하데스의 아내 페르세포네에게 맡겼다. 하지만 페르세포네가 아도니스를 돌려주지 않자 제우스가 판결을 내리게 되었다. 1년을 셋으로 나누어 아도니스는 네 달씩 페르세포네, 아프로디테와 지내게 되었지만 자기의 네 달을 아프로디테에게 주었다.[4]

자료 2-6-1 아도니스(루브르 박물관 소장)

인안나 여신을 닮은 아프로디테

●

그리스에서 사랑의 여신 아프로디테의 출생과 성격은 헤시오도스의 『신통기』에 다음과 같이 나타나 있다.

아프로디테는 크로노스가 자기 아버지 우라노스의 남근을 잘라 던진 바다의 거품에서 태어났다. 아프로디테가 남근을 좋아하는 것은 남성의 성기인 남근에서 출현했기 때문인데, 그녀가 신들에게 갈 때 에로스와 아름다운 애욕이 뒤따라갔다. 그리고 소녀들의 밀어와 미소, 속임수와 달콤한 쾌락, 애정과 상냥함이 아프로디테의 몫으로 정해졌다.[5]

그리스에서 미와 사랑, 다산의 여신이 된 아프로디테의 성격은 수메르의 인안나 여신, 즉 바빌로니아와 아시리아의 이슈타르 여신과 아주 비슷하다. 「길가메시 서사시」에 나타나 있듯이 지칠 줄 모르는 욕정의 여신 이슈타르는 그리스의 아프로디테처럼 신들의 창부로 불렸던 것이다. 특히 그리스 신화에서 미소년 아도니스를 둘러싸고 벌어지는 사랑의 여신 아프로디테와 저승의 여신 페르세포네의 싸움은 바빌로니아에서 사랑의 여신 이슈타르와 저승의 여신 에레쉬키칼의 싸움이며, 해마다 죽음과 재생을 되풀이하는 탐무즈의 그리스 판 모방신화이다. 다만 차이점은 아르테미스 여신의 노여움을 산 아도니스가 소년일 때 사냥하다가 멧돼지에게 받혀서 죽었다는 점이다.[6] 그 멧돼지는 아프로디테의 애인이었던 군신 아레스가 질투심에 사로잡혀서 변신한 동물일 것이다.

비블로스와 키프로스의 아스타르테 여신과 아도니스

●

그리스의 아도니스 신화는 시리아 해안의 비블로스와 키프로스섬의 파포스에서 장엄하게 집행되었다. 비블로스의 주신은 바알라트(Ba'alat)라는 여신인데,[7] 제임스 프레이저는 이 여신을 아스타르테(Astarte), 즉 이슈타르 여신이라고 보았다.

전설에 따르면, 시리아에 솟은 레바
논산의 아스타르테 성지는 아스타르
테가 아도니스를 처음 만나고 곰에게
찢긴 아도니스와 헤어진 곳이다. 그녀
는 연인 아도니스가 흘린 핏자국마다
술을 뿌리면서 슬퍼했는데, 그 자리에
서 아네모네 꽃이 피어났다. 두 연인들
의 애달픈 사랑처럼 피었다가 금방 스
러지는 아네모네는 바람꽃이라고 불린
다. 그래서 시리아 여인들은 매년 죽은
아도니스를 슬퍼하고 있다.[8]

다음에 키프로스섬은 페니키아인이
나중에 흘러들어 온 그리스인과 함께
오래전부터 살아온 곳이다. 이 섬의 남
부 도시 파포스의 아스타르테 신전에

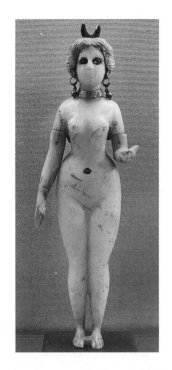

자료 2-6-2 머리장식을 한 아스타
르테의 작은 조각상(루브르 박물관 소장)

는 신기롭게도 결혼 전의 여자가 이방인에게 몸을 맡기고 받은 보수를
여신에게 바쳤다. 이 관습은 헤로도토스의 기록처럼 서부 아시아에 퍼
져있던 성스러운 매음이다. 이로 보면 바빌로니아의 이슈타르와 탐무
즈 신화가 페니키아로 흘러들어 간 것으로 볼 수 있다.[9]

프리기아의 키벨레 여신과 아티스의 사랑

●

튀르키예 아나톨리아의 프리기아 왕국에도 아도니스와 비슷한 아티

스 숭배가 있었다. 프리기아는 포도의 재배법과 포도주 제조법을 발견한 디오니소스가 헤라 여신의 저주를 받아 광인이 되어 방랑하면서 프리기아의 키벨레 여신에게 정화를 받고 비밀의례를 배운 곳이다.[10]

그리스에 전해진 프리기아의 비밀의례는 매년 봄에 아도니스처럼 식물의 신인 아티스의 죽음과 부활을 추모하는 제례의식이었다. 원래 아티스는 풍요의 여신 키벨레의 아들이면서 연인인데 멧돼지가 성장한 아티스를 죽였다고 한다. 그런데 춘분에 무덤이 열리고 죽은 신 아티스가 부활하면 광란에 빠졌다고 전한다.[11] 이처럼 아티스의 수난과 죽음, 부활을 추모하는 축제는 봄에 식물의 재생을 바라는 점에서 그리스의 아도니스 신앙과 아주 비슷하다.

자료 2-6-3 2세기경 프리기아 모자를 쓴 소년 아티스의 흉상(© Jastrow, 프랑스 국립 도서관 박물관 소장)

특히 페니키아의 종교적 수도인 비불로스는 플루타르코스에 따르면, 이집트의 오시리스가 살해되어 그 시신이 담긴 관이 나일강을 따라 흘러간 곳이며 그의 아내 이시스가 그 관을 찾아낸 곳이다.[13] 당시 이집트의 식민지였던 비블로스는 목재가 풍부하여 선박이나 가구, 관, 수지의 거래가 광범위하게 이루어진 곳이다. 이런 경제적인 교류를 따라 살해당한 뒤에 이시스 여신이 부활시킨 오시리스 신화도 자연스럽게 비블로스를 통하여 그리스에 전해졌을 것이다.

곡식의 신의 죽음과 부활
●

기원전 1400년경 이집트의 파라오 아멘모세의 비석에 따르면, 오시리스는 동물과 식물을 풍요롭게 하는 신이었다.[13] 나중에 동생 세트에게 살해당한 오시리스는 아내 이시스 여신이 소생시켜 부활의 신이 되었다. 그런데 종교학자 후크는 수확기 때 죽었다가 재생하는 곡식의 신 오시리스가 죽음과 부활의 신이었다고 밝혔다.[14] 이 곡식의 신 오시리스는 페니키아 신화에서 신기하게 엘신과 그의 아들이며 곡식의 정령인 모트의 이야기로 변형되어 나타난다.

전설에 따르면, 페니키아의 비블로스 사람들은 기원전 3000년경 이집트의 고왕국 시대에 레바논의 베이루트 북쪽에서 살았다. 페니키아의 신화에서 엘(EI)은 가나안의 토지를 거느리는 풍요의 신인데, 권력을 상징하는 소를

자료 2-6-4 오른손에 창을, 왼손에 번개를 쥔 번개의 신 바알(© Mbzt, 루브르 박물관 소장)

타고 나타난다. 엘 다음 가는 바알(Baal, Ba'al, 주인, 왕)은 구름과 폭풍, 번개와 천둥, 비의 신이다.[15] 대단히 흥미로운 것은 비블로스의 왕들이 자기를 바알 또는 몰록(Moloch)이라고 불렀다는 점이다.

그런데 히브리인은 아하즈왕과 므낫세왕 시절에 몰록신을 숭배했다.[16] 특히 「왕들의 통치 2」 23장 10절에는 므낫세왕의 아들 아몬왕 때 몰록 숭배는 번성했으나 종교개혁자 요시아왕이 파괴하면서 자식을 몰렉신에게 불살라 바치지 못하도록 개혁한 일이 기록되어 있다.

어쨌건 페니키아 신화에서 엘신이 가장 사랑하는 아들인 모트(Mot)는 수확과 곡식의 정령이었다. 하지만 수확기가 되면 모트는 여신 아나트(Anat)에 의해서 살해당한다. 바알신의 딸이면서 처녀의 신 아나트는 생명을 확보하기 위해서 다음과 같이 제물인 모트를 죽이는 역할을 맡았던 것이다.

아나트는 신의 아들 모트를 잡았다. / 그녀는 낫으로 모트를 베었다. / 그녀는 막대기로 모트를 때렸다. / 그녀는 맷돌로 모트를 갈았다. / 그녀는 불에 모트를 구웠다. / 그녀는 그것을 논과 밭에 뿌렸다. / 그 빵의 씨를 먹고 / 추수의 몫을 다시 자기 소유로 하려고 …

이 신화는 페니키아의 최고신 엘의 아들이며 곡식이 의인화된 모트가 바알 신의 딸인 아나트 여신에게 살해당하는 이야기이다. 이로 보면 페니키아의 종교는 자연현상에 대한 신앙이고, 신은 자연이나 자연현상이 의인화된 것을 알 수 있다.[17] 런던대학의 후크 교수는 아나트 여신의 행동이 농작물을 추수하는 과정을 상징적으로 표현한 신화라고 보았다.[18]

페니키아의 영향권 아래 있었던 우가리트의 신화 「바알과 모트」에서는 다산의 신 바알이 모트에게 살해당한다. 그러자 바알이 사라진 7년 동안 대지는 가뭄과 기근으로 메말라 버린다. 그래서 바알의 딸 아나트가 모트를 죽여서 대지를 소생시키는 것이다. 후크 교수는 탐무즈 신화를 미루어 보건대, 바알 신은 저승세계에 내려갔을 것이라고 추정했다.[19] 다시 말하면 바빌로니아의 탐무즈가 바알로 바뀌고 이슈타르 여신이 아나트 여신으로 바뀐 것이다.

이처럼 페니키아와 우가리트 신화에서 자연현상인 곡식을 의인화시킨 이야기는 이집트의 왕권과 관련된 연극에도 나타나 있다. 이 연극에서 오시리스의 아들 호루스는 곡식의 신으로 분장한 오시리스를 짓밟는 소를 징계하면서, '그것을 밟지 마라. 이는 내 아버지니라.'라고 악의 신 세트를 상징하는 소떼를 때리는 것이다.[20]

데메테르와 페르세포네 신화

●

페니키아와 우가리트 신화에서 곡식을 의인화시킨 이야기는 그리스의 데메테르와 페르세포네 신화와 아주 비슷하다. 아폴로도로스에 따르면, 하데스에게 딸이 유괴되어 데메테르가 슬퍼하자 지상에서 곡식이 자라지 않았다. 겨우 제우스가 중계하여 페르세포네는 1년의 8개월은 어머니와 보내고 4개월은 하데스와 지내야 했다.[21]

이 신화에서 페르세포네가 지하세계에서 보내는 4개월은 쟁기질하고 씨를 뿌린 한여름 동안 황폐한 들판을 암시하고, 페르세포네가 데메테르와 함께 보내는 8개월은 가을비가 내려 밀이 성장하는 그리스의 자연현상을 은유로 표현한 것이다. 결국 그리스 신화의 모녀관계는 페니키아 신화의 알레인과 모트의 부자관계가 뒤바뀐 것이다. 다시 말하면 그리스 신화의 근저에는 선진 민족이고 셈족인 페니키아 신화가 존재하고 있는 것이다.[22] 물론 페니키아 신화는 수메르에서 흘러간 것이다.

히브리의 탐무즈와 이슈타르 숭배

●

흥미로운 것은 바빌로니아나 아시리아의 왕처럼 페니키아의 비불로스왕들도 아도니스, 곧 성스러운 주(主)라고 존경받은 점이다. 물론 같은 셈족인 히브리 민족의 왕들도 신, 또는 신의 화신, 신의 대리인으로 여겨졌다.[23] 그런데 앞에서 잠깐 언급했지만 히브리인이 메소포타미아의 신 탐무즈와 이집트의 태양신 라를 숭배한 사실이『구약성경』「에스겔의 예언」8장 14~16절에 기록되어 있다.

"그런 다음 그는 나를 성전 북문으로 데리고 가셨는데 내가 보니 여자들이 앉아서 '담무스' 신의 죽음을 슬퍼하며 울고 있었다. … 거기서 나는 성전 입구 곧 현관과 제단 사이에 약 25명의 사람들이 선전을 등지고 동쪽을 향하여 태양을 경배하고 있는 것을 보았다."[24]

역사적으로 히브리 민족의 예언자들이 바알 신이나 이슈타르 여신 같은 자연신의 숭배 대신 윤리적인 일신교를 주장한 것은 민족적으로 위기가 닥쳤기 때문이었다. 북쪽의 이스라엘 왕국은 기원전 722년에 아시리아에 멸망당하고, 기원전 587년 남쪽의 유다 왕국도 바빌로니아에게 정복당했던 것이다. 하지만 멸망하기 직전 기원전 621년경 유대의 왕 요시아가 단행한 종교개혁이 「왕들의 통치 2」 23장 1~18절에 상세하게 기록되어 있다.

요시아 왕은 먼저 여호와의 성전 안에 있던 바알과 아쉐라[이슈타르]와 하늘의 별을 숭배하던 기구를 불살랐다. … 또 유다 왕들이 섬기던 태양의 신상과 그 기구들을 불태우고 … 이어 시돈인의 아슈타르(Ashtart) 여신상, 모압 인의 케모쉬(Chemosh) 신상, 암몬 인의 밀콤(Milcom) 상, 솔로몬이 세운 신당을 부수고 목상을 토막 내고 사람의 해골을 그곳에 널어놓았다.

이 기록에 다양한 신들이 등장하지만 이는 그만큼 셈족인 히브리인이 주변 민족들의 신과 자연신들을 숭배한 역사가 깊다는 것을 뜻한다. 특히 사랑과 풍요의 여신 이슈타르 숭배는 오래된 신앙이었다. 이는 구석기시대의 모신, 곧 대지의 여신에 대한 숭배가 성적인 감염주술로 이어지고 변형된 것이다. 미국의 세계적인 신화학자 캠벨은 신석기 시대 입상들을 그 근거로 댔다. 즉, 프랑스와 스페인, 대서양 연안에서부터 바이칼 호수에 이르는 지역에서 발견된 비너스 입상들은 젖가슴과 엉덩이와 아랫배가 강조되었는데, 이는 여성의 육체적인 신비를 본떠서 만들어진 것이다.[25]

여인들과 왕이 이슈타르의 희생제물이 되다

●

유대의 요시아왕 시대에 바알, 또는 아도니스, 아티스의 화신으로 여겨진 셈족의 왕들이 이슈타르나 키벨레를 배우자로 삼는 것은 당연한 일이었다. 그것은 농경민족이기 때문에 자연을 지배하는 여신의 도움은 생존에 필수적이었기 때문이다. 그래서 여인들도 이슈타르나 아프로디테의 신전에서 탐무즈나 아도니스의 죽음을 애도하고 부활을 기원하면서 머리칼을 바치거나 이방인에게 몸을 팔아서 번 돈까지 바친 것이다. 그런데 이 관습은 결코 음란한 유흥이 아니고 엄숙한 신성한 종교의식으로 간주되었는데, 헤로도토스는 그의 저서 『역사』의 「바빌론의 국토와 풍습」에서 다음과 같이 기록하였다.

바빌론의 풍습 중 가장 좋지 못한 것은 여자는 누구나 일생에 한 번은 아프로디테 신전에 앉아서 낯선 남자에게 몸을 바쳐야 한다는 것이다. … 키프로스의 몇몇 지역에도 이와 비슷한 풍속이 있다. 심지어 시리아의 이슈타르 신전에서는 결혼 전이나 결혼 후에 여신에 대한 헌신의 증거로 여자는 이방인에게 몸을 팔도록 정해져 있었다. 페니키아도 신전의 예배에서 여자들이 매춘을 했는데, 이 매춘행위가 여신을 부드럽게 만들어서 은총을 받을 수 있다고 믿었다.[26]

주목할 것은 서부 아시아 지역에서 숭배를 받은 대지의 어머니 신, 즉 대모신은 지역에 따라 이름은 다르지만 신화나 제례 의식에서 본질적으로 모두 공통점이 있다는 점이다. 즉, 여신은 죽을 운명에 처한 애인이 있고, 여신과 애인은 매년 결혼을 하며, 여신과 애인의 성적 관계는 가축과 곡식의 번식에 꼭 필요한 것으로 여겨졌다. 그리고 사람들은 여신의 신전에서 남녀가 일시적이지만 사실적으로 성관계를 맺으면 대지가 풍요로워져서 인간과 동물의 번식을 왕성하게 만든다고 믿었다.

그런데 비극적인 것은 여신의 애인인 왕이 죽어야 하는 점이다. 그 이유는 고대에 왕은 가뭄과 기근, 질병에 대한 책임을 지고 있었기 때문이다. 프레이저는 고대 이집트, 근대 아프리카나 중앙아프리카의 왕들이 희생제의 때 살해된 것 같다고 추측했다. 그리고 인도의 남부, 스웨덴, 그리스의 왕은 통치 기간도 정해져 있었다. 특히 바빌론에서 왕은 1년 동안의 통치 기간이 끝나면 왕관과 그 목숨까지도 몰수된 것으로 추정된다. 물론 왕의 직무는 한 평생 계속되었지만 이론상으로는 1년이어서 마르두크 신전의 조각상과 악수함으로써 해마다 자기의 힘을 갱신했다.[27]

왕을 대신하여 제물이 된 대리왕

●

인류학자 프레이저는 바빌론의 역사가이면서 사제인 베로수스의 말을 인용하여 우스꽝스런 대리왕의 역할극을 다음과 같이 소개했다.

바빌론에는 '사카에아(Sacaea)'라고 하는 연례의 축제가 있었다. 이 날은 주인과 종이 뒤바뀌어 종이 명령하고 왕이 복종하는 것이다. 또 사형수가 왕의 예복을 입고 제멋대로 명령하며, 술을 마시기도 하고 왕의 후궁들과 잠을 잘 수 있었다. 그러나 5일째 되는 날은 왕의 예복이 벗겨지는 동시에 실컷 두들겨 맞은 다음 교살되거나 칼에 찔려서 죽었다.[28]

이러한 광대놀이의 일시적인 대리왕들은 해마다 잠시 동안 왕의 지위에 있었지만 곧 살해되었다. 그런데 아시리아에서는 월식이 일어나자 대리왕을 세운 기록이 한 사제가 보낸 편지에 나타나 있다.

그 대리왕이 제14일 저녁에 왕위에 앉았다가 15일 밤을 아슈르 왕궁에서 보냈습니다. 월식의 영향 아래 있던 자가 제20일 저녁에 무사하고 안전하게 아카드에 돌아와서 자기 왕위에 앉았습니다.[29]

특히 어떤 지역에서는 왕자를 대신 죽여서 백성들 전체의 희생양이 되는 경우도 있었다. 스웨덴과 고대 그리스가 그러했다. 이처럼 왕과 왕자를 제물로 바치는 일은 기근과 연결되어 있는데, 이는 원시사회에서 흔히 볼 수 있는 일이었다. 왕은 기후와 농작물에 대한 책임을 져야 한다는 신앙 때문에 당연히 스스로 목숨을 제물로 바쳐야 했던 것이다. 또 앞에서 언급했지만 전쟁 등 국가적인 흥망이 걸렸을 때에도 참혹하게 자기 자식, 그것도 맏아들을 제물로 바친 일이 『구약성경』「왕들의 통치 2」 3장 26~27절에 다음과 같이 기록되어 있다.

모압왕은 전세가 불리한 것을 보고 칼을 찬 자기 부하 700명과 함께 적진을 뚫고 에돔왕이 있는 쪽으로 탈출하려고 했으나 실패하였다. 그러자 그는 자기 뒤를 이어 왕이 될 맏아들을 잡아다가 성벽 위에서 불로 태워 모압신에게 제사를 드렸다. 이것을 본 이스라엘 연합군은 자기들에게 내릴 재앙을 생각하고 두려워 그 성에서 물러 나와 모두 자기 나라로 돌아갔다.

이처럼 까마득하게 오래된 인신 제물의 주술의식이 이집트의 오시리스, 바빌로니아의 탐무즈, 그리스의 아도니스, 소아시아의 아티스 신화로 전해온 것이다. 그런데 이 신들은 해마다 죽음과 부활을 반복하는 식물의 신, 바로 곡식의 신이다. 하지만 이 신들을 숭배하는 의식은 후대에도 지속되었다.

이를테면, 그리스에서는 수의를 입힌 아도니스 상을 바다나 호수에서 목욕시키면서 부활을 축하하는 관습으로 바뀌었다. 이집트의 알렉산드리아에서는 아도니스와 아프로디테 상을 결혼시키고 바다에 던지면서 '다시 돌아오라.'는 노래를 불렀으며, 바빌로니아에서는 하지축제 때 탐무즈 상에 깨끗한 물을 뿌렸다. 특히 유럽에서는 죽은 예수의 인형을 교회에 안치한 뒤에 자정이 지나면 부활했다는 환희소리와 함께 포도주를 마시면서 부활제 축제를 치렀다.[30]

제물의례, 예수의 죽음과 부활

●

오리엔트 지역의 종교의식은 신의 아들이며 왕으로 여겨진 예수 그리스도에게까지 전해진 것으로 추정된다. 예수가 탄생한 베들레헴에는 오래전에 시리아의 신 아도니스의 숲이 무성했고, 아기 예수가 울던 자리는 아프로디테, 곧 이슈타르 여신이 애인이던 탐무즈를 잃고 슬퍼했던 자리였다는 전설이 전해지고 있다.

역사시대에 들어와서 탐무즈는 곡식을 성숙하게 하는 신으로 국한되었다. 그런데 기묘하게도 베들레헴(Beth-lehem)은 '빵(Lehem)의 집(Beth)'이란 뜻이다. 이 베들레헴에서 "나는 생명의 빵"이라고 한 예수의 말은 대단히 의미심장하다. 이는 예수의 탄생 이전부터 베들레헴에서 탐무즈 숭배가 오래도록 이루어지고 있었던 사실을 암시한다.[31]

특히 충격적인 것은 예수의 죽음과 부활도 셈족의 오래된 탐무즈와 이슈타르 신화의 맥락으로 볼 수 있다는 점이다. 먼저 세상을 구원하는 구세주(救世主), 즉 그리스도(Christ)가 그리스어인 크리스토스(Χριστός, 기름 부은)에서 나온 말이라는 점도 아주 흥미롭다. 그러나 무엇보다 신비한 것은 예수의 탄생과 죽음에 몰약이 등장하는 점이다. 이는 그리스의 아프로디테와 아도니스 신화와 깊은 관련이 있다는 점에서 대단히 주목할 필요가 있다.

즉, 예수가 탄생할 때 동방박사들이 몰약과 황금을 예물로 바친 일은 『신약성경』「마태가 기록한 기쁜 소식」 2장 1~12절에 기록되어 있다. 또한 예수가 죽자 시체를 몰약으로 방부 처리한 기록도 「요한이 기록한 기쁜 소식」 19장 38~42절에 나온다. 그런데 이 몰약은 바로 아도니스의 어머니인 스미르나의 이름이다. 앞에서 설명한 것처럼 아도니스의 아버지는 시리아의 왕이었고 근친상간으로 잉태된 아도니스의 어머니는 바로 몰약나무였던 것이다.[32]

따라서 아도니스는 수목의 신의 아들이면서 왕의 아들이라는 점에서 신의 아들이고 목수이면서 유대의 왕으로 여겨진 예수와 구조적으로 닮은꼴이다. 즉, 예수는 바로 유대판 아도니스로 볼 수 있다. 더구나 몰약은 이집트에서 왕들의 미라를 만들 때 사용한 부활과 관련된 방부제이고 특수한 마약이었다. 그리고 그리스에서 스미르나가 아버지를 유혹하는데 사용된 것으로 보이는 마취환각제인 몰약은 바로 사랑의 여신 아프로디테를 상징한다. 결론적으로 구세주 예수에 대한 신앙은 수메르의 두무지 신앙이 아도니스로 바뀌어 히브리인에게 접수되고 변형되어 나타난 것이라고 볼 수 있다.

그런데 예수는 인간의 죄를 대속하려고 신에게 제물로 바친 것으로 여겨지고 있다. 하지만 이 관습도 역사가 아주 깊다. 여러 번 설명했지만 지중해 동부의 농경민은 수확을 앞둔 밭에서 사람을 죽여 제물로 바쳤던 것이다. 이는 신이 준 곡식, 곧 신을 먹는 것에 대한 답례였으며, 농사가 잘 되기를 바라면서 제물로 인간을 대지의 여신에게 바친 일종의 풍요제사였다.

말하자면, 곡식에서 나온 빵은 이전엔 왕이었다. 예수는 최후의 만찬에서 "빵을 자기의 몸이라고 했고, 포도주를 자기의 피"라고 했다. 이는 비유만이 아니라 '제의(祭儀)'이면서 '실제(實際)'였다. 그렇다면 놀라운 일이다. 예수의 말이나 삶과 죽음, 그리고 부활도 서남아시아의 문화 속에서 전해진 오래된 관습의 변형이고 상징이니까 말이다. 곡식을 낫으로 베고 절구로 빻아 빵이 되어 사람이 먹는 것이 안쓰러워서 곡식의 신을 달래기 위해 매년 수확기면 토지에 주는 거름, 곧 제사로 인신 제물을 바쳤던 것이다. 그러다가 문명이 발달하면서 동물로 속죄양을 대신 바치게 되었다. 그렇다면 예수도 그런 제물이었다는 말이 아닌가.

독일의 종교철학자 포이어바흐는, 제물은 거의 모든 종교에서 중요시되었는데, 그 대표적인 종교가 힌두교와 기독교였으며 제물을 바치는 목적은 신들의 호감을 사려는 이기주의라고 지적했다.[33] 그런 관점에서 보면, 인간의 죄를 대속하여 유대인이 예수를 속죄양이란 제물로 여호와에게 바친 것은 이기적인 인간의 잔인성이 표현된 것이고, 인간을 살해하는 쾌락을 탐닉하는 왜곡된 정신적 행위라고 볼 수도 있다. 다음 3부에서는 아시리아가 멸망한 뒤에 고대 바빌로니아 문명을 부활시킨 칼데아 문명과 종교를 탐색해 보기로 한다.

1 프레이저; 앞의 책(황금가지 상권), 413쪽.

2 프레이저; 앞의 책(황금가지 상권), 411~415쪽.

3 듀런트; 앞의 책 1-1, 479~485쪽.

4 아폴로도로스; 앞의 책, 210쪽

5 헤시오도스; 앞의 책, 43~45쪽.

6 헤시오도스; 앞의 책, 210쪽

7 L. Delaporte; 「Mythologie Phénicienne(페니키아 신화)」 [앞의 책(세계의 신화 3권), 137쪽.]
가나안과 페니키아의 아스타르테의 그리스식 이름이다.

8 프레이저; 앞의 책(황금의 가지 상권), 416~417쪽.

9 프레이저; 앞의 책(황금의 가지 상권), 418~420쪽.

10 아폴로도로스; 앞의 책, 159쪽.

11 프레이저; 앞의 책(황금의 가지 상권), 441~450쪽.

12 하트; 앞의 책, 80~82쪽.

13 하트; 앞의 책, 59~60쪽.

14 후크; 앞의 책, 134쪽.

15 들라포르테; 앞의 책(세계의 신화 3권), 140~145쪽. 139~140쪽.

16 아하즈왕;「왕들의 통치」2. 16장 3~4절. 므낫세왕;「왕들의 통치」2. 21장 6절.

17 들라포르테; 앞의 책(세계의 신화 3권, 139쪽.

18 후크; 앞의 책, 176쪽.

19 후크; 앞의 책, 175~176쪽.

20 하트; 앞의 책, 77~79쪽.

21 아폴로도로스; 앞의 책, 43~44쪽.

22 들라포르테; 앞의 책(세계의 신화 3권, 151쪽.

23 프레이저; 앞의 책(황금가지 상권), 413쪽.

24 현대인의성경 편찬위원회; 앞의 책에 탐무즈는 '담무스'라고 번역되었다.

25 캠벨; 앞의 책(신화의 세계), 61~85쪽.

26 헤로도토스; 앞의 책 상권, 146쪽. 아프로디테는 이슈타르 여신의 그리스식 표현이다.

27 프레이저; 앞의 책(황금의 가지 상권), 351~361쪽.

28 프레이저; 앞의 책(황금의 가지 상권), 359쪽.

29 「대리왕」(프리처드 편집; 앞의 책, 올브라이트 원역, 805쪽.)

30 프레이저; 앞의 책(황금의 가지 상권), 411~439쪽.

31 프레이저; 앞의 책(황금의 가지 상권), 438쪽.

32 아폴로도로스; 앞의 책, 210쪽.

33 포이어바흐; 앞의 책(종교의 본질에 대하여), 114~125쪽. 프레이저의 황금가지는 1890년 발간되었는데, 그보다 전에 포이어바흐는 19세기 중반기(1804년~1872년)에 독일에서 활동한 종교철학자였다.

칼데아,
점성술과 비인격적인 신

칼데아를 정복한 페르시아의 키루스왕은 국가보다 종교가 더 강하다는 것을
이해하고 있었다. 그래서 키루스는 정복한 민족의 신들에게 정중한 경의를 보
여 제물을 바쳤고 신전을 유지하도록 지원하였다. 나폴레옹처럼 키루스는 모
든 종교를 차별하지 않고 받아들여 모든 신의 비위를 맞췄다.

- 듀런트, 『문명이야기 1-1』

아시리아를 멸망시킨 칼데아는 고대 바빌로니아 문명을 부흥하려고 국가의 이름을 신바빌로니아로 짓고 바빌론의 재건과 정복 전쟁에 나섰다. 하지만 1백 년도 못 버티고 내부의 분열과 주변 동조 세력의 협공으로 기원전 539년 페르시아 키루스왕에게 멸망당하여 유구한 메소포타미아 문명은 막을 내리고 말았다.

　칼데아의 신년축제는 낡은 우주의 갱신이 목적이지만 대사제가 마르두크의 이름으로 왕의 권력을 통제하는 의식이었다. 그러나 나보니두스왕은 달의 신을 숭배하면서 신전의 경제력을 축소시켜 마르두크 신권에 도전했지만 사제들과 귀족, 상인 세력들의 반발로 칼데아의 패망을 자초하였다.

　별과 동일시된 칼데아의 신들은 점차 추상적으로 기울어졌고, 왕과 국가의 운명을 점치던 점성술은 개인의 운명도 중시하게 되었다. 칼데아의 천문학을 집대성한 프톨레마이오스의 점성술은 1,500년 동안이나 유럽을 지배했는데 오늘날 서양의 별점도 그로부터 이어진 것이다.

　3부 전반부의 주안점은 고대 바빌로니아의 문화를 부흥시킨 칼데아가 페르시아에게 멸망당하면서 메소포타미아 문명이 몰락하는 내용이다. 후반부는 칼데아 점성술의 비밀과 유럽 별점의 정체성, 그리고 아직도 서양에서 유행하고 있는 별점의 유래를 밝히는 것이 주안점이다.

1장

아시리아의 멸망과
칼데아의 발흥

칼데아 왕국은 이라크 남부의 습지대에 자리 잡고 있었다. 『구약성경』에는 아브라함의 고향이 칼데아의 우르라고 하였고, 고대작가들은 칼데아가 천문학과 점성술에 능숙한 종족이라고 기록하였다. 원래 사막에 살던 칼데아인은 시리아 근방에서 흘러들어 와 오래전부터 바빌론에 정착했다고 알려져 있다. 이 칼데아는 이란 북서부의 메디아와 동맹을 맺고 아시리아의 멸망에 큰 공을 세운 민족이다.[1]

칼데아의 네부카드네자르 2세(기원전 605년~기원전 562년 재위)와 그의 후계자들은 바빌론을 부흥시켜 고대 바빌로니아 함무라비왕의 영광을 되찾으려고 노력하였다. 이 시대를 신바빌로니아라고 부르는 것은 그 때문이다.[2] 하지만 기원전 625년 칼데아 출신의 총독 나보폴라사르가 세운 신바빌로니아는 페르시아의 키루스왕의 침략을 받아 백년도 못 버티고 기원전 539년에 멸망하고 말았다.

왕도 바빌론의 역사적 변천

●

네부카드네자르 2세가 세운 신바빌로니아의 왕도는 바빌론이다. 메소포타미아에서 가장 큰 도시였던 바빌론은 수메르 시대부터 1,800여 년간 10여 차례나 주인이 바뀔 정도로 역사적 변천을 겪었다. 사르곤이 세운 아카드 왕조 시대에 변두리의 조그만 마을에 불과했던 바빌론은 우르 3왕조 시대부터 수메르, 아카드, 아슈르, 엘람, 후리, 구티, 아모리 등 여러 종족이 끊임없이 몰려들어 대도시로 성장했다.

그 후 기원전 19세기 말경 서쪽에서 이동한 아모리족이 바빌로니아 왕국을 건설하고 수도를 바빌론으로 삼았다. 특히 6대 왕 함무라비가 여러 도시국가를 정복하면서 전성기를 이룬 바빌로니아는 기원전 16세기 말경 히타이트에게 멸망당하고 말았다. 더구나 기원전 12세기 초 엘람의 왕 슈트루크 나훈테는 바빌론을 6세기 동안 지배하던 카시트 왕국을 멸망시키고 「함무라비 법전」이 새겨진 비석까지 수도인 수사로 가져가 버렸다.[3]

아시리아와 바빌론의 갈등

●

파란만장한 바빌론은 아시리아 말기에 크나큰 시련에 부닥쳤다. 카시트 왕국이 망한 뒤에 세력이 커진 아시리아는 기원전 980년에 바빌론을 정복하여 직접 통치를 시작했던 것이다. 하지만 바빌론은 아시리아의 무자비한 군국주의에 반발하여 반란을 자주 일으켰고, 아시리아는 군대를 동원하여 바빌론을 초토화시키는 일이 반복되었다. 마침내 거대한 도시 바빌론은 칼데아, 아람, 엘람 사람들과 함께 아시리아에 반대하는 연맹을 만들어 아시리아에 반란을 일으켰다.

이처럼 반란과 정복이 잦아지자 아시리아의 센나케리브(Sennacherib, 기원전 705년~기원전 681년 재위)왕은 자기의 아들을 바빌론의 왕으로 임명했다. 그러나 바빌론의 민족주의자들이 왕을 엘람족에게 넘겨 버리자 센나케리브는 두 번이나 바빌론을 불태우면서 신전과 지구라트를 허물었다. 특히 기원전 690년 센나케리브는 1년 간의 공격 끝에 바빌론을 함락하여 약탈과 파괴를 명령하고 최고신 마르두크 신상까지 아시리아의 왕도인 아슈르로 끌고 갔다. 심지어 유프라테스 강물을 도시로 끌어들여 잔인하게 바빌론을 통째로 쓸어버렸다.

그런데 「에사르하돈의 건축비문」에는 에사르하돈(Esarhaddon, 기원전 680년~기원전 669년 재위)의 부왕 센나케리브의 무자비한 파괴는 하늘의 징조를 통하여 예언된 신의 심판이라고 기록되어 있다. 다시 말하면 유프라테스강의 지류인 아라크루강이 대홍수처럼 바빌론으로 쏟아져 들어왔는데, 바빌론이 함부로 제사를 지내서 마르두크신이 크게 화를 냈다는 것이다.[4] 결국 바빌론의 파괴는 신의 뜻이라는 것이다.

유대교학자 슈미트에 따르면, 고대 중동에서 어떤 신이 자기를 숭배하는 집단에서 돌아선다는 생각은 아카드 왕국과 바빌론의 멸망에서 보듯 히브리인에게만 국한된 것이 아니었다. 특히 신전의 파괴는 그 신이 자기의 신전을 버렸다는 뜻이라고 해석되었다. 물론 히브리인은 여호와신이 예루살렘의 성전을 파괴한 바빌론에 대한 심판을 내릴 것이라고 기대했지만 역사적으로 실현되지는 못했다.[5]

『구약성경』「이사야의 예언」23장 1절~14절에는 바빌론을 파괴한 센나케리브의 정복 활동이 생생하게 기록되어 있다.

두로가 망하여 집도 항구도 없이 황폐해졌으니, 너희가 키프로스에서 들은 소문이 다 사실이다. 해변의 주민들아, 시돈의 상인들아, 잠잠해라. 너희가 바다로 이집트 상품을 실어 나르며 세계의 시장 노릇을 해 왔다. 시돈아, 너는 부끄러워하여라.

당시 멸망한 두로는 난공불락의 섬이면서 해상무역으로 유명한 고대 도시 티로(Tyre)이다. 이 티로와 함께 비블로스, 아슈도드, 암몬, 모압, 에돔, 시돈 등의 도시국가들은 센나케리브에게 항복했는데, 반란의 우두머리 가운데 하나였던 유다의 왕 히스기야도 공물과 조공을 바치면서 센나케리브에게 항복했던 것이다.[6]

그 뒤 바빌론을 파괴하고 정복활동에 몰두한 센나케리브는 왕위를 에사르하돈에게 물려주었다. 그러나 아시리아는 내분이 일어나 형제끼리 싸우게 되었다. 즉, 센나케리브의 장남이면서 바빌론의 왕인 샤마시가 엘람족과 손을 잡고 센니케리브의 또 다른 아들이며 아시리아의 왕인 에사르하돈에게 선전포고를 했던 것이다. 이에 맞서 에사르하돈은 바빌론을 공격하여 함락시키고 엘람의 수도인 수사까지 점령하여 철저하게 복수했다.

에사르하돈이 바빌론 포용정책을 펴다

●

왕위에 오른 에사르하돈은 부친 센나케리브의 바빌론 적대 정책을 완전히 바꿔 바빌론을 복구하여 정치와 경제적 중심지로 만들려고 노력했다. 하지만 아시리아 내부에 만만치 않은 반발 세력이 있었다.

「에사르하돈의 건축비문」에 따르면, 에사르하돈은 바빌론의 신 마르두크가 정했던 바빌론의 폐허 기간인 70년을 변경하여 11년이라고 단축시켰다. 또 부친의 영혼이 꿈에 나타나 바빌론 재건을 명령했다고 하면서 사르곤왕이 갑자기 서거한 것은 마르두크에게 한 맹세를 저버린 탓이라고 주장하고 그의 정책을 반대하는 점성술사들에게 경고했다.

이처럼 복잡한 과정을 거쳐 에사르하돈은 유프라테스 강물을 예전처럼 제대로 흐르게 하고 바빌론의 도시와 신전을 재건축했다. 그리고 빼앗아갔던 신상들을 바빌론에 복귀시키고 새로운 마르두크 상도 다시 봉헌한 뒤에 포로들을 귀환시켜 생계를 지원하고 시민권을 되찾아준 결과 무역이 다시 활기를 띠게 되었다.

그러나 니푸르와 우르 같은 고대 도시는 아시리아의 종교적인 정책을 환영했지만, 남쪽의 칼데아 부족들은 아시리아의 예속에서 벗어나려고 반발했다. 그래서 아시리아는 기원전 680년과 기원전 684년 사이에 네 번이나 바빌론을 침입할 수밖에 없었다. 더구나 스키타이족, 이란 지역의 메디아족, 크리미아를 비롯한 남러시아와 소아시아 지방에 살던 유목 민족인 킴메르만이 아니라 남부 레바논 연안의 도시인 시돈도 반란을 일으켰다. 마침내 에사르하돈은 출병하여 시돈을 멸망키고 이집트로 출병하는 도중에 갑자기 사망하고 말았다.[7]

바빌론의 왕 샤마시-슘-우킨의 반란

●

왕위 교체의 위험성을 경험한 에사르하돈은 아들 아슈르바니팔을 미리 아시리아의 왕으로 정해 놓았었다. 그리고 장남인 샤마시-슘-우킨을 바빌론의 왕으로 정해 놓았는데, 그 이유는 군국주의 아시리아는 서열보다는 강력한 왕이 필요하기 때문이었다.

부왕의 유언대로 아시리아의 왕위에 오른 아슈르바니팔은 중단된 이집트 정복을 다시 시작하여 기원전 667년~664년 이집트의 수도 테베까지 지배하면서 아시리아 제국은 역사상 가장 큰 영토를 지니게 되었다. 그러나 아슈르바니팔왕이 스키타이, 메디아, 킴메르를 견제하고 남쪽의 엘람을 정복하자 뜻하지 않게 바빌론에서 내전이 벌어진 것이다. 이처럼 바빌론은 아시리아에게 아주 골치 아픈 도시였다.

원래 아슈르바니팔의 형 샤마시-슘-우킨이 바빌론의 왕으로 즉위했는데, 기원전 652년 그는 아시리아에 반대하는 세력들을 충동질하여 마침내 아시리아에 대항하여 대반란을 일으켰다. 왜냐하면 샤마시-슘-우킨은 동생 아시리아 왕에게 충성맹세를 한 뒤로 군사와 외교에서 어떤 결정권도 없었기 때문이다. 더구나 동생이 바빌론의 정치와 종교에까지 간섭하여 몹시 자존심이 상했다. 이런 샤마시-슘-우킨의 불만은 바빌론 내부의 아시리아에 반대하는 세력과 결합되고 증폭되어 대반란으로 이어졌던 것이다.

샤마시-슘-우킨을 지원한 세력은 중북부 바빌로니아 대부분의 도시와 몇몇 아라비아 부족들이었다. 아슈르바니팔은 북부 바빌로니아에서 반란 세력과 치열한 전투를 치렀다. 결국 반란자들은 대도시인 보르시파, 시파르, 바빌론에서만 겨우 세력을 유지하게 되었다. 마침내 기원전 650년 아슈르바니팔이 반란군을 포위하자 남쪽의 일부 칼데아 부족이 전선을 옮겨 가 기원전 648년에 마침내 바빌론을 점령했다. 반란을 일으킨 바빌론의 왕 샤마시-슘-우킨은 불타는 도시의 화염 속에서 비참하게 죽었고 내전은 결국 끝났다. 아슈르바니팔은 엘람과 수사를 정복하고, 바빌론의 왕위는 칸달루나(기원전 647~기원전 627년)가 차지하여 전쟁의 상처를 점차 회복하게 되었다.[8]

아슈르바니팔 후계자들의 왕위 쟁탈전

●

기원전 627년 아슈르바니팔이 죽은 뒤 아시리아에는 유약하고 무책임한 왕들이 나타나 쇠잔하여 이윽고 멸망하게 된다. 곧, 왕자 아슈르에틸-일라니, 신샤리스쿤, 그리고 강력한 장군 신슘리쉬르 사이에 후계자 싸움이 벌어져 또 다시 내전으로 확대되었다. 무엇보다 유목 민족인 스키타이의 갑작스런 출현은 큰 위협이 되었다. 메디아를 28년 동안이나 지배한 스키타이 기병대는 자그로스산맥을 넘어 시리아와 팔레스타인을 유린하고 아시리아의 영토를 종횡무진 누비면서 아무 저항을 받지 않은 채 이란으로 되돌아간 것이다.[9]

자료 3-1-1 페르세폴리스의 아파다나 궁전의 계단의 부조에 있는 스키타이 파견단(© Ziegler175)

원래 기원전 6세기경부터 팽창한 스키타이 부족 연맹은 유럽 중남부, 남부 러시아, 소아시아를 폭넓게 지배했다. 정복한 국가에게 무거운 세금을 받아 내고 지나는 곳을 초토화시킨 스키타이는 거칠고 잔인하여 겁에 질린 이집트의 파라오까지 많은 공물을 바쳤다고 한다. 특히 스키타이는 군국주의 아시리아 못지않게 용맹하고 무시무시한 종족이었다. 청동제 갑옷을 입고 짧은 활로 무장한 스키타이 병사는 말을 타기에 편리한 아키나케스형(形) 단검, 즉 메소포타미아인과 페르시아인이 사용한 50cm를 넘지 않는 짧은 양날이 달린 철제 칼을 휘두르면서 아시리아 세력권을 누비고 다녀 아시리아 제국의 국력을 쇠잔시켰다.[10]

기마전사단을 끌고 전투에 앞장선 부족장이 결코 전투에서 후퇴를 허락하지 않던[11] 전투적인 스키타이의 돌출도 위협적이었지만 아시리아 내부의 사정도 멸망의 징조를 내비쳤다. 늙고 병든 아슈르바니팔은 기원전 630년부터 아들 아슈르-에틸-일라니에게 아시리아의 왕위를 넘겼다. 바빌론의 통치권은 꼭두각시 왕 칸탈라누를 세워서 지켰지만 그가 죽자마자 아시리아의 한 장군이 바빌론의 왕이라고 선포했다. 하지만 그는 제거되고 아슈르바니팔의 또 다른 아들 신-샤르-이슈쿤이 자기가 바빌론의 왕이라고 선포했다. 그런 가운데 왕위 계승권을 주장하면서 나타난 인물이 바로 아시리아를 무너뜨리고 신바빌로니아를 건국한 나보폴라사르였다.

나보폴라사르의 활약과 아시리아의 멸망

●

원래 칼데아 부족의 총독인 나보폴라사르(기원전 625년~기원전 605년 재위)는 수메르 남쪽 지역에서 몇 개 도시를 다스리고 있었다. 그런데 아시리아 왕과 아슈르-에틸-일라니, 그리고 그의 형제이며 바빌론의 왕 신-새르-이슈쿤 사이에 4년 동안 내전이 벌어져 기원전 623년에 아시리아의 왕이 전사하자 바빌론의 왕이 아시리아의 왕위에 올랐다. 두 형제가 싸움으로 아시리아가 붕괴되는 가운데 칼데아인은 남부 메소포타미아에서 마음껏 활약할 수 있었던 것이다.[12]

자료 3-1-2 나보폴라사르의 원통형 점토판(© Osama Shukir Muhammed Amin FRCP(Glasg), 영국 박물관 소장)

기원전 626년 바빌론의 왕이 된 칼데아의 나보폴라사르는 이 형제 간의 내전에 깊게 참여했다.[13] 화가 난 아시리아의 왕 아슈르-에틸-일라니는 나보폴라사르에게 전쟁을 선포하여 그 후 7년 동안이나 전투가 벌어졌다. 하지만 나보폴라사르는 수메르와 아카드 지역 전체를 해방하여 기원전 616년부터 공세를 취했는데, 이때부터 「바빌로니아 연대기」에 니네베의 붕괴까지 정확하게 날짜별로 기록되어 있어서 그 과정을 대략 다음과 같이 추적해 볼 수 있다.

나보폴라사르가 유프라테스강을 거슬러 올라가 아람족의 항복을 받아내자 아시리아는 한 때 지배했던 이집트와 동맹을 맺었다. 하지만 이집트는 큰 도움이 되지 못했다. 마침내 스키타이의 지배를 벗어난 메디아인이 아시리아를 급습하여 도시 아슈르를 공격하고 도시를 약탈하면서 주민들을 포로로 잡아갔다.

한편 메디아와 평화조약을 맺은 나보폴라사르는 기원전 612년 여름에 3개월 동안 메디아와 함께 아시리아의 수도 니네베를 공격하여 폐허로 만들었다. 동시에 아시리아의 종교도시 아슈르, 군대의 사령부 칼후, 그리고 행정의 중심지 니네베를 비롯하여 다른 도시 대부분을 점령하고 파괴했다.

마침내 아시리아의 왕 신-샤르-이슈쿤은 도주하다가 사망하여 관리 한 명이 권력을 장악했지만 그도 튀르키예 지역의 전략적 요충지 하란으로 도피했다. 하지만 기원전 610년 메디아 군대가 하란을 무너뜨리자 아시리아와 이집트 군대는 유프라테스강 너머로 도망쳤다. 이렇게 강력한 군사제국 아시리아는 300년 동안 중동지방을 떨게 했지만, 단 3년 만에 비참한 최후를 맞아 드디어 역사에서 사라지고 말았다.[14]

대제국을 건설한 아시리아를 멸망시킨 원인은 무엇일까? 무엇보다 아시리아의 군주들은 마지막 한 세기 동안 불안감에 몹시 시달렸다는 점을 들 수 있다. 특히 에사르하돈왕은 권력을 둘러싸고 벌어진 음모와 반란의 두려움에 떨었다. 거기에 스키타이, 킴메르, 메디아 등 정체가 분명치 않고 통제하기 어려운 민족들이 출몰하여 아시리아의 군주들을 괴롭혔다. 그보다 더 큰 위협은 바로 왕위 계승의 문제로 분열된 왕국이었다.[15]

다음 장에서는 아시리아를 멸망시킨 칼데아가 1백 년도 못 가 페르시아의 다리우스왕에게 멸망하면서 수천 년의 역사를 지닌 메소포타미아 문명이 몰락한 과정을 살펴보기로 한다.

1 램; 앞의 책, 41쪽.

2 번즈; 앞의 책 1권, 70쪽.

3 듀런트; 앞의 책 1-1, 385쪽.

4 빈호프; 앞의 책, 330~331쪽. / 조철수; 앞의 책(수메르 신화), 429-430쪽. 「아카드의 저주」에는 사르곤의 손자 나람-신이 신들의 저주를 받아 도시국가 아카드가 왜 무너졌는지를 설명하고 있다.

5 슈미트; 앞의 책, 212쪽.

6 빈호프; 앞의 책, 332쪽.

7 빈호프; 앞의 책, 335~339쪽.

8 빈호프; 앞의 책, 339~347쪽.

9 루; 앞의 책 2권, 196~197쪽.

10 정수일; 앞의 책(고대문명교류사), 236~239쪽.

11 헤로도토스; 앞의 책 상권, 404~406쪽.

12 루; 앞의 책 2권, 196~198쪽.

13 빈호프; 앞의 책, 347~348쪽.

14 루; 앞의 책 2권, 196~201쪽.

15 빈호프; 앞의 책, 348~350쪽.

2장

메소포타미아 문명의 몰락

아시리아가 망한 후 전승국들은 각자 이권을 챙겼다. 메디아는 전략적 요충지이며 현재 튀르키예에 있는 하란을 차지하여 소아시아 정복의 근거지로 삼았고, 칼데아는 전쟁으로 파괴되지 않은 몇 개 중심도시를 차지했다. 그런데 이집트가 현재의 튀르키예와 레바논 국경지대인 카르케미시를 점령하여 유프라테스강으로 가는 통로를 확보하자 참지 못한 칼데아의 나보폴라사르는 아들 네부카드네자르 2세에게 이집트 군대를 몰아내라는 명령을 내렸다. 출정한 네부카드네자르는 기원전 605년 카르케미시를 정복하고 이집트의 국경도시에 도착했을 때 갑자기 부왕의 죽음 소식을 들었다. 부랴부랴 23일 만에 신속하게 바빌론에 도착한 네부카드네자르는 그해 9월 왕위에 올랐다.[1]

신바빌로니아의 발흥

●

거대한 아시리아 제국의 멸망으로 주변 도시국가들은 희망을 가지게 되었고 칼데아, 즉 신바빌로니아가 강대국으로 떠올랐다. 그러나 페니키아, 필리스티아, 유대 왕국은 아시리아에게 바친 조공을 신바빌로니아에게 다시 고분고분 바치려고 하지 않았다. 그래서 사르곤 왕조 시대에 꼬리를 물고 일어났던 반란을 진압하던 아시리아처럼 네부카드네자르 2세는 해마다 군대를 끌고 지중해로 갈 수밖에 없었다.[2]

자료 3-2-1 네부카드네자르 2세(느부갓네살 왕)

네부카드네자르 2세(Nebukadnessar II, 기원전 604년~ 기원전 562년 재위)는 이집트를 쳐부수고 이스라엘 북쪽의 도시 하맛까지 추격하면서 가는 곳마다 승리를 거두었다. 『구약성경』에 '느부갓네살왕'으로 잘 알려진 그는 기원전 597년 유대의 왕 여호야긴이 칼데아를 배반하고 이집트와 친교를 맺자 예루살렘을 공격하여 함락시켰다. 그리고 9년 뒤인 기원전 586년에 유다의 왕 시드기야가 또 다시 칼데아를 배신하자 그는 예루살렘을 철저하게 파괴하고 성벽까지 허문 뒤에 아예 유대인을 바빌론, 키시, 니푸르 등지로 나누어 이주시켜 버리고 지도층을 바빌론으로 잡아갔다. 이러한 방식은 점령한 지역 사람들을 분산시켜 반란을 막았던 아시리아의 전략을 이어받은 것이다

그 무렵의 형편은 『구약성경』「왕들의 통치 2」 24~25장에 상세하게

기록되어 전하는데, 『구약성경』은 이를 '바빌론 유수(Babylonian Exile, 幽囚)'라고 표현했다. 「예레미야의 예언」에 따르면, 주로 귀족과 기술자들이 바빌론에 끌려갔다.

　　이렇게 해서 유대 백성들은 포로가 되어 고국을 떠나게 되었는데, 느부갓네살이 포로로 잡아간 사람들의 수는 다음과 같다. 그의 통치 7년에 유다 사람 3,023명, 18년에 예루살렘 사람 832명, 23년에 경호대장 느브사라단이 잡아간 유다 사람 745명, 모두 4,600명이었다.

　　유대의 역사학자 요세푸스에 따르면, 네부카드네자르는 시드기야왕을 배은망덕한 자라고 욕설을 퍼부은 뒤에 그의 심복들이 지켜보는 가운데 그의 자식들과 친구들을 죽이라고 지시했다. 그 후에 네부카드네자르는 시드기야왕의 두 눈을 뽑고 결박하여 바빌론으로 끌고 갔다. 그렇게 다윗 계열의 왕은 종지부를 찍었는데, 그 기간은 514년이었다. 그리고 왕궁이 불살라지고 건축된 지 470년 만에 성전이 약탈당하고 예루살렘이 완전히 파괴당했다.[4]

　　한편 아시리아를 도왔던 이집트가 시리아를 정복하고 유프라테스강을 따라 진출하자 신바빌로니아는 이를 저지하려고 이집트와 격렬한 전투를 벌였다. 기원전 568년 네부카드네자르 2세는 이집트 내부의 혼란을 이용하여 굴복시키고 그의 장군 아마시스를 이집트의 왕으로 삼았다. 아마시스는 신전을 건축하고 개혁정책을 실시하여 40년간 이집트를 통치하였다. 결국 이집트는 역사상 처음으로 치욕스럽게 자주권을 잃어버리고 말았다.[5]

네부카드네자르 2세가 재건한 바빌론

●

이집트까지 굴복시키자 아시리아의 전통을 이어받은 네부카드네자르 2세는 마르두크신에게 절대 권력을 받았다고 대대적으로 선전했다. 또한 전략가이면서 국제적 외교가였던 그는 소아시아의 메디아, 리디아 사이를 중재하려고 사절을 파견하고, 메디아의 공주와 결혼까지 하면서 고대 바빌로니아의 문명을 부흥시키려고 바빌론을 웅장하게 재건했다.

건축 자금은 주로 서쪽 지방이 바친 조공과 세금, 그리고 무역에서 얻은 이익으로 충당되었다. 특히 네부카드네자르 2세는 나부(Nabu)신의 도시인 보르시파, 그리고 바빌론을 재건하는 등 광범위한 건축 활동을 벌였다. 전성기를 누린 바빌론의 확장은 5개의 토판에도 전하지만, 기원전 5세기경 바빌론을 방문한 헤로도토스의 『역사』에 더욱 상세하게 묘사되어 있다.[6]

헤로도토스가 기록한 바빌론은 19세기에 독일의 고고학자 콜데바이의 바빌론 발굴로 증명되었다. 독일의 고고학자이며 작가인 세람은 바빌론을 발굴한 콜데바이의 업적을 다음과 같이 소개했다.

독일의 고고학자 콜데바이는 헤로도토스가 『역사』에서 기록한 바빌론의 성벽을 발굴한 결과 바빌론이 중동 지역에서 최대의 도시였으며, 아시리아의 수도인 니네베보다 훨씬 크다고 증명했다. 콜데바이는 바빌론의 성벽 위로 사두마차가 다닐 정도로 넓었으며, 성벽 뒤에는 50미터마다 망루가 있고, 안쪽 성벽에는 무려 360개의 망루가 있었다고 밝혀 냈다.[7]

경제적으로도 아주 풍요로웠던 바빌론은 마르두크신이 보호하는 신들의 도시였다. 특히 사랑의 여신 이슈타르의 문에서 마르두크 신전에 이르는 도로는 당시 세계에서 가장 아름답고 장엄한 길이었다. 사망한 이라크의 대통령 후세인은 바빌론에 이슈타르의 문을 복원하여 찬란했던 예전의 역사를 세계적으로 상기시킨 것으로 유명하다.

마르두크 신전, 바벨탑, 이슈타르의 문

●

문명사학자 번즈는 네부카드네자르 2세와 그 후계자들이 아시리아가 파괴하고 변형시킨 바빌로니아 문명의 법률, 문학, 정부, 상공업을 회복시켜 고대의 제도와 이상을 부활시키려는 노력을 했다고 평가했다.[8]

특히 유대의 선지자 다니엘이 '왕 중 왕', ' 황금의 두목'이라고 부른 네부카드네자르 2세는 역사상 유래가 없는 규모로 바빌론을 재건했다. 그는 요새를 확장하고, 해자와 운하를 건설하고, 외곽에 방벽을 구축한 뒤에 도시 안에 웅장한 건물들을 지었다. 그중에는 높이 90m의 지구라트도 세웠는데, 이를 '하늘과 땅의 바탕이 되는 신전'이라고 하였다. 바로 히브리인이 바벨탑이라고 부른 그 지구라트이다.

바벨탑이 세월이 흐름에 따라 기울어지고 낡아 버리자, 우리 주 마르두크께서 나에게 명령하시길 다시 지으라고 하셨다.

그러면서 부왕 나보폴라사르왕의 유업을 이어받은 네부카드네자르 2세는 탑을 더 한층 웅장하게 증축했던 것이다. 당시 네부카드네자르

2세가 건설한 바벨탑과 연결된 전용도로는 당시 세계에서 가장 찬란한 도로였다. 도로의 중앙을 아스팔트로 덮은 뒤에 벽돌을 깔고, 또 그 위에 사방 1m 가량의 석회석을 깔아서 길이 아주 아름다웠는데 종교의식에 쓰이는 이 길은 숭고미까지 자아냈다.

자료 3-2-2 발굴된 바빌론의 이슈타르의 문

부왕과 네부카드네자르 2세가 43년간에 걸쳐 건설한 이 도로는 최고신 마르두크를 제사지낼 때 백성들이 행진하는 길이었다. 폭이 23미터나 되는 도로에 놀랍게도 2m 크기의 사자상 120마리가 입을 쫙 벌린 채 장엄하게 늘어서 있었었다. 그렇게 참배객들이 걸어서 도착한 마르두크 신전 앞에 서 있는 비석에는 다음과 같이 글이 기록되어 있었다.

"마르두크신이시여, 영원한 생명을 주소서!"
그리고 이 웅장한 도로는 12m 높이의 성벽을 따라 이슈타르 여신의 문까지 연결되어 있었다. 높이가 무려 20m나 되는 웅장하고 휘황찬란한 이슈타르의 문은 바빌론 도시의 중앙 통행로 끝에 서 있었는데, 유약을 바른 벽돌로 지은 유명한 이슈타르의 문에는 '시르쉬'라고 불리는 '바빌론의 용'이 채색되어 그려져 있었다. 머리에 뿔이 한 개 달린 이 뱀은 네 발로 서서 혀를 날름거리는 기묘한 파충류를 닮은 동물이었다.[9] 마르두크신을 상징하는 이 시르쉬와 함께 비의 신 아다드를 상징하는 오록스가 꽃문양 위에 그려져 있었다.

자료 3-2-3 이슈타르 문에 그려진 마르두크를 상징하는 용 시르쉬

자료 3-2-4 이슈타르 문에 그려진 비의 신 아다드를 상징하는 오록스(ⓒ Dudva)

자료 3-2-5 독일 페르가몬 박물관에 절반 크기로 복원된 이슈타르의 문(ⓒ Hahaha)

현재 독일의 베를린 박물관은 이슈타르의 문을 축소판으로 재현하여 관광객에게 관람시키고 있다. 이라크도 그 이슈타르의 문을 역시 축소시켜 재건하여 예전의 바빌로니아의 영광을 과시하고 있는 것은 기독교와 이슬람교, 유대인과 팔레스타인 사람들의 대립과 갈등이 심각한 중동 지역에서 의미심상한 일이다. 특히 네부카드네자르 2세는 아시리아의 멸망에서 주역을 맡았던 메디아에서 데려온 왕비를 위하여 하루 종일 분수가 솟구치는 '공중정원'을 지었는데, 고대 세계의 7대 불가사의라 불리는 바로 그 건축물이다.

자료 3-2-6 바빌론의 공중정원 상상도

 헤로도토스는 기원전 5세기경 바빌론의 국력이 얼마나 대단했는지, 보통의 세금 이외에 페르시아 왕과 군대의 4개월 동안의 물자를 바빌론이 공급하고, 나머지는 페르시아가 지배하는 지역들이 분담했다고 기록했다. 따라서 바빌론의 국력은 전 아시리아의 3/1에 해당했다는 것

이다.[10]

메소포타미아 문명의 종말

●

강력한 요새 도시이면서 화려하고 드넓은 외곽도시들을 거느렸던 신바빌로니아 제국은 기원전 562년 네부카드네자르 2세가 죽자 아시리아 말기처럼 왕위 계승을 둘러싼 암투가 계속되다가 기원전 539년 나보니두스왕 때 허무하게 멸망하고 말았다. 『구약성경』의 「다니엘의 예언」 5장 30~31절에 다음과 같이 기록되어 있다.

그날 밤에 바빌로니아의 벨사살 왕은 죽임을 당하였고, 메디아 사람 다리우스가 권력을 장악하였는데, 그때 그의 나이는 62세였다.

『구약성경』 우리말 번역본에 벨사살로 기록된 벨샤자르는 신바빌로니아의 마지막 왕 나보니두스의 왕위를 물려받은 왕자였다. 그런데 독일의 고고학자 세람은 견고한 바빌론 성이 함락당한 것은 외부의 적이 침입이 아니라 내부에 적이 있었다고 지적했다. 바빌론에 포로로 잡혀온 유대인과 바빌론의 사제들이 호시탐탐 기회를 노리는 페르시아의 키루스왕에게 넘겨 주기 위하여 음모를 꾸몄고, 이에 동조한 세력들이 가담했다는 것이다.[11]

이처럼 칼데아, 즉 신바빌로니아는 내분이 일어나 페르시아에게 큰 저항도 못해 보고 무너졌다. 헤로도토스는 당시 유프라테스강을 이용한 페르시아의 왕 키루스의 전술과 바빌론의 함락을 다음과 같이 설명했다.

키루스는 강물이 도시로 흘러들어 오는 곳에 군대의 주력부대를 배치하고, 강이 도시에서 흘러나가는 도시 뒤쪽에 별도의 부대를 배치하였다. 그리고 운하를 통해서 늪이 되어 버린 호수 쪽으로 강물을 돌려버렸다. 강이 군인들의 넓적다리 부근까지만 차오를 정도로 옅어지자 키루스의 군대는 강을 건너 바빌론 시내로 돌입하였다.

그런데 그 날은 공교롭게 바빌론의 축제날이었다. 만일 강으로 통하는 작은 문을 모두 폐쇄하면 강의 연안에 포진한 페르시아 군대를 독안의 쥐처럼 일시에 쳐부술 수 있었다고 헤로도토스는 아쉬움을 남겼다.[12]

바빌론이 함락되면서 안타깝게도 수메르부터 시작된 수천 년간에 걸쳐 다채롭게 펼쳐진 메소포타미아 문명은 마침내 종말을 고하게 되었다. 물론 바빌론도 서서히 그 명성이 사라져 갔다. 칼데아, 즉 신바빌로니아가 인도-아리안족인 페르시아에게 멸망한 뒤 다시 마케도니아의 왕 알렉산드로스의 정복 사업에 참여한 부장 셀레우코스 니카토르가 메소포타미아 지역을 차지한 것이다.

바빌론은 셀레우코스 니카토르가 그로부터 70km 떨어진 티그리스 강변에 자기의 이름을 딴 셀레우코스 왕국을 건설하고 수도를 정한 뒤부터 버림받기 시작하였다. 기원후 7세기 경 페르시아의 사산 왕조 시대까지 바빌론에 사람들이 살았지만, 아랍인이 지배하던 중세 때는 바빌론에는 불과 몇 채의 집만 황량하게 남아 있었다고 한다. 유프라테스 강이 그 흐름을 바꾸었기 때문이다. 그런데 신바빌로니아의 멸망의 원인 중에서도 왕위 다툼과 더불어 종교적인 암투가 중대한 요소로 작용했다. 특히 바빌론의 마르두크 신전의 사제들과 달의 신인 나부를 숭배하는 나보니두스왕의 권력 싸움이 결정적이었는데, 다음 장에서 살펴보기로 한다.

1 루; 앞의 책 2권, 201~203쪽.

2 루; 앞의 책 2권, 203~204쪽.

3 토인비; 앞의 책, 168~177쪽.

4 요세푸스; 앞의 책(유대 고대사 1), 643~645쪽.

5 빈호프; 앞의 책, 356~357쪽.

6 빈호프; 앞의 책, 352~359쪽.

7 세람; 앞의 책(낭만주의적 고고학 산책), 299~316쪽.

8 번즈; 앞의 책 1권, 70쪽.

9 세람; 앞의 책(낭만주의적 고고학 산책), 304~316쪽. / 요세푸스; 앞의 책(유대 고대사 1), 657~658쪽. 옛 도시에 새 도시를 병합, 확장, 재건했는데, 내곽도시 주변에 3중 성벽을 쌓고 외곽도시도 3중 성벽을 쌓고 공중정원도 지었다고 설명했다.

10 헤로도토스; 앞의 책 상권, 141쪽.

11 세람; 앞의 책(낭만주의적 고고학 산책), 304쪽.

12 헤로도토스; 앞의 책 상권, 140~141쪽.

3장

대사제가 왕의 뺨을 때린
신년축제

아시리아를 멸망시키고 칼데아를 건국한 나보폴라사르는 고대 바빌로니아의 문명을 계승하여 마르두크를 최고신으로 숭배했다. 그의 대관식 장면을 기록한 「나보폴라사르의 서사시」의 점토판 앞면에는 아시리아와 바빌로니아의 전투가 묘사되고, 뒷면에는 마르두크신이 왕좌에 앉은 나보폴라사르에게 통치권을 보장하는 가운데 왕의 제국 확장의 축원이 새겨져 있다.[1] 이는 수메르에서 작은 신으로 불렸던 사제들의 권력이 칼데아에서도 강력했다는 뜻이다.

바빌론은 신들이 보호하는 도시

바빌론의 사제들은 최고신 마르두크신의 이름으로 아시리아를 멸망시킨 나보폴라사르를 왕으로 승인했다. 물론 나보폴라사르왕도 백성들에게 끼치는 종교의 힘과 사제들의 권력을 무시할 수 없었을 것이다. 그만큼 당시 바빌론에는 거대한 신전과 사제들이 많았다.

헤로도토스가 기록한 것처럼 당시 바빌론은 세계에서 가장 거대한 도시였다. 약 10만 명이 살았던 것으로 추정되는 바빌론 성은 폭이 3~8m나 되는 여러 겹의 성벽이 도시를 8km나 둘러싼 철벽의 요새였다. 또 성벽 밑에 강물이 차 있는 폭 50m의 넓은 해자가 도시를 보호했고, 8개의 성문에는 각각 신들의 이름이 붙여져 있었다. 말하자면 바빌론은 신들이 보호하는 성이었다.

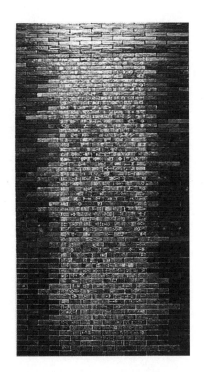

자료 3-3-1 네부카드네자르 2세가 이슈타르의 문에 새긴 건립 비문(페르가몬 박물관 소장)

고고학자들이 발굴한 바빌론에는 왕궁과 지구라트, 여러 신전이 자리 잡고 있었다. 바로 최고신 마르두크, 사랑의 여신 이슈타르, 창조의 악신 닌마흐, 농업의 신 니누르타, 의술의 신 굴라의 신전 등이었다. 특히 네부카드네자르 2세가 자기 아버지의 거주지를 확장한 궁전의 남쪽에는 당시 90m의 소위 바벨탑, 즉 거대한 지구라트가 서 있었다. 이 탑이 세워진 마르두크 신전은 면적이 무려 6,700m²나 되었고 네부카드네자르왕이 기울인 정성이 점토판에 다음과 같이 기록되어 있다.

나는 금, 은, 보석, 청동, 마간의 목재 등 엄청나게 고귀한 재물들을 나의 도시 바빌론으로 가져와 마르두크 앞에 바쳤다. 나는 반짝이는 금을 청금석과 설화석고와 함께 신전의 내부에 발랐다. 에사길라를 재건하려고 나는 매일 기도했다. [2]

하지만 끊임없이 불어오는 무자비한 모래바람이 마르두크의 신전 에사길라를 지하 20m에 묻어 버렸지만 당시 신전은 왕궁 못지않게 엄청나게 부유했다는 것을 암시한다.

이처럼 마르두크신의 도시였던 바빌론을 상세하게 묘사한 「바빌론 도시의 토판」 5개와 헤로도토스의 기록까지 참고한다면, 바빌론에는 53개의 신전과 1천여 개의 기도실이 있었고, 거주지의 길가에도 수많은 제단이 있었다고 추정된다.[3]

바빌론의 신년축제 아키트

●

마르두크 신전에서는 해마다 봄이 되면 신년축제가 거행되었다. 『수메르 문명과 히브리 신화』 1부 5장 「창조신화, 에누마 엘리쉬」에서 살펴보았지만 이 신년축제는 칼데아의 멸망과 깊은 관계가 있기 때문에 좀 더 자세하게 검토할 필요가 있다.

바빌론의 신년축제는 수메르에서 시작되었다. 수메르어로 아키티(A'kiti), 아카드어로 아키투(Akîtu), 혹은 자그무쿠(Zagmukku)로 불린 신년축제에 대한 점토판은 고대 아카드 시대의 우르와 우르 3왕조시대의 니푸르에서 발견되었다. 새싹이 돋는 니산달인 3,4월에 치르는 신년축제는 혼돈을 상징하는 티아마트를 무찌르는 엔릴신의 전투 과정을 연극으로 공연하여 세상의 질서를 회복하려는 의도에서 시작되었다. 신석기 시대의 풍요제에서 비롯된 이 신년축제는 왕과 여사제의 신성결혼이 결합되어 칼데아 시대까지 그 전통이 이어졌던 것이다.[4]

　프랑스의 아시리아학자 조르주 루에 따르면, 바빌론의 신년축제는 봄철 첫날에 시작되어 11일~12일 동안 계속되었다. 신년축제는 첫날에 마르두크를 모시는 에사길라 신전의 웅장한 문이 열리면서 의식이 시작된다. 제2일이 되면 대사제가 마르두크신의 은총을 기원하고, 제3일에 작은 두 신상을 만들어 의복을 입힌 뒤에 한 신상엔 뱀을, 다른 신상엔 전갈을 잡게 한 후 마다누신의 신당에 보관한다. 신년축제 4일이 되면 대사제는 아침에 마르두크와 그의 배우자에게 기도하고, 저녁에 마르두크의 창조서사시 「에누마 엘리쉬」를 낭송하는 장엄한 의식이 이루어졌다.

　신년축제 5일이 되면 마르두크신이 왕권을 다시 승인하는 아주 중요한 의식이 진행된다. 먼저 사제들이 향과 횃불, 강물로 신전을 정화한 뒤에 수컷 희생양의 목을 베어 강물에 던지면서 지난 해의 잘못을 씻는다. 다음에 신전에서 손을 씻은 왕이 왕권의 상징인 왕홀과 반지, 왕관, 무기 등을 대사제에 넘겨 마르두크의 신상 안치소에 보관한다. 이어서 놀랍게도 대사제가 왕의 뺨을 때리고 귀를 잡고 끌고 마르두크 신상 앞에서 땅에 엎드리게 하여 잘못을 고백하라고 명령한다. 대사제의 지시에 따라 왕은 다음과 같이 참회한다.

　　"나는 죄를 짓지 않았습니다. 당신의 통치를 소홀히 하지 않고 바빌론에게 파괴와 멸망을 명령하지 않았습니다. 나는 에사길라와 그 의식들을 잊지 않고, 내 아랫사람이 뺨에 따귀를 맞게 하지 않았습니다. 나는 그들을 모욕하지 않았습니다."

왕의 참회를 다 들은 대사제는 마르두크가 왕권을 지켜 줄 것이라고 다음과 같이 왕을 안심시킨다.

"두려워하지 마십시오. 마르두크가 당신의 기도를 듣고 당신의 주권을 위대하게 하시며 왕권을 높이실 것입니다. 마르두크가 당신에게 영원히 복을 주실 것이며, 당신의 적을 무찌를 것입니다."

대사제는 왕의 상징물들을 돌려주지만 다시 왕의 뺨을 때리는데, 이 순간은 대단히 중요하다. 왜냐하면 왕의 반응이 미래를 암시하는 징조의 역할을 하기 때문이다. 즉, 뺨을 때려 왕의 눈물이 흐른다면 그것은 마르두크가 호의적이라는 징조이고, 눈물이 나오지 않으면 마르두크가 화가 났기 때문에 적이 일어나고 왕이 몰락한다는 징조이다. 그래서 대사제는 아주 힘껏 왕의 뺨을 때렸을 것이다. 이 괴이하고 상징적인 행사가 끝나면 갈대를 태운 불 앞에서 황소를 희생 제물로 바치고 정화하면서 왕이 굴욕을 당하는 행사가 마무리된다.

신년축제 6일에는 불행한 두 신상이 인간의 운명을 알고 있는 신 나부 앞에서 목이 잘리고 불태워지면서 토판의 기록이 멈춰 있다. 그러나 다른 문서를 보면 도시국가 시파르, 키시의 신상들이 바빌론으로 온다는 것을 알 수 있다. 그리고 신년축제 9일이 되면 왕은 마르두크 신상의 손을 잡고 다른 신들과 함께 특별한 신당인 우브슈킨나에 안치시키고 신들이 모여서 마르두크를 신들의 왕으로 선포한다.

드디어 신년축제에서 마르두크신의 최고신 선포식이 끝나면 축제의 행렬이 시작된다. 선두에서 금과 보석으로 치장한 마르두크 신상이 수레를 타고 가면 모든 신상이 뒤따라간다. 기나긴 행렬은 이슈타르 문을 거쳐 도시를 빠져나간 후 유프라테스강을 건너 나무와 꽃이 가득한 신전인 비트 아키티에 도착한다. 이 신전에서 이틀간 티아마트를 물리친 마르두크를 상기시키는 여러 상징적인 행위가 여러 날 동안 벌어진 것으로 추정된다.

신년축제 11일에 신들은 에사길라로 돌아와 '나라의 운명'을 선포한다. 아마 군주의 통치나 전쟁, 기근과 홍수 같은 사건에 대한 신탁을 선언하거나 신들의 보호를 재확인했을 것이다. 이어서 큰 잔치를 벌려 악기의 연주와 노래 속에서 기도를 올리면서 신년축제가 마무리된다. 마지막 12일에는 바빌론에 온 모든 신상들, 즉 신들이 자기 도시로 돌아가고, 사제들과 왕도 자기 처소로 돌아가는데, 이 신년축제 의식을 통하여 수메르와 아카드의 미래가 보장되었던 것이다.[5]

신년축제의 종교적 정치적 의미

●

신화적인 관점으로 신년축제를 보면, 이집트와 유대를 포함한 중동지역의 여러 민족은 낡은 세계를 주기적으로 갱신할 필요성을 느끼고 우주창조를 상징적으로 재연하는 의식을 치러서 세상을 새롭게 만들었던 것이다. 신년축제가 인류의 역사에서 중요했던 이유는 주로 우주의 갱신을 확실하게 하여 태초의 낙원이 회복될 수 있다는 희망을 주었기 때문이다.[6]

그런데 신년축제를 종교적 정치성에 주의하면서 살펴보면, 아주 경탄할 만한 사실을 발견할 수 있다. 바로 신년축제 의식에서 가장 흥미로운 부분, 즉 대사제가 마르두크신의 이름을 빌려 왕권을 빼앗고, 왕의 뺨을 때려 죄를 뉘우치게 한 뒤에 다시 왕권을 되돌려주고 또한 눈물을 흘리게 하는 대목이다. 이 부분은 상당히 극적이면서 히브리 민족의 마지막 사사였던 사무엘의 권력을 상기시킨다. 히브리 민족의 대사제 사무엘은 행정권과 사법권, 군대의 통수권 등 절대적인 권력을 소유했었다. 하지만 사무엘은 백성들의 요구에 따라 사울을 이스라엘의 첫 왕으로 임명했으나 사울이 기대에 못 미치자 사망한 사무엘의 영혼이 나타나 사울왕을 저주했던 기록이 『구약성경』「왕국 건설 1」 28장에 기록되어 있다.

그런데 함무라비왕 시대부터 왕권이 어느 정도 확립되어 사제들의 권한이 축소되었고 훨씬 후대의 칼데아 시대의 신년축제인데도 사제들은 최고신 마르두크의 이름을 빌려 왕과 그의 권력을 통제했다는 사실을 보여 준다는 점에서 대단히 관심을 끈다. 이는 훨씬 후대에 황제보다 위에 존재한다는 로마 교황 젤라시우스가 494년 아나스타시우스 동로마 황제에게 보낸 편지를 통해 나타나는 권력의 양상과 유사하다.

세상을 지배하는 것은 두 개의 권한입니다. 하나는 축성 받은 주교권이며, 다른 하나는 세상을 통치하는 세속 권력입니다. 그러나 전자가 더 큰 무게를 갖습니다. 왜냐하면 왕들도 하느님에게 복종해야 하기 때문입니다. 물론 세속의 일에는 고위 성직자라도 황제의 법에 순종해야 합니다.[7]

더구나 독일의 황제 하인리히 4세가 로마 교회의 부주교 힐데브란트를 파문하자, 교황 그레고리우스 7세는 종교회의를 열어 독일의 황제 하인리히 4세를 파문하여 그의 신하들을 충성선서의 의무에서 해제해주었다. 그러자 1077년 1월 25일 한 겨울에 참회의 옷을 입고 홀로 카노사의 성문 앞에 맨발로 나타난 황제는 교황에게 용서를 외치면서 파문을 거두기를 간청했다. 말하자면 그레고리우스 7세는 주교와 수도원장을 지명하던 황제의 권한에 대항하여 교황권을 회복하려고 시도했던 것이다.[8]

그런데 칼데아의 신년축제에서 더 흥미로운 대목은 로마 교황이 지방 교회와 사제들을 거느렸듯이 바빌론 밖에 있는 도시의 신상들을 모시고 수많은 사제들이 바빌론의 신년축제에 참여한 사실이다. 또한 신년축제 때 지방의 사제들이 바빌론의 마르두크 신전에서 신탁을 받아가는 의식도 주목할 만하다. 왜냐하면 각 도시에서 벌어질 한 해의 운수가 바빌론의 마르두크 신전에서 내려지기 때문이다.

자료 3-3-2 마르두크 찬가를 수메르어와 아카드어로 번갈아 쐐기문자로 쓴 점토판(미국 메트로폴리탄 박물관 소장)

이는 국왕이 칼데아 전국을 다스리듯이 바빌론의 마르두크 신전의 대사제가 각 도시에 흩어져 있고 서로 다른 신들을 섬기는 신전의 사제들을 통제한다는 사실을 뜻한다. 다시 말하면 바빌론 신전의 대사제는 중세 유럽의 교황이 로마의 교황청에 거주하면서 세계의 모든 가톨릭 성당과 사제들을 거느리고 통치하는 권세와 비슷하다고 볼 수 있다. 그런데 교황의 통치는 당시 로마 제국의 수도 로마가 부유하고 강력한 도시였다는 사실과도 관련이 있다. 즉, 길은 로마로 통한다는 말은 로마 제국이 무력으로 정복한 수많은 식민지에서 많은 세금과 재물을 거둬들였다는 경제적인 배경과 관련성이 있는 것이다. 당시 로마는 온갖 상품이 거래되던 국제도시였다. 정수일 교수에 따르면, 심지어 중국의 비단을 수입하여 재정적 파탄이 일어나 제국의 쇠퇴를 불러일으키기까지 했다.[9] 말하자면 주교의 권력을 약화시키고 중앙집권적 위계질서를 확립한 로마 교황은 권력과 함께 엄청나게 많은 재산도 교황청으로 끌어 모았던 셈이다.

칼데아의 종교부흥과 부유한 신전

●

고대 바빌로니아를 계승한 칼데아는 종교적 건축물과 함께 수많은 신전을 재건했다. 이는 농업과 상업의 활동에서 신전이 그만큼 중요한 역할을 담당했다는 뜻이다. 물론 건축자금은 시리아-팔레스타인, 이집트 등 칼데아가 무력으로 정복한 서쪽 지방이 바친 조공과 세금이었는데, 네부카드네자르 2세는 특히 보르시파와 바빌론에 신전을 집중해서 건설했다.[10]

아시리아학자 빈호프에 따르면, 원래 바빌론 남서쪽에 있는 보르시파는 달의 신 나부를 모시는 도시였는데, 보르시파의 에지다 신전은 기원전 1000년대에 바빌론 다음으로 중요한 역할을 했던 곳이다. 또한 함무라비왕 시대에 왕도였던 바빌론은 칼데아의 네부카드네자르왕이 재건하여 마르두크신을 모시면서 전성기를 누렸던 곳이다.[11]

물론 「수메르 왕명록」의 기록처럼 수메르의 도시 니푸르는 각 도시국가의 지도자에게 왕권을 보장해 주던 종교적으로 유서 깊은 도시였다. 그러나 니푸르는 아시리아에 대항하여 독립전쟁을 벌인 결과 황폐해진 데다가 유프라테스강의 지류가 이동하면서 피해를 입어서 경제적 종교적으로 예전의 명성을 잃어 버렸다. 또 화려한 우르의 왕실묘지로 널리 알려진 강력한 우르는 달의 신 난나를 모신 도시였지만, 토지가 그다지 비옥하지 못하고 주로 해상무역에 의지하여 아시리아 시대에는 부유하지 못한 편이었다. 말하자면 두 신전도 예전에 비하여 경제적으로 그리 넉넉하지 못했다는 뜻이다.

이에 비하여 수메르 시대에 길가메시왕의 도시였던 우루크의 신전은 아주 부강했다. 우루크의 신전 에안나에서 나온 공문서를 보면, 당시 수메르의 인안나 여신을 모신 신전은 놀랍게도 아시리아 궁전의 소유와 맞먹는 넓은 토지를 지니고 있었다. 아시리아학자 조르주 루는 이 지방 토지의 대부분을 차지했을 것이라고 추정했다. 또한 우루크 신전에는 5천~7천 마리의 소, 10만~15만 마리의 양, 그리고 작업장과 상점들이 딸려 있었다는 것이다. 물론 신전은 소작인과 회사에서 소작료와 임대료를 받았고, 사제나 신전의 관리인은 헌금의 일부를 받아 자기 후손들에게 물려주거나 타인에게까지 양도했다. 더구나 신전의 사제나 회계, 서기관은 도시의 법원에서 지방의 유지나 왕의 대리인과 나란히 자

리를 차지하여 어느 정도 권위를 유지할 수 있었다.[12]

이처럼 신전이 부유해진 것은 고고학자 차일드의 주장처럼 신석기 시대에 신전을 중심으로 도시가 발전했기 때문이다.[13] 특히 수메르 시대에 신전이 도시 재산의 반을 차지했다는 야콥센의 지적을 다시 상기할 필요가 있다.[14] 물론 우르 3왕조 시대부터 우르-남무왕의 개혁으로 신전의 권력이 점차 줄어들었지만, 유난히 침략과 전쟁, 강제 이주와 기근 등 매우 혼란스럽던 아시리아 시대에 신전이 왕실과 귀족의 토지 대부분을 관리하게 되었을 것이라고 추정된다. 그리고 토지와 가축을 가진 농민과 소지주도 신전에 몸을 맡겨 안전을 지켰을 가능성이 있다. 이와 비슷한 현상이 제정 로마의 말기에 유럽에서 실제로 일어났기 때문이다.

거기에다 주목할 것은 아시리아에 '키딘누트'라는 제도가 있었다는 사실이다. 이 제도에 따라 아시리아 사람들은 대도시의 신전에 의지하여 특히 세금과 강제노역에서 벗어나고 토지의 소유권을 보장받고 있었다. 그래서 나보폴라사르가 아시리아를 멸망시켰지만, 이 대도시들은 오랜 동안에 걸쳐 경제력이 튼튼하게 확립되어 있었다. 하지만 칼데아 시대에 이런 대도시는 그다지 많지 않았는데, 마르두크신의 도시 바빌론, 달의 신 나부의 도시 보르시파, 태양신 샤마시의 도시 시파르, 하늘신 아누의 도시 딜바트, 그리고 이슈타르신의 도시 우루크 정도였다.[15] 이처럼 부유한 신전과 사제들이 권력에 도전한 칼데아의 마지막 왕 나보니두스의 비극과 칼데아의 멸망을 다음 장에서 살펴보기로 한다.

1 빈호프; 앞의 책, 351~352쪽.

2 루; 앞의 책 2권, 222쪽, 224쪽.

3 빈호프; 앞의 책, 359쪽.

4 루; 앞의 책 2권, 225~227쪽. / 엘리아데; 앞의 책(세계종교사상사 1), 120~121쪽.

5 루; 앞의 책 2권, 227~230쪽.

6 M. Eliiade; Myth and Reality(신화와 현실), ㈜도서출판 한길사, 2011, 이은봉 옮김, 109~114쪽.

7 F. Chiovaro· G. Bessière; Urbi et Orbi, deux mille ans de papauté(교황의 역사- 도시에서 세계로), 시공사, 2007, 김주경 옮김, 36쪽.

8 키오바로·베시에르; 앞의 책, 52-54쪽, 58~59쪽.

9 정수일; 앞의 책(고대문명교류사), 343~345쪽.

10 빈호프; 앞의 책, 357쪽.

11 빈호프; 앞의 책, 357쪽.

12 루; 앞의 책 2권, 232~234쪽.

13 차일드; 앞의 책, 218~220쪽.

14 야콥센; 앞의 책, 236쪽.

15 루; 앞의 책 2권, 231~232쪽.

4장

마르두크 신권에 도전한
나보니두스왕

칼데아의 마지막 왕 나보니두스는 막강한 신전의 세력에 대항하고 도전했다. 수메르의 우르-남무왕이 신전의 권한을 제한했듯이[1] 나보니두스는 종교와 경제라는 두 권력 집단에게 혁신 정책의 칼을 빼들었으나 결국 칼데아의 멸망을 자초하고 말았다.

나보니두스가 왕이 된 것은 여사제인 어머니의 능력 때문이었다. 그의 어머니 아다드-구피는 하란에서 달의 신인 신(Sin)을 섬기는 여사제였다. 그녀는 달의 신이 신들의 왕이라고 믿었는데, 마르두크 신전의 사제들이 크게 반발했다.

네부카드네자르 사후의 칼데아

●

왕가의 출신이 아닌 나보니두스가 왕이 된 것은 네부카드네자르왕이 죽은 뒤 복잡한 칼데아의 정치적 상황과 깊은 관련이 있었다. 즉, 네부카드네자르 2세는 바빌론을 재건하고 신전을 증축했지만 그가 죽자 심각한 왕위 다툼이 벌어졌던 것이다. 그의 아들 에윌므로닥(기원전 562년~기원전 560년 재위)은 단지 3년 남짓 왕좌에 앉아 있었을 뿐이고, 그 뒤를 이어 네브카드네사르 2세의 사위인 네리글리사르(기원전 559년~기원전 556년 재위) 장군이 7년 동안 왕위를 차지했다. 그런데 그는 소아시아와 시리아를 잇는 전략적 요충지이며 오늘날의 튀르키예의 킬리키아 지방으로 원정하여 칼데아의 세력을 다시 회복하려고 노력했지만 곧 사망하고 말았다. 그 뒤에 그의 아들 라바쉬마르두크가 왕위를 계승했지만 3개월 뒤에 암살당했다. 결국 왕위 계승이 끊어진 바빌로니아에서 달의 신을 섬기는 여사제의 아들인 나보니두스(Nabonidus, 기원전 556년~기원전 539년 재위)가 권력을 잡아 왕이 되었다.[2]

이처럼 왕위를 둘러싼 왕실 내부의 암투에 신전의 사제가 개입한 사실은 대단히 흥미롭다. 그것도 최고신 마르두크 신전의 사제가 아니라 달의 신 나부를 섬기는 여사제였으니 말이다. 특히 여사제의 아들이 왕이 된 점은 비상한 관심을 끄는데, 수메르 시대에 길가메시, 우르 3왕조 시대에 우르-남무, 구데아가 바로 여사제의 아들이었기 때문이다. 하지만 여사제의 아들 나보니두스가 신바빌로니아의 왕이 되었지만, 이런 비정통적인 왕위 계승은 바빌론에서 마르두크 사제들의 반감을 사서 결국 칼데아의 멸망으로 이어졌던 것이다.

원래 나보니두스는 바빌론의 귀족 출신이었다. 아버지가 분명치 않은 나보니두스의 어머니는 달의 신인 신(Sin)을 극진하게 섬기는 여사제 아다드-구피였다. 그녀는 기원전 651년 현재 튀르키예의 남동부 우르파주 발리크 강가에 있는 마을 하란에서 태어났는데, 하란에 수메르의 도시 우르만큼이나 유명한 달의 신전이 있었다.[3]

아카드어로 '길'이란 뜻을 가진 하란(Harran)이라는 이름이 암시하듯이 도시는 니네베에서 카르체미시, 가나안까지 도로가 나 있는 전략적 상업적 요충지였다. 따라서 하란과 관련된 메소포타미아의 지배권을 두고 이집트, 히타이트, 아시리아, 그리고 후대에 로마와 페르시아 사이에서도 치열한 각축전이 벌어졌다. 또한 아브라함의 가족이 칼데아의 우르를 떠나 하란에 머물렀다고 하여 『구약성경』에서 자주 언급된 유명한 도시였다.

기원전 651년 하란에서 태어나 무려 104살까지 장수하면서 95년 동안이나 달의 신을 모신 여사제 아다드-구피에 대한 기록은 나보니두스가 그의 어머니를 기리려고 건축한 달의 신전의 비석에 다음과 같이 자서전식으로 나타나 있다.

나는 아다드-구피, 나보니두스의 어머니이며, 내가 어렸을 때부터 경배했던 나의 신들, 신(Sin), 닌갈, 누스쿠, 사다르눈나를 섬기는 예배자이다. 당시 바빌론의 왕 나부아플라우쭈르 제16년에 '신들의 왕 신(Sin)'이 그의 도시와 그의 신전을 향해 진노하셔서 하늘로 올라가시니, 그 도시와 그의 백성들은 폐허 속에서 쇠퇴해 갔다. ⋯ '신들의 왕 신(Sin)'께서 나를 바라보시고 내 속에서 나온 하나밖에 없는 나보니두스를 아들을 왕좌로 부르셨고 ⋯[4]

그런데 남편을 일찍 여읜 아다드-구피는 하란이 메디아에게 점령되기 전에 바빌론으로 피신하여 네부카드네자르왕을 감화시키고 그의 깊은 신임을 얻어 끝내 아들을 칼데아의 왕이 되도록 만든 강력한 능력을 가진 여사제였던 것이다.[5]

자료 3-4-1 달, 태양, 금성에 기도하는 나보니두스(ⓒ Jona lendering, 영국 박물관 소장)

나보니두스의 마르두크 신권에 대한 도전

●

나보니두스의 과감한 개혁 정책은 대단히 독특하다. 왕위에 오른 다음 해 기원전 556년 나보니두스는 신전의 토지 일부를 빼앗아 농민의 작업장으로 만들었던 것이다. 또한 2년 뒤에는 신전의 서기관을 없애고 대신 왕의 행정관을 임명하여 신전의 회계와 행정관보다 높은 자리에 앉혔다. 더 나아가 왕의 재산 담당관을 두어 신전의 재정에 주도권을 쥐도록 신전의 조직을 개편했다. 이와 같은 나보니두스의 개혁은 사

제는 물론 신전에 관련된 귀족이나 상인들의 심한 반발을 불러일으켰음이 분명하다.[6]

네부카드네자르 왕 시대부터 칼데아는 정기적인 헌상물, 속국의 조공, 주민의 세금과 각종 요금, 그리고 신전에서 1할의 세금을 받아 국가를 통치했다. 하지만 칼데아는 상비군 유지와 공사비용, 특히 막대한 신전의 건축비까지 부담하여 재정적 어려움을 겪었기 때문에 나보니두스는 부유한 신전의 재산을 노렸다고 추정된다.

당시 사제들이 나보니두스를 중상 모략한 흔적이 『구약성경』의 「다니엘의 예언」 4장에 남아 있는데, 이름이 혼동되어 있지만 '네부카드네자르의 광증(狂症)'이란 전설은 그러한 사제들의 비방으로부터 생겨났을 것이다. 더구나 네부카드네자르의 신임을 받았던 여사제의 아들 나보니두스는 왕이 된 후 다른 신전에 후원도 했지만, 특별히 달의 신전에 관심을 기울여 우르의 대형 지구라트를 보수하고, 메디아가 파괴한 하란에서 달의 신전을 재건하려고 노력했던 것이다.[7]

나보니두스왕의 신앙심과 장기간의 원정

●

더 큰 문제는 나보니두스왕의 장기간에 걸친 원정에 있었다. 나보니두스는 초반 3년 동안 리디아, 시리아, 심지어 현재 요르단 남부의 에돔으로 원정을 감행했다. 그런데 기원전 552년, 나보니두스는 홍해에서 230km나 떨어진 북 아라비아로 원정을 떠나 오아시스에 있는 도시 테마를 왕도로 삼고 무려 수년간이나 머물렀다. 그래서 바빌론에서는 대단히 중요한 마르두크의 신년축제가 거행되지 못했고, 왕위 계승자인 벨사자르가 부왕을 대신하여 행정과 군사적인 일을 처리했다. 기원전 543년에 페르시아의 위협이 강해지자 비로소 나보니두스는 바빌론에 돌아왔다.[8]

이상야릇하고 미심쩍은 이 사건의 배후에는 왕의 종교적인 태도가 깊숙이 관련되어 있었다. 나보니두스는 즉위식 무렵에 꿈에서 환상을 본 후 달의 신을 숭배하기로 결심하고, 기원전 610년 하란을 정복할 때 피해를 입은 달의 신의 신전과 제의를 복구하기로 결심했던 것이다. 그러자 바빌론 마르두크 신전의 대사제가 반발하여 왕가와 신전 사이에 심각한 싸움이 벌어지게 되었다. 헤로도토스에 따르면, 이런 사실은 페르시아의 키루스왕이 기원전 539년 바빌론에 입성할 때 왜 주민들이 열렬하게 환영했는지를 설명해 준다.[9]

그런데 나보니두스가 자기 어머니의 장례식에도 참석하지 않고 바빌론에서 멀리 떨어진 사막 한복판에 머문 이유는 메소포타미아 역사상 가장 큰 수수께끼의 하나라고 알려져 있다.[10] 하지만 나보니두스의 비석인 「나보니두스와 그의 신」에 이 수수께끼를 푸는 실마리가 나타나 있다. 이 비석은 1956년 하란에서 발견된 반월형 돌로 만들어졌는데, 비석의 상단에 해와 달, 별을 찬양하는 왕의 모습이 새겨져 있고, 비석의 하단에 50행의 명문이 3단으로 새겨져 있다.[11] 먼저 제1단에는 다음과 같은 내용이 나온다.

… 신(Sin), 하늘에 사는 신들과 여신들의 주인이시며, 하늘로부터 바빌론의 왕 나보니두스 앞에 오셨습니다." 나는 나보니두스다. 나는 외아들이어서 아무도 기댈 사람이 없고, 왕위에 오르려는 마음도 없었다. 신들과 여신들이 나를 위해 기도를 하셨고, 신(Sin)이 나를 왕좌로 부르셨다.

그날 밤 내게 꿈을 꾸게 하시고 말씀하시기를, "하란에 있는 신(Sin)의 신전, 에훌훌을 서둘러서 지어라. 그리하면 내가 네 손에 모든 것을 주겠다.

말하자면 나보니두스는 대관식날 밤 꿈속에서 신전을 건축하면 천하를 얻을 것이라는 달의 신의 계시를 받은 것이다. 수메르의 왕 지우수드라가 꿈속에서 엔키신의 암시를 받아 홍수를 대비했듯이 고대에 꿈은 신의 계시가 내려오는 통로였다. 그래서 나보니두스는 달의 신 난나(Nanna)[12]의 신성에 대항하여 죄를 지었다고 판단하고 10년 동안 정복 사업에 몰두하다가 수년 동안 아랍인들이 달의 신을 섬기는 오아시스의 도시 테마에 머물렀던 것이다.

자료 3-4-2 나보니두스가 달의 신의 사원을 수리한 기록이 새겨진 원통형 점토판(영국 박물관 소장)

그런데 나보니두스가 '때가 찼다.'는 신탁을 받고 바빌론에 귀국한 사실이 비석의 2단에 기록되어 있다. 즉 "신들의 왕 난나께서 말씀하셨던 날이 되니 티쉬리 월 17일이었고, 신(Sin) 신이 허락하신 날이라고 신탁이 나온 날이었다."[13] 특히 나보니두스가 신의 계시가 내려오는 꿈과 사제의 해몽에 지나치게 의지하고, 다시 간점으로 확인한 증거가 비석의

3단에 명확하게 나타나 있다.

> 그 해몽이 절대 틀리지 않는 점쟁이 앞에 내가 누워 잠들었다. 그날 밤 꿈이 매우 어지러웠는데, 그 말이 해가 찼고, 난나가 말씀하셨다. 그 정해진 때가 왔다. 테마 성으로부터 내가 돌아왔다.[14] 내 왕권의 본거지인 바빌론으로 내가 들어갔다. … 흩어져서 멀리 떠났던 신들과 여신들이 돌아왔고 나를 축복하는 말을 해 주었으며, 점쟁이는 장기를 읽어 내게 호의적인 점괘를 읽어 냈다. …[15]

비석에서 '장기를 읽었다.'는 것은 간점으로 판단했다는 뜻이다. 메소포타미아에서 신의 뜻을 아는 심리적인 방법은 주로 꿈을 꾸는 것이었고, 물리적인 방법은 주로 간점이었다. 메소포타미아인은 간 속에 인간의 생명과 감정이 깃들어 있다고 생각했다.[16] 하지만 강승일 교수에 따르면, 간점은 점술가가 마음대로 해석하는 것이 아니라 오랜 동안 관찰하고 연구하여 정리된 문서를 바탕으로 이루어지는 것이었다.[17]

특히 아시리아 말기의 왕들이 유난히 꿈과 신탁을 중요시한 것은 정복 전쟁과 거듭된 반란, 왕위 계승의 문제로 불안한 시대였기 때문이다. 히브리 민족의 다니엘 같은 인물이 칼데아에서 꿈의 해몽가로 활약했듯이 나보니두스도 꿈과 신탁, 간점이라는 전통에 의지했던 것이다. 문제는 사제들의 전문성과 정치적인 농간일 텐데, 비석의 3단 마지막 부분에 히브리인의 여호와 신앙처럼 나보니두스의 강한 종교적 신념이 보인다.

> 네가 누구든 신(Sin)이 왕좌로 불러 "오, 내 아들아"라고 말씀하신 자여.

하늘에 거하시며, 그의 명령이 절대 바뀌지 않으며, 그의 말에 누구도 토를 달지 않는 신의 신전을 … [18]

그래도 나보니두스가 10년 동안이나 왕도인 바빌론에 돌아가지 않은 사실은 다 해명되지 못한다. 아시리아학자 조르주 루는 나보니두스를 '부드러운 몽상가이며 신심이 가득한 왕으로 수메르와 아카드의 종교적 전통에 애착이 있는 인물'이라고 평가했다. 그는 자기의 딸을 달의 신을 섬기는 여사제로 임명했을 정도로 신앙심이 강한 인물이었다.[19]

수메르를 부흥시킨 우르-남무왕이 여사제의 아들이면서 달의 신 난나의 신전을 웅장하게 세웠듯이, 그리고 여사제의 아들인 나보니두스도 고대의 샤먼이나 사제들이 자기의 수호신에 매달렸듯이 하란에 수메르의 달의 신 난나의 신전 건축에 골몰했던 것이다.

칼데아의 멸망과 키루스왕의 관용성

●

나보니두스가 바빌론에 서둘러 귀국한 것은 당시 페르시아의 왕 키루스의 정복 전쟁 때문이었다. 즉, 기원전 559년 남부 페르시아 부족의 왕이 된 키루스는 5년 뒤에 페르시아의 왕이 되었고, 메디아의 지배에서 벗어나 주변 민족의 정복에 나섰다. 먼저 키루스는 소아시아 서반부의 리디아를 정복하고, 기원전 539년 칼데아의 불안한 정세를 이용하여 바빌론을 점령했다. 그 후 키루스왕은 20년도 안 되는 사이에 과거의 어떤 국가보다 거대한 제국을 건설했지만 십년 뒤에 전투에서 입은 부상으로 사망했다.[20]

당시 칼데아의 사제들만이 아니라 백성들에게까지 신망을 잃은 나보니두스왕의 도시 바빌론은 키루스왕에게 손쉬운 사냥감이었다. 물론 키루스에게 정복당하기 전에 아라비아에서 돌아온 나보니두스는 신년축제에서 행렬의 선두에 서서 손을 잡는 마르두크 의식을 개최했지만 이미 사제들과 민심은 그에게 등을 돌려 버린 뒤였다. 그만큼 신년축제는 중요시되었던 것이다.[21]

칼데아의 멸망은 나보니두스 연대기인 「바빌론 멸망」에 자세히 묘사되어 있다.

제17년 티쉬리 월에 키루스가 티그리스강 강변의 도시 오피스를 공격했을 때 아카드 사람들이 후퇴하였다. 그가 전리품을 약탈하였고 사람들을 살육하였다. 그달 14일에 싸우지도 않고 시파르가 함락되었으며, 나보니두스는 도망쳤다. 16일에 구티움의 총독 고브리야스와 키루스의 군대가 전투도 없이 바빌론에 입성하였다. 거기서 후퇴했던 나보니두스

는 나중에 생포되었다.[22]

즉, 기원전 539년 가을에 키루스가 바빌론을 공격하자 아라비아에서 돌아온 나보니두스왕은 아들과 함께 저항했으나 페르시아 군의 병력에 상대가 못 되었고 왕자는 살해당했다고 한다. 더구나 연대기에는 키루스가 나중에 바빌론에 입성했으나 아무런 저항도 받지 않았다고 다음과 같이 기록되어 있다.

마르헤쉬반 월 제3일에 키루스가 바빌론에 입성했는데, 그 앞에 녹색 어린 가지들을 깔았고, 성 전체에 평화가 선포되었다. 키루스가 바빌론에 안부를 전했고, 그의 총독 고브리야스는 바빌론에 새 관리를 임명하였다. 키슬레브 월부터 아달 월까지 나보니두스가 바빌론에 모아 놓은 아카드의 신들이 자기들의 거룩한 도시로 되돌아갔다.[23]

「나보니두스 연대기」에는, 백성들의 하소연을 들은 마르두크신이 자비를 베풀어 의로운 왕 키루스의 손을 잡아 한 번의 전투도 없이 입성시켜 바빌론을 재난에서 구원하고 나보니두스를 그들의 손에 넘겼다고 기록되어 있다. 더구나 키루스왕이 바빌론의 후계자이고 마르두크를 숭배한다는 사실을 알리고, 바빌론 주민들이 에사길라 신전에서 마르두크 제의를 치르도록 배려하여 열렬한 환영을 받았던 것이다. 키루스의 「원통 위에 새겨진 명문」에는 다음과 같이 기록되어 있다.[24]

내가 평화롭게 바빌론 성으로 들어갔을 때, 기쁘고 즐겁게 내 거처를 왕궁에 정하였다. 위대한 마르두크신께서 바빌론을 사랑하는 넓은 마음과 그의 상징을 내게 주셨고, 나는 매일 그를 예배하였다.

키루스는 아카드와 바빌론, 그리고 모든 신전을 평화롭게 방문하고, 칼데아의 왕들이 빼앗아온 여러 민족의 신상들을 고국의 신전으로 돌려보내 영원히 거주하도록 허락했다. 더구나 그는 바빌론 성까지 보수하고 복구했다.[25]

자료 3-4-4 키루스의 원통형 점토판의 정면(© Prioryman, 영국 박물관 소장)

키루스왕은 관대한 태도로 제국을 세운 인물이었다. 특히 그의 정책의 제1원리는 제국에 속한 다양한 민족의 종교를 인정하는 것이었다. 그는 국가보다 종교가 더 강하다는 것을 이해하여 정복한 민족들의 신에게 정중한 경의를 보여 제물을 바쳤고, 신전을 유지하도록 지원했다. 그는 나폴레옹처럼 모든 종교를 차별하지 않고 받아들여 모든 신의 비위를 맞췄던 것이다. [26]

칼데아 멸망의 원인은 내부에 있었다

●

주목할 것은 칼데아 멸망의 중요한 원인이 바빌론 성의 내부에 있었다는 점이다. 나보니두스왕이 달의 신을 숭배하자 자괴감과 질투심을 느낀 바빌론의 마르두크 사제들은 페르시아의 키루스왕의 바빌론 침공 때 히브리인, 그리고 다른 세력들과 함께 나보니두스를 버리고 칼데아 멸망에 공로를 세우게 된 것이다. 특히 네부카드네자르왕에게 포로로 잡혀와 수십 년 동안이나 유프라테스의 지류인 그발 강가에서 살던 수천 명 히브리인은 적극적으로 해방을 위하여 바빌론 성의 함락에 협력했을 것이다. 유대교 학자 슈미트는 히브리인이 열광적으로 키루스왕을 '해방자'로 환영했다고 표현했다.[27]

더 주시할 점은 바빌론에 살고 있던 다른 세력들이다. 이들은 아주 흥미로운 족속인데, 아시리아학자 조르주 루는 그들이 주로 상인의 집단이라고 보았다. 국제도시였던 바빌론에는 다양한 민족이 섞여 살았지만 화폐를 사용한 최초의 자본가들도 있었다. 특히 바빌론의 에기비 가문은 부동산 거래와 대부업, 노예의 교역, 상업과 농업의 협회 설립, 그리고 은행의 창립으로 막대한 재산을 모았다. 키루스의 바빌론 점령도 칼데아 시대의 제도를 변경시키지 못하여 은행가 사업가 가문은 줄곧 번영을 누렸다. 그리고 페르시아 제국의 감독 아래 놓이게 되는 신전들도 여전히 농산물 생산의 주인으로 남아 있었다는 것이다.[28]

결국 국제도시 바빌론에서 상인은 국가보다 돈에 관심이 더 있었고, 마르두크 신전의 사제들은 달의 신에 미친 나보니두스왕보다 종교에 관용적인 페르시아의 키루스왕에게 더 기대한 것은 어쩌면 당연한 일이었다. 고고학자 차일드에 따르면, 신석기 시대부터 수메르가 신전을 중심으로 발전된 사실은 우루크의 지층의 발굴로 이미 밝혀졌다.[29] 신전은 막대한 재산을 관리하면서 문자를 발명하고 점차 과학적인 지식을 쌓아 나가게 되었다. 그러나 결국 셈족인 칼데아가 인도-아리안족인 페르시아의 키루스왕에게 멸망당하면서 파란만장했던 메소포타미아 문명도 마침내 종말을 고하여 유구한 바빌론의 명성과 마르두크 신전도 점차 사라지게 되었다.[30]

칼데아는 최고신 마르두크신의 지위를 회복시켰지만, 문명사학자 번즈는 칼데아에서 인간적인 성격을 상실한 신들은 별과 동일시되었으며, 초월적이고 전능한 존재로 숭상되었다고 지적했다. 다시 말하면 칼데아의 신들은 우주를 기계적으로 지배하는 존재가 되었고, 자연스럽게 인간들은 숙명적이 되었다는 것인데, 이는 복종으로서의 신앙의 성격을 갖추어 그 후 여러 종교에서 채택되었다는 점에서 대단히 중요하다.[31] 그보다 칼데아인의 업적은 점성술에 있었는데, 다음 장에서 탐구해 보기로 한다.

1 「우르-남무 법전」 서문, 조철수; 앞의 책(수메르 신화), 539쪽.

2 빈호프; 앞의 책, 359~260쪽.

3 루; 앞의 책 2권, 207쪽

4 「나보니두스의 어머니」(프리처드 편집; 앞의 책, 오펜하임 원역 540~541쪽.) 달의 신인 신(Sin)은 수메르의 달의 신 난나(Nanna)의 아카드 식 이름이다. 닌갈(Ningal)은 달의 신의 부인이고, 도시국가 우르의 수호신이다. 빛과 불의 신 누스쿠(Nusku)는 바빌론에서 엔릴의 아들이고, 천둥과 비바람의 신 니누르타(Ninurta)의 형제지만, 하란에서는 달의 신과 닌갈의 아들이다. 사다르눈나는 누스쿠의 아내이다.

5 루; 앞의 책 2권, 207~208쪽.

6 루; 앞의 책 2권, 234쪽.

7 루; 앞의 책 2권, 208쪽.

8 빈호프; 앞의 책, 359~360쪽. 주로 쿰란 전승, 바빌로니아의 비문, 그리고 하란에서 발견된 석주의 비문에 나타나 있다.

9 헤로도토스; 앞의 책 상권, 140~141쪽.

10 루; 앞의 책 2권, 213쪽.

11 「나보니두스와 그의 신」(프리처드 편집; 앞의 책, 오펜하임 원역, 545~548쪽.) 튀르키예 이스탄불의 고대 오리엔트 박물관에 소장되어 있다.

12 수메르에서 달의 신은 난나(Nanna)인데, 바빌로니아에서 신(Sin)으로 불렸다.

13 「나보니두스와 그의 신」(프리처드 편집; 앞의 책, 오펜하임 원역, 547쪽.) 티쉬리 월은 유대력으로 7월이다.

14 루; 앞의 책 2권, 213쪽. 테마 성은 아랍인이 달의 신을 섬기는 중요한 성소였다.

15 「나보니두스와 그의 신」(프리처드 편집; 앞의 책, 오펜하임 원역, 547~548쪽.)

16 로넌; 앞의 책 1권, 74쪽.

17 강승일; 앞의 책, 83쪽.

18 「나보니두스와 그의 신」(프리처드 편집; 앞의 책, 오펜하임 원역, 548쪽.)

19 루; 앞의 책 2권, 208~209쪽.

20 번즈; 앞의 책 1권, 74쪽.

21 빈호프; 앞의 책, 360~362쪽. 티쉬리 월은 나보니두스 재위 17년이며, 티쉬리 월은 7월
   이다.

22 「바빌론 멸망」(프리처드 편집; 앞의 책, 오펜하임 원역, 549~550쪽.)

23 「바빌론 멸망」(프리처드 편집; 앞의 책, 오펜하임 원역, 550쪽.)

24 「키루스- 점토원통 위에 새겨진 명문」(프리처드 편집; 앞의 책, 오펜하임 원역, 552쪽.)

25 「키루스- 점토원통 위에 새겨진 명문」(프리처드 편집; 앞의 책, 오펜하임 원역, 553쪽.)

26 듀런트; 앞의 책 1-1, 557쪽.

27 슈미트; 앞의 책, 211쪽.

28 루; 앞의 책 2권 , 234~235쪽.

29 차일드; 앞의 책, 205~206쪽.

30 아프리카 아시아어족에 속하는 셈어를 사용하는 셈족은 오늘날 아랍어나 히브리어
   같은 언어를 사용하는 종족이다. 셈족은 에티오피아, 이라크, 이스라엘, 요르단, 레
   바논, 시리아, 아라비아반도, 북아프리카 등지에 살고 있다.

31 번즈; 앞의 책 1권, 70~73쪽.

5장

칼데아의 천문학과
추상적인 신

동방박사 세 명이 예루살렘에서 아기 예수에게 몰약과 황금을 바치면서 경배한 일이 「마태가 기록한 기쁜 소식」 2장 1~2절에 기록되어 있다.

"유대인의 왕으로 나신 분이 어디 계십니까? 우리는 동방에서 그분의 별을 보고 그분에게 경배드리러 왔습니다."

천문학자 애브니에 따르면, 이 기록은 제왕을 상징하는 목성이 두 물고기자리에서 토성과 만날 것을 예측한 점성술사들이 예루살렘을 찾아간 이야기이다. 고대에 목성이 어떤 별자리에 들어가거나, 토성과 만나는 천체현상은 정치적으로 중요한 변동을 의미했다.[1] 그래서 「마태가 기록한 기쁜 소식」 2장 13절에 따르면, 유대의 왕 헤롯이 아기 예수를 죽이려고 했을 것이다.

칼데아의 점성가와 메소포타미아의 천문학

●

칼데아는 점성술로 유명한 민족이다. 히브리인과 그리스인은 점성술 사를 마기라고 불렀다. 원래 마기(magi)는 기원전 8세기부터 아시리아의 수도 니네베 북부에 자리 잡은 고대 메디아(Media) 왕국의 사제를 가리 켰다. 다시 말하면 이란에서 조로아스터교 사제를 마기라고 불렀던 것 이다. 마법(magic)이란 말이 마기(magi)에서 나온 것처럼 유럽에서 마기는 마술사, 요술사, 점성술사라고 알려졌는데, 특히 천문학에 조예가 깊은 마기는 점을 치거나 해몽을 하거나 천궁도(Horoscope, 天宮圖)를 만드는 데 일가견이 있었다.[2]

하지만 메디아나 칼데아의 점성술과 천문지식은 수메르 시대부터 시작된 고대 바빌로니아로부터 전승된 것이다. 이는 발굴된 점토판이 증명한다. 즉, 칼데아가 중시한 천체력은 두 가지 모델에 기반을 두고 있는데, 하나는 바빌론에서 사용하던 것이고, 또 다른 하나는 수메르의 우루크에서 사용하던 점토판이다. 그런데 놀랍게도 우루크의 천체력이 더 정교하고 정확하다는 것이다. 과학사의 아버지라고 불리는 조지 사 턴 교수가 발견한 이 사실을 미국 하버드대학교 천문학자 게리 노이겐 바우어가 실제로 증명했다. 단적으로 칼데아인은 수메르 시대의 지침 서에 따라 천체력을 만들었다는 것이다.[3]

영국의 과학사가 콜린 로넌은 과학적인 천체 관측기술을 창안하고 유물론적인 태도로 자연을 대한 메소포타미아인은 8년을 주기로 윤달 을 두었다고 밝혔다. 이 역법이 히브리와 그리스, 로마 초기역법의 모 태가 되었다는 것이다.[4] 그런데 영국의 고고학자 차일드에 따르면, 메 소포타미아인의 관측장비 목록에 해시계와 물시계가 들어있었다는 점이 특이하다. 이집트의 해시계는 각이 있는 돌의 그림자를 이용하고, 원뿔형인 물시계는 눈금을 새긴 용기에서 줄어드는 물의 양을 측정하는 방식이었다. 반면에 메소포타미아의 해시계는 곧게 세운 막대기를 시계바늘로 사용하고, 물시계는 원통형이었다. 두 나라 모두 밤에는 물시계를 이용했다.[5]

이처럼 시간 측정까지 한 메소포타미아의 천문학자들이 천체현상을 연구한 근본적인 이유는 신으로 여긴 별과 행성, 혜성 같은 천체들이 국가나 왕들의 미래를 암시하는 현상을 이해하고, 농사짓는 시기를 적절하게 파악하려는 데 있었다. 더 중요한 목적은 신의 축제일을 정확히 측정하여 제사를 지내는 것이었다. 이는 기독교에서 동지 무렵, 즉 구세주의 탄생일인 크리스마스가 가장 중요시되었던 사실에서 확인된다.[6]

마르두크신이 창조한 12별자리의 기원

●

고대 바빌로니아의 서시시 「에누마 엘리쉬」는 최고신 마르두크가 우주와 천체를 창조하는 신화이다. 신년축제 때 낭송된 이 장엄한 창조신화에는 다음과 같이 메소포타미아의 천문학적 지식이 반영되어 있다.

한 해의 12달에 이름을 붙이고, 그것들에게 각각 세 개의 별을 할당했으며, 큰 신들을 위한 큰 별자리를 만들었다. 그리고 초승달을 등장시켜서 '날을 재기 위한 밤의 보석'이라고 불렀다.

마르두크 신전의 사제들이 만든 이 창조신화에서 흥미로운 부분은

'큰 신들을 위해서 큰 별자리를 만들었다.'는 표현이다. 하지만 이 천체 창조신화의 기원은 수메르에 있었다. 즉, 수메르인은 하늘을 세 부분으로 나누어 적도대는 하늘신 안, 북부는 폭풍신 엔릴, 남부는 지하수신 엔키가 다스린다고 보았다. 그리고 세 신들은 각각 자기 구역에서 거느리는 별자리들이 있었다. 그 별자리들의 수는 기원전 7세기경 아시리아의 수도 아슈르의 점토판과 바빌론의 점토판에 나타나 있다. 바빌론의 점토판에서 아누(안)은 적도 부근에서 23개의 별, 엘릴(엔릴)은 북쪽에서 33개의 별, 에아(엔키)는 남쪽에서 15개의 별을 관리한다고 기록되어 있는 것이다.[7]

그런데 이 숫자들은 신화에 그치지 않고 바로 천문학적인 별자리의 목록이었다. 천문학자 터스톤에 따르면, 기원전 1100년부터 시작하여 무려 1000년간 지속적으로 관측한 점토판이 발굴되었는데, 이 점토판들은 아누, 엘릴, 에아신에 관련된 별들의 목록이다. 이 별자리 목록은 수메르에서 달력의 역할을 하던 것이었다. 왜냐하면 별자리들이 하늘에 골고루 배치되어 있기 때문이다. 주목할 점은 메소포타미아의 천문학이 체계적이고 장기적인 관측 자료에 의지했다는 사실이다. 기원전 1702년에서 기원전 1681년까지 고대 바빌로니아의 암미사두카 왕조 21년 동안 금성의 출몰을 완벽하게 기록한 점토판이 발견된 것이다.[8]

결국 고대 바빌로니아의 사제들은 수메르로부터 전해 오던 천문학의 지식을 바탕으로 우주 창조신화 「에누마 엘리쉬」를 만든 것이라고 볼 수 있다. 이는 「길가메시 서사시」에도 나타나 있다.

길가메시의 여행은 천문학적 은유

「길가메시 서사시」에서 영웅 길가메시의 여정이 천문학적으로 은유
화한 하늘이고 여행 중에 만난 인물들은 바로 12별자리라고 보는 견해
는 아주 매력적이다. 중국의 천문학자 쟝샤오위안에 따르면, 고대 바빌
로니아 점성가에게 태양이 지나는 길인 황도대에 얽힌 이야기는 풍부
하고 다채로웠다. 복잡한 점성학에 무지한 일반 백성이나 국왕을 깨우
쳐 주려고 사제들은 바빌로니아의 신화와 전설을 통해서 만들어 낸 것
이 바로 「길가메시 서사시」라는 것이다. 특히 「길가메시 서사시」에서
12차례에 걸친 길가메시의 모험이 모두 황도상의 별자리와 관련되어 있
다는 점도 눈여겨 볼만하다. 지구의 관점으로 볼 때 태양이 1년간 12별
자리를 차례로 접촉하는 것처럼 길가메시도 황도12궁, 즉 황도의 12별
자리들을 만났던 것이다. 이를테면, 앞에서 언급했지만 길가메시는 전
갈자리에서는 전갈인간을 만나고, 황소자리에서는 '아-바니'라는 황소
인간에게 가르침을 받고, 처녀자리에서는 이슈타르 여신으로부터 청혼

자료 3-5-1 별자리(황도대)를 표시하
는 점성술의 기호(ⓒ Tavmjong)

♈	♉	♊	♋
양자리	황소자리	쌍둥이자리	게자리
♌	♍	♎	♏
사자자리	처녀자리	천칭자리	전갈자리
♐	♑	♒	♓
사수자리	염소자리	물병자리	물고기자리

을 받았던 것이다. 결국 영생불사(永生不死)를 추구하는 길가메시의 별자리 여정을 따라가면서 바빌로니아인은 아득한 영혼의 여행을 떠나는 기분을 느꼈을 것이다.[9]

바빌로니아인이 바랐던 이 영생불사는 종교적으로 부활과 천국의 문제로 볼 수 있다. 전승에 따르면, 메소포타미아 지역에서 죽은 뒤에 신이 된 인물은 두무지와 함께 길가메시이기 때문이다. 더 정확하게 말하면 두 인물은 수메르 시대에 도시국가의 왕인데 두무지는 해마다 죽고 부활하는 신이 되었고, 길가메시왕은 부활하여 천국의 재판관이 되었기 때문이다. 따라서 두무지는 죽음과 부활을 반복하는 영생의 신이고, 길가메시는 영생불사하면서 인간이 죽은 뒤 그 영혼을 재판하여 천국이나 지옥에 보내는 저승신이 되었다. 그런데 이 수메르의 전설이 놀랍게도 칼데아 시대까지 계승된 것이다.

고대 바빌로니아의 천체력과 달의 영향력

●

이집트는 태양력과 태음력을 함께 사용했지만 메소포타미아는 태음력만을 공식적으로 인정했다. 메소포타미아는 354일을 1년으로 삼았지만 필요한 경우 왕이 윤달을 첨가할 수 있는 권한이 있었다. 물론 천문관의 조언을 따랐을 것으로 추정되는데, 이집트의 경우 천문관이 별자리를 관찰하여 윤달을 정했던 것이다.[10]

고대 바빌로니아인은 태양과 달의 운동을 관찰하여 1년을 12달로 나누고, 한 달은 30일, 일주일은 7일, 하루는 24시간, 1시간은 60분, 1분은 60초로 나누었다. 영국 에든버러대학 고고학교수 차일드는 바빌로니아인이 낮과 밤을 12시간의 곱절인 24시간으로 나누었는데, 이는 1년인 12개월에서 착안했을 것이라고 보았다. 또한 고대 바빌로니아인은 보름달과 태양을 원으로 보고 360도로 나누었다. 그들은 60진법을 사용했는데, 이 60진법이 오늘날까지 이어져 시간과 원의 각도를 나타내는 데 쓰이고 있다. 이처럼 시간과 각도를 세밀하게 구분하고 표준화한 것은 농장과 공장의 작업에서도 필요했지만 천체를 관찰하여 정밀한 과학적인 자료로 활용하기 위해서였다.[11]

메소포타미아에서 태음력만을 공인한 것처럼 고대 바빌로니아는 달에 대한 관심이 높았다. 「에누마 엘리쉬」에서 '날을 재기 위한 보석'이라는 표현은 고대 바빌로니아인이 달을 관찰하여 날짜를 측정하는 도구로 삼았다는 뜻이다. 다시 말하면 그들은 밤에 뜨는 초승달이 점점 차면서 보름달이 되고 다시 기울어지는 순환 현상을 관찰하여 달력을 만들었던 것이다. 캐나다의 휴 터스톤 교수는 칼데아인이 기록한 일람표를 중심으로 달의 평균 길이를 계산한 결과 한 달이 29.530589일이었다고 밝혔다. 현대의 29.5305941에 비추어 볼 때 감탄사가 나올 정도로 정확한 측정을 했던 것이다.[12]

그런데 신바빌로니아, 즉 칼데아인이 달의 현상에 대해서 대단히 상세한 측정을 했던 기록이 점토판에 전하고 있다. 기원전 687년에 기록된 점토판에는 달이 지나는 길에 있는 별과 별자리 목록이 있으며, 해가 별자리를 지나는 위치에 따른 기상예보도 기록되어 있다. 또한 기원전 687년 무렵의 「물-아핀」이라는 일련의 점토판에는 어떤 별이 뜰 때 반대 방향에 있는 별들의 목록, 달이 지나는 길에 있는 별과 별자리 목록, 여러 날의 밤의 길이와 같은 기록도 있다. 특히 기원전 300년에서 기원후 75년 사이에 만들어진 칼데아인의 별자리 점토판은 무려 300개

정도이다.[13] 이는 칼데아는 멸망했지만 칼데아 천문학자들의 연구는 페르시아 시대에도 지속되었다는 뜻이다.

추상적인 숫자로 표시된 칼데아의 신들

●

메소포타미아인은 신들을 추상적인 별과 숫자로 표현했다. 천문학적 지식이 반영된 이 숫자도 60진법을 사용한 수메르의 전통을 이어받은 것이다. 수메르 시대에 하늘의 신 안은 60, 대기의 신 엔릴은 50, 지하수의 신 엔키는 40, 달의 신 닌나는 30, 태양의 신 우투는 20, 금성의 여신 인안나는 15 천둥의 신 아다드는 10으로 표시되었다. 물론 고대 바빌로니아에서 마르두크가 최고신이 되자 원래 엔릴의 수인 50을 차지하는데, 「에누마 엘리쉬」에서 그는 50개의 명칭, 즉 전능에 가까운 신의 능력을 부여받았던 것이다. 이처럼 신들을 숫자로 표현한 까닭을 조철수 교수는 다음과 같이 설명했다.

달의 신이 30이란 숫자를 얻은 것은 한 달을 30일로 계산하는 달력과 관계가 있다. 또 태양신 우투가 20이란 숫자를 얻게 된 것도 천문적인 계산과 관련성이 있다. 즉, 수메르인은 하늘의 황도에 있는 별자리를 18개로 정하고 관습적으로 하나의 별자리가 움직이는 기간을 20일로 보았는데, 18개의 별자리를 곱하여 1년이 360일이라는 것을 알아냈던 것이다. 이 20일을 주기로 춘분과 추분을 계산하여 태양의 운동을 깨달았기 때문에 태양신에게 20이란 숫자를 주었다. 그 후 기원전 1800년경 고대 바빌로니아 시대에는 황도를 수정하여 12별자리로 고정시키고, 한 달을 달

의 주기와 비슷한 30일로 정했다.[14]

이처럼 추상적인 숫자로 표시된 칼데아의 신들은 하늘의 천문현상과 밀접한 관련성이 있었다. 물론 바빌로니아는 60진법의 분수 체계를 이용했는데, 2차 방정식이나 3차 방정식까지 풀어 낼 수 있는 바빌로니아의 수학이 천문현상의 관찰과 기록을 뒷받침해 주었을 것이다.[15]

황도 12별자리는 동물들이 관련되어 있다

●

「에누마 엘리쉬」는 최고신 마르두크가 우주를 재창조했다는 신화이다. 그런데 이 신화에서 '마르두크가 한 해의 12달에 이름을 붙였다.'는 것은 태양이 지나는 길인 황도(黃道)에 있는 별자리들을 가리킨다. 기원전 4000년에서 기원전 2000년경 수메르 시대에 황도대를 기준으로 한 별자리는 다음과 같다.

1. 두 물고기자리 2. 숫양자리 3. 황소자리 4. 쌍둥이자리 5. 게자리 6. 사자자리 7. 처녀자리 8. 천칭자리 9. 전갈자리 10. 궁수자리 11. 염소자리 12. 물병자리[16]

이 황도대가 12별자리로 정해진 것은 기원전 15세기경 고대 바빌로니아 시대 말기로 추정된다.[17] 또한 그 무렵에 춘분과 추분, 하지와 동지에 떠오르는 별자리가 구분되었고, 황도를 12로 나누어 원의 개념이 만들어졌다. 이 12별자리에서 히브리 민족의 12지파, 예수의 12제자 같은

12숫자도 탄생되었을 것으로 추정된다.[18]

　좀 더 자세하게 설명하면, 바빌로니아인은 지구를 중심으로 볼 때 태양이 원운동을 한다고 여겼다. 그래서 360도인 원을 12등분하여 30도마다 각각의 별자리 하나를 배치하여 황도 12별자리를 정한 것이다. 물론 황도의 30도 안에 흩어져 있는 별들을 묶어 하나의 별자리 명칭을 주었다. 그런데 칼데아의 12황도 별자리는 수메르의 전통을 물려받아 주로 동물의 이름으로 이루어진 수대(獸帶)이다. 수메르인은 황도대의 12별자리를 울헤(Ul. He), 즉 '빛나는 가축 떼'라고 불렀는데, 오늘날에도 12황도 별자리는 수메르의 이름을 그대로 사용하고 있다.[19] 극동 지역은 황도 12궁(黃道十二宮)이라고 부른다.

12별자리 신화, 메시아의 출현을 암시하다

●

　황도 12궁에서 비상한 관심을 불러일으키는 것은 각 주기에 나타나는 영웅을 이 황도 12별자리와 관련시킨 점이다. 이는 정치적으로 아주 중요한 사실을 암시한다. 즉, 기원전 4000년에서 기원전 2000년 사이에 메소포타미아 지역의 영웅인 수메르의 길가메시는 춘분에 떠오르는 황소별자리로 표현되었다. 또 이집트의 스핑크스는 하지에 떠오르는 사자별자리로, 메소포타미아의 두무지왕은 추분에 떠오르는 전갈별자리로 표현되었다. 그리고 동지에 떠오르는 물병자리는 지하수의 신 엔키와 관련되어 인간을 구원하는 신으로 등장했던 것이다.[20] 이 네 별자리들은 모두 황도 12별자리에 속한다.

　그 뒤에도 영웅들은 12별자리와 밀접하게 관련되었다. 칼데아를 멸망시키고 약소민족들에게 종교의 자유를 주었던 페르시아의 키루스왕이 구원자로 묘사되었다.[21] 마찬가지로 미국의 천문학자 에브니에 따르면, 기원전 2000년에서 서기 1년 사이에 춘분에 나타나는 숫양별자리는 알렉산드로스왕이 그 시대의 구원자로 알려졌다. 다음 주기인 서기 1년에서 2000년 사이에 춘분에 떠오르는 두 물고기별자리는 바로 예수로 나타났다. 그래서 초기 기독교도의 암호는 물고기였으며, 물고기는 그리스도, 즉 인간을 구원하는 새 시대의 구세주로 여겨졌다.[22]

특히 동방박사로 표현된 칼데아의 천문학자들이 제왕의 상징인 목성을 따라가 예루살렘에서 아기 예수에게 예물을 바치고 경배한 것도 모두 새로운 구원자, 즉 메시아를 기다리는 점성술적인 이유 때문이었다. 이 문제는 상당히 난해하지만 비상한 호기심을 불러일으키기 때문에 천문학자의 설명에 좀 더 귀를 기울일 필요가 있다.

애브니는 태양이 12개의 별자리를 모두 통과하는 데는 26,000년이 걸린다고 하였다. 이는 회전하면서 축이 흔들리는 팽이처럼 23.5도로 축이 기울어진 지구의 세차운동 때문이다. 그런데 거대한 주기를 가지는 이 세차운동이 서양의 달력에 사용된 것은 특별한 시대를 상징하기 위해서였다. 그 결과 26,000년의 12분의 1, 즉 2160여 년에 해당하는 각 시대는 춘분점이 황도대의 새로운 집, 즉 새로운 별자리로 들어가는 것으로 표시되었다. 그리고 그 시대는 신화의 재창조와 관련이 있었는데, 기독교 시대는 춘분점이 물고기별자리에 있었던 춘분점에서 태양이 떠오를 때 시작된 것이다. 또 모세가 시나이산에 도착했을 때는 산양별자리 시대였다. 물론 그 전의 황소별자리 시대에 인간들은 황금송아지나 황소자리를 숭배했다. 이는 크레타섬의 크로노스 궁전의 건축물과 이집트 신들의 황소머리 장식에서 찾을 수 있다.[23]

일곱 행성과 인간의 운명, 그리고 달과 금성

●

황도 12궁의 별자리와 신화, 그리고 영웅들의 관련성은 종교적인 측면에서 아주 오묘하다. 특히 고대 바빌로니아의 사제들이 인간의 운명을 결정하는 것은 일곱 신이라고 보았던 것은 점성술의 관점에서 대단히 중요하다. 그 일곱 신은 현대천문학의 행성인데, 차례로 토성, 목성, 화성, 태양, 금성, 수성, 달이다. 그중에서 인간에게 중요한 영향을 끼치는 신은 주로 달의 신, 금성의 신, 태양신이었다.

자료 3-5-2 우측의 우르-남무가 달의 신이 지켜보는 가운데 속국의 왕에게 봉토의 지배권을 하사하는 의식을 새긴 원통형 인장(좌)과 내용(우)(© Steve Harris, 기원전 2400년경, 영국 박물관 소장)

특히 고대 바빌로니아의 문명을 이어받은 칼데아는 수메르의 우르-남무왕처럼 달의 신인 신(Sin)을 대단히 중요시했다. 이는 칼데아의 마지막 왕 나보니두스가 대관식날 밤에 달의 신의 환상을 보고 하란에 달의 신의 신전을 재건하거나, 달의 신의 계시를 받아 10년 동안이나 바빌론에 돌아오지 않고 정복 전쟁에 나선 사실이 증명한다.[24] 결국 앞에서 살펴본 것처럼 나보니두스의 달의 신에 대한 집착은 칼데아 멸망의 중요한 계기가 되었다.

하지만 달은 최고신 마르두크의 세력권 속에 있었다. 그믐달이 사라지고 달이 3일간 자취를 감추는 삭(朔)이 되면, 칼데아인은 악한 정령들이 음모를 꾸며서 달을 죽이는 현상이라고 보았다.[25] 그래서 마르두크가 악령들은 제거하고 질서를 잡는데, 「에누마 엘리쉬」에 마르두크가 달의 신에게 특별한 권한과 지혜를 주는 모습이 나타나 있다.

> 매달 초에 나라 안을 비추어라.
> 엿새로 날을 정해 그 모퉁이를 비추어라.
> 이레째엔 관을 둘로 나누어
> 열 나흘째에는 정면으로 향하게 하라.

다시 말하면, 6일 동안 나라의 어두운 곳을 밝혀 주던 초승달이 7일째가 되면 둘로 나뉘어져 반달이 되고, 14일이 되면 정면을 향하여 거의 보름달이 되는 것이다. 이처럼 고대 바빌로니아의 사제들은 달이 변화하는 자연현상을 의인화하여 달의 신화를 만들고, 이를 마르두크신의 권능이라고 선전했다고 볼 수 있다.

하지만 이는 수메르에서 신의 계보가 만들어지던 무렵에 이미 정해졌다. 곧 '세상의 운명을 결정하는 일곱 신'이 수메르 초기 왕조 시대에 서열이 정해졌는데, 고대 바빌로니아 시대에 와서 그 중요성과 순서가 약간 바뀐 것이다. 수메르 시대에는 그 일곱 신의 서열이 하늘의 신 안, 다음이 대기의 신 엔릴, 그리고 출산의 신 닌후르상, 지하수의 신 엔키, 달의 신 난나, 태양의 신 우투, 금성의 신 인안나의 순서였다.[26]

하지만 수메르에서 신들의 위계질서는 도시국가의 세력에 따라 바뀌었고, 바빌로니아가 메소포타미아를 통일하면서 마르두크가 최고신이 되었는데, 아시리아가 패권을 잡으면서 아슈르가 최고신이 되었다. 그런데 금성을 상징하는 사랑의 여신 이슈타르가 아슈르의 부인이 되어 전투적인 성격까지 지니면서 아시리아와 칼데아에서 대단히 중요한 신이 된 것은 천문현상과 밀접한 관련이 있다.

현대 천문학에서 금성은 지구와 가장 가까운 곳에서 태양 주위를 도는 지구형 행성이다. 수성은 일 년에 세 번이나 태양을 돌지만 햇빛을 받지 못하여 대부분 사람들의 눈에 띄지 않는다. 반면에 금성은 거의 225일마다 태양 주위를 돌면서 584일마다 지구에 근접하면서 찬란하게 빛난다. 즉, 8년을 주기로 금성의 운동은 되풀이된다. 그런데 메소포타미아의 천문학적인 사제들은 떠돌이별인 이 금성이 12황도의 별자리에 주기적으로 드나드는 것을 발견하고 흥분과 함께 극심한 공포를 느꼈던 것이다.

인간을 감독하고 지배하는 일곱 행성들

●

아시리아의 사르곤 왕조 시대에 왕들은 이슈타르 여신의 계시를 매우 중요시하여 전투에까지 반영했다. 이는 메소포타미아 사람들이 오리온자리 같은 별자리, 시리우스 같은 항성인 수많은 별, 행성인 달과 금성 등을 신으로 본 까닭을 살펴보아야 이해가 가능하다.

초기 문명에서 천문학자들은 사멸할 운명을 지닌 인간에 비하여 밤마다 빛나는 별들은 영원한 수명을 지닌 것처럼 보였을 것이다. 칼데아의 천문학적 사제들도 황소자리나 오리온자리처럼 특별한 형상을 이루는 별무리를 보면서 신화적인 이야기를 상상하고, 또한 별자리들이 계절에 따라 사라졌다가 다시 나타나는 현상을 보면서 여러 항성이나 별자리들을 살아 있는 신적인 존재로 여겼을 것이다. 특히 밤하늘에서 방랑하는 떠돌이별을 보고 이상하고 신비롭게 생각했을 것이다. 결국 고대인들이 신으로 여긴 이들 떠도는 천체들을 행성(行星)이라고 하는데, 바로 달을 포함하여 수성, 금성, 화성, 목성, 토성, 천왕성, 해왕성, 명왕성 등이다.

그런데 칼데아에서 이 행성들은 인간에게 끼치는 영향력에서 차이가 있었고 배치하는 순서도 달랐다. 중국의 천문학자 장샤오위안에 따르면, 칼데아인은 오늘날처럼 태양에서의 거리에 따라 행성들을 배열하지 않았다. 즉, 현대 천문학에서는 태양을 중심으로 수성, 금성, 지구, 화성, 목성, 토성, 명왕성, 천왕성, 해왕성의 순서이다. 하지만 칼데아인은 태양과의 거리가 아니라 행성들이 황도대의 별자리 사이를 움직이는 속도를 중시하여 행성들을 배치했다. 그래서 속도가 느린 행성의 순서대로 토성, 목성, 화성, 태양, 금성, 수성, 달의 순서로 배치했던 것이다.[27]

다시 말하면, 태양 주위를 공전하는 주기가 오래 걸리는 순서로 행성들을 배치했다. 물론 칼데아인은 인간이 이 행성들의 감독과 지배를 받는다고 여겼다.[28] 기원전 1세기경 로마의 철학자 키케로도 '칼데아인은 별들을 오래 관찰하여 각 개인에게 일어날 일과 인간이 어떤 운명을 타고 났는지 예언할 수 있을 정도까지 학문을 완성했다.'고 보았다.[29] 말하자면, 이로부터 숙명 점성학이 탄생했는데, 별자리나 행성들이 인간의 운명을 결정한다고 생각하게 된 것이다. 특히 아시리아 제국 시대에 「에누마 아누 엔릴」 같은 방대한 별점의 문헌집이 나타났고, 주로 국가나 왕의 운명을 점치던 점성술이 칼데아 시대에는 개인의 출생과 관련된 숙명 점성학이 세상에 널리 알려지게 되었다. 다음 장에서는 칼데아의 점성술이 알렉산드리아와 유럽에 건너가 현대까지 별점으로 유행하는 과정을 탐구해 보기로 한다.

1 애브니; 앞의 책(시간의 문화사), 201쪽

2 램; 앞의 책, 49쪽. 천궁도는 천체도(celestial map, 天體圖), 별자리도(sky-map), 별자리표 (star-chart)라고도 불린다.

3 Z. Sitchin The 12th Planet(수메르, 혹은 신들의 고향), 이른아침, 이근영 옮김, 2004, 221~230쪽.

4 로넌; 앞의 책 1권, 83~87쪽.

5 차일드; 앞의 책, 290~291쪽.

6 에브니; 앞의 책(시간의 문화사), 192쪽.

7 쟝샤오위안; 앞의 책, 40~41쪽.

8 H. Thurston; Early Astronomy(동서양의 고전 천문학), 연세대학교 출판부, 2010, 전관수 옮김, 109~110쪽.

9 쟝샤오위안; 앞의 책, 51~52쪽.

10 차일드; 앞의 책, 287~289쪽.

11 차일드; 앞의 책, 289~290쪽.

12 터스톤; 앞의 책, 109~137쪽. 터스톤은 천문학자 노이게바우어 교수의 『고대의 엄밀한 과학들』과 『고대 수리천문학』을 참고하여 계산했다고 한다.

13 터스톤; 앞의 책, 120쪽.

14 조철수; 앞의 책(메소포타미아와 히브리 신화), 36~39쪽.

15 차일드; 앞의 책, 287쪽.

16 조철수; 앞의 책(한국신화의 비밀), 82~83쪽.

17 쟝샤오위안; 앞의 책, 51쪽. 18개의 별자리가 12개로 바뀐 연대는 확실치 않다. 서기력이 시작되었을 무렵에도 12궁 체계가 확정된 것은 아니었다.

18 조철수; 앞의 책(한국신화의 비밀), 82쪽.

19 시친; 앞의 책, 233쪽.

20 조철수; 앞의 책(한국신화의 비밀), 83쪽.

21 「키루스– 점토 원통 위에 새겨진 명문」(프리처드 편집; 앞의 책, 오펜하임 원역, 550–553쪽.)

22 에브니; 앞의 책(시간의 문화사), 205쪽.

23 애브니; 앞의 책(시간의 문화사), 204~205쪽.

24 「나보니두스와 그의 신」(프리처드 편집; 앞의 책, 오펜하임 원역, 545~548쪽.)

25 에브니; 앞의 책(시간의 문화사), 165쪽. 고대에 젊은 달은 성숙하여 어둠이라는 악마를
정복하는 영웅으로 여겨졌다. 하지만 악마는 다시 영웅을 집어삼키는 삭망월, 즉 삭
이 된다. 그래서 달이 안 보이는 기간을 '달이 죽었다.'고 말하는 부족도 있다.

26 조철수; 앞의 책(수메르 신화), 38~39쪽. / 조철수; 앞의 책(한국신화의 비밀), 91쪽. 바빌로니
아 시대에 7신은 대기의 신 엘릴, 지하수의 신 에아, 마르두크, 달의 신, 태양신 샤마
쉬, 금성의 여신 이슈타르, 열병과 가뭄의 신 에라이다.

27 쟝샤오위안; 앞의 책, 15쪽. 천왕성은 망원경이 발달된 뒤 1781년에, 해왕성은 1846년
에, 명왕성은 1930년에 발견된 행성이다. 그래서 고대인은 눈으로 볼 수 있는 나머지
행성들에 주의를 기울였다.

28 애브니; 앞의 책(시간의 문화사), 157쪽.

29 M. Cicero; De Divinatione(예언에 관하여), 그린비, 2021, 강대진 옮김, 11쪽.

6장

칼데아의 점성술과
유럽의 별점

알렉산드로스왕이 페르시아를 정복하던 기원전 332년에서 323년 사이에 칼데아인은 수학을 천문학에 적용시켜 엄청난 발전을 이룩하였다. 즉, 행성들의 궤도와 속도, 그리고 황도에서 행성의 위치를 계산할 정도로 칼데아의 사제들은 높은 천문학적인 지식을 지니고 있었다.[1]

특히 칼데아의 천문학자들은 5대 행성인 수성, 금성, 화성, 토성, 목성의 독특한 움직임을 신들이 계시하는 징조로 보았다. 바로 이 징조의 해석으로부터 점성술이 탄생하였다. 칼데아의 점성술을 집대성한 프톨레마이오스(Ptolemaeos, 127년~145년)의 『알마게스트』는 1500년 동안 유럽을 지배하였다.[2] 소위 사람의 운명을 미리 알려 준다는 유럽의 별점이다.

행성들이 12별자리로 들어갈 때

●

칼데아 시대에 5대 행성들이 황도 12궁의 어떤 별자리에서 다른 별자리로 들어가는 것은 대단히 중요시되었다. 천문학자들은 각 행성의 특징과 성질, 능력에 따라 행성들의 서열을 정하고 배치했는데, 칼데아의 천문학자들은 행성들이 정부나 기업체의 부서처럼 자기의 고유한 구역을 다스린다고 생각했던 것이다. 그 서열의 순서는 목성, 금성, 토성, 수성, 화성이다. 그런데 페르시아와 그리스 시대에 그 순서가 목성, 금성, 수성, 토성, 화성으로 바뀌었다.[3]

그런데 거리가 멀수록 중력의 힘이 약해지는 오늘날과 다르게 칼데아에서는 가장 멀리 있는 토성이 인간에게 강력한 영향을 끼친다고 여겼다. 그래서 토성, 목성, 화성, 태양, 금성, 수성, 그리고 달의 순서로 영향력이 약해진다고 생각했던 것이다.[4] 이러한 칼데아의 점성술은 고대 이집트 알렉산드리아의 천문학자 프톨레마이오스의 저서 『사원의 수(Tetrabiblos)』의 「칼데아 체계」에 다음과 같이 나타나 있다.

　

각 행성들은 운행하다가 하늘의 어떤 구역에 들어갔을 때 그 행성은 최대의 영향력을 끼치면서 하늘의 삼위일체와도 관계를 맺는다. 이를테면, 양자리, 사자자리, 궁수자리가 하나의 삼위일체를 이루고, 5대 행성들은 그 서열에 따라 하늘을 순환하면서 자기 구역을 통치한다.

　

그래서 칼데아인은 행성의 위치를 관측하여 그 수치를 기록하고 계산하였다. 대표적인 것이 바로 행성들의 주기, 즉 행성들의 떠오름과 머무름, 처음 나타남과 사라짐이 반복되는 주기였다. 칼데아인은 각 행

성들의 주기를 계산하는 법까지 알고 있었고 행성의 속도까지 계산하려고 노력했던 것이다.[5]

자료 3-6-1 행성을 표시하는 점성술의 기호

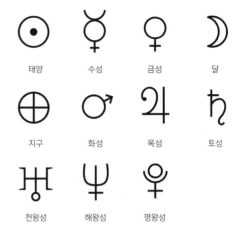

태양 수성 금성 달

지구 화성 목성 토성

천왕성 해왕성 명왕성

그런데 고대 바빌로니아에서 수백 년간 지속적으로 행성들을 관측한 사실이 밝혀졌다. 특히 오늘날까지 남아 있는 수성의 운행 기록은 기원전 17세기 중반 고대 바빌로니아의 암미자두가왕 시대의 것이다.[6]

칼데아의 천궁도와 인간의 운명

칼데아인이 행성들의 관측과 계산에 장기간 힘을 기울인 가장 중요한 이유는 무엇일까? 그것은 바로 점성술, 즉 별로 점을 쳐서 미래를 예언하기 위해서였다. 그래서 필요한 것이 천궁도(horoscope, 天宮圖)였다. 천궁도는 사람의 탄생이나 결혼 같은 특정한 시기에 행성이 미치는 영향을 나타낸 하늘의 별자리 그림이다.[7]

고대 바빌로니아 시대에서 농사의 풍작과 흉년을 점치던 예언집이 발견되었다. 하지만 아시리아가 위력을 떨치던 시대에 제작된 이 「에누마 아누 엔릴」은 주로 왕과 국가의 운명을 예언하는 데 사용된 점토판이었다. 70여 개로 이루어진 이 점토판은 달의 움직임, 태양의 변화, 폭풍의 현상, 그리고 각종 별들의 움직임에 대한 징조가 수천 가지 기록되어 있다.[8] 그런데 칼데아 시대에 천체가 개인에게 미치는 점성술이 등장한 것이다.[9]

개인에 대한 칼데아의 점성술에서 가장 빠른 것은 기원전 410년의 천궁도인데, 데커라는 인물의 후손인 슈마-우사르가 출생한 시각에 나타난 천문현상이다. 즉, 달은 전갈자리의 뿔 아래 있고, 목성은 물고기자리, 금성은 황소자리, 토성은 게자리, 화성은 쌍둥이자리에 있지만 수성은 보이지 않는다.[10] 칼데아의 천문학자들은 이 천궁도를 제대로 해석하기 위하여 다음과 같이 일반적인 법칙을 세웠다.

달이 지평선으로 떠오를 때 출생한 사람은 평생 빛과 행복으로 충만해 있으며 성장과정이 순조롭고 장수할 것이다. 화성이 지평선에서 하늘로 떠오를 때 태어난 사람은 어린 시절에 상처를 입게 되고 병에 걸려 요절할 것이다. 출생할 때 목성이 지평선에서 떠오르고 화성이 지평선에 잠긴다면 그는 행운아가 되겠지만 아내가 먼저 세상을 떠날 것이다.[11]

프톨레마이오스의 점성술

●

칼데아의 점성술은 알렉산드로스의 정복 전쟁과 함께 이집트, 지중해 연안, 인도 등지로 퍼져나갔다. 특히 칼데아인이 천궁도를 이용하여 점성술을 크게 발전시킨 것은 기원전 3세기 이후 이집트의 알렉산드리아에서였다. 알렉산드리아는 기원전 323년 알렉산드로스왕의 장군 프톨레마이오스가 세운 도시이다. 당시 세계 최대의 도서관이 있던 알렉산드리아는 7세기 동안 고대 문명이 꽃을 피웠는데, 유클리드, 아르키메데스 같은 수학자, 아리스타르코스, 히파르코스 같은 천문학자가 활동했다. 2세기경 천문학자 프톨레마이오스는 이 알렉산드리아의 도서관에서 칼데아에서 전해오던 점성술을 수집하고 정리하여 『알마게스트(Almagest)-천체의 수학적 정리』라는 책을 펴낸 것이다.[12]

자료 3-6-2 클라우디오스 프톨레마이오스

프톨레마이오스는 인간의 행동이 항성과 행성의 영향을 받을 뿐만 아니라 인간의 키, 얼굴 생김새, 타고난 기질, 신체의 질병도 별들에 의해서 결정된다고 보았다. 이를테면, 150년에 태어난 어떤 소녀의 별점이 『사원의 수』에 다음과 같이 기록되어 있다.

안토니오스 케자르 황제 10년 파메노스 달력의 15일에서 16일에 걸친 밤 1시에 귀여운 딸 필로에가 탄생하였다. 해는 물고기자리에 있고, 목성과 수성은 염소자리에, 토성은 게자리에, 화성은 사자자리에, 금성과 달은 물병자리에 있었다. 이 아이는 염소자리이다.[13]

영국의 과학사가 로넌에 따르면, 프톨레마이오스는 지구가 공처럼 둥근 모양이라는 사실과 일식과 월식의 원리도 알고 있었다. 비록 그는 지구가 우주의 중심이라고 믿었지만 행성의 운동에 큰 관심을 가진 대천문학자였다.[14] 하지만 프톨레마이오스는 행성이 인간에게 미치는 힘을 다음과 같이 정리하였다.

유아기는 달의 지배를 받고, 어린이는 수성, 사춘기는 금성의 지배를 받는다. 청년기는 태양, 장년기는 화성, 노년기는 목성, 그 이후의 노인은 토성의 지배를 받는다.[15]

애브니에 따르면, 중요한 것은 이런 사고방식이 유럽에서 1500년 동안 유지되었다는 점이다. 그래서 초기 기독교인은 태양의 날인 일요일(日曜日)에 집회를 가졌다. 그 이유는 일요일이 세계의 창조가 마무리된 창세기의 첫째 날이면서 예수가 부활한 날이고, 태양처럼 예수가 세상의 빛이 되었기 때문이라는 것이다.[16] 물론 이런 기독교의 사고방식도 칼데아 점성술의 영향이라고 볼 수 있다.

그리스의 시인 헤시오도스의 점성술

●

칼데아의 점성술은 프톨레마이오스를 거쳐 그리스로 흘러갔다. 그리스의 지식인들은 대체로 점성술에 호감을 가졌다. 물론 그 전부터 민간에서 특별한 날을 신성시하는 경향이 있었다. 그 흔적이 기원전 8세기 전반기의 시인 헤시오도스의 『일과 나날』에 나타난 「택일(擇日)」에 대한 기록이다.

지략이 뛰어난 제우스께서 정하신 초하룻날, 초나흗날, 초이렛날은 신성한 날들이오. 초이렛날에 레토가 황금칼의 아폴론을 낳았기 때문이오.[17]

그리스 북부에서 농사를 지은 시인 헤시오도스의 『일과 날』은 호메로스의 서사시처럼 구전되다가 200년 뒤인 기원전 6세기경 문자로 정착되었다. 이 『일과 날』에서 중요시된 천체는 플레이아데스성단, 오리온자리, 시리우스, 히아데스, 아르크토스이다.[18] 말하자면 이 작품은 인간이 천체의 현상과 자연의 변화에 맞추어 살아야 한다는 것을 노래한 장시이다. 이를테면, 6월에 오리온자리가 해 뜰 무렵에 보이고 서풍이 불면 여름이 시작되어 솜엉겅퀴꽃이 핀다. 농부는 농작물의 키질과 저장을 하고, 어부는 여름 출항을 시작해야 된다.[19]

이처럼 『일과 날』의 전반부는 이성적이고 실용적이지만, 후반부는 비지성적이고 신비적이다.[20] 길이도 60행에 불과한 후반부는 주로 인간의 출생과 운명을 달의 위상에 맞추어 예언한 것들이다. 이를 미신적이라고 본 과학사가 콜린 로넌은 후대에 첨가된 것이라고 추정했다.[21] 다음 시에 그처럼 점성술적인 태도가 보인다.

초엿샛날도 여자아이가 태어나기에는 적당치 않으나 / 새끼염소와 새끼양도 거세하기에는 적당하며, / 양 우리를 짓기에도 알맞은 날이오. / 그날은 또 남자아이가 태어나기에도 좋은 날이지만, 그 아이는 아마도 / 거짓말과 알랑대는 말과 은밀히 속삭이기를 좋아할 거요.[22]

그리스에서 유행한 점성술

칼데아의 점성술은 점차 그리스에서 크게 유행했다. 그리스인도 사람이 출생할 때 칼데아인처럼 태양, 달, 행성이 황도 12별자리의 어느 위치에 있는가에 따라 인간의 성격과 기질이 정해지고, 성공과 실패 등 미래의 사건을 예측할 수 있다고 믿었다. 또한 칼데아인처럼 그리스인도 행성마다 독특한 성질이 있다고 보았다. 그래서 태양은 생명, 화성은 전쟁, 금성은 사랑, 수성은 속도와 정보와 관련이 있는 신으로 의인화하여 태양은 아폴론, 화성은 아레스, 금성은 아프로디테, 수성은 헤르메스로 표현했다. 또 목성과 금성의 성격은 인자하고 온화하며, 화성과 토성은 상극관계이다. 수성은 중성이며, 금성과 달은 습기가 많아 암컷을 대표하며, 목성과 토성은 수컷을 대표했다. 그리고 태양에서 멀어질수록 행성의 온도가 차가워진다고 생각했다.[23]

특히 애브니에 따르면, 그리스의 점성술에서 태양, 달, 행성들이 12별자리 사이를 운행하는 황도대는 4짝의 삼궁으로 나뉘어져 있었다. 또한 이들은 다음과 같이 각각 4개의 특질인 불, 땅, 공기, 물과 깊게 연결되어 있었다. 이는 기원전 6세기경 그리스에서 만물의 근본 요소가 물, 불, 공기, 흙 등이라고 설명한 자연철학자들의 사상이 점성술과 연결된 것이라고 추정된다.

- 양자리, 사자자리, 궁수자리 : 불
- 황소자리, 처녀자리, 염소자리 : 땅
- 쌍둥이자리, 천칭자리, 염소자리 : 공기
- 게자리, 전갈자리, 물고기자리 : 물

이를테면, 행성이 처음 3궁, 즉 양자리, 사자자리, 궁수자리의 어느 별자리에든 가까이 접근하면 거대한 화재의 징조였고, 마지막 3궁의 어느 별자리에서든 행성들이 만나면 홍수의 징조였다. 그 이유는 제1궁이 불, 제3궁이 물과 관련되어 있기 때문이다.

특히 속도가 좀 더 빠른 목성은 20년에 한 번씩 좀 더 느린 토성을 추월하는데, 목성과 토성은 특정한 삼궁의 별자리들 속에서 240년에 걸쳐 만난다. 따라서 네 짝의 3궁을 완전히 도는 데는 240년의 4배인 960년이 걸린다. 그런데 문제는 이 기간이 고대인에게 매우 중요시되었다는 점이다. 즉, 행성들이 3궁 사이를 이동하는 것은 왕조의 변화를 암시하고, 완전한 주기의 순환은 위대한 예언자의 출현을 미리 알려 주는 것이었다. 단적으로 이는 우주 재창조의 주기라고 여겨졌는데, 고대 마야인은 마지막 창조의 시간을 기원전 3113년 8월 11일로 잡고 있었다.[24]

로마에 전해진 점성술

●

그리스에서 유행한 점성술은 신화와 함께 로마에 전승되었다. 기원전 1세기경 로마의 철학자 키케로의 『신들에 관하여』에 이미 칼데아의 천문학, 그리스의 별자리 신화, 그리고 점성술이 상세하게 소개되어 있다.[25]

로마의 역사가 타키투스(56년~120년경)에 따르면, 로마인은 천궁도에서 탄생 별자리를 가장 중요시했지만, 점성가들은 끊임없이 정치적 음모에 휩싸였다. 무엇보다 아우구스투스(기원전 27년~14년 재위)부터 클라우디우스, 칼리굴라, 티베리우스, 네로 황제의 통치 시대에 황제의 죽음과 그 후계자를 놓고 음모를 꾸미는 야심가들의 환심을 사서 점성가들은 권력과 부귀영화를 누리기도 했다. 그러나 점성가들은 때로 정치가들의 희생양이 되어 비참한 죽음을 맞기도 했다. 이를테면, 티베리우스 황제는 점성술사를 허풍선이나 사기꾼라고 의심하여 처단했지만, 정작 자기는 점성술사 트라실루스를 심복으로 삼고 그의 말을 신탁으로 여겼던 것이다.[26]

그런데 타키투스는 로마에서 점성술이 황제의 죽음과 관련된 사건을 『연대기』에 생생하게 기록했다. 이를테면, 클라우디우스 황제의 황후 아그리피나는 자기 아들 네로를 황제로 앉히려고 남편에게 독버섯을 먹여 서서히 죽였다고 한다. 그런데 그 배후에는 "네로가 정권을 잡고 어머니를 죽일 것이다."라는 점성술사의 예언이 있었는데, 그 말을 들은 아그리피나는, "네로가 천하를 쥐면 나를 죽여도 좋다."고 말했다고 기록하였다.[27]

특히 31살의 젊은 나이로 네로 황제가 자결한 서기 68년부터 그 후 70년 동안에 무려 4명의 황제들이 뒤바뀌는 피비린내 풍기던 내전의 시기에 점성술은 한층 더 극성을 떨었다. 그러나 칼데아의 점성술을 소개하면서 점성술을 미신으로 본 철학자 키케로는 "같은 순간에 태어났지만 분명히 다른 기질과 운명을 가진 이들이 수없이 많다."면서 쌍둥이의 예를 들어 점성술을 비판했다.[28]

중세 유럽의 통치자와 점성술

●

플루타르크에 의하면, 알렉산드로스왕은 점성술과 델포이의 신탁을 중요시했고, 말년에 열병으로 신음할 때 수많은 예언가와 점술가를 가까이했다. 또한 로마의 율리우스 카이사르도 게르만족을 정복할 때 초승달이 뜬 뒤에 전투를 개시하였고, 폼페이우스와 교전할 때 큰 불덩이가 폼페이우스 진중에 떨어졌다는 점성술과 관련된 기록이 전해진다.[29]

중세 유럽의 통치자들에게도 점성술은 대단히 중요시되었다. 11세기경 영국의 정복왕 윌리엄은 전투에서 점성술사를 이용했고, 13세기경 신성로마 제국의 황제 프리드리히 2세는 자녀들의 성공 여부, 질병의 치료뿐만 아니라 부인과의 성교까지도 천궁도에 맞추었다. 또 13세기경 독일의 황제 루돌프 1세는 화성과 태양이 가까이 있을 때 전투를 치렀고, 금성과 수성이 만났을 때 결혼했다고 한다.[30]

미국의 종교역사학자 리처드 킥헤퍼에 따르면, 유럽인은 12세기 이후에 칼데아인처럼 여러 행성과 별자리들이 그 위치에 따라 인간사에 영향을 미친다고 굳게 믿게 되었다. 이를테면, 달은 여성적이고 물기가 많아 어릴 때 강한 힘을 발휘하여 여성의 광기와 정숙과 관련이 있다. 또 금성은 여성적이고 공기가 많고 뜨겁고 축축하므로 사춘기 때 강력하며 감성과 관련이 있다는 식이었다.[31]

따라서 점성술을 믿는 사람들은 행성들의 위치를 아주 중요시했다.

태양이 매달 황도대의 별자리와 함께 운행하고 그에 따라 인간의 탄생 별자리가 정해지고 운명이 결정되기 때문이다. 그래서 황도 12별자리 중에서 첫 번째 별자리에 있는 행성은 일반적으로 개성, 두 번째 행성은 재물, 세 번째는 가족의 성격, 다른 별자리에 있는 행성들은 부모, 배우자, 성과 자녀, 건강 등에 각각 영향을 끼치게 된다. 이를테면, 화성이 중요한 시간에 있으면 그는 군인이 될 운명에 있다. 왜냐하면 화성의 성격이 호전적이고 열 번째 궁에 있는 화성은 사람의 직업에 영향을 주기 때문에 전투에서 죽음을 예고할 수도 있다고 여겨진 것이다.[32]

그러나 중세 유럽에서 하늘의 별자리를 보고 미래를 점친다는 것은 기독교 신앙에서 벗어나는 일이었다. 반면에 신비주의자들은 교묘하게 점성술과 기독교를 조화시켰다. 말하자면 많은 기독교 사상가는 여호와신이 창조한 우주를 드러내는 하나의 방식이 바로 점성술이라고 생각했기 때문이다. 대표적인 인물이 성 토마스 아퀴나스였다.[33] 그것은 「창세기」에서 빛과 하늘, 해와 달, 별을 창조한 여호와신이 이 세상은 물론 별자리와 행성도 관리한다고 여겨졌기 때문이다. 그래서 예수의 탄생을 경배한 동방박사의 전설도 종교적으로 이용되었을 것이다.

중세 유럽에서 점성술은 점차 대중화되었다. 12세기에 유럽에 설립된 수많은 대학에서 신학과 의학, 천문학을 가르쳤고, 일반인도 100여 권의 아라비아의 점성술과 연금술의 서적을 쉽게 구할 수 있었기 때문이다. 무엇보다 사람이 출생할 때 별자리와 행성의 위치를 알면 결혼이나 직업, 그밖에 다른 계획을 세울 수 있었던 것이다. 또 국왕들은 전투의 결과까지도 미리 알 수 있기 때문에 전투를 시작하는 시기도 정할 수 있었다.[34]

점성술과 연금술의 결합

●

신기한 것은 당시 의사들이 천궁도의 12별자리가 인체의 특정 부분을 관리하고 있다고 믿은 점이다. 그래서 의사들은 잘못된 별자리가 인간을 지배하고 있을 때 환자를 수술하면 피를 흘려 위험하다고 보았다. 이처럼 별자리와 인체의 관련성을 나타낸 자료 중 가장 오래된 것은 그리스의 텍스트를 번역한 5세기경 로마의 라틴어 필사본이다.

양자리- 머리 꼭대기, 황소자리- 오른쪽 목, 쌍둥이자리- 양쪽 어깨, 게자리- 쇄골 아래, 사자자리- 가슴, 처녀자리- 허리띠 중앙, 천칭자리- 허리띠 양쪽, 전갈자리- 복부 오른쪽, 궁수자리- 복부 왼쪽, 염소자리- 오른쪽 무릎, 물병자리- 왼쪽 허벅지 위, 물고기자리- 오른쪽 발 위[35]

더구나 유럽인은 점성술을 연금술과 연관시켜 다음과 같이 특정한 약초는 반드시 어떤 날짜와 시간에 맞추어 채집해야 약효가 있다고 믿게 되었다. 왜냐하면 연금술사들은 화학물질과 다른 존재 사이에는 복잡한 친화관계가 있다고 생각했기 때문이다.[36]

일요일- 개암나무와 올리브, 월요일- 삼엽초와 작약, 화요일- 마편초, 수요일- 월계화, 목요일- 마편초, 월계화, 금련화, 딱지꽃, 금요일- 사태풀, 흰독말풀, 마편초, 토요일- 풀꽃과 질경이[37]

마침내 점성술의 마법적인 영향력 때문에 7개 행성들이 금속, 나무, 식물, 동물 등을 표시하는 핵심 원리가 되었다. 말하자면 점성술과 연금술이 결합되어 수은은 수성과 관련되었고, 양파나 당나귀는 토성에 속했다. 또한 유아기는 달, 노인은 토성의 영향을 받는다고 여겨졌다.[38]

이처럼 별자리와 인체, 식물과 치료의 원리에 따르는 점성술은 유럽에서 15세기까지 유행했다. 그래서 유럽인은 질병을 치료할 때 기도와 함께 주술도 이용하게 되었다. 이를테면 열병을 치료할 때는 식물의 잎을 사용하면서 주기도문과 특별한 기도문까지 외웠다.

하느님의 성스러운 순교자인 성 니카시우스는 눈에 티가 있었는데, 하느님에게 티를 없애달라고 간청했고 하느님은 그를 치료해 주었다.[39]

중세 마법의 권위자 킥헤퍼는 이런 마법적인 주문은 신을 부르는 강신술의 일종이라고 보았다. 특히 이러한 주문은 유대의 신비주의자, 이슬람 수도사, 혹은 예수의 이름과 함께 마법적인 행동을 하는 기독교인의 의식과 거의 같다고 지적했다.[40]

점성술에 부정적이던 중세 유럽의 철학자들

●

중세 유럽에서 점성술에 비판적인 철학자들 또한 있었다. 아우구스티누스는 별이 미래의 사건을 예고하지만 어떤 사건을 만든다는 것은 부정했다. 또 이지도래는 별이 농작물의 성장, 인간의 건강에는 영향을 주지만 인간의 영혼을 다스리거나 인간의 운명을 출생 때의 별자리로 읽는 것은 부정했다. 인간의 자유의지와 신의 전지전능을 침해하기 때문이었다. 문제는 점성술이 결정론적이라는 데 있었다. 그러나 철학자

토마스 아퀴나스나 천문학자 프톨레마이오스는 누구나 별의 영향력을 극복할 수 있다고 맞섰다.[41]

특이한 것은 르네상스 때 파우스트와 노스트라다무스 같은 마법사와 점성가가 큰 영향력을 발휘했고, 브라헤나 케플러 같은 천문학자도 유명한 점성가로 활약한 사실이다. 물론 왕실에서 점성가를 고문으로 채용하여 중요한 임무를 맡겼고, 로마 교황들도 점성술을 신봉하였다. 16세기에 교황 파울로스는 점성가가 정해 준 시간 외에는 추기경 회의와 주교 회의를 열지 않았을 정도였다고 한다.[42]

흥미로운 사실은 지구가 움직인다고 믿었고 행성과 태양의 평균 거리까지 알아낸 17세기의 천문학자 케플러가 '왜 하느님은 원형 대신 타원형을 선택하셨을까? 그리고 왜 행성들을 등속으로 움직이게 하지 않고 빨라지거나 느려지게 했을까?'라고 반문했다는 점이다. 결국 여호와 신이 천지를 창조한 시기를 6000년 전으로 본 케플러는 과학적인 타원형을 버리고 프톨레마이오스나 아리스토텔레스의 기하학적 원형이나 구형으로 되돌아갔다.[43]

고전 역학을 확립한 뉴턴의 신앙심

●

아이작 뉴턴(1642년~1727년)은 미적분학을 창시하고 만유인력을 발견한 수학자이자 물리학자이다. 하지만 에든버러대학의 과학사교수 존 헨리에 따르면, 뉴턴은 빛을 우주의 활동 원리라고 보았는데, 이는 운동의 배후에서 작용하는 힘을 탐구하던 연금술을 받아들인 흔적이라는 것이다. 특히 뉴턴은 "자연의 전체적인 틀은 어떤 에테르적 정기나 증기의 다양한 조직들이 침전에 의해 응결되는 것에 지나지 않을지도 모른다. 그리고 응결된 뒤에 다양한 형태를 지니게 되었는데, 처음에는 창조주의 손으로 직접 일어났고, 이후에 줄곧 자연의 힘으로 일어났다고 보았다."[44] 그런데 뉴턴은 수학이나 물리학보다 연금술 연구에 더 많은 시간을 보냈고 말년에는 성경을 더 연구했다고 한다. 뜻밖에도 17세기 과학혁명의 상징이던 뉴턴은 가톨릭에 맞선 열렬한 개신교도였던 것이다. 물론 철학자 버트런드 러셀에 따르면, 뉴턴의 지적 설계론은 그리스의 스토아학파에서 시작되었다. 자연의 행로는 18세기 신학에서 주장하듯이 자비로운 섭리라 부르는 입법자인 신이 정해 놓은 것이라고 보았기 때문이다.[45]

기묘한 것은 18세기에 영국의 정통 신학자들이 성경에 버금가는 권위를 누렸던 뉴턴의 자연철학을 이용하여 신의 존재를 증명하려던 자연신학이 번성했다는 사실이다. 자연신학은 자연계의 정교한 경이로움을 이용하여 자연의 지적 창조자인 신의 존재를 증명하려던 신학이다.[46] 그러나 18세기 후반부터 화학, 지질학, 동식물학 등이 발전하자 과학자들은 지적 설계론의 바탕인 신의 존재를 거부했다. 또한 영국의 주류 교회들은 설계론적 주장을 멀리하고 과학은 자연의 진리를 탐구하고, 종교는 도덕에 관계되는 것이라고 한발 물러섰다. 하지만 소수파 교파들, 특히 오늘날 근본주의 교파인 소위 미국에서 유행한 복음주의 개신교 분파들은 창조론을 과학적 가설로 제시하려고 성경이 문자 그대로 진리임을 뒷받침할 증거와 주장들을 모아 신중하게 제시하였다. 그런데 덩달아서 다윈주의, 즉 진화론이 증명된 과학적 사실이 아니고 가설이라는 주장이 교묘하게 제기되었다. 단적으로 이들의 목적은 창조론과 진화론이 동등하게 미국 공립학교의 과학시간에 다루어져야 한다는 것이었다.[47] 우리나라 일부 개신교는 이를 창조과학이라고 부르고 있다.

점성술과 현대 천문학

●

20세기는 아인슈타인의 상대성이론과 양자론이 과학혁명을 일으켜 뉴턴의 고전물리학 시대가 막을 내렸다. 또한 뉴턴의 물리학 이론인 중력은 먼 거리에서 작용하는 힘이 아니라 큰 질량을 가진 물체가 일으키는 시공간이 왜곡된 결과로 밝혀졌다. 이를테면, 태양의 거대한 질량이 주변의 공간을 변형시키므로 행성들의 경로는 일식 때 태양 주위에서 휘어지는 것이다.[48]

미국의 천문학자 세이건은 중세유럽의 교회가 지구 중심적인 프톨레마이오스의 이론을 지지하면서 천년 이상이나 천문학의 진보를 방해했다고 지적했다. 그러나 1543년 폴란드의 가톨릭 신부 코페르니쿠스가 우주의 중심은 지구가 아니라 태양이라는 주장을 한 뒤로 지구는 행성의 하나로 그 지위가 격하되었다. 지구가 태양으로부터 세 번째 행성으로서 태양을 돈다는 이 주장은 기독교 세계를 온통 흔들어 놓았다. 그래서 세이건은 코페르니쿠스로부터 케플러, 티코, 뉴턴을 거치면서 행성이 천국이라는 종교적인 신비주의가 깨지기 시작했다고 밝혔다.[49] 물론 행성을 신으로 본 것은 고대 수메르인이었다.

그런데도 2014년 가톨릭교회는 퇴마사제(退魔師祭), 즉 마귀를 물리치는 사제를 정식으로 인정했다. 수메르에서 이런 사제를 구마사제(驅魔師祭)라고 불렀다. 또한 지금도 서양인은 길거리에서 점성술 잡지를 사고,

신문은 점성술 칼럼을 싣고 있다. 세이건에 따르면, 이 별점은 프톨레마이오스가 인간의 운명을 12개의 부류로 나눈 것에 불과하므로 현대 천문학자들은 점성술을 과학적 지식이 빈약한 가짜과학'이라고 비판하고 있다.[50] 물론 별점과 점성술은 칼데아에서 비롯되었다. 다음 4부에서는 그리스와 오리엔트 종교의 혼합을 탐구해 보기로 한다.

1 차일드; 앞의 책, 294쪽.

2 로넌; 앞의 책 1권, 225~226쪽.

3 쟝샤오위안; 앞의 책, 58~59쪽.

4 애브니; 앞의 책(시간의 문화사), 157쪽.

5 쟝샤오위안; 앞의 책, 59~62쪽.

6 쟝샤오위안; 앞의 책, 59~66쪽.

7 R. Kieckhefer; Magic in the Middle Ages(마법의 역사), 파스칼북스, 2003, 김헌태 옮김, 221쪽.

8 강승일; 앞의 책, 84~85쪽.

9 쟝샤오위안; 앞의 책, 66~70쪽.

10 쟝샤오위안; 앞의 책, 68쪽.

11 쟝샤오위안; 앞의 책, 69쪽.

12 듀런트; 앞의 책 3-2, 290쪽.

13 K. Sagan; Cosmos(코스모스, 학원사, 1997, 서광운 옮김, 94~95쪽.

14 로넌; 앞의 책 1권, 221~227쪽.

15 애브니; 앞의 책(시간의 문화사), 160쪽.

16 애브니; 앞의 책(시간의 문화사), 161~162쪽.

17 헤시오도스; 앞의 책, 139쪽.

18 에브니; 앞의 책(시간의 문화사), 66쪽.

19 헤시오도스; 앞의 책. 130쪽.

20 에브니; 앞의 책(시간의 문화사), 77쪽.

21 로넌; 잎의 책 1권, 123쪽.

22 헤시오도스; 앞의 책, 140쪽.

23 쟝샤오위안; 앞의 책, 132~135쪽.

24 애브니; 앞의 책(시간의 문화사), 200~201쪽.

25 M. Cicero; De Natura Deorum(신들에 관하여, 개정판), 그린비, 2019, 강대진 옮김, 138~143
쪽. 174~188쪽.

26 C. Tacitus; Annales(연대기), 범우, 2005, 박광순 옮김, 373~374쪽.

27 타키투스; 앞의 책(연대기), 520~522쪽, 590쪽.

28 키케로; 앞의 책(예언에 관하여), 198~206쪽.

29 플루타르코스; 앞의 책 2, 320쪽. 340~355쪽.

30 킥헤퍼; 앞의 책, 224~228쪽.

31 킥헤퍼; 앞의 책, 227~230쪽.

32 킥헤퍼; 앞의 책, 230~231쪽.

33 쟝샤오위안 : 앞의 책, 190~195쪽.

34 킥헤퍼; 앞의 책, 216~220쪽, 223쪽.

35 쟝샤오위안; 앞의 책, 150쪽.

36 킥헤퍼; 앞의 책, 243쪽.

37 쟝샤오위안; 앞의 책, 234~235쪽.

38 애브니; 앞의 책(시간의 문화사), 159~160쪽.

39 킥헤퍼; 앞의 책, 24쪽.

40 킥헤퍼; 앞의 책, 28~29쪽.

41 킥헤퍼; 앞의 책, 232~233쪽.

42 쟝샤오위안; 앞의 책, 286~303쪽.

43 J. Henry; A Short History of Scientific Thought(서양과학사상사), 도서출판 책과함께,
2019, 노태복 옮김, 172~185쪽.

44 헨리; 앞의 책, 255~271쪽.

45 B. Russell; History of Western Philosophy(서양철학사); 을유문화사, 2011, 서상복 옮김.
349쪽.

46 헨리; 앞의 책, 278쪽. 316~330쪽.

47 헨리; 앞의 책, 418~419쪽.

48 헨리; 앞의 책, 475~476쪽.

49 세이건; 앞의 책, 93~128쪽.

50 세이건; 앞의 책, 90~95쪽.

오리엔트와 그리스,
종교적 교류

너희는 도대체 언제까지나 사제들의 속임수에 넘어가 사제들의 소변을 받아
마시겠느냐.

– 조로아스터, 『아베스타』

길안내

칼데아를 정복한 페르시아의 키루스왕은 종교적 관용 정책으로 메소포타미아 지역을 통치하였다. 그런데 페르시아의 조로아스터교는 서아시아에 영적 개인적 종교를 탄생시켰고 히브리 민족에게 깊은 영향을 끼쳤다. 그 후 알렉산드로스의 정복 전쟁으로 세계화가 조성되어 종교의 교류가 이루어지게 되었다.

소아시아의 바쿠스 신화는 그리스에 들어와 디오니소스 신비종교로 자리를 잡았다. 디오니소스는 데메테르 신비의식과 결합되면서 민중의 마음을 사로잡아 국가종교를 대신하게 되었다. 이를 정신적으로 변모시킨 인물은 전형적인 샤먼으로 알려진 오르페우스였다.

영혼의 불멸을 추구한 피타고라스는 천문학과 수학을 공부하면서 윤회에서 벗어나려고 하였다. 의사 아스클레피오스와 철학자 엠페도클레스는 여러 기적을 보여 신인이 되었는데, 이러한 전설은 이집트의 오시리스신의 죽음과 부활의식이 오리엔트 지역에 전파된 결과였다. 물론 수메르의 두무지왕의 수난이 더 오래된 신화이다.

4부 전반부의 주안점은 페르시아의 종교적 관용주의와 알렉산드로스의 세계화로 지중해 연안의 국가들 사이에 종교적 교류를 이루어지는 과정이다. 후반부는 소아시아의 바쿠스와 그리스의 데메테르가 결합된 디오니소스 신비종교를 개혁한 오르페우스와 피타고라스, 그리고 이집트 오시리스의 부활의식이 주안점이다.

1장

페르시아 제국의 정복 전쟁과
종교적 관용주의

인류 역사상 명실상부한 최초의 대제국은 페르시아였다. 그들이 꽃피운 문명은 고대 이란을 중심으로 일어난 파르티아, 사산 왕조 같은 수많은 후계국가에게 계승되면서 페르시아 문명이라는 이름으로 1200년간 이어졌다. 또한 페르시아 문명은 이슬람 세력이 확산되면서 중앙아시아, 인도, 동아시아에도 깊은 영향을 주었다.[1]

특히 고대 이란인이 세운 최초의 왕조였던 메디아를 제압하고 페르시아를 창건한 키루스왕은 관용적 종교정책과 다문화적 사상을 주창했다. 그의 아들 캄비세스에 이어 왕이 된 다리우스는 인도 북서지방, 트라키아, 마케도니아를 정복하고 도나우강에 진출하여 흑해까지 지배하는 연방적인 세계 대제국을 건설했다.[2] 이 페르시아의 종교적 관용주의 덕분에 히브리 민족의 종교는 중요한 변화와 발전이 이루어졌다.

키루스왕의 종교적 관용주의

●

기원전 539년 페르시아의 키루스(Cyrus, 기원전 600년~기원전 530년)왕은 큰 전투를 거치지 않고 바빌로니아의 수도 바빌론을 점령했다.[3] 바빌론을 정복한 키루스는 동쪽으로 인더스강까지 진출하여 인도의 간다라 지역을 복속시켰으나 기원전 530년 전투에서 전사했다. 그는 수도 파사르가대에 매장되었고 사람들은 그를 관용을 베풀며 신앙심이 가득 찬 군주라고 예찬했다.

아시리아학자 빈호프에 따르면, 키루스왕의 두 가지 특징은 패배한 민족을 심하게 다루지 않고, 그들의 신앙에 대해서 너그러운 태도를 보인 점이다. 바빌론에서도 그러했지만 특히 유대의 총독 세스바살(Sheshbazzar)에게 예루살렘 성전의 재건을 재검토하고 성전의 물건을 되돌려 주게 한 「키루스 칙령」에 그런 태도가 잘 나타나 있다.

이는 제2이사야가 '여호와의 기름 부은 자'로 묘사한 키루스가 받은 조로아스교의 영향이라고 보기도 하지만 페르시아의 정치적 종교적 동기가 더 중요하다. 즉, 다양한 민족으로 구성된 페르시아 제국에서 종교적 관용을 베풀어 민족적 종교적 감정을 존중하면 필요 없는 충돌을 피할 수 있고 실질적으로 더 유익하기 때문이었다.

그러나 페르시아는 많은 지역에서 신전의 경제력을 크게 약화시켰다. 더 이상 신전은 국가의 지원을 받지 못하고 오히려 세금과 물납세, 즉 물품으로 바치는 조세를 내고, 군역의 의무를 졌으며, 왕의 관리가 신전을 통제했다. 단지 이상하게 예루살렘에만 성전의 재건 비용과 희생제의의 관리 비용도 주었을 뿐이다. 특히 이집트와 바빌로니아를 정복한 후에 키루스왕은 그 지역의 전통에 맞는 왕의 호칭을 사용하여 왕위에 올랐는데, 지방의 정치에는 자치권을 주고 가급적 참견을 삼갔다.

물론 바빌론에서 발견된 「키루스, 점토 원통 위에 새겨진 명문」에서 키루스왕은 칼데아를 나보니두스왕의 압제에서 해방시켜 마르두크가 선택한 군주로 묘사되었다. 또한 키루스왕은 나보니두스가 여러 도시에서 바빌론으로 옮겨 온 신상을 신전 관리들과 함께 되돌려 보냈다.

아카드와 바빌론, 그리고 모든 신전을 내가 방문하였다. … 오랫동안 버려졌던 신전들에게, 내가 신상들을 각각 자신이 기뻐하는 장소로 돌려보냈고, 영원히 거주하도록 허락하였다.[4]

키루스왕은 정복당한 국가의 사제들이 그들의 여러 신과 왕위 계승자를 위하여 기도하는 것을 관여하지 않았는데, 칼데아의 바빌론도 마찬가지였다.[5] 이 키루스의 인권의식과 관용 정신을 담은 「키루스, 점토 원통 위에 새겨진 명문」의 복제품은 현재 유엔본부 2층 복도에 전시되어 있을 정도이다.

그런데 흥미로운 것은 페르시아의 내부에서 조로아스터교 사제들 중 상당수가 키루스의 종교적 행동에 분개했다는 사실이다. 기원전 529년 키루스가 동북쪽 국경을 침입한 부족과 치른 전투에서 패배했을 때 페르시아 마기교의 사제단이 국가를 전복시키려고 했던 것이다. 또한 키루스의 아들 캄비세스도 이집트의 파라오가 되어 3년을 머무를 때 마기교의 사제 가우마타가 반역을 선동하여 캄비세스를 죽였고, 기원전 522년 사제단이 왕위를 찬탈한 뒤에 수많은 신전을 부숴 버렸던 것이다. 마침내 먼 친척 다리우스가 그들을 무찌르고 왕의 자리에 오른 사실은 「베히스툰 비문」에 상세하게 기록되어 있다. 하지만 이 반역도

부분적으로 종교적이었다. 다리우스가 조로아스터교의 아후라 마즈다의 의지에 따라 왕이 되었다고 기록된 것이다.[6]

어쨌건 관대한 키루스왕의 포용 정책은 겉으로는 페르시아의 정복이 단순한 통치의 뒤바뀜으로 보였을 뿐 정복당한 대부분의 민족은 통치자가 바뀐 것을 깨닫지 못했다.[7] 또한 바빌로니아인들의 삶은 정상적으로 되돌아간 듯 보였다. 다만 차이가 있다면 그것은 사법과 경제 문서에 바빌로니아 왕의 연호 대신 키루스왕, 즉 '바빌론의 왕, 여러 나라의 왕'이라는 연호가 사용된 점이다. 그리고 키루스의 아들 캄비세스는 기원전 538년 봄에 바빌론의 총독이 되어 에사길라에서 마르두크를 모시는 신년축제 행렬의 선두에 서게 되었다.[8]

바빌론의 신년축제와 히브리 민족의 시련과 귀환

●

키루스왕의 장남 캄비세스 2세가 신년축제에서 바빌론 왕의 대역을 맡았는지는 불분명하다. 수메르에서 내려온 유서 깊은 바빌론의 신년축제는 농사의 풍요와 우주의 기원이 결합된 제의였고, 신의 대리자인 왕권의 갱신과 관련된 점에서 아주 중요했다. 특히 신년축제에서 왕이 모욕을 당하고 저승에 갇혔다가 지상으로 귀환하는 수메르의 두무지 신화는 앞에서 설명했지만 바빌론 포로기 제2이사야의 사상에 깊은 영향을 주었는데, 십자가에서 시련당하고 부활하는 예수의 신화에도 영향을 준 것이다.

어쨌건 히브리인의 시련과 귀환의 문제에 들어가려면 당시 이집트 형편을 살펴보아야 한다. 키루스왕의 아들 캄비세스 2세(Cambysees, 기원전 530년~기원전 522년 재위)는 시리아-팔레스타인을 지배하고 이집트의 멤피스를 함락하여 이집트의 왕이 되었다. 그러나 캄비세스가 누비아 원정에 실패하자 이집트가 반란을 일으켰을 때 이집트의 신전을 혹독하게 진압했는데, 그것은 신전이 폭동의 중심지이고 경제력의 근원이었기 때문이었다. 캄비세스는 신전을 파괴하고 재산을 몰수했으며, 파라오가 내리던 하사품은 중단되어 신전은 세금을 직접 거둬야 했다. 더구나 페르시아 관리는 성직자 임명까지 감독했다.[9]

그런데 당시 유대로 눈을 돌려 보면 아주 특이한 점이 보인다. 기원전 586년 네부카드네자르가 예루살렘을 파괴하고, 기원전 597년 유대의 왕 여호야긴을 폐위시켜 그의 가족, 귀족, 수천 명의 부하들과 함께 바빌론에 포로로 잡혀간 일은 구약에 기록되어 잘 알려져 있다. 하지만 종교학자 노스에 따르면, 네부카드네자르왕에게 포로로 잡혀간 히브리인은 고향보다 비옥한 바빌론과 니푸르 사이에서 농사를 지으며 비교적 자유롭게 살면서 안식일에 모여 종교적인 행사도 진행했다. 그래서인지 학자들은 기원전 586년 예루살렘의 멸망 이후 살아남은 사람들을 히브리인 대신에 유대인이라는 명칭을 사용하게 된다.[10]

유대교 학자 슈미트는 시간이 흐르면서 요셉과 다니엘, 스룹바벨, 느헤미야, 에스라가 출세하여 높은 지위를 차지한 것처럼 메소포타미아와 이집트에서 유대인은 존경과 번영을 얻었기 때문에 고국에 돌아가려는 의지와 자극이 잘 생기기 않았을 것이라고 추정했다. 그래서 율법인 토라는 이스라엘 밖에서 발생하였고, 유대교의 기원도 페르시아 시대에 두어야 한다는 것이다.[11]

특히 기원전 538년 바빌론을 점령한 페르시아의 키루스왕이 히브리인을 팔레스타인으로 돌아가도록 허용할 때까지 유대인은 두 세대인

60여 년 동안 그 당시 세계 최대의 도시였던 바빌론의 신년축제에 참여하여 많은 것을 보고 느꼈을 것이다. 그 당시 제2이사야가 바빌론 포로기의 예언자였다는 사실은 중요하다. 바빌론에서 포로생활을 했던 제2이사야는 히브리인의 시련이 여호와의 계획 속에 있는 인류와 세계 구원의 일부분이라고 생각했기 때문이다.[12]

이처럼 여호와가 히브리인만이 아니라 이방인을 포함한 전 인류를 구원한다는 제2이사야의 독창적인 사고방식은 바빌론의 수많은 민족들 사이에서 살아 보았기 때문에 가능했을 것이다.[13] 또한 제2이사야는 여호와가 자기의 의사를 모든 인류에게 알리려고 중재자인 종을 선택했으며 그 종이 바로 이스라엘이었다고 생각했다. 제2이사야는 여호와의 뜻을 거스른 이스라엘이 바빌론 유수로 이미 그 죄의 대가를 치렀다는 희망적인 예언을 했으며, 그 예언은 바로 키루스왕의 유대인 귀환으로 나타나게 된 것이다.

특히 「이사야의 예언」의 40장 이하에 기록된 제2이사야의 윤리적 종교적 통찰력은 히브리 경전 가운데 절정을 이루고 있다고 여겨진다. 즉, '히브리'라는 민족적 편협성을 벗어난 제2이사야의 도덕적 이상주의는 후기 유대교만이 아니라 초기 기독교에도 큰 영향을 주어 나사렛 예수를 제2이사야가 예언한 메시아로 확신했다는 것이다.[14]

다리우스왕과 히브리의 협력관계

●

유대의 편협성을 벗어난 제2이사야의 여호와 신학은 페르시아의 영향을 많이 받았다고 추정된다. 문명사학자 토인비의 지적처럼 그 당시 영적으로 가장 영향력이 컸던 조로아스터교의 '영혼의 불멸성, 최후의 심판, 성령의 역사(役事)'가 유대교 속으로 흘러 들어갔는데, 후대에 유대교의 자매종교인 기독교와 이슬람교 속으로 다시 들어가게 되어 간접적으로 오늘날까지 영향력을 행사하고 있기 때문이다.[15] 이 과정을 이해하려면 그 당시 페르시아와 히브리 민족의 협력관계를 좀 더 상세하게 살펴보아야 한다.

　이집트를 정복한 키루스가 전선에서 죽고 캄비세스가 기원전 520년에 페르시아의 왕이 되어 반란을 일으킨 이집트를 정복하고 신전을 파괴했다. 그 사이에 수사, 바빌로니아, 메디아, 아시리아, 아르메니아, 그밖의 지역들이 일제히 반란을 일으켰다. 캄비세스는 황급히 이집트에서 출동했으나 갑자기 살해당했다.

자료 4-1-1 캄비세스 2세가 이집트의 파라오 프사메티쿠스 3세를 만난 19세기의 상상도(루브르 박물관 소장)

　결국 페르시아 제국이 위기에 빠졌지만 왕가의 혈통을 타고난 다리우스(Darius, 기원전 522년~기원전 486년)가 왕위를 찬탈한 형제 바르디야를 죽이고 바빌로니아의 반란세력을 격퇴한 기원전 522년에 드디어 중동지방 전체의 왕으로 인정받았다. 다리우스는 반란국가들을 잔혹하게 진압했고, 오랜 포위 공격 끝에 바빌론을 점령하여 잔혹하게 지도급 인사 3천여 명을 십자가에 매달았다.[16] 말하자면 다리우스는 종교적 관용 정책을 폈지만 반란을 일으키면 잔혹하게 처단하면서 대제국을 건설한 것이다.

결국 이집트의 총독들이 '왕 중의 왕'이라고 인정한 다리우스는 인도 북서지방, 트라키아, 마케도니아를 정복하고 도나우강에 진출하여 흑해까지 지배했다. 「베히스툰 비문」에 따르면, 다리우스가 복속시킨 국가는 23개였고, 당시 세계인구의 44%에 해당하는 5천 만 명이 제국 안에서 살고 있었다.[17] 비록 아테네에게 패했지만 다리우스는 제국의 상징인 페르세폴리스를 건설하여 23개 민족의 다양한 사절단의 모습을 궁전 계단의 전면에 새겼다. 이처럼 다리우스는 수많은 민족과 종족을 포함하는 일종의 연방인 세계제국을 건설했던 것이다.[18]

자료 4-1-2 아케메네스 제국의 제3대 왕 다리우스(© Derfash Kaviani)

다리우스는 행정조직을 개혁하여 제국을 20여 개의 지역으로 편성하고 사트랍(Satrap)이 다스리게 하면서 군사령관, 재무관리, 특사나 밀정을 파견하여 효과적으로 관리했다. 또한 거대한 도로망을 건설하여 역마의 통신제도를 설치했으며, 금화와 은화 같은 통화와 도량형을 표준화하여 대제국의 기반을 다졌다. 그밖에도 나일강과 홍해 사이에 운하를 개설하고, 427개의 지하 수로시설을 만들었다.[19]

특히 우르의 난나 신전과 우루크의 에안나 신전을 복원한 키루스왕처럼 다리우스도 정복한 국가의 관습, 종교, 법률 등을 허용했을 뿐만 아니라 신전을 복구하여 그들의 종교를 보호하고, 히브리인을 석방하여 예루살렘의 신전 재건을 허락했다. 결국 다리우스는 나폴레옹처럼 모든 종교를 받아들여 나폴레옹보다도 훨씬 더 많은 자비를 베풀며 모든 신의 비위를 맞추었다.[20]

무엇보다 페르시아는 아시리아나 바빌로니아처럼 주로 상류층을 강제로 이주시켜 정복한 지역의 구조를 무너뜨리는 정책을 쓰지 않고 대신 중앙정부의 감독 아래 지역의 자치를 강화했다.[21] 그래서 역사학자 토인비는 페르시아의 정복 전쟁이 아시리아보다 덜 잔인했으며 행정조직도 덜 압제적이었다고 지적했다. 정복한 나라의 종주권에 만족하면서 지방 행정당국을 감독할 정도였으며, 그 지역의 종교를 존중하고 보호하면서 페르시아의 통치를 묵인하고 받아들이게 하는 소위 개명된 정책이었다.[22]

이런 전통은 후대까지 이어져 초기 이슬람 시대에는 소위 '딤미(Dhimmi)'라는 제도를 통해서 유대인 공동체, 그리스 정교회 공동체, 기독교인 공동체 등을 인정해 주었다. 그 후 오스만 제국 시대에는 '밀레트(Millet)' 제도로 계승되어 그 지역 종교 지도자들의 자율에 맡겼다.[23]

이러한 페르시아의 포용 정책은 당시 3대 국제어인 페르시아어, 엘람어, 바빌로니아인의 아람어를 공식적 언어로 채택한 다리우스와 크세르크세스가 세운 여러 비문에도 나타나 있다. 하지만 그들은 조로아스터를 언급하지 않았지만 여러 비문이나 훈령에선 페르시아의 아후라마즈다 신을 천상과 지상의 최고의 주라고 기록했다.[24]

특히 페르시아의 포용정책은 조로아스터교가 전투적인 데 반하여 아주 찬양받을 만하다. 결국 격렬하고 저항적인 시리아 민족들은 페르시아 통치와 화해했는데, 그것은 종교적 자유주의 때문이었다. 말하자면 히브리인의 눈으로 볼 때 페르시아는 해방자였으며 강제로 이주를 당한 바빌로니아의 히브리 공동체도 페르시아의 동맹자였던 셈이다.

유대교학자 슈미트에 따르면, 히브리인에게 페르시아는 여호와의 도구이고, 대리인이고, 심판자였다.[25] 왜냐하면, 메디아의 수도였던 하마단에서 발견된 「키루스 2세의 포고문」에 따르면, 키루스왕은 히브리인의 귀환과 예루살렘의 성전 재건을 허용했는데, 이를 다리우스 1세도 확인했던 것이다. 또 기원전 445년 아르타크세르크세스 1세 혹은 기원전 384년 그의 아들 아르타크세르크세스 2세가 느헤미야에게 휴가를 주고 국고금과 건축자재를 주면서 유대인 1,700명을 데리고 페르시아의 수도 수사를 떠나 예루살렘으로 떠나도록 배려하여 150여 년간 방치된 예루살렘을 재건하게 한 일은 『구약성경』「느헤미야」에 기록되어 있다.[26]

바빌론의 포로생활과 히브리인의 변화

한 세기 반이 지나자 바빌론에 포로로 잡혀간 히브리인은 예전과 많이 달라졌다. 일부는 군인과 상인이 되어 이집트나 시리아로 진출하고, 혹은 일부는 여호와신과 예언자들에게 배신감과 환멸을 느껴 선진문명인 바빌론이나 이집트의 신을 섬기기도 했다.

한편 키루스왕이 히브리인을 귀환시켰지만 상당수의 히브리인은 바빌로니아를 자기의 고향이라고 여기면서 머물렀고, 반면에 수천 명은 스룹바벨과 레위족의 후손인 여호수아가 인도하여 고향으로 돌아갔다. 하지만 성전의 재건은 어려웠는데, 그것은 예루살렘에 남아있던 사람들이 토지의 기득권을 주장하면서 귀환한 사람들을 달갑게 여기지 않았기 때문이다. 더구나 그들은 에돔, 암몬, 사마리아 사람들과 혼인하여 귀환자들에게 종교적 사회적으로 멸시를 당했다.

15년 뒤에야 겨우 느헤미야가 감독관이 되어 150년 동안 방치된 예루살렘의 성벽과 성문을 재건하고 경전 사업에 박차를 가하여 「모세오경」과 「시편」 등을 편찬하여 히브리 경전의 75%를 완성했던 것이다. 소위 바리새파가 이들이었다.[27] 이 점은 뒤에 다시 검토하기로 하고 페르시아의 업적과 유산을 정리해 보기로 한다.

페르시아 제국의 업적과 유산

역사학자 번즈는 페르시아의 문명사적 업적이 메소포타미아, 소아시아, 시리아-팔레스타인 해안, 이집트 등을 망라하는 중동 문화의 종합이라고 지적했다. 페르시아는 무려 2,600km에 달하는 도로를 건설하여 엘람의 수사, 페르세폴리스, 바빌론, 하마단으로 여겨지는 엑바타나 같은 페르시아의 4대 도시를 여러 점령 국가와 연결했던 것이다.[28] 수도 수사에서 아나톨리아 서부의 사르디스까지 보통 도보로 90일이 걸렸는데, 역마로 달리면 단 9일 만에 도달했다. 역설적이게도 이 왕의 길을 통해서 200년 뒤에 알렉산드로스가 페르시아를 포함하여 세계를 정복하는 통로가 되었다.[29]

어쨌건 이 도로망을 통하여 반란을 제압하려고 군인들이 신속하게 출동했고, 조세로 바치는 세금과 상인의 물품이 왕래하면서 제국의 통제를 손쉽게 하는 동시에 고급문화도 물처럼 낮은 곳으로 흘러갔던 것이다. 그래서 듀런트는 페르시아 제국은 로마가 등장하기 전에는 지중해 세계가 알고 있던 가장 성공적인 제국의 행정실험 체계였다고 보았다.[30]

무엇보다 페르시아가 남긴 유산 중 가장 지속적인 영향은 바로 종교였다. 고도로 발달되고 호소력이 강한 페르시아의 조로아스터교는 서아시아 전역으로 확산되어 그들의 종교를 송두리째 다른 모습으로 바꾸어 놓았던 것이다.[31] 다음 장에서 조로아스터교를 구체적으로 검토해 보기로 한다.

1 이희수, 앞의 책, 156~157쪽.

2 빈호프; 앞의 책, 371~373쪽.

3 「키루스, 점토 원통 인장 위에 새겨진 명문」(프리처드 편집; 앞의 책, 오펜하임 원역, 551쪽.)

4 「키루스, 점토 원통 인장 위에 새겨진 명문」(프리처드 편집; 앞의 책, 오펜하임 원역, 553쪽.)

5 빈호프; 앞의 책, 365~367쪽.

6 J. Campbell; The Mask of God 3. Occidental Mythology(신의 가면 3. 서양신화), 까치글 방, 1999, 정영목 옮김, 255~258쪽.

7 이희수; 앞의 책, 163쪽.

8 루; 앞의 책 1권, 238쪽.

9 빈호프; 앞의 책, 368~369쪽.

10 노스; 앞의 책 상권, 247~251쪽.

11 슈미트; 앞의 책, 269~270쪽.

12 노스; 앞의 책 상권, 253~257쪽.

13 슈미트; 앞의 책, 375쪽. 이사야서는 제1이사야(1~39장), 바빌론 유수기의 제2이사야 (40~55장), 제3이사야(56~66장)가 통합된 예언서라고 보는 학설이 지배적이다.

14 노스; 앞의 책 상권, 253~257쪽.

15 토인비; 앞의 책(세계사), 197쪽.

16 듀런트; 앞의 책 1-1, 559쪽.

17 이희수; 앞의 책, 170~172쪽.

18 빈호프; 앞의 책, 371~373쪽.

19 이희수; 앞의 책, 182~191쪽.

20 듀런트; 앞의 책 1-1, 557쪽.

21 슈미트; 앞의 책, 273쪽.

22 노스; 앞의 책 상권, 175쪽.

23 이희수; 앞의 책, 182~182쪽.

24 노스; 앞의 책 상권, 175쪽.

25 슈미트; 앞의 책, 280쪽.

26 토인비; 앞의 책, 205~207쪽.

27 노스; 앞의 책 상권, 258~263쪽.

28 번즈; 앞의 책 1권, 75~76쪽.

29 이희수; 앞의 책, 189~190쪽.

30 듀런트; 앞의 책 1-1, 570쪽.

31 번즈; 앞의 책 1권, 77~78쪽.

2장

페르시아의 영적인
조로아스터교

　페르시아가 남긴 유산 가운데 가장 지속적인 영향을 끼친 것은 종교였다. 기원전 5세기에 페르시아가 정복활동을 시작했을 때 이미 고도로 발전해 있던 조로아스터교는 서아시아 전역으로 확산되어 다른 종교들을 크게 뒤바꾸어 놓았다.

　기원전 600년 직전의 인물로 추정되는 조로아스터는 완전히 발전된 신앙체계를 고안한 최초의 신학자였을 것이다. 그는 자기 민족의 관습인 다신교, 동물의 희생, 주술을 철폐하고 좀 더 영적이고 윤리적인 종교를 확립하려고 노력하였다.[1]

　페르시아의 민중종교의 개혁자인 조로아스터는 새로운 신앙을 창조하고 죽은 자를 부활시키는 구세주가 올 것을 예언하였다. 의식이나 사제, 신전이 들어설 수 없는 개인종교였던 조로아스터교는 극단적인 금욕이나 은둔보다 현실에서 실천하는 도덕생활을 중요시하였다.[2]

메디아, 페르시아, 파르티아는 모두 이란족이다

●

기원전 6000년에 러시아의 아시아 초원 지대에서 유목생활을 하던 인도-유럽어족인 고대의 이란족은 기원전 2000년 중반 카스피해 남동쪽을 거쳐서 이란의 고지대로 이주했다. 또한 같은 지역에서 유목생활을 하던 역시 인도-유럽어족인 인도족은 카스피해 부근에서 인도로 이주했다.

당시 이란 지역에 정착한 고대 이란족은 메디아와 페르시아였다. 고대의 이란 동쪽에 정착한 메디아인은 기원전 9세기에 아시리아를 위협하더니 기원전 612년에는 바빌로니아와 협력하여 아시리아 제국을 붕괴시켰다. 반면에 이란 남쪽에 정착한 페르시아인은 기원전 550년경 키루스왕 때 메디아를 흡수한 뒤에 아케메네스 제국을 건설하여 기원전 331년 알렉산드로스에게 정복당할 때까지 고대 중동 지역의 지배세력이 되었다.

그런데 알렉산드로스의 후계자가 통치하던 셀레우코스 왕조는 이란 북동부에 정착한 유목민이고 이란어를 사용하는 파르티아의 아르사세스 1세에게 기원전 238년 정복당했다. 그 후 파르티아 왕국의 미트라다테스 1세는 기원전 141년 메소포타미아를 정복하여 350여 년 동안 로마에 맞선 강력한 제국의 기반을 마련했다.

하지만 파르티아 왕조는 224년 아르다시르왕의 사산 왕조에게 멸망당하고, 사산 왕조는 642년 이슬람 세력인 아랍인에게 정복당했다. 아랍인은 사산 왕조의 국교였던 조로아스터교 대신 이슬람교를 강요하여 조로아스터교는 간신히 명맥을 유지했다.[3] 하지만 조로아스터교와 페르시아 신화는 로마와 기독교 초기 시대까지 줄곧 살아남았다.

조로아스터의 생애와 경전 『아베스타』

●

'조로아스터(Zoroaster)'는 '자라투스트라(Zarathushtra)'라는 그리스어에서 유래한 영어식 이름이지만 고대 페르시아인도 조로아스터를 자라투스트라라고 발음했다. 기원전 2000년대의 인도인과 이란인이 공유하던 종교를 개혁한 조로아스터는 기원전 1000년부터 기원전 600년 사이에 이란의 동부 호라스미아 혹은 박트리아에서 사제로 활동한 것으로 추정된다.

원래 조로아스터는 말을 사육하는 스피타마 씨족이었는데, '스피타마(Spitama)'는 '재빠르게 공격한다.'는 뜻이다. 또한 조로아스터의 아버지의 이름은 '얼룩말'이란 뜻을 지닌 푸루샤스파(Pourus'aspa)이다.[4] 이러한 이름들은 조로아스터가 정착 유목집단 출신이었음을 암시한다.

후대의 전승에 따르면, 가정교사에게 교육을 받은 조로아스터는 15살에 '성스러운 노끈'이라는 쿠스티(Kusti)를 받았고, 동정심이 강해서 노인과 가축을 지극히 염려했다. 그 후 결혼하여 두 자녀를 둔 조로아스터는 아주 가난했는데, 찬가인 『가타』에는 조로아스터가 아후라 마즈다에게 가난을 호소하는 구절이 나온다.

"오 지혜로운 마즈다여, 내가 무력한 것은 가축과 사람들이 적기 때문입니다."

20살 때 부인을 떠나 종교적 방랑길에 오른 조로아스터는 30살에 고향 근처에서 아후라 마즈다의 찬란한 빛의 계시를 받아 예언자의 소명, 종교의 교리와 의무를 깨우쳤다. 그 후 8년 동안 6명의 천사장을 만나 최초의 계시가 굳건해져서 설교를 시작했다. 하지만 악령들의 유혹과 시련을 당하던 그는 이란 동부의 한 궁전에서 통치자 비쉬타스파의 보호를 받아 20년 동안 새로운 종교를 전도하고 두 번이나 성전(聖戰)을 치렀다. 즉, 조로아스터는 북방에 침입한 유목민을 격퇴시켰으나 두 번째 침략 때 집무실인 불의 제단에서 77살에 살해당한 것이다. 그가 죽은 뒤 조로아스터교는 크게 번성하여 메소포타미아, 소아시아, 이집트로 교세가 확장되었다.[5]

조로아스터의 경전은 『아베스타(Avesta)』이다. 조로아스터교의 사제들이 기록한 이 경전은 오랜 동안 구전으로 전해지다가 기원전 6세기경 사산 왕조 때 완전한 모습을 갖추었다. 하지만 오늘날에는 13세기나 14세기에 이루어진 경전의 일부만 전해 오는데, 내용은 기도문, 찬가, 악마들에 대한 법령, 이교도들의 수많은 기원신화 등이다.[6]

조로아스터는 두 가지 평가를 받고 있다. 먼저 그는 아후라 마즈다를 숭배하던 이란의 마즈다교의 한 측면을 드러낸 인물에 불과하다는 것이다. 다음에 그는 인도와 이란이 공유하던 종교를 과격하게 개혁한 인물이라는 것이다. 왜냐하면 조로아스터는 소를 희생 제물로 바치고 하오마를 마시는 사제들에게 무기를 들고 대항하라고 제자들을 선동했기 때문이다.[7]

조로아스터교는 이원론적 종교

●

문명사학자 번즈는 조로아스터교가 그때까지 세계의 종교에서 찾아볼 수 없는 독특한 이원론적 종교라고 지적했다. 말하자면 수메르와 바빌로니아처럼 하나의 신이 선과 악의 양면성을 동시에 지닌 일원론적 종교가 아니라는 것이다.[8] 이는 다음 글에 나타나 있다.

쌍둥이의 모습으로 나타난 두 영(靈)이 있다. 사고와 언행에서 좋은 쪽과 나쁜 쪽이 그들이다. 이 쌍둥이 영이 태초에 함께 등장했을 때 그들은 각자 생명과 비생명을 만들었다. 그리하여 마지막에 거짓의 추종자들은 지옥에 떨어지고, 의로움을 따르는 자는 낙원이 주어진다.[9]

다시 말하면, 조로아스터는 우주를 지배하는 원리가 빛과 진리를 구현한 지극히 높은 존재인 아후라 마즈다(Ahura Mazda), 그리고 어둠과 악의 세력을 주관하는 존재인 안그라 마이뉴(Angra Mainyu)라고 설교했던 것이다. 나중에 안그라 마이뉴는 아리만(Ahriman)으로 알려지게 되었다.

원래 아후라 마즈다는 '현명하신 주님', 또는 '빛으로 가득한 주님'이라는 뜻을 지녔지만 페르시아에서 오래전부터 널리 알려진 신이었다. 지혜의 신 아후라 마즈다는 최고신이고 창조자이고 선의 신이다. 이에 맞서는 악의 화신 안그라 마이뉴는 진실의 세계를 파괴하는 세력으로서 악마들의 본거지인 북쪽의 암흑 속에 산다. 이 안그라 마이뉴는 도마뱀이나 뱀, 젊은이로 변신하여 사람들을 유혹한다.[10]

아후라 마즈다가 우주와 세상을 창조하고, 악을 쳐부수고, 의로움을 세운 최고신이라는 계시를 받은 내용이 조로아스터 찬가인 「가타」에 다음과 같이 기록되어 있다.

의로움을 낳은 자는 누구인가. 태양과 별의 길을 정한 이는 누구인가. 물과 식물, 바람과 구름, 빛과 어둠, 아침과 낮과 밤을 만들어 현명한 사람들로 하여금 의무를 깨닫게 하는 이는 누구인가. 이 모든 일의 주인인 오 마즈다, 성령을 통하여 만물을 창조하신 이를 알고자 하나이다.[11]

그런데 빛과 진리의 존재인 아후라 마즈다와 어둠과 거짓의 존재인 안그라 마이뉴는 필사적인 싸움을 벌이지만, 아후라 마즈다는 세상이 끝나는 최후의 날에 안그라 마이뉴를 물리치고 승리한다. 그때 죽은 자들은 모두 무덤에서 일어나 심판을 받아 의로운 자는 천국으로 가고, 사악한 자는 지옥으로 간다. 하지만 모든 인간은 구원을 받게 되는데, 기독교의 지옥과 달리 조로아스터교에서 지옥은 영원히 지속되지 않기 때문이다.[12]

조로아스터교에서 부활한 자들이 받는 최후의 심판은 갈라짐의 다리에서 타는 불과 녹은 쇳물로 받는다. 그리고 의로운 자가 가는 천국은 늘 태양이 빛나는 노래의 집이고, 사악한 자가 가는 지옥은 컴컴하고 무시무시한 거짓말의 집이다. 갈라짐의 다리에 이르면 자기의 영혼과 자기의 자아가 그들을 괴롭힐 것이다. 악인은 언제나 거짓말의 집에서 환영받는 손님이 될 것이다.[13] 하지만 갈라짐의 다리에서 그의 프라바시, 즉 다른 세상에 존재하는 그의 자아인 천사들이 의로운 자의 다리를 넓혀 준다.[14]

그런데 조로아스터교에는 천국과 지옥 외에도 연옥(煉獄)이 있다는 점이 특이하다. 미덕이 죄보다 많은 사람은 잠시 형벌과 정화를 받으

자료 4-2-1 조로아스터교의 상징 아후라 마즈다(© Ploxhoi)

며, 죄를 많이 지었으나 착한 일을 한 사람은 12,000년 동안 고통을 당한 뒤에 천국에 올라간다. 하지만 조로아스터 이후에 세 명의 예언자가 나타나 아후라 마즈다의 왕국이 임하고 아리만이 완전히 소멸하면 악, 어둠, 고통도 없는 세상에서 죽은 사람들이 모두 부활한다는 것이다.[15]

이러한 정교한 종말론적 체계를 통해 조로아스터는 심판을 위해서 죽은 자들을 부활시키는 구세주가 올 것이라고 예언했다.[16] 결국 조로아스터교로부터 유대교나 기독교, 이슬람교의 종말론이나 최후의 심판론, 부활사상, 그리고 가톨릭의 연옥이 나왔다고 추정할 수 있다.

조로아스터교는 윤리적이고 개혁적인 종교

이원론과 함께 조로아스터교의 독창적인 점은 윤리성이다. 자유의지를 가진 인간은 현세의 행동에 따라 내세에서 보상이나 벌을 받게 된다고 주장하기 때문이다. 그래서 아후라 마즈다가 권한 것은 진실, 사랑, 환대이고, 금지한 것은 오만, 폭음, 나태, 탐욕, 분노, 색욕, 간음, 낙태, 중상모략, 낭비였다. 특히 조로아스터는 재산의 축적은 죄악이며, 같은 교인에게 돈을 빌려주고 이자를 받는 것이 가장 나쁜 죄악이라고 경계했다.[17]

이로 볼 때 이원론적 조로아스터 도덕관의 핵심은 인생이란 선과 악의 싸움터인 것이다. 하지만 인간 스스로 선택할 자유가 주어져 있다는 점에서 조로아스터교는 실천적이고 상식적인 성격이 강한 종교이다. 말하자면 조로아스터교는 금욕이나 수도원의 은둔 같은 극단적인 수행보다는 현실에서 직접 실천하는 도덕을 중시한 것이다.[18]

무엇보다 조로아스터의 가장 큰 개혁은 종교적 제의에서 예전의 주술과 우상숭배를 제거한 점이다. 조로아스터교의 경전『아베스타』에는 동물 희생제를 지낼 때 하오마 즙을 마시고 환각상태에서 광란적인 행동을 벌이는 신도들을 비난한 사실이 기록되어 있다.

"너희는 도대체 언제까지나 사제들의 속임수에 넘어가 사제들의 소변을 받아 마시겠느냐?"[19]

이 하오마 즙은 완전히 흡수되지 않고 소변에 섞여 나오는 특성이 있었다. 인도의 소마처럼 환각식물인 하오마(Haoma)는 원래 건강과 힘, 풍작과 아들을 가져다주는 신이었다. 하오마는 에페드라(Ephedra)에 속하는 치료의 힘이 있는 식물로서 초자연적인 힘을 주고 취하게 하는 효능이 있었다. 그래서 이란에서 하오마는 어떠한 적도 물리칠 수 있는 힘을 주는 존재로 생각되었다.[20]

그러나 조로아스터교가 숭배하는 불과 비슷하게 하오마는 환각상태에 들어가 신을 만나는 방법으로 사용되었다. 조로아스터는 성스러운 불 앞에서 예배드리는 전통은 보존시켰지만, 불을 숭배한 것이 아니라 아후라 마즈다의 상징의 하나인 불을 통해 현명하신 주(主)의 본성을 깨달을 수 있다고 믿었기 때문이었다.[21]

반면에 조로아스터가 희생제물을 바치고 하오마를 복용하는 사제들을 공개적으로 공격하여 스스로 도망 다니게 되자 작은 군주들까지 그를 회피하는 모습이『가타』에 기록되어 있다.

"항상 장애물이며 조무래기 군주 와에프야는 겨울의 다리에서 조로아스터와 마차를 끄는 말이 추위에 떨면서 그의 집으로 가서 도움을 요청했을 때 쉴 곳을 마련해 주지 않는 무례를 범했다."[22]

하지만 조로아스터교라는 새로운 신앙은 평민들이 수용하기에는 너무 버거웠다. 시간이 흐르면서 조로아스터교의 추상적이고 철학적인 성격은 축소되고, 원래 뿌리 뽑으려고 애썼던 제물과 예배, 사제의 역할이 중시되었다.[23] 물론 조로아스터가 강력하게 반대한 것은 대량의 유혈 희생이 뒤따르고 과도하게 하오마를 마셔서 엑스터시에 빠지는 것이었다. 하오마는 빛 속에서 최고신 아후라 마즈다를 체험하는 수단이었기 때문이다.[24]

조로아스터교의 종교적 영향

●

아후라 마즈다를 최고신으로 올려놓은 조로아스터의 개혁은 같은 아리안족인 인도 동부의 왕족에게 전파되었다. 또한 티그리스-유프라테스강 유역으로 내려가 다신론적 신앙에 적응하려고 근본적인 변화를 겪었을 것이다. 그리고 이란 서부의 마기족은 조로아스터교와 경쟁하여 유일신론적 개혁을 일으켰는데, 다리우스왕과 그 후계자들은 이 마기교를 믿었다고 추정된다. 그런데 조로아스터는 자기 같은 예언자가 꼭 나올 것을 기대했는데, 이는 후대에 그리스도, 즉 구세주 사상으로 나타나게 되었다. 신화학자 캠벨에 따르면, 12,000년이 끝날 때 조로아스터의 영적인 아들 사오샨트, 즉 구세주인 세상의 메시아가 나타나서 신의 최초의 창조를 복원시켜 놓을 것이다. 후기 아베스타 문헌에는

그때 생명과 불멸이 찾아올 것이며, 세상은 그 소망대로 복원될 것이라고 하였다.[25]

특히 고대 세계에서 조로아스터에 대한 숭경은 대단했다고 전한다. 그리스인과 로마인도 조로아스터와 그의 종교에 대한 이야기에서 큰 인상을 받은 사실은 많은 문서가 증명하고 있다. 심지어 3세기의 그리스인 라에르티오스의 『그리스 철학자열전』에 따르면, 플라톤도 페르시아의 마구스[Magus, 마기(Magi)의 복수형]와 교류할 생각이었지만 스파르타와 페르시아가 전쟁 중이었기 때문에 그것을 단념했다.[26]

이 조로아스터교는 히브리인에게 가장 큰 영향을 끼쳤을 뿐만 아니라 서양의 종교사상의 형성에 크게 공헌하였다. 엘리아데는 『종교사상사』에서 조로아스터교의 중요성을 다음과 같이 평가했다.

수많은 종교사상이 이란에서 발견되고 재평가되고 체계화되었다. 가장 중요한 것을 꼽는다면, 우주적 윤리적 종교적 이원론적 체계, 구세주의 신화, 낙관적 종말론, 궁극적으로 선이 승리한다는 사상, 우주적 구제에 대한 선언, 죽은 자의 부활 등을 들 수 있다. 그리고 몇몇 영지주의 신화 역시 이란 종교의 발명품이라고 할 수 있다.[27]

그런데 조로아스터교의 조장(鳥葬)의 풍습에는 영혼과 육체를 분리하는 태도가 보인다. 침묵의 탑에서 자연을 오염시키는 사자의 육체를 독수리에게 쪼아 먹여 영혼을 하늘로 올려 보냈던 것이다. 특히 조로아스터교는 성전에 인물의 조각상, 상징물, 초상화를 설치하는 행위를 우상숭배라고 배격했다. 이런 태도가 유대교, 기독교, 이슬람교에게 이어져 세계 각지에서 우상 파괴행위를 지속해 온 것이다.[28]

어쨌건, 문명사학자 번즈도 조로아스터교는 후대에 미신과 주술, 사제들의 술책으로 오염되었지만, 칼데아의 영향을 받아 페르시아의 이원론이 칼데아의 비관주의와 숙명론이 혼합되어 미트라교, 마니교, 그리고 영지주의가 탄생했다고 보았다. 이 영지주의는 페르시아와 그리스의 종교 사상으로부터 발전하여 기원전 1세기경에 원숙기에 들어섰고, 기원전 2세기 후반에 이르러 교세가 절정에 이르렀다. 기독교 초기에 널리 유행한 영지주의의 특징은 신으로부터 직접 계시받은 비밀스런 영적인 지식을 소유한다고 믿은 신비성에 있었다.[29]

그런 의미에서 토인비는 기원전 6세기경 5명의 선각자가 출현한 사실에 큰 비중을 두었다. 바로 인도의 석가, 중국의 공자, 그리스의 피타고라스, 히브리의 제2이사야, 이란의 조로아스터가 바로 그 무렵의 선각자이다. 그들의 공통적 특징은 영적인 존재와 인간의 관계를 집단적 제도적 관계에서 개인적 관계로 전환시키는 종교개혁을 착수했다는 점이다.[30] 말하자면 그 시기에 국가적인 종교가 개인적 종교로 변화되기 시작한 것이다. 이러한 변화는 서남아시아와 유럽에서 페르시아의 종교적 관용정책과 알렉산드로스의 세계화와 관련이 있다. 더 나아가 알렉산드로스가 죽은 뒤 제국의 붕괴와 함께 일어난 정치적 사회적 시대성이 중요한 촉매가 되었기 때문에 알렉산드로스의 이상주의를 탐구할 필요가 있다. 다음 장에서 알렉산드로스 시대에 종교가 혼합되던 모습을 살펴보기로 한다.

1 번즈; 앞의 책 1권, 77-80쪽. / 켐벨; 앞의 책(서양신화), 224~225쪽.

2 램; 앞의 책, 50~51쪽.

3 V. S. Curtis; Persian Myths(페르시아 신화), 범우사, 2003, 임웅 옮김, 13~16쪽.

4 엘리아데; 앞의 책(세계종교사상사 1권), 462~463쪽.

5 노스; 앞의 책 상권, 162~165쪽.

6 커티스; 앞의 책, 18쪽.

7 엘리아데; 앞의 책(세계종교사상사 1권), 461~465쪽.

8 번즈; 앞의 책 1권, 78쪽.

9 노스; 앞의 책 상권, 169쪽.

10 커티스; 앞의 책, 24쪽.

11 노스; 앞의 책 상권, 167쪽.

12 번즈; 앞의 책 1권, 78~79쪽.

13 노스; 앞의 책 상권, 173쪽.

14 캠벨; 앞의 책(서양신화), 229쪽. 이 천사들은 거룩한 순종, 타오르는 생각의 불길, 정의
의 상징이다.

15 듀런트; 앞의 책 1-1, 579~580쪽. / 캠벨; 앞의 책(서양신화), 238쪽.

16 램; 앞의 책, 50~51쪽.

17 번즈; 앞의 책 1권, 78~79쪽.

18 램; 앞의 책, 50쪽.

19 노스; 앞의 책 상권, 171쪽.

20 커티스; 앞의 책, 37~38쪽. / 캠벨; 앞의 책(서양신화), 239쪽. 가오케레나, 즉 하얀 하오
마는 아후라 마즈다가 창조한 식물로 늙는 것을 막아 주고, 죽은 자를 소생시키며,

불멸을 주는 나무였다.

21 노스; 앞의 책 상권, 171쪽. / 이희수; 앞의 책, 193쪽. 조로아스터교를 불을 숭배하는 배화교(拜火敎)라고 한 것은 잘못된 표현이다. 불은 빛과 정의의 상징이다.

22 엘리아데; 앞의 책(세계종교사상사 1권), 464쪽, 480~481쪽.

23 램; 앞의 책, 51쪽.

24 엘리아데; 앞의 책(세계종교사상사 1권), 474쪽.

25 캠벨; 앞의 책(서양신화), 246쪽. / 이희수; 앞의 책, 196쪽.

26 D. Laërtios; Vitae Philosophorum(그리스 철학자 열전), 동서문화사, 2020, 전양범 옮김, 106쪽.

27 엘리아데; 앞의 책(세계종교사상사 1권), 460쪽.

28 이희수; 앞의 책, 194~197쪽. '침묵의 탑'이라는 벽돌탑 2기가 유네스코 문화유산으로 지정되었다.

29 번즈; 앞의 책 1권, 80~82쪽.

30 토인비; 앞의 책, 196~204쪽.

3장

알렉산드로스의 세계주의와
종교의 혼합

　페르시아 제국을 건설한 다리우스왕은 소아시아 연안의 그리스 도시국가들을 압박하여 무거운 세금을 부과했다. 이에 반발한 도시국가들이 아테네의 지원을 받아 반란을 일으키자 기원전 499년부터 기원전 449년까지 다리우스왕과 그의 아들 크세르크세스 1세는 11번이나 그리스 연합군과 전투를 벌였고 대부분의 전투에서 승리하여 도시들을 정복했지만 최종적인 승리를 거두지 못했다.[1] 마침내 크세르크세스 1세는 그리스와 화친을 맺고 기원전 479년 철수했다.

　그런데 페르시아의 침략에 맞서 단결했던 그리스의 도시국가들은 기원전 431년부터 404년까지 아테네 중심의 델로스 동맹과 스파르타 중심의 펠로폰네소스 동맹 사이에 치열한 전쟁이 일어났다. 스파르타에 이어서 테베, 아테네, 코린트가 차례로 주도권을 차지했지만, 기원전 4세기 중반 마케도니아의 알렉산드로스에게 정복당하고 말았다. 알렉산드로스의 정복 전쟁과 세계주의는 기독교 초기까지 동서 문화가 융합되는 헬레니즘 시대의 문을 활짝 열었다.

알렉산드로스의 정복 전쟁과 신도시 건설

●

기원전 338년 마케도니아의 왕 필립포스(Philippos,기원전 382년~기원전 336년)는 케로네아 전투에서 그리스 연합군을 물리치고 그리스의 지배권을 장악했다. 그리스 도시국가들은 페르시아 전쟁과 내분으로 세력이 약화되었던 것이다. 필립포스는 그리스 신전을 모욕한 페르시아에게 복수하자는 명분을 내걸고 거국적인 원정을 준비하던 기원전 336년 갑자기 암살당했다. 20살에 왕위를 물려받은 알렉산드로스(Alexandros, 기원전 356년~기원전 323년)는 반란을 일으킨 그리스를 진압하고 그들의 병력까지 지원받아 기원전 334년 연합군 총사령관이 되어 페르시아 정복의 길을 떠났다.[2]

기원전 333년 알렉산드로스는 이집트를 공격하기 위해 먼저 팔레스타인과 예루살렘을 정복했다. 다음 해에 싸우지도 않고 페르시아의 지배를 받던 이집트를 정복한 알렉산드로스는 페르시아의 왕 다리우스 3세를 격파한 뒤에 바빌론과 페르시아의 수도 페르세폴리스를 점령했다. 그는 기원전 330년 페르세폴리스에 불을 질러 200년 이상 지속된 아케메네스 왕조의 페르시아 제국은 처참한 종말을 맞이했다.[3]

지휘관들이 축제를 벌이는 동안 병사들은 페르세폴리스에서 하루 종일 살육하고, 약탈하고, 겁탈하고, 여자들을 포로로 잡았다. 알렉산드로스도 왕실의 재산 3천 톤의 금을 탈취했는데, 망아지 1만 쌍과 낙타

5천 마리가 그 보물을 수사로 옮겼다고 전한다.[4] 특히 알렉산드로스는 포로로 잡힌 적군을 학살하라는 명령까지 내렸다고 한다.[5]

중요한 것은 알렉산드로스가 바빌론, 수사, 엑바타나, 페르세폴리스를 차례로 약탈하고 다시는 회복하기 힘들 정도로 철저히 유린하고 불태웠다는 점이다.[6] 그 뒤 10년 동안 알렉산드로스는 소아시아, 시리아, 바빌로니아, 페르시아, 우즈베키스탄 중동부의 사마르칸트, 아프가니스탄 북부의 박트리아, 인도의 펀자브 지역까지 광범위하게 정복하면서 역시 재물을 약탈하고 황폐화시켰다. 물론 플루타르코스에 따르면, 정복을 떠나기 전부터 그는 반란을 일으킨 그리스의 도시국가 테베를 함락한 뒤에 전쟁을 반대한 자를 제외하고 6천 명 이상의 시민을 학살하고 3만 명 가량을 노예로 팔았으며, 도시를 파괴하고 약탈하는 잔인성을 발휘했었다.[7]

그런데 알렉산드로스는 정복한 요충지에 무려 70여 개의 새로운 도시를 건설하여 그리스, 이집트, 페르시아, 유대 사람들이 함께 살도록 권장했다.[8] 세계주의를 앞세운 알렉산드로스는 그리스 문화의 확산을 통하여 종교와 인종 사이의 관용과 융합을 강조했던 것이다. 영국의 철학자 러셀에 따르면, 세계주의의 중요성은 사려 깊은 이들에게 '인류 전체'라는 의식을 떠오르게 했다.[9]

반면에 문화인류학자 이희수는 그리스적 헬레니즘의 근저에는 오리엔트가 야만인이라는 서양인의 오만한 태도가 깔려 있다고 지적했다. 하지만 페르시아는 3천 년 동안 축적된 오리엔트의 문화 위에서 과학, 제도, 통치술, 예술, 영성 등 어느 것 하나 그리스를 능가하지 못할 분야가 없었다. 알렉산드로스는 13년이라는 짧은 시간에 찬란한 문명의 금자탑을 철저하게 파괴하고 초토화시켰지만 결국 그의 후계자들이 세

운 국가들은 오리엔트의 지적 문화에 동화되어 점차 소멸해 갔다.[10]

자료 4-3-1 알렉산드로스왕의 모자이크(나폴리 국립 고고학 박물관 소장)

알렉산드로스의 세계주의

●

알렉산드로스가 시작한 세계의 통합은 1차적으로 결혼, 그리스인들의 동방으로의 이주, 그리스어의 사용, 신전과 극장의 건립, 학교의 설립, 그리고 그리스의 철학의 힘으로 널리 전파되었다. 무엇보다 알렉산드로스의 결혼정책이 세계통합의 길을 자연스럽게 열어 놓았는데, 서로 다른 민족의 남녀가 결혼하면서 문화와 관습, 그리고 종교가 자연스럽게 융합된 것이다.[11] 물론 그리스어를 사용한 알렉산드로스 자신부터 결혼정책에 앞장섰다. 그는 페르시아의 왕 다리우스의 딸 스타테이라, 박트리아의 왕녀 록사나와 결혼한 뒤에 귀족 출신의 부하 98명을 페르

시아의 귀족 가문의 딸들과 결혼시켰고, 1만 명의 마케도니아 병사들을
페르시아의 의식에 따라 결혼시켰다.

　더구나 3만의 보병과 5천의 기병대를 거느리고 정복 전쟁을 감행한
알렉산드로스는 3만 명의 페르시아 청년들을 선발하여 그리스의 방침
과 군사교육을 시켜 마케도니아 군대의 중요한 지휘관이나 보병 밀집
부대에 가입시켰다. 당시 마케도니아의 군대는 기병, 보병, 궁수부대,
공성포열(攻城砲列)로 편성되었다. 문명사학자 듀런트에 따르면, 특히 밀
집부대인 팔랑크스(Φάλαγγα)는 16열의 진이 보통 창보다 두 배 이상이나
긴 6.5미터의 창을 차례차례 던진 후 단검으로 백병전을 벌인 전투기술
로 유명했다. 더구나 보병은 놋쇠투구와 쇠미늘 갑옷, 정강이받이, 가벼
운 방패로 자신을 보호하는 무장을 갖추어 당대에 가장 강한 군대로 알
려져 있었다.[12]

자료 4-3-2 마케도니아의 팔랑크스(영국박물관 소장)

철학과 종교가 교류되다

●

　알렉산드로스의 세계주의의 물결을 타고 그리스 철학자들, 즉 스토아학파, 에피쿠로스학파, 견유학파들이 널리 퍼져 나갔다. 이 철학자들은 소위 헬레니즘의 계몽주의자가 되어 예전의 종교적인 속박으로부터 개인을 해방시켰다. 무엇보다 헬레니즘의 종교에서 가장 큰 혁신은 개인의 구원에 있었다. 그 결과 동방과 인도의 종교가 수입되어 새로운 신비주의인 그리스-오리엔트의 혼합주의가 탄생했다. 다시 말하면 죽음을 경험하고 정복했다고 여겨지는 신들을 중심으로 한 신비종교가 탄생했는데, 그 주인공은 바로 오시리스, 디오니소스, 이시스, 키벨레, 아티스, 미트라 같은 신이었다. 그런데 엘리아데는 이 현상은 농경이 시작된 신석기 시대의 종교발전과 비교할 만한 중대 사건이었다고 보았다.[13]

　결국 문명사적으로 일대 전환기가 마련되어 동서가 융합된 세계문화가 새롭게 만들어진 것이다. 70여 개의 신도시에서 정치와 경제, 문화적 융합과 함께 종교적으로 그리스의 신과 아시아의 신의 혼합현상이 일어나게 되었다. 그리하여 아시아의 신이 그리스의 신과 동격으로 간주되면서 그리스식 해석이 가해지기 시작했다. 그 대표적

자료 4-3-3 1~2세기경 간다라미술이 반영된 부처입상(도쿄 국립박물관 소장)

인 종교 문화적인 흔적이 간다라 미술에 나타나 있다.

기원전후 수 세기에 걸쳐 지금의 파키스탄 지역의 요충지였던 간다라 지역에서 제작된 불상은 그리스-로마 종교의 신인동형(神人同形), 즉 신과 인간이 같은 모습이라는 전통에 따라 부처가 젊은 아폴로신과 같은 얼굴로 표현되었다. 또 부처에게 로마 황제와 비슷한 옷을 입혀 불교도들이 처음으로 불상을 예배의 대상으로 삼았다.[14] 그러나 오리엔트에서 부처를 그리스의 신처럼 사실적인 조각으로 표현하는 것은 상상할 수도 없는 일이었다. 다만 윤회를 상징하는 수레바퀴, 해탈의 상징인 보리수나무의 잎, 부처의 발바닥, 부처를 모시는 탑을 통해 부처의 설법이나 가르침을 따르려고 했을 뿐이다.[15]

물론 헬레니즘 시대에 그리스인도 오리엔트의 문명과 종교의 영향을 깊게 받았다. 조로아스터교 분파인 미트라교와 영지주의가 그리스의 대중들 사이에서 강력한 영향력을 발휘했던 것이다. 또 페니키아의 아도니스가 그리스에서 아프로디테의 연인이 되면서 바빌로니아의 탐무즈처럼 사랑과 죽음의 동양적 신비주의 의식의 출발점이 되었다. 그리고 디오니소스 신도 리디아의 키벨레 여신과 결합되어 열광적인 신비주의로 발전했다. 특히 캠벨에 따르면, 인도 요가학파의 철학적 탐구가 서양에 전해져서 영지주의나 신지학파 같은 신비주의가 발생했다는 것이다.[16]

원래 초기 그리스의 신들은 인간이 확대되고 의인화된 존재에 불과했다. 그래서 그리스 종교에는 십계명 같은 계명이나 복잡한 교리, 가톨릭의 성찬식 같은 의식도 없었고, 정교한 제도나 전문적인 사제도 없었다. 따라서 신전은 종교적 집회가 열리는 장소가 아니었고 아무런 예식도 없었다. 신전은 단지 신이 방문하는 성스러운 장소일 뿐이어서 사

람들이 적당한 예물을 바치고 소원을 바라는 형식적인 공간에 불과했다고 문명사학자 번즈는 지적했다.[17]

후대의 황금시대에도 그리스 문명, 특히 아테네 문명에서도 종교는 세속적이고 실제적이었다. 무엇보다 그리스에는 중동지역처럼 강력한 교권주의와 조직된 사제단이 전혀 없었다. 중요한 것은 그리스인은 사제들이 전면에 나서지 않도록 했으며, 사제들이 교리를 규정하거나 지적인 영역을 지배하거나 도덕적인 영역에서도 지배권을 행사하지 못하도록 했다는 점이다. 결국 그리스 문명은 자유로운 탐구정신을 최고로 보아 정신이 신앙보다 우위에 놓였고, 논리와 과학이 미신보다 우월했다. 그런데 이런 원칙은 그리스 문명 이전에는 결코 실현된 적이 없었다는 것이다.[18]

제국의 분할과 유대인의 저항

●

13년 동안 군림하던 알렉산드로스가 기원전 323년에 32살의 젊은 나이로 바빌론에서 갑자기 죽었다. 독살되었다는 풍문이 퍼졌지만 그는 말라리아에 걸려 자연사한 것 같다.[19] 알렉산드로스왕이 죽자마자 왕위 계승을 둘러싸고 다툼이 벌어졌고, 결국 그의 장군들과 후손들이 제국의 영토를 나누어 다스리게 되었다. 전설에 따르면, 후계자를 남기지 않은 알렉산드로스는 "가장 강한 자에게!"라는 말을 남겼다고 한다.

제국의 분할에서 먼저 그리스와 마케도니아는 알렉산드로스의 이복동생 필리포스 아리다이오스, 그리고 알렉산드로스와 페르시아의 왕녀 록사네 사이의 유복자 알렉산드로스 4세에게 공동으로 계승되었다. 그러나 내란의 소용돌이 속에서 그들은 살해되었고, 늙은 장군 안티고노스가 왕의 칭호를 사용하면서 기원전 306년부터 경쟁자들이 잇따라 다른 지역에서 왕위를 차지했다.[20]

결국 여러 전투를 거쳐 알렉산드로스의 장군 셀레우코스가 페르시아와 바빌론, 시리아를 차지하여 시리아의 안티오크를 수도로 정하고 셀레우코스 왕조라는 대제국의 왕이 되었다. 다음에 이집트는 알렉산드로스의 보좌관 프톨레마이오스가 차지하여 황제에 오르고 멤피스에서 알렉산드리아로 수도를 옮겼다. 이 프톨레마이오스의 후손들은 기원전 30년에 여왕 클레오파트라 7세가 죽을 때까지 300여 년 동안 이집트를 다스렸다. 반면에 동맹을 맺은 그리스 도시국가들은 마케도니아에 대항하여 100년 동안 독립을 유지하다가 기원전 146년부터 로마의 지배를 받게 되었다.[21]

한편 팔레스타인 지역은 100여 년 동안 주로 이집트보다 시리아 셀레우코스 왕조의 지배를 받다가 그들이 전통적인 생활방식을 간섭하자 반기를 들었다.[22] 유대의 역사학자 요세푸스에 따르면, 안티오쿠스 4세는 안식일에 예루살렘을 무혈점령하여 성전과 마을을 약탈하고 주민들을 살해하고 1만여 명을 포로로 잡아갔다. 특히 여호와의 단위에 이방의 신단을 세우고 돼지를 잡아 제사를 드리면서 자기들이 섬기는 제우스신을 경배하라고 강요했다. 더구나 할례를 금지하고 어긴 자는 산 채로 십자가에 매달았고 율법서를 소지한 자를 학살했다.[23]

이에 반발한 히브리인 마타디아스는 봉기를 일으켰다. 그는 다섯 명의 아들이 있었는데, 유다스 마카베오는 셀레우코스 왕조와 전쟁을 벌여 기원전 165년 예루살렘을 장악했다. 그리고 기원전 152년 유다스의 동생 요나단이 대제사장이 되어 종교적 정치적 자유를 쟁취했다. 그 후 마카베오의 아들 중 유일한 생존자 시몬이 대사제장과 장군을 겸임하여 유대 왕국이 재탄생되어 하스모니아 왕조의 시조가 되었다. 마침내 그의 아들 히르카너스는 다윗 시대와 비슷할 정도로 영토를 확장하여 기원전 63년까지 독립적인 왕국을 유지했다.[24]

유대교가 발전하다

●

이 시대에 히브리인은 자연스럽게 그리스 철학과 페르시아 조로아스터교의 자연관과 역사관의 영향을 크게 받았다. 또 불교가 기원전 3세기 무렵 활발하게 전파되었는데, 아소카왕(기원전 264년~기원전 228년)의 비문에 따르면, 아소카왕은 마케도니아의 모든 왕들에게 불교의 사절단을 파견했던 것이다.[25]

이처럼 헬레니즘 문화는 메소포타미아 전 지역에 깊은 영향을 끼쳐 이슬람 세력이 정복할 때까지 메소포타미아인들은 자기들의 문화와 문학을 그리스어로 표현했다. 이러한 학문적 분위기에 힘입어 히브리인은 「지혜의 글(잠언)」, 「욥의 시련」, 「솔로몬의 인생론」, 외경인 「집회서」, 솔로몬의 「지혜서」를 완성했다. 또한 「룻의 이야기」, 「에스더」, 「요나의 예언」, 「시편」과 함께 유대교 경전 중에서 가장 나중에 완성된 「다니엘의 예언」과 메시아를 고대하는 외경의 대부분도 편찬했다. 그리고 알렉산드리아에서 기원전 3세기부터 100년 동안 70인의 전문적인 히브리 학자들이 유대교 경전을 그리스어로 번역했다.[26] 알렉산드리아의 유대인 2~3세대들은 히브리어를 거의 몰랐고 심지어 율법 낭독 후 그리스어 통역까지 이어졌기 때문에 먼저 그들에게 히브리 성경을 읽

히려고 그리스어 번역 작업을 시도했던 것이다.[27]

지금까지 살펴본 정치적 변동과 종교적 혼합에 따라 유대교는 세속적이고 철학적인 헬레니즘보다 종교적인 조로아스터교의 영향을 더욱 오래도록 받았다. 페르시아가 정복한 바빌론에서 히브리인은 사탄, 천사, 내세, 종말론에 대한 조로아스터교의 신앙을 받아들여 미숙한 자기들의 신앙을 보완했다. 미국의 종교학자 노스는 유대교에 들어온 이방 종교의 내용을 다음과 같이 정리했다.

첫째, 고대 히브리 문화에서 사탄은 여호와에게 크게 저항하지는 못했지만, 조로아스터교에서 최고신 아후라 마즈다의 적대 세력인 아리안처럼 사탄이 악마들을 거느리게 되었다. 「스가랴의 예언」에서 사탄이 여호와의 천사와 싸우는 존재로 처음 묘사된 것이다. 둘째, 원래 천사는 여호와의 사자였으나 헬레니즘과 마카비 시대에 일곱 천사장으로 구분되어 우두머리가 미카엘, 그 다음이 가브리엘이 되었다. 셋째, 그리스의 하데스나 바빌로니아의 아랄루 같은 저승에 내려가서 산다고 믿었던 죽은 자가 이제 내세에서 완전한 의식과 육체를 가진 존재로 부활한다는 신앙이 생겨났다. 넷째, 히브리인은 메시아의 신앙이 계속해서 좌절되자 세상의 마지막 날 구름 속에서 메시아가 나타날 것이라는 신앙을 가지게 되었다. 다섯째, 비교적 새로운 생각인 최후의 심판은 거의 페르시아에서 들어온 것이라도 해도 과언이 아니다.[28]

헬레니즘의 진원지 알렉산드리아

●

헬레니즘의 영향은 프톨레마이오스 황제가 세운 항구도시 알렉산드리아에서 강하게 나타났다. 당시 로마 다음으로 거대한 도시이고 프톨레마이오스 왕조의 수도인 알렉산드리아는 헬레니즘의 진원지이고 새로운 학문의 중심지였다. 그것은 프톨레마이오스 왕조의 왕들이 많은 재산을 들여 아프리카, 페르시아, 인도, 이스라엘, 그리스의 서적들을 사들이거나 대가를 지불하고 사본을 만들어 문화적 기초를 쌓았기 때문이다. 특히 2대 황제 필라델푸스는 지식과 서적 수집에 열성이었는데, 당시 50여 만 권의 두루마리를 수집했다고 한다.[29] 그래서 미국의 천문학자 세이건은 알렉산드리아의 도서관은 고대 사회의 심장이고 두뇌라고 말했다.[30]

그 무렵 가장 근대적이고 국제적인 도시 알렉산드리아에는 도서관과 함께 박물관과 천문대, 동물원까지 있었는데, 여러 작가와 사상가, 특히 과학자들이 700년 동안 활동하면서 크게 번영했다. 17세기 이전까지 특히 과학의 역사에서 가장 찬란한 시기가 바로 헬레니즘 시대였던 것이다.[31] 따라서 기독교의 사제들이 지배한 중세 유럽이 왜 암흑기라고 불리는지 알렉산드리아의 과학을 살펴볼 필요가 있다.

알렉산드리아의 수학, 물리학, 의학

●

에우클레이데스(유클리드)(기원전 320년~기원전 260년경)는 알렉산드리아에 수학학교를 세운 위대한 과학자이다. 그의 『기하학의 원론』은 그리스의 기하학을 체계적으로 종합한 책으로 최근까지도 서구 기하학적 이론의 기초가 되었다. 특히 유클리드의 종합의 방법, 즉 '공리- 가설- 정리- 증명'은 서양인의 논리적 문제해결에 심대한 영향을 끼쳤다.[32]

알렉산드리아의 아르키메데스(기원전 287년~기원전 212년경)는 시칠리아 출신으로 부력을 이용하여 히에론왕의 왕관의 무게를 해결하고는 발가벗은 채 목욕탕에서 뛰쳐나와 '유레카!(알았다)'라고 외쳤다는 일화로 유명하다. "내게 설 자리를 주면 지구를 들어 올리겠다."는 호언장담은 지렛대를 강조한 것이지만, 그는 기계 속에 포함된 기본원리를 중요시했다.[33] 그의 저서 10권이 지금까지 전하고 있다.[34]

알렉산드리아의 의학의 산실은 기원전 3세기경 헤로필로스가 세운 의학학교였다. 그는 다른 도시가 금지한 인체를 해부하여 뇌, 신경계, 정맥과 동맥, 생식기, 눈을 연구했다. 그는 혈액의 순환도 발견했지만 무엇보다 신경계의 중추는 심장이 아니라 뇌라고 여기고 뇌에서 척추로 내려가는 신경과 눈에서 뇌까지의 시신경을 추적했다. 말하자면 마음은 심장이 아니고 뇌라고 여긴 선각자였다.[35]

알렉산드리아의 천문학

●

알렉산드리아의 천문학자들에게 큰 영향을 준 인물은 그리스의 로도스섬 출신의 히파르코스(Hipparchos, ?~기원전 127년경)였다. 그는 기원전 190년에 일어난 태양의 개기일식 때 지구의 크기를 기초로 태양까지의 거리가 지구 반지름의 2500배이고, 달의 거리는 지구 반지름의 60과 1/2이라고 알게 되었다. 태양까지의 거리는 실제보다 10배가 작지만 달의 거리는 상당히 정확했다.[36] 특히 그는 1,080개의 별들의 위치를 목록으로 만들어 지구의 궤도가 타원이라는 사실을 거의 파악했다고 추정된다.[37]

알렉산드리아의 천문학 학교는 대단히 유명했다. 박물관장 에라토스테네스(Eratosthenes, 기원전 276년~기원전 194년경)는 하짓날 정오에 시에네와 알렉산드리아에 꽂은 두 막대기의 그림자 길이가 다른 것을 관찰하여 지구가 둥글다는 것을 깨달았다. 그리고 2개의 막대기의 사이가 지구 중심에서 70°이고 원둘레의 50/1이라고 생각하고, 두 도시가 800km 떨어진 것을 실제로 측정하여 지구의 둘레가 약 4만km라는 것을 증명했다. 즉, 그는 최초로 행성인 지구의 크기를 측정한 과학자였다.[38]

사모스 출신인 아리스타르코스(Aristarchos, 기원전 310년~기원전 230년경)는 최초로 지동설을 주장한 천문학자이다. 지구가 매일 자전하면서 1년 동안 태양 주위를 공전한다고 여긴 그는 월식 때 달의 표면에 비치는 그림자를 보고 태양이 지구보다 훨씬 크고 멀리 있다고 추정했다. 또 항성들은 멀리 있는 태양이고, 태양의 주위를 도는 행성들의 배치까지 그려 냈지만 그의 지동설은 불경죄로 여겨져 고소당했다.[39] 지구가 우주의 중심이고, 그 중심에 인간이 존재한다는 아리스토텔레스와 그리스인의 신념과 배치되었기 때문이다.[40]

자료 4-3-4 19세기 독일 화가 코르벤이 당시 고고학 자료를 토대로 재현한 알렉산드리아 도서관의 상상화

알렉산드리아의 천문학을 집대성한 인물은 서기 2세기경 이집트 출신의 프톨레마이오스였다. 이는 「칼데아의 점성술」에서 이미 상세하게 설명하였다.

기독교 주교 키릴로스가 도서관의 파괴를 선동하다

●

알렉산드리아의 과학자들은 신에 의존하지 않고 자연을 이론적으로 설명하려고 시도했던 선각자들이었다. 말하자면 자연은 그 이전의 신화적 세계관의 자연이 아니었다. 물론 자연을 거대한 유기체로 본다든지, 세계가 순환의 주기를 되풀이 한다는 방식의 수메르-바빌로니아의 주제는 유지하고 있었다.[41]

하지만 알렉산드리아 도서관의 50만 장의 두루마리는 269년 시리아의 팔미라 여왕의 이집트 침략 때 일부가 불에 탔고, 415년 알렉산드리아의 기독교 주교 키릴로스가 선동 내지 묵인하여 터진 폭동 때 불에 타 버렸다. 더구나 그 폭동 때 기독교 수사들은 박물관장이던 여성 수학자 히파티아를 잔인하게 살해했다. 5세기 작가가 전하는 바에 따르면, 기독교 열성분자들이 기독교로 개종하기를 거부한 히파티아를 '발가벗기고, 날카로운 조개껍질로 살가죽을 도려내고, 숨이 멈출 때까지 살을 도려낸 뒤에 사지를 찢어 시내론 광장에서 불에 태웠다.' 신플라톤주의자였던 히파티아는 마리 퀴리가 나타나기까지 최초의 위대한 여성 과학자로 간주되었다.[42]

그 후 640년 이슬람의 침략으로 알렉산드리아의 도서관이 불에 타안타깝게 완전히 사라져 버렸다. 하지만 그보다 훨씬 전에 학자들은 프톨레마이오스 황제가 법률로 정하여 도서관에 소장시켰던 두루마리의 필사본을 가지고 이슬람 지역으로 피신하여 중세 유럽에서 그리스의 학문이 소생하게 되었다.[43] 칼 세이건은 인류가 성취한 발견의 대부분은 고대 중동지역에서 이루어졌고, 지구는 하나의 작은 세계에 지나지 않는다는 것도 기원전 3세기경 이집트의 알렉산드리아에서 발견되었다고 보았다.[44]

메소포타미아 고대 도시들의 변화

기원전 539년 칼데아가 페르시아에게 멸망한 뒤에 메소포타미아 지역은 페르시아 제국, 마케도니아의 알렉산드로스, 로마 제국이 서로 패권을 차지하는 격심한 역사적 변천을 겪었다. 특히 알렉산드로스가 죽은 뒤에 그의 장군들이 42년 동안 싸우면서 치열한 전쟁터가 된 바빌론은 여러 번 주인이 바뀌고 큰 타격을 받았다. 마침내 기원전 305년 바빌론의 왕이 된 셀레우코스가 기원전 311년 셀레우코스 왕조 시대를 열었다. 그러나 그의 후계자들은 기원전 126년 시리아의 작은 왕국만 남겨놓고 드넓은 영토를 다 빼앗기고 기원전 63년 로마에 점령당했다.[45]

결국 메소포타미아의 정치·경제·문화의 중심은 거대한 도시 바빌론에서 지중해 연안으로 이동하였다. 또한 알렉산드로스와 그 후계자들이 이집트와 서아시아에 수많은 식민도시를 만들고 동양인, 마케도니아인, 그리스인을 이주시켜 메소포타미아 지역은 그리스화가 되면서 큰 변화가 일어났다.

먼저 북쪽 튀르키예 지역의 에데사, 남동쪽 이집트의 알렉산드리아,

이란의 중서부 카락스 등 12개의 신도시가 주로 군사 주둔지나 폐허, 고대 도시에 가까운 곳에 세워졌는데, 이 도시들은 중앙아시아와 지중해를 연결하는 교역로에 자리 잡고 있었다. 특히 기원전 301년에 시리아에 세워진 도시 셀레우키아는 무려 60만 여명의 주민이 살면서 교역을 이용하여 가장 큰 도시로 발전했다.

이처럼 경제와 교역을 따라가는 인구의 이동은 메소포타미아의 고대 도시에 중대한 영향을 끼쳤다. 철저히 파괴당했던 아시리아의 수도 니네베는 다시 사람이 살기 시작하고, 1,500년 동안 죽어 있던 찬란했던 도시 마리에 작은 마을이 생겨났다. 하지만, 유명한 종교도시 우르는 유프라테스강의 흐름이 이동하여 안타깝게도 폐허가 되었다. 장엄한 도시 바빌론에는 체육관과 극장이 세워졌지만 사람들이 셀레우키아로 이주당하여 예전처럼 인구가 많지는 않았다. 특히 바빌론과 우루크의 신전은 옛 전통을 유지하면서 사제와 서기관이 활동했으나 여러 나라 사람들이 뒤섞여 분간하기가 힘들었을 것이다.[46]

메소포타미아 문명의 몰락과 신비종교의 발생

●

기원전 2세기 중엽 메소포타미아 지역과 시리아, 이란을 차지한 셀레우코스 왕조에 중대한 정치적 변동이 일어났다. 기마 민족인 스키타이와 같은 혈족인 파르티아인에게 정복당한 것이다. 중국 문헌에 안식국(安息國)으로 자주 등장하는 인도-아리안어족인 파르티아는 투르케스탄 초원을 떠나 아나톨리아에서 셀레우코스 세력을 몰아내고 기원전 247년 아르사케스 1세가 파르티아 왕국을 창건했다.

그 후 기원전 170년경 이란의 대부분을 차지한 미트라데스 1세는 기원전 126년에는 메디아와 메소포타미아 지역까지 손에 넣었다. 그후 파르티아는 알렉산드로스의 후계국가들을 제압하면서 이라크, 튀르키예 일대를 포함한 오리엔트의 핵심 지역을 장악하고 수도를 바그다드의 남쪽 크테시폰(Ctesiphon)으로 정했다. 결국 파르티아는 페르시아의 전통과 문화를 복원하여 로마 제국에 맞서 500년을 유지한 대제국이 되었다.[47]

이처럼 파르티아가 지중해에서 중동, 중앙아시아, 인도, 중국의 후한까지 교역로를 확대하자 아시리아의 수도 니네베는 점차 교역의 중심지가 되었고, 종교도시 아슈르는 예전의 신을 숭배하는 신전이 건설되면서 다시 큰 도시로 성장했다. 그런데 도시로 흘러든 이주민들은 주로 서부의 아람인과 아랍인이 많았고 셈어를 사용하여 원주민과 융화적이었다. 따라서 종교적 연합이 놀라운 방식으로 일어났는데, 이는 이희수 교수에 따르면, 파르티아 제국이 페르시아의 지방자치제, 다문화주의, 종교적 관용주의를 계승했기 때문이다.[48]

이러한 종교적 연합의 증거는 시리아의 도시 두라-에우로포스, 이라크의 북부도시 하트라의 발굴된 유적에 나타나 있다.[49] 고고학자들이 파르티아 시대의 두라-에우로포스(Dura-Europos)의 지층을 발굴하자 놀랍게도 그리스 신전이 두 개, 아람의 신전, 기독교의 예배당, 유대교의 회당, 그리고 페르시아의 미트라 신전이 각각 한 개씩 나타났다. 반면에 하트라(Hatra)에는 운명을 주관하는 그리스의 헬리오스신에 동화된 바빌로니아의 태양신 샤마시, 그리스의 아르테미스 여신에 동화된 메소포타미아의 나나이(이슈타르), 그리고 그녀의 아들 신은 다름 아닌 그리스의 술의 신 디오니소스였다.

자료 4-3-5 두라-에우로포스의 벨 신전의 유적(© Heretiq)

자료 4-3-6 하트라 유적

　주목할 것은 여러 민족과 문화, 종교의 혼합이 수메르-바빌로니아 문명의 흔적을 쓸어갔다는 사실이다. 특히 바빌론에서 최고신 마르두크의 숭배가 이루어진 증거가 없는 것이다.[50] 그 이유는 무엇일까? 미국의 환경사학자 도널드 휴즈는 메소포타미아 문명의 몰락은 기후의 변화와 전쟁의 파괴만이 아니고 생태학적 재앙이라고 지적했다. 관계수로 관리의 실패, 범람한 강물이 실어간 비옥한 토양, 토지에서 염분의 증가가 문명을 황폐시켰다는 것이다.[51]

물론 기후가 건조해지면서 티그리스-유프라테스강의 흐름이 크게 변했지만 무엇보다 메소포타미아 지역에 오래도록 민족정부가 존재하지 않았던 것도 문명이 몰락한 주요 요인이었다. 더구나 그리스화의 물결을 타고 수많은 종족이 섞이면서 인종적, 문화적, 종교적 질서를 교란시켰던 것이다. 결국 인류학자 프레이저가 방대한 자료로 증명하고, 신화학자 캠벨이 정리한 것처럼 '이름은 다르지만 본질은 동일한 신인(神人)'이 탄생하게 되었다.[52] 심지어 신격화된 왕은 구세주라는 칭호를 받았고, 살아있는 신으로 다시 태어났다.[53] 이 신비롭고 복잡한 신비종교는 다음 장에서 다루기로 한다.

1 이희수; 앞의 책, 202~208쪽.

2 P. Briant; De la Grecral l'Orient Alexandre le Grand(알렉산더 대왕), ㈜시공사, 2004, 홍헤리나 옮김, 14~23쪽.

3 빈호프; 앞의 책, 388~389쪽.

4 브리앙; 앞의 책, 71~73쪽. / 알렉산드로스(플루타르코스; 앞의 책 2, 283쪽.)

5 「알렉산드로스」(플루타르코스; 앞의 책 2, 283쪽.)

6 이희수; 앞의 책, 211쪽.

7 「알렉산드로스」(플루타르코스; 앞의 책, 253~254쪽.)

8 노스; 앞의 책 1권, 265~267쪽.

9 러셀; 앞의 책, 305~306쪽.

10 이희수; 앞의 책, 211~213쪽

11 듀런트; 앞의 책 2-2, 293~294쪽.

12 듀런트; 앞의 책 2-2, 197~198쪽.

13 엘리아데; 앞의 책(세계종교사상사 2권), 284~289쪽.

14 정수일; 앞의 책(고대문명교류사), 357~366쪽.

15 이희수; 앞의 책, 212~213쪽.

16 캠벨; 앞의 책(서양신화), 281쪽.

17 번즈; 앞의 책 1권, 194-195쪽, 132~133쪽.

18 번즈; 앞의 책 1권, 174~175쪽.

19 브리앙; 앞의 책, 120~126쪽.

20 브리앙; 앞의 책, 126쪽. 156~157쪽. / 「알렉산드로스」(플루타르코스; 앞의 책 2, 3쪽.) 필립포스왕의 사생아인 아리다오스는 신체적 정신적 결함이 많은 바보였다고 전한다. /

「데메트리오스」(플루타르코스; 앞의 책 2, 651쪽.) 안티고노스, 프톨레마이오스, 리시마코스, 셀레우코스의 순서로 왕의 칭호를 사용했다.

21 번즈; 앞의 책 1권, 177~178쪽.

22 슈미트; 앞의 책, 386~388쪽.

23 요세푸스; 앞의 책(유대 고대사 2), 98-99쪽. / 듀런트; 앞의 책 2~2, 341~342쪽.

24 노스; 앞의 책 상권, 266~268쪽. / 요세푸스; 앞의 책(유대 고대사 2), 100~160쪽. / 듀런트; 앞의 책 2-2, 342~344쪽.

25 러셀; 앞의 책, 309쪽.

26 한국가톨릭대사전 편찬위원회; 앞의 책, 「70인역」

27 듀런트; 앞의 책 2-2, 356~357쪽. 앞의 책 3-2, 287쪽.

28 노스; 앞의 책 상권, 269~271쪽.

29 요세푸스; 앞의 책(유대고대사 2), 65쪽. / 듀런트; 앞의 책 2-2, 367쪽. 현재 기준으로 10만 권에 가깝다.

30 세이건; 앞의 책, 479쪽.

31 번즈; 앞의 책 1권, 191쪽.

32 로넌; 앞의 책 1권, 202쪽.

33 로넌; 앞의 책 1권, 205~210쪽. 그의 발명품은 나선식 펌프, 범선을 혼자 움직인 겹도르래, 로마의 함대를 불 태운 거대한 거울, 행성의(行星儀) 등이다.

34 듀런트; 앞의 책 2-2, 407~448쪽. 방법론, 원의 측정, 나선에 대하여, 구와 원기둥, 평면의 균형에 대하여 등이다.

35 로넌; 앞의 책 1권, 214~217쪽.

36 로넌; 앞의 책 1권, 221~224쪽. 오늘날은 365,2422이다. 아리스타르코스는 계산을 통하여 태양이 달보다 18배~20배 멀리 떨어진 사실을 알아냈다.

37 듀런트; 앞의 책 2-2, 414쪽.

38 세이건; 앞의 책, 41~43쪽. 오늘날은 3,9941km이다.

39 세이건; 앞의 책, 295~299쪽.

40 번즈; 앞의 책 1권, 191쪽.

41 캠벨; 앞의 책(서양신화), 289쪽.

42 M. Wertheim; Pythagoras' Trousers(피타고라스의 바지), 사이언스북스, 1998, 최애리 옮김, 43~44쪽. 히파티아는 수학자이고 천문학자였던 아버지 테온의 교육을 받아 천

체도표를 만들거나 천체관측의를 고안한 천문학자이기도 했다.

43 로넌; 앞의 책 1권, 231~233쪽.

44 세이건; 앞의 책, 41쪽.

45 루; 앞의 책 2권, 246~248쪽.

46 루; 앞의 책 2권, 248~251쪽.

47 이희수; 앞의 책, 218~228쪽.

48 이희수; 앞의 책, 256~257쪽. 270쪽.

49 루; 앞의 책 2권, 253~256쪽.

50 루; 앞의 책 2권, 256쪽.

51 D. Hughes Ecology in Ancient Civilizations(고대 문명의 환경사), 사이언스북스, 1998, 표정훈 옮김, 60~61쪽.

52 캠벨; 앞의 책(신화의 세계), 113~118쪽.

53 엘리아데; 앞의 책(세계종교사상사 2권), 287~289쪽.

4장

데메테르와
디오니소스

그리스인은 호메로스가 정리한 합리적이고 계몽적인 올림포스의 신만 숭배한 것이 아니라 원시적인 풍요제를 지냈다. 대표적인 것이 농업과 관련된 엘레우시스 신비제의(神秘祭儀)였다. 이 의식에 디오니소스신이 혼합되어 대중들이 열광한 신비종교로 발전했다.

신비종교는 그리스와 동방이 혼합되던 기원전 3세기경 알렉산드로스의 세계화 시대에 인기를 누렸다. 영국의 철학자 러셀은 이 신화의 중심에는 죽은 신의 부활이 나타난다고 지적했다.[1] 이 부활한 인간신을 그리스인은 디오니소스라고 불렀다.

엘레우시스 신비제의

●

　기원전 800년경 씨족과 부족이 모여 살던 그리스의 수많은 촌락은 교역과 방위에 유리한 지역을 중앙정부로 정하고 성장하여 도시국가로 발전한다. 대표적인 도시국가는 그리스 본토의 아테네, 테베, 메가리이고, 펠로폰네소스 반도의 스파르타, 코린토스, 그리고 에게해의 미틸리니, 사모스섬이었다. 하지만 도시국가의 영토와 인구, 문화 수준도 다양했다. 전성기 때 아테네와 스파르타의 인구는 40만여 명이고 영토는 약 4,800km²인데, 다른 도시국가들의 인구는 10만여 명 남짓밖에 안되었다. 이 도시국가 중에서 기원전 800년경 코린토스와 아르고스가 앞서 나갔지만 기원전 7세기에 스파르타가 주도권을 잡았다.[2]

자료 4-4-1 고대 그리스 지도

엘레우시스는 아테네 서쪽에서 23㎞ 떨어진 비옥한 평원에 자리 잡은 도시국가였다. 기원전 7세기에 엘레우시스가 아테네에 합병된 뒤부터 엘레우시스 신비의식은 아테네의 중요한 축제가 되었다. 기원전 5세기에 헤로도토스는 그리스가 페르시아의 공격을 받았을 때에도 이 엘레우시스에서 디오니소스신의 찬가를 부르면서 아테네로 행진하는 광경을 기록했던 것이다.[3]

원래 엘레우시스 신비의식은 데메테르 여신과 관련된 제의였다. 데메테르 여신에 대한 첫 기록은 기원전 7세기 호메로스의 「데메테르 찬가」인데, 데메테르가 노인들과 왕에게 신비의식을 가르쳐 주고 딸을 데리고 하늘로 올라간 사연이 나와 있다. 그 신비의식은 다음과 같은 순서로 진행되었다.

자료 4-4-2 데메테르 여신의 대리석 입상(© Marie-Lan Nguyen, 로마 국립박물관 소장)

자료 4-4-3 엘레우시스 유적

입문자의 단식 → 횃불의 행렬 → 밤샘하기 → 양의 가죽을 쓴 자리에서 가면을 쓴 입문자의 침묵 → 상스러운 재담하기 → 보리차를 마시고 신과 교통하기

주목할 점은 이 의식의 핵심이 영생을 상징하는 곡식의 이삭을 바라보는 것이었다.[4] 이처럼 이삭 바라보기는 곡식의 재생에서 삶의 연속성을 파악한 신석기시대의 인류를 연상시킨다. 그런데 엘레우시스 의식을 신비종교, 즉 미스테리아(Mysteria)라고 부르는 것은 입회자를 제외하고는 자기들의 의식을 비밀로 했기 때문이다.

데메테르 여신과 페르세포네 신화

●

엘레우시스 신비의식은 데메테르 여신의 딸 페르세포네가 저승에 갇혀 지내다 봄에 재생하는 신화와 깊은 관련이 있다. 이 신화는 기원전 140년경 그리스의 신화작가 아폴로도로스의 『신화집』에 대략 다음과 같이 나타나 있다.

저승신 플루톤은 페르세포네를 사랑하여 제우스를 협력을 얻어 그녀를 납치했다. 그녀의 어머니 데메테르는 딸을 찾아 헤매어 다니다가 납치된 사실을 알고 하늘을 떠나 엘레우시스로 가 버렸다. 데메테르는 엘레우시스를 다스리던 켈레오스의 부인 네이라의 유모가 되어 그녀의 아기를 불사신으로 만들려고 밤마다 불 속에 넣어 사멸적인 부분을 벗겨 나갔다. 그런데 그 광경이 발각되면서 아기는 불에 스러져 버리고 여신

이 자기의 정체를 드러냈다. 그리고 데메테르는 메타네이라의 손위아들에게 밀과 날개 달린 용들이 끄는 수레를 주면서 온 땅에 씨를 뿌리게 했다. 한편 제우스는 플루톤에게 페르세포네를 되돌려 보내라고 명했지만 플루톤이 준 석류를 페르세포네가 먹어 버렸기 때문에 페르세포네는 매년 3분의 1은 플루톤과 함께 지내고 나머지 기간은 신들과 함께 지내게 되었다.[5]

아폴로도로스는 페르세포네가 저승에서 귀환하는 까닭을 설명하지 않았다. 반면 기원전 1세기 로마의 신화작가 오비디우스는 『변신 이야기』에서 딸을 잃은 데메테르가 하늘을 떠나자 대지에 기근이 들고 세상의 질서가 무너졌다고 하였다.[6] 그녀가 풍요의 여신이기 때문이다. 중요한 것은 곡식의 재생을 담당하는 데메테르 여신이 비록 실패했지만 왕의 아들을 불사신으로 만들려고 시도했다는 점이다. 즉, 데메테르는 인간을 죽음에서 구원하는 여신이라고 볼 수 있다.

원래 데메테르는 아리안족이 그리스에 들어오기 전부터 엘레우시스의 토착적 모신(母神)으로 추정된다. 그 후 데메테르는 제우스의 천상혁명으로 올림포스 신화에 포함되어 크로노스와 레아의 딸이 되었고, 제우스의 누이가 된 데메테르는 동시에 제우스의 부인이 되었다. 이집트에서 누이이면서 부인이 된 경우는 왕실에서도 있었던 것처럼 고대의 신화에서 근친결혼은 빈번했던 일이다. 문제는 신화작가의 작품마다 다소 차이가 나는 점이다.

프랑스의 고전학자 그리말에 따르면, 그리스 신화는 역사적 사회적 상황에 따라 발전했기 때문에 호메로스, 헤시오도스, 핀다로스, 아이스킬로스 같은 신화작가들의 작품이 차이가 나고 모순점도 많다. 또 동일한 신화인데도 지역마다 내용이 다르게 나타나기도 한다. 그 이유는 자기 부족이나 가문이 신들의 후손이라고 주장하기 위해서 신화를 재창조했기 때문이다.[7]

마찬가지로 그리스 신화에서 유난히 아름답고 감동적인 데메테르와 페르세포네 신화도 여러 모습으로 변형되었다. 봄이 되어 밭에서 싹이 트면 밀의 여신 포르세포네는 지하세계를 떠나 지상에 나타나고, 밀의 씨를 뿌리는 계절에는 다시 어둠의 나라로 몸을 감춰 데메테르와 이별한다. 곡식의 재생과 휴식을 의인화한 이 페르세포네 신화는 그리스의 여러 지역에 따라 서로 다르고 무수한 삽화가 섞여 들어가게 되었다는 것이다.[8]

데메테르와 풍요제의

●

기원전 8세기경 헤시오도스는 그리스의 합리주의적 분위기 속에서 신의 기원 문제를 제기하고 신의 세계를 정리하여 질서를 잡아보려고 『신통기(神統記)』를 저술했다. 중요한 것은 헤시오도스가 오리엔트, 즉 이집트나 바빌로니아 신화의 영향을 받았다는 점이다.[9] 대표적인 것이 바로 데메테르와 페르세포네 신화인데, 이는 수메르의 곡식의 신 두무지왕과 풍요의 여신 인안나 신화에서 남편과 아내의 관계를 그리스에서 모녀관계로 변형시킨 것이다.

어쨌건 헤시오도스에 따르면, 크로노스의 막내아들 제우스는 혁명을 일으켜 크로노스의 자식들을 권력의 자리에 앉혔다. 그 자리에 들어간 크로노스의 자녀는 남신으로는 하데스, 포세이돈, 제우스, 여신으로는 헤스티아, 데메테르, 헤라가 있다.[10] 이 신들은 처음부터 독특한 성격과 영역을 가지고 있었다. 하데스는 저승, 포세이돈은 바다, 제우스는 하늘을 관장하고, 헤스티아는 부엌, 데메테르는 다산, 헤라는 결혼을 관장한다. 제우스는 다음 시에 나타나 있듯이 정실부인인 헤라가 있지만 누나인 데메테르와 동침하게 된다. 물론 정실부인인 헤라도 누나였다.

제우스는 많은 것을 관장하는 데메테르의 침상으로 가시니, 그녀는 / 흰 팔의 페르세포네를 낳았다. 하데스가 페르세포네를 어머니 곁에서 / 납치해갔으니, 지략이 뛰어나신 제우스께서 그에게 그녀를 주었던 것이다.[11]

제우스의 복잡한 여자관계는 너무나 잘 알려져 있다. 반면, 제우스와 결혼한 데메테르 여신도 영웅 이아시온과 성관계를 맺고 아이를 낳은 전설은 잘 알려져 있지는 않지만 다음과 같이 아주 흥미롭다.

여신들 중에서도 고귀한 데메테르는 영웅 이아시온과 / 기름진 크레타 나라에서, 세 번이나 갈아엎은 버려진 밭에서 / 그리운 사랑으로 교합하여 선량한 신 플루토스(Plutus)[12]를 낳으니, / 그는 온 대지와 바다의 넓은 들을 돌아다니며 / 누구든 자기와 만나 자기를 껴안는 자를 / 부자로 만들어 주고, 많은 복을 내려준다.[13]

인류학자 프레이저는 기원전 3000년에 미노아 문명이 탄생한 크레타섬에서 데메테르와 이아시온의 성적인 교합은 파종기나 개화기에 풍작을 위하여 남녀가 경작지에서 성행위를 하던 고대의 주술적 관습

이 반영된 것이라고 보았다.[14]

그런데 이아이손은 제우스의 벼락에 맞아 죽었다는 전설이 전하는데, 그가 데메테르의 침상에서 사랑으로 살을 섞었기 때문이라고 헤시오도스는 해석했다.[15] 하지만 데메테르와 간통하여 제우스의 처벌을 받은 이아이손의 죽음도 경작지의 풍요를 위하여 사람을 제물로 바친 인신 제물의 흔적이며 역시 세계적인 관습이었다.[16] 따라서 이아시온은 풍요의식과 관련된 고대의 농경신에서 유래된 인물로 볼 수 있다.

특히 데메테르가 농업과 곡식의 여신이라는 것은 헤시오도스의 『일과 날』에 분명히 나타나 있다.

그대는 데메테르의 신성한 곡식이 묵직하게 익도록 / 지하의 제우스와 정결한 데메테르 여신에게 기도하시라.[17]

그보다 어원을 보면 더욱 명확하다. 데메테르(Demeter)는 땅을 뜻하는 De, 어머니를 뜻하는 Meter의 합성어이다. 따라서 데메테르는 대지의 어머니 여신이고, 그녀의 딸 페르세포네는 곡식의 여신이라고 구분할 수도 있다.

문명사적으로 볼 때 크로노스의 딸들, 즉 헤스티아는 구석기 시대에서 불의 수호신, 데메테르는 신석기 시대에서 곡식의 수호신, 헤라는 문명사회에서 결혼의 수호신으로 볼 수도 있다. 특히 데메테르 여신은 주로 밀농사를 짓던 그리스의 평원에서 널리 숭배되던 여신이었다. 이는 그녀의 딸 페르세포네가 꽃을 꺾다가 납치된 장소가 시칠리아 섬의 엔나, 혹은 아테네 근처의 엘레우시스, 크레타섬의 크노소스의 들판이라고 전해지는데, 모두가 밀의 생산지였다.[18]

주목할 것은 이 농업과 곡식의 여신 데메테르를 기리는 엘레우시스 신비의식에서 입문자들이 바닷물로 정화의식을 치른 뒤에 신비로운 지식을 전수받고 왕관이나 화환을 쓰는 의식을 치르면서 곡식처럼 죽은 뒤에 부활하기를 기원했다는 점이다.[19] 그런데 후대에 포도주와 환희의 신 디오니소스가 이 엘레우시스 신비의식에 혼합되어 복잡하고 심오한 신비종교로 변화하게 된다.

디오니소스, 두 번 태어나다

●

　포도주의 신으로 알려진 디오니소스는 원래 그리스의 동북쪽, 오늘날의 튀르키예의 북서쪽에 살던 트라키아 민족의 신 바쿠스(Bacchus)였다. 이 바쿠스는 초기 농경사회의 풍요제에서 풍작을 촉진하는 신이었다. 그런데 영국의 철학자 러셀은 바쿠스, 즉 그리스의 디오니소스는

자료 4-4-4 기원전 400년~기원전 375년 경 꽃병에 그려진 디오니소스와 아리아드네(루브르 박물관 소장)

기독교 신학의 형성에도 중요한 역할을 하고 철학에서 심오한 신비주의를 발생시켰다고 지적했다.[20] 신비로운 이 디오니소스의 정체를 탐구하기 위하여 먼저 출생의 비밀을 밝힐 필요가 있다.

그리스의 엘레우시스 제의에서 데메테르 여신과 함께 중요시된 디오니소스의 출생은 헤시오도스의 『신들의 계보』에 간략하게 나타나 있다.

> 카드모스의 딸 세멜레는 제우스와 사랑으로 교합하여 / 당당한 아들을, 많은 즐거움을 주는 디오니소스를 낳아 주었으니 / 필멸의 여인이 불사의 아들을 낳은 것이다. 하지만 지금은 둘 다 신이다.[21]

그 뒤에 로마의 오비디우스의 『변신 이야기』에는 시적 상상력이 더해져 생생하게 묘사되어 있다.[22] 반면에 기원전 140년경 그리스 아폴로도로스의 『신화집』에는 줄거리가 대략 다음과 같이 상세하게 요약되어 있다.

> 제우스신이 카드모스의 딸 세멜레와 바람을 피우자 질투심에 사로잡힌 헤라는 세멜레에게 그가 정말 신인지 확인해 보라고 꼬드겼다.[23] 세멜레는 제우스에게 헤라 여신에게 청혼할 때의 모습으로 오시라고 요구하여 제우스가 마차를 타고 번개와 천둥을 동반하여 나타나자 공포에 질린 세멜레는 타죽어 버렸다. 제우스는 반년밖에 안된 아기를 세멜레의 배속에서 꺼내 자기의 허벅지에 넣었다. 이윽고 출산 시기가 되자 제우스는 허벅지에서 디오니소스를 꺼내 헤르메스 신에게 주었다. 헤르메스는 아타마스와 그의 아내 이노에게 아기를 맡겨 여자아이로 키우게

한다. 하지만 분개한 헤라가 그들에게 광기를 불어넣어 아마타스는 자기 큰 아들을 사슴으로 착각하여 활로 쏘아 죽이고, 그의 아내 이노는 아들 멜리케르테스를 솥에 넣어 태워 죽이면서 아이의 시신과 함께 바다에 뛰어들었다. 그러나 제우스는 아기를 새끼염소로 바꾸어 헤라의 분노를 피하였고, 헤르메스는 아시아의 니사에 사는 요정들에게 아기를 맡겼다.[24]

이 기록으로 보면 디오니소스는 두 번 태어난 셈이다. 첫 번째는 어머니 세멜레의 배 속에서 태어나고, 두 번째는 제우스의 허벅지에서 태어난 것이다. 그런데 종교사학자 엘리아데에 따르면, 제우스와 인간여성 사이에서 태어난 인물 중에서 오로지 디오니소스만이 신이 된 것은 그처럼 디오니소스의 신비한 출생 때문이었다.[25]

그런데 디오니소스가 두 번 태어났다는 것은 신비종교나 후대의 종교, 특히 기독교에서 거듭나기, 혹은 부활과 관련되어 주목할 만한 사건이었다. 왜냐하면 디오니소스는 어머니와 함께 타 죽었지만 제우스가 살려 낸 것처럼 예수도 십자가에 못 박혀 죽었지만 여호와신이 부활시켰다고 알려졌기 때문이다.

디오니소스 신비종교의 정체

●

비교적 늦게 그리스에 도착한 디오니소스 신비종교에 대한 비밀은 아폴로도로스의 『신화집』에 상세하게 기록되어 있다.

헤라 여신이 포도나무의 첫 발견자인 디오니소스에게 광기를 불어넣는 바람에 디오니소스는 이집트와 시리아를 방랑한 뒤에 프리기아의 키벨라에서 레아 여신에게 정화를 받고 비밀의례의 입문법을 배운다. 그 뒤 디오니소스는 스트리몬강 강가에 살던 에도노이의 지배자 리쿠르고스에게 모욕을 당하고 추방을 당하자 에도노이에게 광기를 일으켜 자기 아들을 포도나무 가지로 착각하여 도끼로 손발을 쳐내게 한다. 그런데 땅에서 곡식이 결실하지 않자 신탁과 디오니소스의 뜻에 따라 판가이온 산에서 말들이 리쿠르고스를 죽여 버렸다.

그 뒤 그리스의 테베에 도착한 디오니소스는 여자들이 집을 나와 키타이론 산에서 광기에 사로잡혀 날뛰게 만들었다. 이를 막으려던 펜타우스왕은 광기에 빠진 자기 어머니에게 사지가 찢기고 말았다. 그의 어머니가 자기 아들이 짐승이라고 착각했던 것이다. 이처럼 디오니소스는 테베 사람들에게 자기가 신이라는 것을 보여 준 뒤에 아르고스에 이르러 자기를 존중하지 않는 여자들을 미치게 했다. 그래서 젖먹이 아이들을 산으로 데리고 간 여자들이 자기 아이들의 살을 먹어 버리는 충격적인 일이 벌어졌다.

한편 디오니소스는 낙소스섬으로 가려고 해적들에게 배를 빌렸다. 그런데 해적이 그를 노예로 팔려고 하자 디오니소스는 돛대와 노를 뱀으로 만들어서 배는 온통 담쟁이덩굴이 뒤엉키고 피리소리로 가득 찼다. 광기에 빠진 해적들은 바다로 뛰어들어 도망쳤지만 돌고래가 되어 버렸고, 사람들은 그가 신이라는 것을 알고 섬기게 되었다. 그리고 디오니소스는 하데스에서 자기 어머니를 끌어올려 티오네라 이름 짓고 함께 하늘나라로 올라갔다.[26]

아폴로도로스의 『신화집』에 나타난 디오니소스의 '출생의 과정 → 신앙의 전파 → 박해와 기적 → 신격화'는 맥락이 잘 통하는 한편의 전기와 흡사하다. 신화학자 그리말은 그리스의 다른 신화들과 다르게 디오니소스신은 완성된 형태로 그리스에 들어온 것이 명백하고 그 배후에 체계적인 종교가 존재하는 것을 알 수 있다고 단정했다.[27] 그 증거는 '디오니소스가 이집트와 시리아를 방랑하고 프리기아에서 비밀의례를 배웠다.'는 기록이다. 말하자면 헤로도토스가 지적한 것처럼 디오니소스는 이집트에서 오시리스 신앙의 영향을 받았고, 시리아에서 아도니스, 프리기아에서 아티스의 영향을 받았다고 볼 수 있다.[28] 중요한 것은 세 신의 공통점이 죽음과 재생을 반복하는 식물신이라는 점이다.

디오니소스 신비종교의 광기

●

프리기아(Phrygia)는 튀르키예의 아나톨리아 중서부에 있던 왕국이다. 그리스 연합군이 트로이를 멸망시키자 속국인 프리기아는 이집트의 람세스 2세와 전쟁을 끝낸 히타이트를 공격하고 기원전 12세기경 아나톨리아 전역을 장악하였다. 동서 문화가 활발하게 교류된 프리기아는 가까운 그리스와 크게 영향을 주고받았다. 그리스의 전쟁 음악, 갈대로 만든 관악기 아울로스가 프리기아에서 전래된 것이다.[29]

특히 프리기아가 장악한 아나톨리아는 지금도 신석기 문명을 촉진시켰던 야생밀이 자생하고 있고, 포도주의 발상지로 알려져 있다. 인류학자 맥거번에 따르면, 포도주 문화는 기원전 7000년경에 출현했는데, 현재 아나톨리아 중남부의 차탈 휘익 등 신석기 시대 유적지 거의 전

지역에서 포도의 씨가 발견된다.[29]

이로 볼 때 포도주를 의인화한 것으로 보이는 디오니소스신은 아나톨리아의 프리기아에서 키벨레 여신에게 특수한 포도주를 마시고 환각 속에서 신과 접촉하는 비법을 전수받은 것으로 추정된다. 다량으로 마신 포도주와 맥주는 강력한 향정신적 효과, 즉 마취환각 효과를 발휘했으므로 신석기시대에 각종 제의나 통과의례를 담당한 샤먼이나 대중이 신과 만나는 촉매가 되었던 것이다.[31]

그 후 기원전 5세기부터 그리스의 올리브, 포도, 포도주는 지중해 세계로 수출하는 최고의 상품이 되었다. 그런데 포도주는 허브와 향신료를 숙성시킨 혼합물이 첨가되어야 장기간 보관할 수 있었고, 특히 숙성시킨 양조액이 첨가된 포도주는 상당히 독했다.[32] 이처럼 특수한 포도주는 마취환각 작용이 강력하여 디오니소스 신도들에게 광적인 행동을 유발했을 것이다.

그런데 기원전 6세기에 아테네의 시장에 신전이 세워질 정도로 프리기아의 키벨레 종교가 유행했다.[33] 이 키벨레 신화에서 포도주의 신 디오니소스 신비종교의 광란적인 행동을 엿볼 수 있다. 원래 키벨레 여신은 아나톨리아에서 대지의 어머니 신이었는데, 프리기아인은 이 여신을 산의 어머니, 혹은 산신으로 숭배했다.[34] 그런데 기묘하게 키벨레 여신은 처녀의 몸으로 아티스를 출산했다. 아티스는 그리스 신화에서 아프로디테의 연인 아도니스처럼 멧돼지에게 받쳐 죽는다. 그래서 식물의 신인 아티스가 소생하기를 기원하는 키벨레 여신의 제사에서 사제들은 자해, 즉 자기 몸에 상처를 내서 피를 바치거나 심지어 자기 생식기를 절단하여 키벨레 여신을 위로하였다.[35] 특히 사제들의 자해나 생식기 절단 같은 광기는 술에 탐닉하는 것으로 정평이 난 프리기아 사람들의 풍습과도 관련이 있을 것이다. 그보다 인류학적으로 해석하면 디오니소스 신화 속에 감춰진 여러 비밀이 풀린다.

프레이저에 따르면, 먼저 말들이 디오니소스를 박해하여 나라에 기근이 들게 한 리쿠르고스왕을 죽였다는 전설과 테베의 신도들이 펜타우스왕을 찢어 죽였다는 전설은 고대에 대지를 풍요롭게 하려고 왕을 살해하여 대지에 제물로 바치던 풍습이 반영되어 있다. 다음에 여인들이 자신이 낳은 아기의 사지를 찢거나 먹었다는 이야기는 신에게 자식을 바치던 고대의 풍습이 왜곡되어 반영되어 있는 것이라고 볼 수 있다. 특히, 디오니소스 제사 때 그리스의 도시 키오스, 테네도스, 그리고 보이오티아에서 어린이를 제물로 바쳤으나 나중에 산양으로 대신했다는 관습과 관련되어 있다. 중요한 것은 인간제물은 인간의 대우를 받은 희생 동물을 잘못 해석하거나 인간 대신 동물을 바쳐 신을 속이는 일종의 기만술일 수도 있다는 점이다.[36]

프레이저에게 큰 영향을 끼쳤던 영국의 인류학자 타일러도 아르테미스 여신에게 처녀 대신 암사슴을 바치고, 디오니소스신에게 소년 대신 염소를 바쳤다는 희생 제의의 변천과정을 설명한 바 있다.[37] 결국 여자들은 자기 아기나 왕을 찢어 죽이거나 먹은 것이 아니라 인간 대접을 받은 희생 동물을 먹은 것이다. 또 디오니소스는 테베에서 신도들에게 찢겨 죽었는데, 사실은 수소나 산양이 찢겨 죽은 것이다. 왜냐하면 디오니소스는 수소나 산양의 모습으로 변신하기 때문이다. 지금도 원시부족들이 종교의식에서 동물이나 인간의 날고기를 먹는 관습이 있듯이 디오니소스 신도들은 살아 있는 수소나 산양을 찢어 먹으면서 디오니소스신을 죽여 그 고기를 먹고 피를 마시고 있다고 믿은 것이다.[38]

이처럼 포도주의 신 디오니소스와 관련된 광란적인 비밀의식은 술과 종교, 음악과 춤, 그리고 섹스가 강력하게 결합되었던 구석기 시대 초기의 제의와 관련성이 있다. 인류는 종교적 축제와 통과의례, 특히 조상을 기리는 제사에서 초자연적인 존재에게 술을 바치고 마시면서 신과 일체가 되려고 시도했던 것이다. 지금도 성체용 빵과 포도주가 가톨릭 종교의식의 핵심인 것이 대표적인 흔적이다. 말하자면 가톨릭교도는 신의 살과 피를 먹는 원시인류의 희생제의의 풍습을 상징적으로 지속하고 있는 것이다.[39]

디오니소스 신비종교와 포도주, 양귀비, 담쟁이덩굴

●

프랑스의 비교신화학자 조르주 뒤메질은 인도-유럽어족의 모든 지역에서 불사(不死)의 음료를 만들거나 그 사용법에 관한 흔적을 발견했다. 그것은 인도의 「리그베다」, 이란의 「아베스타」, 그리스의 헤시오도스의 『신통기』에서도 나타나는 소위 '암브로시스 음식의 전설군(傳說群)'이다.[40] 흥미로운 것은 올림포스 신들의 음식인 이 암브로시스가 포도주에 아편, 담쟁이덩굴, 벌꿀이 첨가된 특수한 술이라는 가능성이다.

먼저 데메테르 신비의식에서 사용된 아편의 원료인 양귀비이다. 그리스는 오래전부터 양귀비를 진정제로 사용했는데, 데메테르의 손에 든 보리이삭과 양귀비 열매,[41] 그리고 『오디세이』에서 모든 고통을 잊게 하는 네펜테스가 바로 그 증거이다. 더구나 그리스 의사들은 정신적 육체적 고통을 덜어 주려고 양귀비를 처방했다고 한다.[42]

원래 지중해 연안이 원산지인 양귀비의 열매에서 나오는 아편은 마취환각 작용을 하는 대표적인 마약임은 잘 알려져 있다. 호메로스는 엘레우시스 신비의식에 참여한 입문자가 보리차를 마신다고 기록했으나 확실치 않지만 아편이 포도주에 첨가된 음료라고 추정된다. 맥거번 교수는 이 특수한 포도주가 디오니소스 신비종교에서 강력한 광기나 환각을 발휘했을 것이라고 추측했다.[43]

또 다른 특수한 식물은 디오니소스의 상징이고 포도과 식물인 담쟁이덩굴이다. 델포이에 있는 아폴론 신전의 무녀인 피티아(Pythia)는 월계수 잎을 먹고 환각에 빠져 일시적으로 영감을 받아 예언을 했다. 반면에 바쿠스의 신도는 담쟁이덩굴의 잎을 먹고 광란에 빠졌다고 추정된다.[44] 그런데 플루타르코스는 포도주와 혼합된 담쟁이덩굴이 마취환각 식물인 사리풀처럼 정신착란을 일으키고 환각을 유발시켜 광란에 빠지게 하고 깊은 수면을 유도할 수도 있다고 했다. 또 호메로스는 올림포스 신들이 벌꿀주를 마셨다고 했지만, 담쟁이덩굴과 포도주, 벌꿀주의 혼합주일 가능성이 크다. 신기한 것은 인도-아리안족에게 불멸의 음료인 암브로시아가 어린 디오니소스의 교육을 담당한 히아데스의 요정들의 이름 중의 하나라는 사실이다.[45]

이처럼 아편, 벌꿀주, 담쟁이덩굴이 혼합된 특수한 포도주를 마신 디오니소스 신비종교에서 여자들의 광기나 환각, 그리고 디오니소스가 탄 배가 담쟁이덩굴로 뒤덮이고 해적들이 돌고래로 변신하는 기적이 설명될 수 있다. 중요한 것은 포도주의 신 디오니소스가 데메테르의 신비의식과 혼합되어 대단히 특별한 의미를 갖게 되었다는 점이다. 이는 디오니소스 신비종교가 '저승의 하강과 지상의 귀환'을 반복하는 곡식의 여신 페르세포네처럼 죽음과 부활에 관련된 종교의식으로 발전했다는 것을 뜻한다.

그런데 인류학자 맥거번은 디오니소스신의 배경에는 바로 동양종교,

즉 수메르의 두무지 신화가 존재한다고 지적했다. 다시 말하면 수메르에서 보리를 뜻하는 두무지왕과 그의 누이이며 포도나무를 뜻하는 게슈티난나 여신이 교대로 저승에서 반년씩 사는 신화가 놀랍게도 그리스식으로 변형되었다는 것이다.[46]

디오니소스 신비종교와 부활의식

●

그리스에서 디오니소스 이야기는 가장 생기가 넘치는 신화로 알려져 있다. 디오니소스는 어머니의 고향인 테베에서 신도들에게 찢겨서 그곳에 묻혔다고 하지만 그의 무덤은 그리스에서 신탁으로 가장 유명한 델포이에 있었다고 전한다.[47] 델포이는 예언과 의술의 신 아폴론의 신탁소였지만 그곳에서 디오니소스 신도 예언을 한 것이다. 이 신탁소의 무녀가 담쟁이덩굴과 아편이 혼합된 포도주를 마시고 디오니소스 신의 예언을 받으면, 사제가 그 신탁을 해석했을 것이다.

박해받고 죽어서 위력이 큰 신으로 인정된 디오니소스의 생애는 주로 호메로스를 비롯한 여러 신화집에 전해 오지만 디오니소스의 신비의식을 치르던 유적지와 유물에도 그의 부활이 묘사되어 있다.[48] 또 엘리아데에 따르면, 기원전 6세기 이후에 아테네의 디오니소스 축제에서도 영혼의 부활이 강조되었다. 그런데 봄에 치르던 디오니소스의 대축제는 포도주의 병을 개봉하여 디오니소스에게 바치고, 신과 왕비의 신성결혼식을 치른 뒤에 죽은 영혼이 귀환하기를 기도했다는 것이다. 신기하게도 메소포타미아의 신성결혼을 연상시키는 이 축제는 디오니소스가 저승에서 구한 아리아드네와의 결혼과 관련이 있는데, 이 신화적

결혼은 두 영혼의 합일을 상징했다.[49]

　세월이 흐르면서 기원전 4세기 초부터 디오니소스는 그리스에서 가장 인기 있는 신이 되었다. 헬레니즘과 로마 시대에 사람들은 디오니소스 입문의례에서 음악과 춤을 통해서 신의 존재를 직접 느끼고 신과 하나가 되는 것을 체험했던 것이다. 물론 주기적으로 반복되는 디오니소스신의 출몰과 은둔은 포도주가 발효되는 겨울에 쉬다가 봄에 활동하는 식물신이나 곡물신, 포도신의 은유적 표현이고, 삶과 죽음의 순환을 반영한 신화이다.[50]

　그런데 의미심장한 것은 붉은 빛깔의 포도주, 즉 디오니소스신의 피를 마시는 것은 기독교의 성찬식처럼 신의 피를 마시고 신과 하나가 된다는 점이다. 또한 새 시대의 왕으로서의 디오니소스라는 명칭이 대중적으로 인기를 누렸는데, 그 바탕에는 예수의 시대처럼 세계의 주기적인 재생과 관련되어 황금시대가 임박했다는 믿음이 깔려 있었다. 다음 장에서는 디오니소스 신비종교를 개혁한 오르페우스를 살펴보기로 한다.

1　러셀; 앞의 책, 42-43쪽, 438-439쪽

2　로넌; 앞의 책 1권, 120~134쪽.

3　헤로도토스; 앞의 책 하권, 323~324쪽.

4　프레이저; 앞의 책(황금의 가지 하권), 31~37쪽.

5　아폴로도로스; 앞의 책, 43~45쪽.

6　P. Ovidius; Metamorphoses(변신 이야기 1권), 민음사, 2018, 이윤기 옮김, 220~232쪽.

7　그리말; 앞의 책(세계의 신화 1권), 30~31쪽.

8　그리말; 앞의 책(세계의 신화 1권), 66쪽.

9　노스; 앞의 책 상권; 109쪽.

10　헤시오도스; 앞의 책, 114쪽.

11　헤시오도스; 앞의 책, 87쪽.

12　플루토스는 재물과 부를 상징하는 풍요의 신이다.

13　헤시오도스; 앞의 책, 90쪽.

14　프레이저; 앞의 책(황금의 가지 상권), 187~191쪽.

15　헤시오도스; 앞의 책, 210쪽.

16　프레이저; 앞의 책(황금의 가지 하권), 74~81쪽.

17　헤시오도스; 앞의 책, 465~466쪽.

18　그리말; 앞의 책(세계의 신화 1권), 65쪽.

19　노스; 앞의 책 상권, 113~115쪽.

20　러셀; 앞의 책, 47쪽.

21　헤시오도스; 앞의 책, 89쪽.

22　오비디우스; 앞의 책 1권, 124~127쪽.

23 헤로도토스; 앞의 책 하권, 36쪽. 헤로도토스는 테베를 세운 카드모스와 함께 온 페니키아인이 그리스인에게 여러 지식과 문자를 전달했다고 보았다.

24 아폴로도로스; 앞의 책, 156~157쪽.

25 엘리아데; 앞의 책(세계종교사상사 1권), 543~544쪽.

26 아폴로도로스; 앞의 책, 159~160쪽.

27 그리말; 앞의 책(세계의 신화 1권), 68쪽. 레아 여신은 데메테르 여신처럼 결실과 관련된 대모신과 유사하다.

28 헤로도토스; 앞의 책 상권, 181쪽. 244쪽. 오시리스는 그리스 이름으로 디오니소스이며 오시리스와 동일한 신이라고 헤로도토스가 기록했다.

29 이희수; 앞의 책, 25~26쪽, 152~154쪽.

30 맥거번; 앞의 책, 155쪽. 자그로스산맥 북쪽은 유라시안 포도의 세계적 중심지인데, 이 고원지대에서 포도가 처음 재배되어 유전적 변이가 이루어졌다.

31 맥거번; 앞의 책, 134~146쪽.

32 R. Tannahill; Food in History(음식의 역사), 우물이있는집, 2006, 손경희 옮김, 109~111쪽.

33 P. Lévêque; La naissance de la Grece, (그리스 문명의 탄생), 시공사, 1996, 85쪽.

34 이희수; 앞의 책, 152쪽.

35 프레이저; 앞의 책(황금의 가지 상권), 440~441쪽.

36 프레이저; 앞의 책(황금의 가지 하권), 223쪽, 440~441쪽, 27~28쪽, 9~30쪽.

37 타일러; 앞의 책 2권, 644쪽.

38 프레이저; 앞의 책(황금의 가지 하권), 28~29쪽.

39 맥거번; 앞의 책, 454~456쪽.

40 그리말; 「그리스 신화」 [앞의 책(세계의 신화 1), 114쪽.]

41 프레이저; 앞의 책(황금의 가지 하권), 35쪽. 보릿단과 양귀비열매를 든 데메테르는 기원전 3세기의 데라코타에 새겨져 있다. 딸이 납치당하자 괴로움을 잊으려고 양귀비를 사용했다고 한다.

42 J. Brosse; La Magie Des Plantes(식물의 역사와 신화), 갈라파고스, 2005, 양영란 옮김, 186쪽.

43 맥거번; 앞의 책, 248-249쪽.

44 프레이저; 앞의 책(황금의 가지 상권), 138~139쪽.

45 브로스; 앞의 책(나무의 신화), 158~163쪽.

46 맥거번; 앞의 책, 182~183쪽.

47 프레이저; 앞의 책(황금의 가지 하권), 26쪽.

48 엘리아데; 앞의 책(세계종교사상사 2권), 385~386쪽. 조형예술, 특히 석관, 도자기에 새겨
    진 그림, 그리고 '오르페우스 찬가' 등에 나와 있다.

49 엘리아데; 앞의 책(세계종교사상사 1권), 548~553쪽. / 엘리아데; 앞의 책(세계종교사상사 2권),
    385~386쪽.

50 엘리아데; 앞의 책(세계종교사상사 1권), 547쪽. / 엘리아데; 앞의 책(세계종교사상사 2권),
    385~390쪽.

5장

그리스의 사제
오르페우스

오르페우스는 원초적이고 광란적인 디오니소스 신비종교를 정신적으로 변모시킨 종교 개혁가였다. 「오르페우스 석판」에는 죽은 자의 영혼이 길을 찾는 방법과 구원의 지침을 따라 고통을 참고 견디어 내면 신이 된다고 기록되어 있는 것이다. 종교적 성향이 강한 플라톤도 영향을 받은 것으로 보이는 디오니소스 신비종교는 그리스의 사제이며 철학자인 오르페우스를 거치면서 더욱 발전하여 최종적으로 기독교 신학 속에서 그 모습을 구체적으로 드러냈다.[1]

오르페우스는 음악의 신 아폴론의 아들

●

기원전 7세기경 헤시오도스의 『신통기』에 디오니소스는 나오지만 오르페우스는 등장하지 않는다. 하지만 기원전 2세기 중엽에 활동한 아폴로도로스의 『신화집』에서 오르페우스는 무사(Mousa), 즉 예술의 여신 칼리오페와 아폴론신의 아들이라고 알려져 있지만 실은 칼리오페와 트라키아의 왕 사이에 태어났다고 기록되어 있다.[2]

이를 보면 오르페우스는 그리스 동북부 산악지대의 트라키아에서 태어나 그에 대한 신앙이 그리스에 들어온 것으로 보인다. 아폴로도로스는 오르페우스의 출생과 능력, 업적, 죽음을 다음과 같이 기록했다.

칼리오페와 오이아그로스 사이에서, 명목상으로는 칼리오페와 아폴론신 사이에서 리노스가 태어났지만 헤라클레스가 그를 죽였다. 또 그들 사이에서 키타라 반주 노래를 만든 오르페우스가 태어났는데, 그는 노래로써 돌들과 나무를 움직였다. 그런데 오르페우스는 아내 에우리디케가 뱀에 물려죽자 하데스로 내려가 아내를 되살려달라고 플루톤을 설득했다. 플루톤은 오르페우스가 자기 집에 도착할 때까지 뒤돌아보지 않는 조건으로 허락했다. 그러나 그 말을 따르지 않고 뒤돌아서 자기 아내를 보자 그녀는 저승으로 되돌아가 버렸다. 오르페우스는 디오니소스 비밀의례를 만들어 냈으며, 마이나데스들에게 찢겨죽은 후 피에리아 근처에 매장되었다.[3]

아폴로도로스는 디오니소스 비밀의례의 창시자를 오르페우스라고 기록했다. 그런데 오르페우스가 그를 미워하던 마이나데스(Mainades), 즉 박코스 여신도들에게 찢겨 죽었다는 점에서 그는 디오니소스 신비종교를 개혁한 인물로 보인다. 이는 오비디우스의 『변신 이야기』에 아주 상세하게 나타나 있다.

기원 전후에 활동한 오비디우스는 「오르페우스의 노래」에서 시적 상상력과 풍부한 문장력으로 오르페우스의 음악적 위력, 동성애, 그리고 그의 죽음을 다음과 같이 섬세하게 묘사했다.

트라키아의 음유시인 오르페우스가 아내를 돌려달라고 저승의 왕 하데스와 왕비 페르세포네 앞에서 수금을 타면서 노래를 부르자 저승의 망령들까지 눈물을 흘렸다고 한다. 하지만 하데스가 제시한 조건을 어겨 아내가 다시 저승으로 되돌아가자 오르페우스는 슬픔에 겨워 어떤 여자도 가까이 하지 않고 숲에 은거하면서 소년이나 청년들을 좋아하였다. 그는 트라키아에 그리스의 동성애 풍습을 처음 전했는데, 그를 사랑하는 여자들은 앙심을 품었고, 광기에 사로잡힌 박코스 여신도들은 그를 찢어 죽였다.[4]

미소년을 사랑한 제우스와 아폴론

●

신화작가 오비디우스는 「오르페우스의 노래」라는 제목으로 여러 편의 전설을 소개했다. 앞부분은 오르페우스, 아폴론, 제우스와 관련된 것이고, 뒷부분은 아프로디테와 관련된 것이다.[5] 이로 보면 음유시인 오르페우스는 자연에 은거하면서 당시 사회를 비판하고 그의 사상을 리라에 맞추어 노래한 것으로 추정된다.

먼저 아폴론신과 관련 있는 전설이다. 「퀴파리소스의 비극」에서 오르페우스는 사랑하던 사슴을 죽인 소년의 슬픔을 노래한다. 키프로스, 즉 삼나무는 원래 아폴론신의 사랑을 받던 퀴파리소스라는 소년이었다. 하지만 사랑하던 수사슴을 창으로 찔러 죽이는 실수를 범한 소년은 수사슴의 죽음을 영원히 슬퍼하게 해 달라는 기도를 하자 아폴론신이 그를 삼나무로 변화시킨다. 아폴론신은 슬픔을 이기지 못하고 탄식했다.

"네가 남을 위하여 슬퍼하고, 네가 고통스러워하는 이웃의 벗이 되고자 하니 나 또한 너를 위하여 슬퍼하리라."

이 전설은 삼나무의 유래를 밝히는 기원신화지만 야생동물의 수호신인 아폴론이 사랑하는 사슴을 죽인 소년을 삼나무로 변하게 한 슬픔과 고뇌가 예수의 산상수훈을 연상시킨다. 그만큼 오르페우스의 노래는 인간을 감동시키고 정화시켰다는 뜻이다.

자료 4-5-1 하프를 든 아폴론(로마 국립박물관)

다음에 오르페우스는 제우스와 아폴론의 동성애를 예찬한다. 먼저 「미소년 가니메데스」는 아나톨리아 동쪽의 왕국 프리기아의 미소년 가니메데스를 사랑하는 제우스가 독수리로 변하여 그 양치기 미소년을 납치하고 하늘에서 술을 빚고 술 시중을 들게 했다는 전설이다. 다음에 「꽃이 된 히아킨토스」는 아폴론신이 뜨겁게 사랑한 도시국가 스파르타의 미소년이다. 하지만 아폴론이 던진 원반에 맞아 죽자 그를 히아킨토스 꽃, 즉 히아신스 꽃으로

자료 4-5-2 델포이의 아폴론 신전(© 2004 David Monniaux)

변화시켜 불사를 누리게 했다는 꽃의 기원신화이다.[6]

눈길을 끄는 것은 오르페우스가 신들의 애정 생활을 빌려 그리스에서 유행했던 남성들의 동성애를 예찬한 점이다. 오르페우스가 동성애자였던 사실이 「오르페우스와 에우리디케」에도 나타나 있지만 그리스의 귀족 사이에서 유행하던 동성애가 기원전 5세기~기원전 4세기에 시민계급으로 확산되었는데, 당시 플라톤은 『향연』에서 남성적인 사랑은 천상적이고 여성의 육체를 탐하는 사랑은 저속하다고 비하시켰던 것이다.[7]

아폴로도로스가 지적한 것처럼 트라키아에 동성애를 전파한 오르페우스는 극작가 에우리피데스의 「박코스 여신도들」에 나타나 있듯이 디오니소스 신비종교 여신도들의 문란한 성생활, 살코기 먹기, 과도한 음주, 광란의 춤을 간접적으로 비난했다고 볼 수 있다.

오르페우스가 인신 제물과 신전 매춘을 비난하다

●

오비디우스의 「봄을 파는 프로포이티데스, 케라스타이」는 아프로디테 여신의 고향이면서 그녀의 숭배가 왕성했던 키프로스섬의 도시 아마토스에 얽힌 이야기이다. 이 전설을 노래하면서 오르페우스는 신을 올바르게 섬기는 방법을 제시하고, 아프로디테 여신의 분노를 통해서 다음과 같이 신전 매춘을 비판한 듯이 보인다.

제우스 신전에 산양이나 송아지 대신 나그네를 죽여 그 피를 제물로 바친 케라스타이 사람들에게 격분한 아프로디테 여신은 자기의 성지인 키프로스를 떠나려고 망설이다가 그들을 난폭한 황소로 바꾸어 버린다. 그러나 프로포이테스 사람들이 여신을 모독하자 그들의 이름을 빼앗고 추방하여 나그네들에게 몸을 팔게 만든다. 하지만 역사상 최초의 매춘부가 된 그들이 부끄러워하지도 않자 아프로디테 여신은 마침내 그들을 돌로 바꾸어 버렸다.[8]

원래 아마토스가 자리 잡은 키프로스섬은 돌과 구리, 그리고 뱀이 흔하기로 유명한 도시이다. 이 신화는 먼저 황소를 신에게 제물로 바치게 된 유래가 암시되어 있는데, 제우스는 황소로 비유되고 나그네의 수호신이기 때문이다. 그런데 키프로스섬은 셈족의 이슈타르 신앙이 일찍부터 전파되어 아프로디테 신앙과 혼합된 곳이다. 말하자면 오르페우스는 신에게 인신 제물을 바치는 관습을 비판하면서 동시에 이방인에게 신전 매춘을 하던 셈족의 관습을 아프로디테 여신의 입을 빌려 간접적으로 비난한 것으로 보인다.

아프로디테와 관련된 사랑 이야기

●

오르페우스는 아프로디테 여신과 관련된 네 개의 전설을 노래한다. 처음 들려주는 노래 「피그말리온의 사랑」은 여성들의 약점이 역겨워 독신으로 사는 피그말리온이 자기가 빚은 조각상 여인을 사랑하다가 아프로디테의 도움으로 살아 있는 여성으로 변신한 그 여인과 결혼한다는 비현실적이고 환상적인 이야기이다. 그 후 피그말리온은 태어난 아들의 이름을 자기 고향의 명칭인 파포스라고 정하였다.[9]

오르페우스가 들려주는 두 번째 노래 「몰약이 된 뮈라」는 끔찍하고 복잡한 근친상간 이야기이다. 즉, 피그말리온과 조각상 여인 사이에서 태어난 딸 파포스는 키니라스를 출산하는데, 키니라스의 딸 뮈라가 자기 아버지를 사랑하는 패륜 이야기이다. 2부 6절에서 설명했지만 결국 트라키아의 왕이고 친아버지 키니라스를 사랑하는 뮈라 공주는 번민하다가 자살을 시도하지만 유모의 간계로 술 취한 왕과 동침하고, 이를 알고 죽이려던 왕을 피해서 도망친다. 시바 땅에 도착한 그녀는 죄를 대신하여 죽은 것도 산 것도 아닌 존재로 바꾸어 달라고 신에게 기도하여 몰약나무가 되었고 그녀의 눈물은

자료 4-5-3 밀로의 비너스(© Livio-andronico2013, 루브르 박물관)

귀중한 몰약이 된다.[10]

세 번째 오르페우스의 노래 「아도니스의 탄생」은 몰약나무로 변신한 뮈라가 출산의 여신의 도움을 받아 아이를 출산하는 이야기로 시작된다. 그 후 패륜의 씨앗인 아도니스는 잘 생긴 청년으로 성장하여 아프로디테 여신의 불타는 사랑을 받게 된다. 아프로디테의 아들 큐피트가 어머니에게 키스하려다가 화살촉으로 어머니의 젖가슴을 찔러 아프로디테는 인간인 아도니스에게 반하게 된 것이다.[11]

오르페우스의 마지막 노래 「아탈란테와 히포메네스, 아도니스의 변신」은 아프로디테가 위험한 짐승을 피하라고 아도니스에게 들려주는 이야기로 시작된다. 달리기 선수이고 미인인 아탈란테를 사랑하는 히포메네스는 그녀와 경주를 하여 마음을 사로잡는다. 그런데 두 연인은 키벨레 여신의 신전에서 사랑을 나누다가 여신의 저주를 받아 사자로 변하여 키벨레 여신의 수레를 끌게 되었다는 전설이다.

한편 아도니스는 아프로디테의 경고를 무시하고 사냥하던 멧돼지에게 받혀 죽게 되는데, 슬픔에 겨운 아프로디테가 아도니스의 핏자국에 신주 넥타르를 뿌리자 바람처럼 쉽게 지는 아네모네 꽃이 피어난다. 결국 아네모네 꽃을 통해서 아도니스는 해마다 부활한다는 이야기이다.[12]

오르페우스가 제시한 종교적 비밀의례

●

앞에서 오르페우스가 노래한 네 개의 사랑 이야기는 모두 아프로디테 여신이 관련되어 있다. 그런데 피그말리온이 조각상 여인을 사랑하는 것도 괴이하지만 그의 가계에 얽힌 사랑 이야기는 수수께끼처럼 신비롭다. 그렇다면 오르페우스의 노래가 암시하는 비밀은 무엇이고, 오비디우스가 들려주는 오르페우스가 개혁한 신비종교의 정체는 무엇일까. 이 난해한 신화는 지중해 연안의 종교의식과 깊이 관련되어 있다. 먼저 피그말리온이 조각상 여인을 사랑하는 이야기부터 그 수수께끼를 풀어 보기로 한다.

피그말리온은 여성들의 약점이 역겨워 아름다운 여인의 조각상을 만들었다고 한다. 당시 이상적인 여인의 모습은 미와 사랑의 여신 아프로디테였을 것이다. 따라서 그는 아프로디테 여신상을 만들어 아내처럼 침실에서 여신과 사랑을 나눈 것이다. 말하자면 고대에 신은 자기의 신상에 내려온다고 여겨졌기 때문에 조각상은 아프로디테 여신의 화신이 된 셈이다. 이처럼 조각상이 여인으로 변신하고 아이를 출산하는 기적은 고대 이집트나 수메르, 히브리 문화에서 신이 흙으로 인간을 빚고 숨을 불어 넣어 사람으로 만들어서 자손을 번식시키는 창조신화가 반영된 것이라고 추정할 수 있다. 물론 아폴로도로스에 따르면, 그리스의 프로메테우스도 흙으로 인간을 만들었다.[13]

표면적으로 피그말리온 신화는 신앙심이 지극하면 소원을 이루어 준다는 아프로디테 여신 숭배를 강조한 것이다. 그러나 피그말리온은 키프로스섬 파포스 왕국의 왕이었고 실존인물이었다. 또 키프로스섬의 종교 중심지인 파포스는 아프로디테 신앙이 왕성했던 곳이다.[14] 그런데 파포스의 아프로디테 신앙은 셈족의 이슈타르 신앙을 수입하여 여신의 이름만 아프로디테로 바꾼 것이다. 셈족은 전통적으로 신의 대리자인 왕과 이슈타르 여신의 역할을 하는 여사제가 성교하여 여신의 성욕을 충족시키는 신성결혼을 오랫동안 유지했다. 따라서 피그말리온 왕이 사랑한 여신은 신전의 순결한 여사제일 가능성이 크다. 수메르에서도 왕과 여사제의 신성결혼에서 태어나 왕이 된 인물은 바로 두무지, 길가메시, 우르-남무, 슐기였기 때문이다.

다음에 피그말리온의 아들 키니라스왕과 그의 딸 뮈라의 근친상간과 아도니스 출생의 비밀이다. 인류학자 프레이저에 따르면, 파포스의 왕 키니라스는 이방인에게 몸을 팔던 바빌론의 종교적 매음을 제도화시켰는데, 뜻밖에도 그의 딸들이 그 제도를 창시했다고 한다. 그런데 이 종교적 매음은 키프로스섬만이 아니라 서아시아의 많은 지역, 즉 바빌론, 시리아, 헬리오폴리스, 페니키아, 비블로스, 리디아, 아르메니아에서 대지의 풍요를 위해서 이루어진 관습이었다.[15]

주목할 것은 파포스에서 곡식의 신 케레스의 제삿날 뮈르가 아버지와 근친상간을 했다는 점이다. 이 날은 흰 옷 차림의 여자들이 곡식의 첫 수확을 케레스 여신에게 바쳤고, 더구나 여자들은 엄격하게 정절을 지키는 금기가 있었는데 말이다. 이런 특이한 근친상간은 이집트에서도 자기 누이나 딸과 결혼하는 왕가의 관습이었지만, 특히 모계상속의 부족에서는 왕비가 죽으면 왕은 자기 딸인 공주와 결혼하여 왕권을 유지했던 관습의 반영으로 볼 수 있다. 군소왕국인 파포스도 그럴 가능성이 있다. 특히 프레이저는 수메르의 길가메시왕이 이슈타르의 청혼을 받았던 것처럼 잘생긴 키니라스왕도 아프로디테 여신의 구혼을 받았다고 보았다.[16]

결론적으로 피그말리온, 키니라스, 아도니스는 모두 아프로디테 여신을 섬기는 사제이면서 연인으로 볼 수 있다. 고대에 주술사와 추장을 겸하던 원시부족의 전통처럼 세 명의 왕은 정치적 권력과 함께 사제의 역할을 수행하면서 동시에 아프로디테의 욕정을 충족시키는 신성결혼의 신랑이 되었던 것이다. 왜냐하면 프레이저에 따르면, 피그말리온은 셈족 계통, 또는 키프로스 왕들의 보통 명칭이었고, 아도니스는 키프로스의 모든 왕의 호칭이면서 실제로 키프로스를 통치했기 때문이다. 결국 아도니스는 키니라스의 아들이지만 실은 조각상 여인처럼 상징적인 존재라고 볼 수 있다.[17]

그래서 이집트의 왕비가 신의 아내나 어머니로 불린 것처럼 아프로디테 여신의 사제인 키니라스의 딸도 아내이면서 자식이기 때문에 동침이 가능하고 자식을 생산할 수도 있었다. 이는 왕과 신성결혼을 한 여사제의 아들이 왕이 되거나 사제가 되거나 혹은 제물로 바쳐진 메소포타미아의 전통이 반영된 것으로 볼 수 있다.

몰약은 마취환각 최음제이고 방부제이다
●

그렇다면 오르페우스는 무엇을 비난한 것일까? 이 문제는 난해하지만 뮈르의 항변 속에 답이 있는 것 같다. 즉, 오르페우스는 구혼자들을 마다하고 친아버지를 사랑하는 뮈르의 입을 통해서 자연이 허락한 사랑의 자유를 제약하는 인간의 금기를 비난한 것이다.

"이 땅에는 이런 사랑을 나누고도 멸종하지 않는 짐승들이 많이 있지 않습니까?"

뮈르는 암소와 아비 수소, 수말과 딸, 숫양과 딸, 새와 아비 새처럼 근친의 교미를 예로 들었다. 그런데 인간은 왜 아버지를 사랑하면 안 되느냐고 뮈르가 항변하자 아프로디테 여신은 뮈르가 그 부친과 동침하는 것을 유모의 간계를 통해서 허용한다. 주목할 것은 오르페우스는 뮈르가 도망쳐서 몰약나무로 변신하고 아이를 낳은 곳이 사바 땅이고, 몰약나무에서 몰약이 나오는 정경을 다음과 같이 아주 생생하게 노래한 점이다.

> 뮈라가 눈물을 흘리는 바람에 나무에서도 물방울이 떨어졌다. 그러나 이 나무에서 귀중한 것은 이 눈물이었다. 그래서 나무에서 떨어지는 이 처녀의 이름이 붙어 오늘날까지도 뮈르(myrrh)라고 불린다.[18]

뮈라가 머무른 사바 땅은 지금의 예멘으로 추정된다. 예로부터 아라비아 반도에 자리 잡은 예멘은 몰약나무로 유명한 곳이다. 그리고 몰약나무가 흘리는 수액이 굳어진 몰약(沒藥)은 마취환각제와 진통제로 사용된 고대의 만병통치약이었다.[19] 이 몰약은 방향제로도 사용되었는데, 바빌론의 신전에서도 유향과 몰약을 사용했다. 특히 「이집트 탈출기」 30장 22절에서 히브리 민족의 모세가 정한 성소에서 유향과 몰약을 방향제로 정했고, 「지혜의 글」 7장 16절에는 솔로몬의 침상에서도 몰약은 최음제로 사용되었다. 지금도 동방교회인 정교회는 성찬예배 때 유향을 향으로 쓰고 있다.[20]

그런 점에서 뮈라의 유모는 곡식의 여신 케레스의 제삿날에 술 취한 키니라스왕에게 몰약이 일으킨 환각 속에서 왕의 딸이면서 여사제인 뮈르와 동침을 시켰다고 추정할 수 있다. 중요한 것은 몰약이 이집트에서 미라를 만들 때 사용된 방부제였다는 점이다. 이는 헤로도토스의 『역사』,[21] 이집트의 장례 비용을 기록한 파피루스에 기록되어 있다.[22] 그런데 「요한이 기록한 기쁜 소식」 19장 39절에는 나중에 부활하는 예수의 시체에도 제자들이 몰약을 발랐던 전설은 아주 신기하다. 하지만 미라(mirra)는 스미나르의 다른 이름인 뮈르(myrrh)에서 파생되었는데, 이도 몰약이 부활과 관련되었음을 암시한다.

그런 점에서 수메르의 두무지가 모습이 변형된 아도니스 신화는 헬레니즘 시대에 지중해 연안에서 신인들의 죽음과 부활을 상징하게 된 것이다. 왜냐하면 몰약나무는 식물여신의 상징이고, 키니라스왕의 아들 아도니스는 몰약의 의인화이기 때문이다. 다시 말하면 사랑이 의인화된 아프로디테 여신은 아도니스라는 몰약과 결합되어 사랑의 절정인 오르가즘에 빠지는 것이다. 이는 디오니소스 신비종교에서 특수한 포도주를 마시고 광기에 사로잡힌 것처럼 오르페우스 신비종교의 정신적인 엑스타시와 근본적으로 동일하다.

오르페우스의 죽음과 미다스왕의 어리석음

●

오비디우스는 아프로디테의 사랑 이야기 다음에 「미다스 귀는 당나귀」에서 11개의 전설을 소개한다. 그중 세 편이 오르페우스와 관련성이 있다.

먼저 「오르페우스의 죽음」은 자기들을 업신여긴다고 여긴 박코스 여신도들이 오르페우스를 살해하는 이야기이다. 광기 들린 여자들은 지팡이와 돌, 농기구를 사용하여 자제를 호소하는 오르페우스의 몸을 갈기갈기 찢은 것이다.[23] 오비디우스는 다음과 같이 기록했다.

전하는 바에 따르면, 강물은 스스로 흘린 눈물 때문에 물이 불어 둑을 넘었고, 물의 요정과 숲의 요정들은 머리를 풀고 상복을 입고 그의 죽음을 슬퍼했다고 한다. 오르페우스의 사지는 갈가리 찢긴 채 사방으로 흩어졌다. 그런데 놀라운 일이 벌어졌다. 그의 머리와 수금이 헤브로스 강물에 떠내려가면서 나직한 노랫가락을 지어내고, 강둑은 그 노래를 듣고 눈물로 화답했다는 것이다. 마침내 오르페우스의 머리와 수금은 강물에 실려 고향땅을 떠나 바다로 흘러가다가 이윽고 레스보스섬에 이르렀다. 뱀 떼의 습격을 받았지만 포에보스신, 즉 아폴론신이 뱀들을 돌로 만들어 버렸다고 한다. 그 후 오르페우스의 망령은 지하세계에 가서 에우리디케를 만나 행복을 누렸다. 그리고 분노한 박쿠스 신은 자기가 창시한 비밀종교를 노래하던 오르페우스를 죽인 여신도들을 나무로 만들어 버렸다.[24]

자료 4-5-4 뒤를 돌아보는 에우리디케
(ⓒ Sailko, 베네치아 퀘리니 스탐팔리아 미술관)

오르페우스의 죽음에 이어서 오비디우스는 「미다스왕의 봉변」을 소개한다. 박쿠스신은 트라키아를 떠나 포도원이 울창한 트몰로스 산으로 갔다. 그 산 가까이 흐르는 팍톨로스강에서 사금이 많이 나오는 유래를 밝히는 이 전설은 오르페우스의 스승 실레노스(Silenos)와 관련이 있다.[25]

프리기아 농부들은 술에 취해 온 마을을 휩쓸고 다니는 실레노스를 체포하여 미다스왕에게 데리고 갔다. 미다스왕은 한때 트라키아에서 오르페우스에게, 그리고 아테네에서 에우몰포스에게 박쿠스 신비종교를 배운 인물이었다. 왕은 실레노스를 잘 대접하고 리디아의 박쿠스 신도들에게 인도하였다. 박쿠스신은 크게 기뻐하면서 미다스에게 소원을 말하라고 하자, 그는 손에 닿는 것은 모두 황금이 되기를 원하였다. 고국에 돌아간 미다스는 소원대로 손을 댄 참나무가지는 물론 돌멩이와 흙, 곡식의 이삭, 사과, 그리고 왕궁의 기둥과 빵, 포도주가 모두 황금으로 변하였다. 하지만 엄청난 부자가 된 미다스는 황금 때문에 먹지도 마시지로 못하는 고통을 당하여 박쿠스신에게 용서를 빌고 재앙에서 벗어났다. "황금에 눈이 어두웠던 어리석은 욕망을 씻으려거든 사르디스강의 발원지에 가서 머리와 몸을 담그고 죄를 씻어라."[26]

현재 팍톨로스강은 튀르키예 최대의 사금 산지이다. 프리기아는 히타이트가 쇠퇴한 전후인 기원전 1200년경 독자적인 국가를 세워 기원전 8세기경 미다스왕 때 문자를 고안하고 교역을 통해 전성기를 이룩하였다. 전성기를 이끈 왕이 미다스였는데, 신화의 주인공과 같은 인물인지는 확인하기 어렵다. 다만 프리기아의 수준 높은 청동기 문화는 활

발하게 교역한 그리스의 색채가 강하다.[27]

결국 신화작가 오비디우스는 황금을 탐하는 이 미다스왕을 풍자하면서 왜 셀레노스가 술에 취하는지 반어적으로 그 이유를 암시하는 것 같다. 말하자면 물질적 황금의 욕망을 버리고 정신적 황금을 추구하면서 유유자적하자는 오르페우스의 개혁정신을 강조한 것이다. 이는 다음에 이어지는 오르페우스와 한 무리였던 목신(牧神) 판과 관련된 「미다스왕의 귀는 당나귀 귀」에서 더 확실하게 드러난다.[28]

그 후 미다스왕은 물질보다 자연에 정을 붙이게 되었지만 여전히 어리석은 왕이었다. 그런데 판(Pan)은 요정들과 함께 피리를 불고 거들먹거리면서 아폴론의 음악과 견줄 생각을 하였다. 심판은 토몰로스의 산신이 맡아 아폴론이 낫다는 판정이 나왔고 청중도 모두 동의했지만 미다스만 심판에 항변했다. 그러자 아폴론신은 어리석은 왕의 귀를 잡아 늘여 당나귀의 귀처럼 만들어 버렸다. 당황한 왕은 귀를 모자로 가렸다. 하지만 왕의 비밀을 지키다가 참지 못한 이발사는 들판에 나가 구덩이를 파고 "임금님 귀는 당나귀!"라고 고함을 지르고 흙으로 덮었다. 그런데 그 자리에서 갈대가 자라 남풍에 흔들릴 때마다 왕의 비밀을 누설하였다.[29]

이런 전설은 중앙아시아의 키르기스스탄, 아일랜드에도 전하고 있다.[30] 또한 『삼국유사』 경문왕의 전설에도 전하는 이 풍자적인 이야기는 음악의 신 아폴론신의 능력을 강조하면서 간접적으로 오르페우스 노래의 마력을 선전한 것으로 볼 수 있다. 히브리 문화권에서 사울왕의 악령을 수금으로 치유한 다윗, 또 음유시인의 음악에서 영감을 받아 모래땅을 파고 물을 구한 엘리야, 북과 피리, 하프를 연주하면서 신전에서 내려오는 히브리 문화의 예언자들처럼 고대에 음악은 꿈과 마찬가지로 신이 계시하는 영감이었다. 그처럼 신비종교에서 오르페우스가 수금을 타면서 부르는 노래는 예언자나 사상가와 비슷한 역할을 한 것이다.

오르페우스는 대 샤먼이었다

●

종교학자 노스는 디오니소스 신비종교를 창시한 오르페우스가 스스로 제물이 되어 여신도들에게 몸까지 찢겨졌다고 지적했다. 하지만 보다 온건한 오르페우스 신비종교 교인들은 지중해 일대는 물론 그리스인이 진출한 남부 이탈리아, 크레타섬, 키프로스섬에서 디오니소스신을 섬겼다. 특히, 신도들은 고통받아 죽어 가는 신의 날고기를 먹고 신과 같은 힘이 강화되기를 바랐다.[31] 이 원초적인 행동은 인류학적으로 힘이 강해지려고 적을 잡아먹던 원시부족의 식인풍습과 관련성이 있는 것 같다.

그런데 철학자 러셀은 오르페우스 신비종교는 금욕적이라고 지적했다. 그들이 포도주를 마시고 추구한 도취상태는 신과 일체가 되려는 종교적 열정에서 비롯되었는데, 포도주는 신비로운 지식을 얻게 해 주는 특별한 매체였다는 것이다. 러셀은 이러한 오르페우스교의 신비적 요소가 역시 종교개혁가인 피타고라스를 통해 플라톤의 철학에 들어가 다소 종교적 색채를 띠면서 대부분의 철학 속으로 스며들었다고 보았다. 결국 계시를 종교의 기원으로 본 오르페우스는 스스로 저승으로 내려가는 비밀의례를 통해서 죽음의 안내자가 되었다. 그러면서 오르페

우스는 육신에서 떠난 영혼이 내세에서 당할 위험을 이겨내도록 신도들에게 힘을 주었다는 것이다.[32]

중요한 것은 고대에 저승의 안내자는 샤먼이었다는 점이다, 고대에 오직 샤먼만이 저승에 내려가는 인물로 여겨졌기 때문이다. 종교사학자 엘리아데는 『샤머니즘』에서 오르페우스가 대샤먼의 특징을 유감없이 보여 준다고 지적했다. 오르페우스가 질병의 치료 기술과 마력, 점술의 능력을 소유했고, 음악과 동물을 사랑한 것은 샤먼의 특성이다. 특히 머리가 강에 떠내려 가면서 노래했다는 그의 최후는 지극히 샤먼적이다. 왜냐하면 오르페우스의 머리가 신탁을 전해 주었는데, 고대에 영혼은 두개골 속에 존재한다고 여겨졌기 때문이다. 엘리아데는 질병을 치료하고 인간을 개화시키라고 보낸 신의 사자가 바로 문화영웅이라는 공식에 오르페우스는 잘 들어맞는다고 말하였다.[33]

주시할 것은 오르페우스가 디오니소스의 광기와 기적 대신 주술적인 노래의 마력으로써 사람들을 감화시켰다는 점이다. 그런 의미에서 위대한 샤먼 오르페우스가 저승세계에서 데리고 나온 에우리디케는 세속에 끌려 자꾸만 뒤돌아보다가 저승에 되돌아간 아내의 육체가 아니라 영혼을 상징한다는 추정이 가능하다. 샤먼의 가장 중요한 임무는 이상이 생긴 영혼을 치유하는 것이었기 때문이다. 다음 장에서 피타고라스의 종교개혁을 통해서 이 영혼의 문제를 다루어 보기로 한다.

1 러셀; 앞의 책, 50쪽.

2 예술의 여신들인 무사이(Mousa)는 제우스와 므네모시네의 딸들인데, 영어로 뮤즈(muse)라고도 한다. 칼리오페도 무사이의 하나이다.

3 아폴로도로스; 앞의 책, 37~38쪽. 마이나데스(Mainades)는 박코스 여신도들이다. 마케도니아의 작은 마을 피에리아 남쪽에 올림포스산이 자리 잡고 있다.

4 오비디우스; 앞의 책 2권, 63~69쪽.

5 오비디우스; 앞의 책 2권[앞부분(63~77쪽), 뒷부분(77~107쪽)]

6 지금도 아미클라이 도시에서 하지를 전후해서 그를 추모하는 축제를 벌이면서 주로 원반던지기를 하고 있다.

7 Platōn; Platōnis Opera(플라톤전집 4권 향연), 상서각, 1973, 최문홍 옮김, 408쪽.

8 오비디우스; 앞의 책 2권, 77~79쪽.

9 오비디우스; 앞의 책 2권, 80~82쪽.

10 오비디우스; 앞의 책 2권, 83~94쪽.

11 오비디우스; 앞의 책 2권, 94~97쪽.

12 오비디우스; 앞의 책 2권, 98-107쪽

13 아폴로도로스; 앞의 책, 49쪽.

14 프레이저; 앞의 책(황금의 가지 상권), 421~423쪽.

15 프레이저; 앞의 책(황금의 가지 상권), 419~420쪽.

16 프레이저; 앞의 책(황금의 가지 상권), 421쪽.

17 프레이저; 앞의 책(황금의 가지 상권), 422쪽.

18 오비디우스; 앞의 책 2권, 93~94쪽.

19 G. Graichen; Heil Wisen Versunkener Kulturen(사라진 문명의 치료지식을 찾아서), 이가서,

2005, 박해영 옮김, 59쪽, 62쪽.

20 한국가톨릭대사전 편찬위원회; 앞의 책, 「향」

21 헤로도토스; 앞의 책 상권, 205쪽.

22 F. Dunand·R. Lichtenberg; Les Momies, un voyage dans l'éternité(미라- 영원으로의 여행), 시공디스커버리, 2001, 이종인 옮김, 101쪽.

23 오비디우스; 앞의 책 2권, 108~112쪽.

24 오비디우스; 앞의 책 2권, 111~112쪽.

25 실레노스는 말의 다리와 꼬리를 가진 반인반수의 모습으로 표현된다. 그는 어린 디오니소스를 님프들과 함께 양육하고, 포도 수확법과 수금 연주법을 가르친 지혜로운 인물이라고 한다.

26 오비디우스; 앞의 책 2권, 112~116쪽.

27 이희수; 앞의 책, 145~147쪽, 152쪽.

28 염소의 뿔과 다리, 귀를 가진 험악한 인물로 묘사된 판은 소와 양떼를 키우는 목동이지만 정오에는 언덕에 나타나 피리를 불면서 쉰다.

29 오비디우스; 앞의 책 2권, 116~118쪽.

30 이희수; 앞의 책, 150~151쪽.

31 노스; 앞의 책 상권, 114~117쪽.

32 러셀; 앞의 책, 60쪽.

33 M. Eliade; Le Chamanism et Les Techniques Archaïques de L'Extase(샤머니즘), 까치, 2001, 이윤기 옮김, 347쪽.

6장

피타고라스의 종교개혁과
인간신 엠페도클레스

그리스의 수학자 피타고라스는 직각삼각형에 대한 피타고라스의 정리를 발견한 인물로 널리 알려져 있다. 하지만 그는 천문학을 연구한 과학자였고, 신비주의 색채가 강한 철학자였으며, 오르페우스 신비종교를 혁신한 종교개혁자였다.[1] 그런데 기원전 6세기경 피타고라스 학파는 오르페우스 신비종교의 색채를 강하게 드러내면서 영혼을 정화시켜 윤회에서 벗어나려고 하였다.[2] 뜻밖에도 그리스의 국가종교를 거부한 그들은 공동생활을 하면서 의학과 수학, 음악, 천문학을 연구하였다.

그리스 도시국가들의 역사적 변천

●

왕이 다스리던 그리스의 도시국가들은 기원전 8세기를 거치면서 소수의 특권층 우두머리가 권력을 행사하는 과두정치(寡頭政治)로 변했다. 기원전 7세기에는 스스로 왕이라 칭하는 참주(Tyrannos, 僭主)들이 권력을 차지했지만, 기원전 6세기~기원전 5세기에 이르면 그리스의 도시국가들은 민주정부가 수립되거나 재산에 따라 권리를 행사하는 금권정치(金權政治)로 변하였다. 이러한 정치적 발전은 토지의 집중에서 비롯되었는데, 대지주들은 왕의 권력을 빼앗아 귀족회의에 넘기고 자기들이 지배권을 행사했다. 그런데 귀족들이 왕정을 폐지하자 급격한 정치적 혼란과 경제적 변화가 뒤따르게 되었다.[3]

특히 기원전 6세기에 소아시아와 에게해의 섬에서 그리스의 도시국가들이 크게 발전하여 이오니아의 도시 밀레토스에서 철학과 과학의 꽃이 피었다.[4] 바야흐로 호메로스와 헤시오도스의 문학의 시대가 지나고 과학의 시대가 시작된 것이다. 당시 튀르키예의 아나톨리아 서부해안의 중부에 자리 잡은 이오니아는 현재의 이란과 인도, 중국의 상인들과 활발하게 무역을 전개했고, 밀레토스에서는 탈레스, 아낙시만드로스, 헤라클레이토스 같은 뛰어난 자연철학자가 활약했다.[5]

피타고라스의 학습과 종교적 편력

●

도시국가 사모스섬은 현재 튀르키예의 서부에서 가장 가까운 상업적 요충지였다. 기원전 535년부터 참주 폴리크라테스가 강력한 해군력으로 황금시대를 열면서 이집트와 협력하여 소아시아를 굳게 지켰다. 하지만 페르시아의 캄비세스왕이 밀레토스를 굴복시키고 사모스섬을 점령하여 기원전 522년 몰락한 폴리크라테스는 처형당했다.[6]

이처럼 정치적 격변을 겪던 사모스섬에서 기원전 560년경 피타고라스는 부유한 시민의 아들로 태어났다. 아버지의 배려로 피타고라스는 페레키데스, 아낙시만드로스, 탈레스 같은 당대 최고의 철학자들에게 가르침을 받는 행운을 누렸다.[7] 그 후 3세기경 전기작가 라에르티오스의 『그리스 철학자 열전』에 따르면, 피타고라스는 참주 폴리크라테스가 이집트 왕 아마시스에게 보내는 소개장을 지니고 이집트로 유학을 떠나게 되었다.

주목할 것은 피타고라스는 그리스만이 아니라 외국의 비밀의례(秘密儀禮)에 모두 가입했다는 점이다. 그는 이집트의 신전에서 신들에 관한 비밀의례를 배우고, 바빌로니아의 칼다이오스인의 신전과[8] 페르시아의 마고스 사제들의 신전에도 머물렀고, 크레타섬에서 예언자 에피메니데스와 함께 제우스가 태어난 이다산의 동굴로 내려갔다. 무엇보다 피타고라스는 이집트에서 영혼의 편력, 즉 전생(轉生)과 죽음에 대한 신비체험을 직접 경험하였다.[9]

그 뒤 피타고라스는 사모스섬에 귀국했지만 참주 폴리크라테스가 독재정치를 펴자 이탈리아의 크로톤에 가서 300명의 제자들과 함께 법률을 제정해 주고 국사를 정비하여 크게 명성을 떨쳤다. 중요한 것은 그가 조직한 피타고라스 학파가 호메로스나 헤시오도스가 예찬하던 그리스의 국가적인 신과 종교를 거부했다는 점이다. 앞에서 언급했지만 원래 그리스의 종교는 주로 예배와 희생 제의로 이루어졌지만 정교한 제도나 전문적인 사제도 없는 형식적이고 기계적인 마술과 비슷했다. 그리고 신전은 신이 가끔 방문하는 장소일 뿐 어떤 종교집회도 열리지 않았다.[10] 피타고라스는 이러한 그리스의 국가종교를 거부하고 영적인 개인종교를 창시했던 것이다.

과학자의 원형, 피타고라스

●

피타고라스를 과학자의 원형이라고 본 영국의 과학사가 로넌에 따르면, 이오니아의 과학자들 중에서 피타고라스만큼 후대에 많은 영향을 끼친 인물은 없다. 즉, 피타고라스 학파는 수학과 음악, 천문학 사이에서 어떤 절대성과 완전성, 그리고 신성함을 찾으려고 노력했다. 이를테면, 플루트 악기처럼 진동하는 현이나 공기통의 길이 사이의 수학적인 관계에 주목한 피타고라스 학파는 12, 8, 6이 화음진행이라고 생각했다. 그런데 그들은 정육면체도 6개의 면, 8개의 꼭지점, 12개의 변을 가지고 있기 때문에 기하학적인 조화를 이룬다고 보았다. 또 여러 천체들이 지구 주위를 도는 데 걸리는 시간 사이에도 수학적인 관계가 있다고 주장했다. 말하자면 음악과 도형, 그리고 천체 사이에 어떤 신비로운 관계가 존재한다고 생각한 것이다.

특히 피타고라스 학파의 수에 대한 사랑은 천문학적인 문제에 기울어지게 하였다. 그들은 지구 궤도를 도는 여러 행성들의 속도와 거리를 받아들인 결과 지구, 달, 수성, 금성, 태양, 화성, 목성, 토성의 순서대로 행성들의 위치를 정리했다. 이는 달과 태양을 빼면 현대 천문학과 일치한다. 더 경이로운 것은 피타고라스 학파는 지구가 다른 행성들처럼 궤도를 돌고 있는 하나의 행성이라는 견해를 제시한 점이다. 그런데 이러한 천체의 모양과 운동은 아름다움과 조화로움의 상징인 원과 깊은 관련이 있었다. 결국 이러한 신비로움은 그들의 영혼을 기쁘게 하여 신의 귀만 알아들을 수 있는 천체들의 신비로운 음악을 들어 보려고 시도하게 되었다.[11]

결국 피타고라스는 자연계를 이해하는 데 수학이 중요하다는 사실을 알아차린 최초의 사상가였다. 하지만 에든버러대학교의 헨리에 따르면, 피타고라스 학파는 수에 상징적이고 신비적인 의미를 부여한 오늘날의 수비학(Numerology, 數秘學)에 가까웠다. 황금비율의 성질이 있는 오각형별, 즉 마술적인 펜타그램(Pentagram)을 학파의 상징으로 채택했기 때문이다.[12]

직관을 중시한 철학자, 피타고라스

●

플레이우스의 참주 레온이 '그대는 누구인가?'라고 질문하자 피타고라스는 '철학자'라고 대답했다고 한다. 노예 근성이 있는 자는 명예나 이득을 추구하지만 지혜를 사랑하는 자는 진리를 추구하기 때문이다. 특히 피타고라스의 계율에는 그의 사상이 요약되어 있다.

권력자들의 분노와 격정을 충동질하지 말라, 평등이나 정의에서 벗어나지 말라, 현재의 일만이 아니라 장래의 일도 생각하라, 슬픔이나 괴로움으로 마음을 녹여서는 안 된다. 특히 '국외로 떠나려고 할 때 '뒤돌아보지 말라'는 충고는 이 세상을 하직하는 사람들에게 삶에 집착하는 것도 이 세상의 쾌락에 끌려가는 일도 없도록 하라는 상징적인 의미였다.[13]

영국의 수리철학자 러셀에 따르면, 철학사상에서 피타고라스만큼 영향력이 큰 인물은 없다. 먼저 피타고라스에서 시작된 수학과 신학의 결합은 근대의 칸트까지 종교철학의 특징을 형성했다는 것이다. 그리고 순수하고 영원한 세계의 착상은 피타고라스에서 비롯되는데, 플라톤의 사상처럼 보이던 점이 분석을 거치고 나면 실제로는 피타고라스 사상이 드러난다. 만일 피타고라스가 없었다면 유럽의 신학자들은 신과 영혼불멸을 논리적으로 증명하지 못했을 것이다. 하지만 러셀은 최근에 이르러 피타고라스의 잘못이 드러나게 되었다고 지적했다. 즉, 초기 천문학자들을 점성술에 기울어지게 하였고, 화학자들을 연금술에 집착하게 만들었다는 것이다. 러셀은 무엇보다 수학에서 사고가 감각보다 우월하고, 직관이 관찰보다 우월하다고 가정하게 된 것도 그의 나쁜 영향이었다고 지적했다.[14]

피타고라스는 신비종교의 개혁자

●

피타고라스는 기원전 6세기에 그리스 전역에서 발생했던 종교 부흥에 참여하여 피타고라스 학파라는 교단의 지도자가 되었다. 그들은 호메로스의 올림포스신에 대한 숭배와 동물을 제물로 바치는 국가적인 종교의식을 거부하고, 도시의 교외에서 재산을 공동 소유하면서 채식 생활을 했다. 그리고 남녀가 평등한 집단생활을 하면서 수학과 천문학을 연구했다.[15]

전기작가 라에르티오스에 따르면, 피타고라스 교단은 금욕적이었다. 술과 춤, 생식을 즐기던 디오니소스 신비종교와 다르게 그들은 술을 먹거나 배불리 먹지 않았고, 특히 영혼을 지닌 살아 있는 생물을 먹지 않았다. 또한 성교를 해롭다고 여겼는데, 그것은 건강과 정신의 명민성 때문이었다. 그래서 그들은 깨끗한 흰옷을 입었고 침구도 하얀 양털로 된 것이었다. 말하자면, 피타고라스 학파는 엄격한 계율을 지키고 검소하게 살면서 재산을 공동으로 축적했던 것이다.

그런데 피타고라스의 제자들은 최초 5년간은 침묵을 지키고 스승의 강의를 경청하다가 엄격한 심사를 받은 뒤에 소위 피타고라스의 집에 들어가 스승을 직접 만날 수 있었다. 제자들은 위엄으로 가득한 피타고라스를 아폴론신으로 여길 정도였다. 사실 피타고라스가 예배하던 곳은 델로스의 아폴론 제단뿐이었다. 그런데 제단에는 불을 사용하지 않은 밀과 보리, 과자만이 놓였고 희생된 짐승은 하나도 바치지 않았다.[16] 단적으로 그리스의 국가종교를 개혁한 점에서 오르페우스가 디오니소스 신비종교를 개혁한 인물이라면, 피타고라스는 오르페우스 신비종교를 지적으로 개혁한 인물로 볼 수 있다.

피타고라스, 영혼불멸과 환생을 가르치다

●

피타고라스는 영혼이 불멸하고 인간은 다른 생물로 탈바꿈한다고 가르쳤다. 모든 존재는 일정한 주기로 순환의 변화 속에서 생명을 타고 나기 때문에 모두 혈연관계로 맺어진다는 것이다.[17] 이는 크세노파네스가 기록한 다음과 같은 글에 암시되어 있다.

어느 날 피타고라스가 매를 맞는 강아지 곁을 지나치면서 불쌍한 마음에 사로잡혀 말하였다. "그만 하시오. 그것은 바로 내 벗의 영혼이니까. 울음소리를 듣고 그것을 알았소."[18]

이는 로마의 신화작가 오비디우스의 『변신』에도 기록되어 있다. 피타고라스는 만물과 인간은 끊임없이 변한다고 보았다. 또한 불멸인 영혼은 동물의 가슴으로 찾아 들어갈 수 있고, 우리 부모형제나 친척의 영혼이 동물에 깃들어 있는지 모르기 때문에 짐승을 죽이지 말아야 한다고 가르쳤다는 것이다.[19]

그런데 피타고라스는 인간이 216년마다 환생한다고 가르쳤다. 영혼형 입방체로 알려진 216은 결혼의 수인 6^3인데, 이는 주기적인 회귀, 즉 만물은 스스로 반복한다는 것을 상징하는 숫자였다. 이 무한한 순환과 함께 영혼불멸은 피타고라스의 종교적 교리였다. 결국 수학으로 정화된 청정한 영혼은 천상계에 머물러 우주의 조화로운 수학적 음악 속에서 즐거움에 잠기지만, 부정한 영혼은 복수의 여신들에 의해서 벗어날 수 없는 속박 속으로 이어지게 된다는 것이다.[20]

영국의 역사학자 토인비는 기원전 6세기경 5명의 선각자가 출현했다고 지적했다. 앞에서 잠깐 언급했지만 이들은 전통에 도전하여 자연 숭배나 인간숭배를 거부하고 종교를 변혁시키려고 노력했다. 토인비는 이 선각자들 중에서 피타고라스가 가장 숭고한 석가와 신앙과 목표, 실천이 너무나 닮았다고 보았다. 다만 가장 과격한 석가에 비하여 그는 석가와 같은 방식으로 삶을 변혁하는 일에 착수했다는 것이다. 다시 말하면, 죽음은 삶이 끝이 아니라 윤회와 재생이 뒤따르기 때문에 정진하여 그 반복의 사슬을 끊으려고 하였다. 토인비는 그리스 세계의 일반적인 자연적 순환 반복과는 다른 피타고라스 학파의 윤회라는 독특한 신앙은 상당히 널리 퍼져 나갔다고 보았다.[21] 심지어 플라톤도 피타고라스가 저술한 세 권의 책을 구입하려고 100미나의 돈을 필롤라오스에게 보냈다고 한다.[22]

플라톤과 소크라테스의 영혼불멸설과 윤회

●

플라톤(기원전 428년~기원전 348년)은 『소크라테스의 변명』에서 스승의 죽음을 상세하게 기록했다. 그런데 소크라테스가 제자들과 나눈 이야기 속에 영혼의 윤회와 오르페우스에 대한 이야기가 등장한다.

나는 죽음이란 두 가지 중에서 하나라고 생각합니다. 먼저 죽음은 완전히 없어지는 것입니다. 다음에 죽음은 전설에 나오는 것처럼 영혼이 이 세상에서 저 세상으로 주소를 옮기듯이 옮겨가는 것이 아닌가 생각합니다. … 만일 오르페우스와 무사이우스, 헤시오도스, 호메로스를 모두 만날 수 있다면 … 그리고 그것이 사실이라면 나는 몇 번이고 죽임을 당

해도 좋다고 생각합니다.[23]

플라톤의 『국가』 제10권에도 죽었다가 살아난 임사체험(臨死體驗)한 「에르의 저승 이야기」 속에 영혼불멸과 윤회, 그리고 저승이 나타나 있다.[24] 물론 현대 과학자들은 임시로 죽은 육체가 극도로 스트레스를 받을 때 엔도르핀이 과도하게 분비되어 희열을 느끼고, 혹은 시신경이 특별하게 반응하여 터널이나 눈부신 빛을 경험한다고 임사체험을 설명하고 있다.[25] 어쨌건 플라톤의 저서 『파이돈』은 다음과 같이 피타고라스 학파가 믿은 영혼불멸을 중심으로 소크라테스의 사상이 전개된다. 즉, 소크라테스는 죽음이란 영혼이 육체에서 떠나는 것인데, 철학자는 그 영혼을 육체에서 해방시키는 사람이고, 지혜란 일종의 정화(淨化)라고 하였다. 또 소크라테스는 신비종교의 창시자들이 수수께끼 같은 말로 신비의식으로 정화된 사람은 죽은 뒤에 저 세상에서 신들과 함께 살게 된다는 것이 전혀 허황된 말은 아니라고 그리스의 신비종교를 언급했다.[26] 그런데 뜻밖에도 플라톤은 『파이드로스』에서 신비종교의 입문식을 다음과 같이 고백했다.

그들은 일찍이 빛나는 아름다움을 볼 수 있었네. 그것은 행복한 합창대와 함께 우리 철학자는 제우스의 행렬을 따라가고, 또 다른 사람들은 다른 신을 따라가 황홀한 광경을 목격하고 가장 행복하다고 말할 수 있는 신비의식을 받았을 때였네. … 따라서 우리는 현재와 같이 게딱지같은 신체에 갇혀 있지 않았으며 순수한 빛 가운데서 사물을 관찰하였던 걸세.[27]

이를 보면 이집트에서 비밀의례를 배웠던 피타고라스만이 아니라 플라톤도 이집트 신비종교의 영향을 받았음을 알 수 있다. 특히 플라톤은 소크라테스가 죽은 뒤에 피타고라스 학파를 만난 후 이집트의 예언자들에게 갔다고 한다.[28]

그런데 396년 광신적인 기독교 수도사들이 그리스의 엘레우시스 신전을 파괴하기까지 세계 모든 곳, 심지어 인도에서까지 신비종교, 즉 미스테리아 입문식을 치르기 위해서 몰려든 사람들은 디오니소스와 함께 수난을 당하는 신비의식을 통하여 영적으로 부활하고 카타르시스, 즉 정화(淨化)되었다는 것이다.[29]

훨씬 후대의 로마의 철학자 키케로(기원전 106년~기원전 43년)는 『법에 관하여』에서 엘레우시스 신비종교에 대하여 대략 다음과 기록했다.

아테네가 개발한 신성한 제도 중에서 신비종교보다 나은 것은 없다. 이를 통하여 야만성을 벗어나 문명의 상태에 이르게 되었다. 이 신비종교의 입문식으로부터 우리는 삶의 제1원리들을 배웠고, 행복하게 사는 것만이 아니라 더 나은 희망을 가지고 죽을 수 있는 이해력을 가지게 되었다.[30]

피타고라스의 기적과 물고기 153마리의 비밀

●

기원전 3세기경 『피타고라스의 생애』를 쓴 신플라톤주의 철학자 이암블리코스는 피타고라스의 무수한 기적 가운데 '사도들이 쉽게 건너갈 수 있도록 강과 바다의 물결을 잔잔하게 한 일도 많았다.'고 기록하였다.[31] 그런데 기이하게도 피타고라스의 기적은 훨씬 후대에 태어난 예수의 기적과 아주 비슷하다.

「마가가 기록한 기쁜 소식」 4장 37~39절에서 사도들이 갈릴리 바다를 건널 때 폭풍이 몰아쳐 배가 침몰하게 되었을 때 예수는 바람을 꾸짖으면서, "잔잔하라! 고요하라!" 하시자 바람이 멎고 바다는 아주 잔잔해졌다고 기록되어 있다. 특히 「요한이 기록한 기쁜 소식」 21장 6~11절에 예수가 "배 오른 편에 그물을 던져라. 그러면 고기가 많이 잡힐 것이다."라고 말했는데, 제자들이 잡은 물고기가 153마리였다고 기록되어 있다.

하지만 티모시 프리크와 피터 갠디의 『예수는 신화다』에 따르면 3세기경 신플라톤주의 철학자 포르피리오스의 기록에도 피타고라스는 물고기 수까지 정확하게 예견했다고 하지만 그것이 몇 마리인지는 기록되지 않았다. 왜냐하면 153이라는 숫자는 아르키메데스가 물고기의 척도라고 부른 수학적 비율에 사용되는 신성한 수였기 때문이다. 다시 말하면, 두 개의 원을 교차시키면 신비한 상징인 베시카 피시(Vesica Piscis), 즉 물고기 기호가 만들어지는데, 높이와 길이의 비율은 153 : 265이다. 이는 신기하게도 피타고라스 학파의 물고기 상징이었다. 따라서 예수가 기적을 일으켜 잡은 물고기의 수는 피타고라스의 기적을 차용한 것으로 볼 수도 있다.[32]

자료 4-6-2 물고기 척도

저승에 내려가고 하늘로 올라간 피타고라스

●

피타고라스는 지혜를 찾아 저승에 내려갔다가 사도들에게 다시 나타나 하늘로 올라갔다고 한다. 죽은 사람을 저승에 인도하는 헤르메스 신의 아들로 여겨진 피타고라스는 불사(不死)를 제외하고 온전한 기억의 능력을 얻게 되었다는 것이다. 그래서 살아 있는 동안 온갖 것을 기억할 수 있었고, 죽은 뒤에도 같은 기억을 유지할 수 있었다. 말하자면 자기 영혼의 편력, 즉 전생이 어떻게 이루어지고, 많은 동물과 식물로 다시 태어났는지, 그리고 자기 영혼과 타인들이 저승에서 겪은 고난을 늘 말했다는 것이다.[33] 하지만 이러한 기적은 신비종교의 특징이다. 다시 말하면, 초기 피타고라스 신비종교의 입문식부터 저승하강, 그리고 재생이 대단히 중요한 주제였기 때문에 그런 전설이 만들어진 것으로 보인다.[34]

하지만 피타고라스의 전생에 대한 전설은 이집트만이 아니라 힌두교나 불교의 요가의 영향일 수도 있다. 즉, 기원전 2세기경 파탄잘리가 저술한 『요가 수트라(Yoga Sutras)』에서 응념, 선정, 삼매를 총칭한 총제를 행하면 이적(異蹟)과 함께 전생을 알 수 있다고 기록되어 있기 때문이다.[35] 그리고 극동의 도가에서 원상법(原象法)을 수련하면 그처럼 자기의 전생을 볼 수 있다고 여겼던 것이다.[36]

결국 전기작가 라에르티오스에 따르면, 제자들은 피타고라스를 신의 목소리를 전하는 자라고 불렀는데, 피타고라스는 207년간 저승에서 산 뒤에 이 세상에 다시 한번 태어난 자라고 스스로 어떤 책에서 말했다고 한다.[37] 이는 문자적 의미가 아니라 비유적이고 상징적이며 기독교 초기의 영지주의를 연상시킨다.

아폴론신의 아들, 아스클레피오스

●

　그리스에서 죽은 자를 살리는 인물은 의학의 창시자로 불리는 아스클레피오스였다. 호메로스 시대에 장님의사였던 그는 나중에 아폴론신의 아들로 신격화되었고 죽은 뒤에 의술의 신이 되었다.[38]

　아폴로도로스의 『신화집』에 따르면, 아폴론신의 아들인 아스클레피오스는 말의 몸에 사람 얼굴을 한 켄타우로스의 일족인 케이론에게 의술을 배웠다. 특히 그는 아테나 여신으로부터 괴물 고르곤의 혈관에서 흐르는 피를 얻어서 왼쪽 혈관에서 나오는 피는 사람을 죽이는데 사용하고, 오른쪽 혈관에서 나오는 피는 사람을 살리는 데 사용하여 죽은 사람들을 다시 일으켰다. 제우스는 사람들이 그에게 치료법을 배워 서로 도울 것이 두려워서 그를 벼락으로 쳐서 죽였다.[39]

자료 4-6-3 아스클레피오스와 뱀이 감긴 지팡이(© Marsyas, 아테네 국립 고고학 박물관 소장)

　그리스인은 아스클레피오스가 죽은 뒤에 펠로폰네소스 반도의 해안도시 에피다우로스에 그의 신전을 세웠다. 그곳에는 신의 계시를 받고 치유된 환자들의 사연이 가득 기록된 비석이 즐비하다. 이를테면, 신전에서 잠을 자다가 꿈속에 나타난 아스클레피오스

신이 마비된 손가락을 펴 주었다든지, 외눈박이 여인의 눈을 뜨게 하는 등의 기적이다.[40] 그러나 과학사가 로넌은 실제로 환자의 꿈을 해석해 준 사람들은 신전의 사제였다고 보았다. 사제들은 약물치료보다 이집트에서 전래된 심리적 치료를 해 주었다는 것이다.[41]

기적을 일으킨 신인(神人), 엠페도클레스

●

전기작가 라에르티오스에 따르면, 아스클레피오스처럼 죽은 자를 살린 인물은 시칠리아의 대도시 아크라가스에서 태어난 엠페도클레스이다. 특히 그는 예수처럼 기적을 일으킨 인물로 널리 알려져 있었다.

엠페도클레스는 곡물에 심각한 피해를 입히는 계절풍을 막으려고 당나귀 가죽으로 자루를 엄청나게 만들어 언덕이나 산정에 둘러쳐 바람을 잦아들게 하였다. 그래서 그는 '바람을 막는 사내'로 불리게 되었다. 다음에 세리노스 시민들이 강의 악취로 전염병에 걸리고 여인들이 난산으로 괴로워하자, 그는 사재를 털어 근처에서 흐르던 두 강의 물길을 합류시켜 전염병을 사라지게 하였다. 시민들은 무릎을 꿇고 신이라도 대하듯이 그에게 기도를 바쳤다고 한다. 또 그는 기절하여 숨도 쉬지 않고 맥도 멈춰 의사들에게 버림받은 판티아라는 여인의 생명을 30일 동안 유지시키고 되살아나게 만든 뛰어난 의사이고 점쟁이, 즉 마술사였다.[42]

2세기경 그리스의 유명한 의사 갈레노스가 '엠페도클레스는 시칠리아 의학학교의 창시자'라고 말한 것을 보면 그는 의술이 뛰어난 의사였다고 추정된다. 그런데 영국의 철학자 러셀의 표현을 빌리면, 엠페도클

레스는 때로는 마법을 사용하여, 때로는 과학적 지식을 이용하여 기적
이나 기적처럼 보이는 일을 했다는 것이다.[43]

과학자, 엠페도클레스

●

과학사가 로넌은 엠페도클레스(Empedocles, 기원전 493년경~기원전 430년경)
는 그리스 과학에 많은 기여를 한 과학자라고 말했다. 엠페도클레스는
기본적인 두 힘인 인력과 척력이 우주의 네 원소인 흙, 공기, 불, 물을
분리하고 혼합시켜 우주가 진화했다고 보았다. 또 항성은 행성처럼 불
덩어리이고, 달은 태양빛을 받아 빛나며 달이 태양을 가려 일식이 일어
난다고 주장한 천문학자였다. 그리고 놀랍게도 환경과 조화를 이룬 동
물들의 출현이라는 그의 진화와
자연선택 이론은 다윈의 저서 『종
의 기원』의 서문에까지 인용되었
고, 그의 혈액의 순환론은 350년
전까지도 타당하다고 여겨졌다는
것이다.[44]

그런데 러셀은 피타고라스는 철
학자, 예언자, 과학자, 돌팔이 의사
를 혼합한 인물이지만, 엠페도클
레스는 그런 특징을 거의 완벽하
게 갖춘 전형적인 인물이라고 보
았다.[45] 전기작가 라에르티오스에

자료 4-6-4 엠페도클레스

따르면, 엠페도클레스는 피타고라스에게 삶의 방식과 태도를 배웠고, 아낙사고라스에게 자연연구를 배웠다고 추정된다. 젊을 때 그는 피타고라스의 제자였는데, 강의 내용을 시로 써서 세상에 알렸기 때문에 스승의 가르침에 참가하는 일을 금지당했다고 한다.[46] 그가 피타고라스에게 배운 흔적은 그의 시에 나타나 있다.

　　나는 지금까지 젊은이나 소녀,

　　관목이나 새, 파도 속에 춤추는 말없는 물고기도 되어 보았다.[47]

이 시에서 엠페도클레스가 고백한 내용은 바로 '영혼은 불멸이고 윤회한다.'는 피타고라스의 사상으로 볼 수 있다.

엠페도클레스의 죽음과 신비종교

●

아리스토텔레스는, "엠페도클레스는 권력과 무관한 자유인이었다. 만일 그가 왕의 자리를 거절한 것이 사실이라면, 그는 명백히 검소한 생활을 선택한 것이다."라고 예찬했다. 그는 명망 있고 부유층인데도 참주의 독재를 반대하고 시민의 정치적 평등을 설득하다가 추방당해서 펠로폰네소스에서 죽었다고 전해진다.

그의 죽음에 대해서는 여러 전설이 전해진다. 먼저 희생제의의 연회가 끝난 뒤에 하늘로 올라가 신이 되었다고 한다. 혹은 그는 시칠리아섬에 우뚝 솟은 에트나산의 분화구에 뛰어들었는데, 그의 청동신발 한쪽이 불길에 뿜어져 올라와서 그의 죽음이 알려지게 되었다. 그는 자기

의 신성을 증명하려고 3,350m나 되는 에트나산의 분화구에 뛰어들었다는 것이다.[48]

흥미로운 것은 엠페도클레스가 시인이면서 예언자였다는 점이다. 그의 시는 470여 구만 남아 있지만, 「자연에 대하여」, 「정화에 대하여」는 탁월한 시라고 평가되고 있다. 말하자면 그는 오르페우스처럼 음유시인이고 피타고라스처럼 예언자였지만 다음 시를 보면 그가 신비종교의 신인이라는 것을 알 수 있다. 그런데 그는 친구들에게만 자신이 신이었다고 고백했다고 한다.[49]

　　만세! 나는 여러분 사이에서 '불멸하는 신'으로 이제 죽을 운명에서 벗어나 만나는 사람들의 존경을 받으며 띠와 꽃으로 장식한 화관을 머리에 쓰고 돌아다니노라.[49]

몸에 홍색 옷을 걸치고 허리에 황금 허리띠를 두른 엠페도클레스가 청동신발을 신은 채 월계수 관을 쓰고 근엄한 표정을 지으면서 걸어가면 아이들이 뒤따랐으며, 시민들은 왕과도 같은 위엄을 느꼈다고 전한다.[50]

무엇보다 엠페도클레스의 사상에는 신비종교의 특색이 두드러져 있다. 그는 우주는 인력과 척력, 즉 사랑과 미움의 상호작용으로 진화되었다고 생각했다. 그런데 네 원소인 흙, 공기, 불, 물의 변화는 죄의 대가로 영혼이 윤회하는 것을 뜻하는데, 이는 신비종교에서 죽음과 부활을 비유한다는 사실이 다음 시에 나타나 있다.

　　최후의 날에 죽어야 할 사람들 중에는 예언자, 시인, 의사, 왕으로 등장하는 이들이 있다네. 그때부터 그들은 영광 속에 칭송받는 신으로 승격되어 다른 신들과 함께 살면서 인간의 고뇌에서 벗어나 운명의 장난에 휘둘리지 않으며 더는 상처를 입지 않아도 되리라.[52]

결국 러셀은 엠페도클레스의 이야기들이 오르페우스와 피타고라스 학파의 가르침 속에 거의 다 들어 있다고 지적했다. 또한 그의 철학은 플라톤, 아리스토텔레스보다 더 과학성을 띤다고 말했다.[53] 과학사가 헨리에 따르면, 두 철학자가 엠페도클레스의 4원소설을 지지했는데, 뉴턴도 엠페스클레스의 인력과 척력을 사용해서 만유인력의 학설을 전개했다는 것이다.[54]

결국 피타고라스가 지혜를 찾아 저승에 갔다가 하늘로 올라갔다는 전설이나, 오르페우스가 저승에서 죽은 아내를 불러온 전설, 그리고 디오니소스가 두 번 태어났다는 신화처럼 엠페도클레스가 여러 동식물로 다시 태어났다는 전설은 신비종교에서 중요시된 죽음과 재생, 즉 부활의 비유이다. 신인들은 예수처럼 주로 비유로 말했던 것이다. 다음 장에서는 플라톤과 피타고라스, 그리고 헤로도토스가 영향을 받은 이집트의 신비종교를 탐구해 보기로 한다.

1   토인비; 앞의 책(세계사), 196-204쪽.

2   노스; 앞의 책 상권, 113~117쪽.

3   번즈; 앞의 책 1권, 135~136쪽.

4   번즈; 앞의 책, 1권, 134~135쪽.

5   로넌; 앞의 책 1권, 120~134쪽.

6   러셀; 앞의 책, 68~69쪽

7   버트하임; 앞의 책, 26~27쪽.

8   버트하임; 앞의 책, 31쪽. 기원전 525년 이집트를 침략한 페르시아의 포로가 된 피타
    고라스는 바빌로니아에 끌려가서 점성술을 터득하고 소위 피타고라스의 정리를 배
    웠다고 추정된다.

9   라에르티오스; 앞의 책, 532~533쪽. 예언자 에피메니데스는 멜람푸스, 오노마크리토
    스와 함께 오르페우스교의 창시자로 알려진 반신화적 인물이다.

10 번즈; 앞의 책 1권, 133쪽.

11 로넌; 앞의 책 1권, 134~144쪽.

12 헨리; 앞의 책, 30~31쪽.

13 라에르티오스; 앞의 책, 540쪽.

14 러셀; 앞의 책, 77~78쪽

15 러셀; 앞의 책, 74~75쪽, 68~78쪽.

16 라에르티오스; 앞의 책, 535~541쪽.

17 러셀; 앞의 책, 71~72쪽.

18 라에르티오스; 앞의 책, 548~549쪽.

19 오비디우스; 앞의 책 2권, 313쪽.

20 라에르티오스; 앞의 책, 545쪽. / 버트하임; 앞의 책, 34~35쪽. 수비학(數秘學)에서 6은 여성수인 2에 남성수인 3을 곱한 수로서 남녀가 결합한 최초의 수이다.

21 토인비; 앞의 책(세계사), 196~204쪽.

22 라에르티오스; 앞의 책, 538쪽.

23 플라톤; 앞의 책 3권, 소크라테스의 변명, 56~57쪽. / T. Freke · P. Gandy; The Jesus Mysteries(예수는 신화다), 동아일보사, 2002, 승용주 옮김, 168쪽. 무사이우스는 그리스 신비종교의 의식을 전파한 신학자라고 한다.

24 플라톤; 앞의 책 1권 국가 10장, 408~417쪽.

25 S. Kagan; Death(죽음이란 무엇인가), 엘도라도, 2015, 박세연 옮김, 80~84쪽.

26 플라톤; 앞의 책 6권, 30~36쪽.

27 플라톤; 앞의 책 4권, 파이드로스, 119쪽. 플라톤은 오시리스- 디오니소스를 제우스 라고 표현했다.

28 라에르티오스; 앞의 책, 196쪽.

29 프리크·갠디; 앞의 책, 48~49쪽.

30 캠벨; 앞의 책(서양신화), 311~312쪽.

31 프리크·갠디; 앞의 책, 80쪽.

32 프리크·갠디; 앞의 책, 81~82쪽.

33 라에르티오스; 앞의 책, 532~533쪽.

34 프리크·갠디; 앞의 책, 109쪽.

35 Patanjali; The Yoga Sutras of Patanjali(요가 수트라), 시공사, 정창영 송방호 편역, 시공 사, 1997, 187쪽, 220쪽, 227쪽, 229쪽.

36 정재승 편저; 민족비전정신수련법, 정신세계사, 2003, 64~66쪽.

37 라에르티오스; 앞의 책, 538쪽.

38 로넌; 앞의 책 1권, 162쪽.

39 아폴로도로스; 앞의 책, 187~188쪽.

40 프레이저; 앞의 책(문명과 야만 2), 149~151쪽.

41 로넌; 앞의 책 1권, 162-163쪽.

42 라에르티오스; 앞의 책, 562~567쪽.

43 러셀; 앞의 책, 100쪽.

44 로넌; 앞의 책 1권, 148~152쪽.

45 러셀; 앞의 책, 99~100쪽.

46 라에르티오스; 앞의 책, 559~560쪽.

47 라에르티오스; 앞의 책, 570~571쪽.

48 라에르티오스; 앞의 책, 563~566쪽.

49 듀런트; 앞의 책 2-2, 34쪽.

50 러셀; 앞의 책, 103쪽.

51 라에르티오스; 앞의 책, 568쪽.

52 러셀; 앞의 책, 105쪽.

53 러셀; 앞의 책, 105쪽.

54 헨리; 앞의 책, 48~50쪽. 359쪽.

오시리스
신비종교

이집트의 고대 도시 사이스의 아테나 신전 뒤편에는 어떤 분의 묘
소가 있다. 묘소 주위에는 거대한 오벨리스크와 연못이 있는데, 이 연
못에서 밤에 이 신의 수난극이 진행되었다. 이집트인은 이를 신비의식
(Mysteries)이라고 부르고 있다.[1]

그리스는 테스모포리아(Thesmophoria)라고 불리는 데메테르의 신비의
식을 치렀다. 이집트의 신비의식을 그리스의 펠라스고이의 여자들에게
가르친 것은 이집트의 다나오스의 딸들이었다. 그러나 그리스에서 아
르카디아인만이 신비의식을 보존하였다.[2]

오시리스 수난극의 기원

●

　기원전 5세기경 그리스의 역사가 헤로도토스가 이집트의 고대 도시 사이스에서 본 죽음과 부활의 수난극의 주인공은 오시리스신이다. 아쉽게도 신비의식 입문자인 헤로도토스는 신성한 비밀을 지킬 의무 때문에 신비의식의 내용을 상세하게 밝히지 않았다. 하지만 헤로도토스는 오시리스가 그리스의 디오니소스와 같은 신이라고 하였고, 이집트의 이시스 여신은 그리스의 데메테르 여신에 해당된다고 밝혔다.[3] 따라서 그리스의 디오니소스 신비의식이 디오니소스의 수난을 다루는 것처럼 이집트의 신비의식은 오시리스신의 수난, 즉 죽음과 부활을 다룬 것이 분명해진다.

　특이한 것은 이집트인은 돼지를 부정한 짐승으로 간주하여 신에게 제물로 바치는 것을 금지했는데, 보름날에 달의 여신 세멜레와 오시리스신에게는 돼지를 제물로 바치고 그 고기를 먹었다는 점이다. 다만 오시리스 제사는 그리스와 같지만 노래와 춤이 없는데, 그것은 오시리스의 수난이 너무 괴롭고 슬프기 때문일 것이다.

　아주 괴이한 것은 오시리스 신비의식에서 이집트인이 남근상, 즉 남자의 성기를 독특한 방식으로 고안하여 사용한 점이다. 다시 말하면 45.7cm의 오시리스 상을 만들어 여자들이 메고 마을을 돌면서 실로 조종하여 거대한 남근을 움직이게 했던 것이다. 그리고 여자들은 피리를 앞세우고 오시리스 찬가를 부르면서 행진했다고 한다.[4]

　헤로도토스가 오시리스 신비종교의 내용을 털어놓지 않은 이유는 원초적 음란성도 포함될 것이다. 왜냐하면 이집트 여자들이 실로 조종하여 오시리스 상의 크기와 비슷한 45.7cm의 거대한 남근상을 움직이게 하면서 오시리스 찬가를 부른 것은 오시리스의 발기된 생식기의 성적인 행동을 상징하기 때문이다. 따라서 오시리스 제의는 선사 시대부터 이어진 풍요제의로 볼 수 있다.

그런데 오시리스 제의가 죽음과 재생, 즉 부활의식으로 발전된 것은 바로 남근의 위축과 발기에서 비롯되었다고 추정된다. 그것은 성교를 마친 남근은 위축과 죽음이지만, 반면에 남근의 발기는 생명력과 부활을 상징하기 때문이다. 또한 여인들이 부른 오시리스 찬가는 남근의 발기를 소망하는 주술성이 강한 노래일 것이다. 그렇다면, 그리스의 데메테르와 페르세포네 신화는 원초적인 이 신화보다 훨씬 후대에 만들어졌을 것이다.[5] 페르세포네는 곡식이 의인화된 신화이고 곡식은 신석기 시대 이후의 산물이기 때문이다.

우리들의 관심 끄는 것은 오시리스 신비의식의 영향을 받은 그리스의 엘레우시스 신비의식이 초기 기독교 시대에 크게 주목을 받았다는 점이다. 엘리아데에 따르면 어떤 학자는 2세기 말 경 알렉산드리아의 클레멘트가 전해 준 암호로 그 신비의식의 입문의례를 다음과 같이 재구성했다.

나는 단식한다. → 나는 키케온을 마신다. → 나는 상자를 들어낸 다음 조작을 거친 뒤에 그것을 다시 광주리에 넣는다. → 그리고 그것을 광주리에서 다시 꺼내서 상자 속에 넣는다.

이 주문에서 특이한 것은 단식과 키케온의 섭취이다. 키케온은 환각 마취음료일 테지만 나머지 부분은 수수께끼로 남아 있다. 학자들은 상자와 광주리 안에 '자궁의 모형, 남근, 뱀, 혹은 성기를 본 뜬 과자' 등이 담겨 있다고 확신한다. 이들은 농업의 신비와 결합된 성적인 행위, 식물의 풍요, 음식물의 신성 등을 상징한다.[6]

특히 신플라톤주의 철학자 프로클로스는 신비의식의 입문자들이 하늘을 올려다보면서 "비야 내려라!" 외치고, 대지를 내려다보면서 "수태하라!"라고 외쳤다고 한다. 또 어떤 학자는 대사제와 여사제의 신성결혼이 거행될 때 눈부신 빛 속에서 대사제가 위대한 여인이 위대한 아들을 낳았다고 외치면서 밀의 이삭을 보여 준다고 했다. 동시에 대사제가 저승의 여신 코레를 불러낼 때는 청동의 징소리가 들렸으며 그것은 저승의 문이 열리는 상징적인 소리였다는 것이다.[7]

단적으로 엘레우시스 신비의식은 두 번이나 죽었다가 다시 태어난 디오니소스신의 수난극을 상징적으로 연출하여 입문자들이 죽음과 부활을 체험하는 의식이다. 그리고 이 부활의식은 이집트의 오시리스 신화에서 비롯된 것이다.

플루타르코스의 「오시리스와 이시스」

●

오시리스에 관한 자료는 이집트의 파피루스, 신전의 벽, 혹은 미라의 관에 기록되어 있다. 연속된 자료는 플루타르코스(46년~119년)가 델포이 신전의 여사제 클레에게 헌정한 「오시리스와 이시스」인데, 이 자료는 근대에 발견된 비문으로 증명되었다.[8]

플루타르코스는 그리스 국가협의회 의원으로서 델포이 근처의 고향 카이로네아에서 제의를 주관하는 사제였다.[9] 말하자면 그는 고향의 집정관이나 치안관이었고, 아폴론 신전인 델포이의 여사제가 전하는 신

탁을 기록하고 해석하는 성직
자였다.[10]

신화학자 하트에 따르면,
플루타르코스의 「오시리스와
이시스」는 역사가 마네토, 헤
카이토스 같은 초기 작가들의
작품에 전해 오는 이집트의
전통, 그리고 피타고라스, 플
라톤, 스토아학파, 영지주의

자료 4-7-1 플루타르코스

자 등 그리스 철학을 한데 엮은 방대하고 종합적인 내용이다.[11] 인류학
자 프레이저는 이집트의 토착전설을 덧붙여 플루타르코스의 「오시리
스와 이시스」를 대략 다음과 같이 정리했다.

오시리스는 대지의 신 세브(케브 혹은 게브)와 하늘의 여신 누트 사이에
서 사생아로 태어난다. 태양신 라는 그의 아내 누트가 부정을 저지르자
분명치 않은 날에 출산하라는 저주를 내린다. 그러나 누트의 다른 애인
도트신은 달과 내기 장기를 두어 하루의 72분의 1을 이겨 5일을 만든 다
음 이집트의 1년에 해당하는 365일을 완성한다. 그리고 5일 동안은 태양
신의 저주가 미치지 못하게 하자 누트 여신은 이튿날부터 5일간 차례로
장남 오시리스, 세트, 이시스, 네프티스를 낳는다.

왕이 된 오시리스는 식인풍습을 가진 야만적인 이집트를 교화하려고
율법을 세우고 신을 예배하는 법을 가르친다. 오시리스의 누이이며 아
내인 이시스가 야생 보리와 밀을 발견하자 그는 곡식의 재배법을 널리
보급시키면서 처음으로 포도를 밟아 술을 만든다. 그 뒤 정치를 이시스

에게 맡긴 오시리스는 인류에게 문명과 농업을 가르치려고 여행을 떠나 포도주와 맥주를 빚어서 스스로 위로하는 법까지 가르치고 귀국하여 신으로 경배받는다.

그런데 그의 아우 세트가 72명의 무리와 함께 오시리스의 신체만한 궤짝을 만들고 술자리에서 계략으로 자기 형을 가두고 못질하여 나일강에 던진다. 이 모반은 오시리스의 치세 28년 태양이 전갈자리에 있을 때 일어났다. 상복 차림으로 오시리스의 유해를 찾아 나선 이시스는 지혜의 신 도트의 도움을 받고 일곱 마리의 전갈을 데리고 파피루스 늪에서 아들 호루스를 낳는다.

한편 나일강을 따라 내려가던 오시리스의 유해는 시리아 해변의 도시 비블로스에 이르자 에카리 나무의 새싹이 궤짝을 줄기 속에 숨겨두었는데 국왕이 그 나무를 잘라 궁전의 기둥을 만들어 버린다. 이 사실을 안 이시스는 비블로스 왕비의 유모로 들어가 왕자를 불사의 존재로 만들면서 제비로 변신하여 오시리스의 기둥 주변을 날고 있었다. 왕자가 불길에 휩싸인 것을 본 왕비의 방해로 정체를 드러낸 이시스는 그 간의 사연을 하소연하여 궤짝을 가지고 이집트로 귀국하여 호루스를 만나러 부토로 간다.

그러나 궤짝을 발견한 세트는 오시리스의 유해를 14토막으로 잘라 이집트 전역에 뿌린다. 이시스는 파피루스 배를 타고 오시리스 유해들을 찾아서 묻고 장례식을 치렀다. 하지만 물고기가 오시리스의 생식기를 먹어서 그 대용품을 만들었는데, 지금도 이집트인이 제사 지낼 때 사용한다. 그런데 덴데라 신전의 비문에는 이시스가 숨겼던 오시리스 묘지들의 배치도가 기록되어 있다. 이시스는 밀랍과 향로를 사용하여 오시리스 신체의 여러 부분으로 조각상을 만들어 그 지방의 사제에게 신으로 섬기도록 토지까지 딸려 주었다고 한다.

플루타르코스는 이집트 토착신화를 참고하여 부활한 오시리스가 저승신이 된 과정을 밝혔다. 즉, 이시스가 오시리스 유해를 발견했을 때 그녀의 자매인 네프티스가 '그대 집으로 돌아오라'는 노래를 처절하게 불렀다고 한다. 감동한 태양신 라(레, Ra, Rah, Ré)는 아누비스를 파견하여 살해된 오시리스의 신체들을 결합하고 의식을 거행하여 오시리스를 소생시켰다. 부활한 오시리스는 저승의 왕이 되어 죽은 자의 영혼을 심판하고 다스렸다.[12]

오시리스, 세트, 호루스의 왕권투쟁

●

고대 이집트의 중요한 종교도시는 헤르모폴리스, 헬리오폴리스, 멤피스, 부시리스이다. 네 신전의 사제들은 비록 창조의 방법은 각기 다르지만 자기들이 신봉하는 신이 세계의 창조자라고 선언했다. 그 신은 차례로 도트, 레, 프타, 오시리스이다.[13] 따라서 플루타르코스의 「오시리스와 이시스」에서 오시리스의 출생은 헬리오폴리스가 신봉하는 태양신 라(레, Ra, Rah, Ré)의 창조신화에 그 근거를 둔 것이다.

그런데 '태양의 도시'란 뜻인 헬리오폴리스 신전의 사제들은 오시리스를 태양신 아툼의 증손자라고 하면서 왕위 계승을 인정하고 신의 계보에 편입시켰다. 이 오시리스에서 호루스로 왕권이 계승되는 왕권 신화는 파라오의 통치력과 지위에서 아주 중요시되었기 때문이다. 그래서 이집트에서 파라오는 호루스의 화신이라고 여겨져 백성들이 왕을 신성시

자료 4-7-2 이집트 고대 도시

했던 것이다. 이는 부활한 오시리스의 아들 호루스가 세트와 싸워 왕위를 계승하는 신화에도 나타나 있다.

신화학자 하트에 따르면, 저승신이 된 오시리스에게 전투 기술을 배운 호루스는 세트와 싸워 그를 체포했으나 이상하게 이시스가 석방한다. 세트는 신들의 법정에 호소하여 오시리스가 죽었기 때문에 호루스는 사생아라고 주장했지만 신들은 인정하지 않았다. 호루스는 다시 전투를 벌인 끝에 세트를 섬멸하고 이집트의 왕이 되었다.[14]

그렇다면 오시리스는 신화 속의 인물일까, 아니면 실존인물일까? 이집트에서 오시리스가 갑자기 중요한 신으로 떠오른 시기는 중왕국 시대인 기원전 2465년~기원전 2323년 무렵이다. 그 이전의 유물에 오시리스는 나타나지 않는다. 특히 지하세계의 왕으로 떠나기 전까지 오시리스가 이집트를 통치했다는 기록은 중왕국 시대의 「피라미드 텍스트」와 루브르 박물관의 「아멘모세 비석」에 나타나 있다. 더구나 기원전 1400년경의 파라오였던 「아멘모세 비석」에 따르면, 오시리스의 시대에 이집트는 황금기였으며 오시리스는 식물과 동물의 번식을 관장하고, 하늘의 별까지 지배했다고 표현되어 있다. 이를 보면 오시리스는 중왕국 시대 전에 실존했던 인물로 보인다.[15] 그 후 오시리스는 헬레니즘 시대에 여러 종교가 혼합되었듯이 이집트의 수많은 지방신을 흡수하면서 상당히 복잡한 신이 되었다.

자료 4-7-3 오시리스(ⓒ Jeff Dahl)

자료 4-7-4 이시스(ⓒ Jeff Dahl)

자료 4-7-5 세트(ⓒ Jeff Dahl)

자료 4-7-6 호루스(ⓒ Jeff Dahl)

자료 4-7-7 네프티스(ⓒ Jeff Dahl)

자료 4-7-8 아누비스(ⓒ Jeff Dahl)

오시리스와 이시스는 천문학적인 신화

●

신화학자 비앙의 해석에 따르면, 이집트에서 오시리스(Osiris)는 수확기에 죽고 새싹과 함께 재생하는 곡식의 신이다.[16] 그리고 영국의 신화학자 하트에 따르면, 오시리스의 아내 이시스(Isis)는 질병을 치료하는 주술사이고 마법사이다.[17] 그런데 이시스는 마술적인 능력을 태양신 라에게 전수받았다는 기록이 전한다.[18] 이로 보면 대지의 여신 이시스가 태양신의 능력으로써 곡식의 신 오시리스를 재생시켰다는 신화가 만들어졌다고 볼 수 있다. 대지가 곡식을 재생시키기 때문이다.

그런데 천문학자 로키어에 따르면, 오시리스의 죽음과 부활이 어둠을 물리친 해돋이의 의인화이고, 이시스는 나일강의 범람을 예고하는 시리우스 별이 인격화된 여신이다.[19] 이집트에서 큰개자리의 일등성 시리우스가 정남쪽에서 새벽에 빛날 때 나일강이 범람하여 대지를 비옥하게 만들기 때문이다. 그래서 이집트인은 시리우스가 의인화된 이시스를 위대한 대지의 어머니 여신으로 여긴 것이다.

반면에 혼돈과 사악의 상징인 세트(Seth, Set, Sit, Sitou)는 밤에 항상 보이는 북쪽별자리, 즉 큰곰자리, 용자리, 작은곰자리를 아우르는 명칭이다. 그리고 태양과 달의 눈을 가진 매로 표현된 호루스(Horus)는 밤에 나타나는 행성들과 별자리들을 가리킨다. 또 사자들의 수호신 네프티스(Nephthys)는 새벽과 어스름, 간혹 해넘이를 나타내지만 하지점과 동지점, 춘분점과 추분점을 상징했을 것이다. 그리고 아누비스(Anubis)는 사자를 저승신 오시리스 앞에 인도하는 신인데, 작은곰자리의 꼬리가 늘어진 자칼로 상징되었다. 이 아누비스는 네프티스가 오시리스에게 술을 먹이고 동침하여 낳은 아들로 이집트의 죽음의식에서 아주 중요시

되었다.[20]

말하자면, 태양신 라를 섬기는 헬리오폴피스의 사제들은 천문현상을 관찰하여 정교하게 「오시리스와 이시스」 신화를 만들고, 태양의 사라짐과 나타남처럼 오시리스의 죽음과 부활을 선전하여 오시리스 신앙을 고취시켰다고 추정된다.

이집트 왕의 헤브-세드축제

●

오시리스 신화는 이집트의 왕권 신화에서 대단히 중요시되었다. 하지만 그보다 전인 고왕국 시대에 상하 이집트를 통일한 메네스왕부터 시작된 축제가 있었다. 이집트인은 왕권과 관련된 이 연극을 헤브-세드 축제(Heb-Sed festival)라고 불렀다. '꼬리 축제'라는 뜻을 가진 이 축제는 간단히 세드 축제라고 불리고 있다.

자료 4-7-9 조세르왕의 계단식 피라미드(© Berthold Werner)

세드 축제는 이집트의 피라미드 벽에 새겨진 수많은 부조물과 그림, 그리고 고대 도시 멤피스의 매장지 사카라에 있는 조세르왕(Djoser, 기원전 2668년~기원전 2649년 재위)의 계단식 피라미드의 세드 축제 유적지를 통해서 그 내용을 추측할 수 있다.

고고학자 차일드는 역사상 모든 파라오는 세드 축제를 정기적으로 거행하여 젊음의 소생을 바랐다고 밝혔다. 파라오는 농경 축제를 모델로 삼아 씨앗이 자라서 곡식이 되는 것처럼 자기가 죽더라도 주술을 통해 회춘할 수 있다는 상징적인 연극을 공연했던 것이다.[21]

단적으로 이 축제는 죽음과 소생을 모의적으로 연출하는 의식이었다. 왜냐하면 헬리오폴리스 신전의 대사제였던 임호테프가 건설한 이집트 최초의 피라미드인 조세르왕의 계단식 피라미드는 수메르의 지구라트처럼 신이 인간을 만나러 오는 통로이고, 죽은 왕의 영혼이 하늘로 올라갈 수 있는 계단이라고 여겨졌기 때문이다. 따라서 계단식 피라미드는 우주의 질서와 혼돈 사이에 상호작용이 벌어지는 곳이었다.[22] 그런데 놀랍게도 이 세드 축제에서 국왕의 살해극이 공연되었다는 것이다. 미국의 고고학자 롤은 고고학적 자료를 바탕으로 조세르왕의 세드 축제를 대략 다음과 같이 재구성했다.

세드 축제의 첫째 날에 왕과 왕비, 관리, 신전의 사제들은 축제의 장소에 도착하여 조세르왕이 제물을 바친다. 둘째 날에 왕은 국경을 상징하는 14개의 관문을 둘러보면서 안전성을 점검한다. 셋째 날에 왕은 황소의 꼬리가 달린 의상을 입고 축제를 선포한다. 넷째 날에는 가장 중요한 비밀의식이 벌어진다.

비밀의식이 벌어지는 축제의 넷째 날 조세르왕은 멤피스의 주신 프타에게 제물을 바치고 축제 마당에 모셔 온 뒤에 왕 자신의 모의 장례식을 치른다. 먼저 혼돈의 신 세트로 분장한 사제가 칼을 들고 왕의 목을 상징적으로 자른 뒤에 왕의 시신을 아마포로 감싸고 얼굴을 초록색으로 칠하여 무덤으로 지정된 갈대사당으로 옮긴다. 이 사당에서 조세르왕은 저승의 사악한 세력과 싸우면서 험난하고 기나긴 밤을 보내는데, 그의 영혼은 동쪽 지평선을 향해 흐르는 강을 따라 여행하는 것으로 여겨진다.

축제의 절정인 밤에 왕이 무덤에 눕는 의식이 끝나고 새벽이 되면 조세르왕은 팡파르 소리와 함께 달려 나온다. 왕은 황소의 꼬리가 달린 짧은 치마만 입고 상하 이집트를 상징하는 타조 깃털 두 개가 꽂힌 왕관을 쓴 채 빛나는 태양처럼 되살아나 옥좌에 앉는다. 그리고 활을 들고 국경선 쪽으로 쏘아 자기가 국가를 지킬 수 있다는 행동을 상징적으로 보여주면서 호루스의 화신인 조세르왕은 사악한 세트에게 승리를 거둔다.

다섯째 날에 조세르왕은 부활과 회춘을 증명하려고 넓은 마당을 연거푸 달리는데, 이때 황소꼬리를 치마에 매단 왕은 수도인 멤피스의 신성한 황소와 하나가 된다.[23] 이윽고 왕이 다시 대관식을 치르면 호루스 신과 세트 신으로 분장한 사제들이 왕의 머리에 상 이집트의 하얀 왕관과 하 이집트의 붉은 왕관을 씌워 준다. 마지막으로 대지의 신 게브는 세트가 호루스를 진정한 이집트 통치자로 인정한 법적 계약서를 조세르왕에게 건네준다.

의식을 거행한 조세르왕은 대규모 행렬을 이끌고 호루스 신과 세트 신을 경배하려고 신전으로 간다. 그 이유는 신들만이 조세르왕을 부활시킬 수 있다고 여겨졌기 때문이다. 신화학자 베르너에 따르면, 마치 예수 그리스도의 죽음과 부활이 기독교 세계의 중심축이듯 파라오의 죽음과 부활은 이집트 종교의 중심축이었다.[24]

중요한 것은 제3왕조의 파라오였던 조세르왕의 계단식 피라미드는 이집트에서 발견된 가장 오래된 피라미드라는 사실이다. 체코 프라하의 카렐대학 이집트학자 베르너는 '계단식 피라미드 북쪽의 장제신전은 지하로 들어가는 입구이면서 동시에 피라미드 밖으로 나오는 출구였다.'고 지적했다. 따라서 죽은 파라오는 이 출입구를 통해서 북쪽 하늘로 올라가게 되어 있다. 왜냐하면 북쪽 하늘에는 바로 영원한 별 북극성이 있는데, 파라오는 죽어서 북극성 주변에서 불멸의 별로 부활한다는 것이다.[25]

오시리스의 수난을 기념하는 종교의식

●

파라오의 부활의식은 이집트에서 전국적으로 벌어졌다. 그중 대표적인 것이 오시리스 축제였다. 이집트는 큰개자리의 일등성 시리우스가 정남쪽에서 해 뜨기 전 새벽에 빛날 때 나일강이 범람했다. 그리고 나일강의 강물이 물러가는 11월에 곡식을 파종하고 이듬해 봄 3월에서 5월에 수확했다. 그때 첫 수확한 이삭을 이시스 여신에게 바치면서 슬픔을 호소하는 풍습이 있었다. 그 이유는 곡식이 바로 오시리스를 상징하고 그의 죽음을 연상시키기 때문이었다. 헤로도토스는 오시리스의 수난을 기념하는 종교의식이 매년 벌어졌는데, 이 날은 밤중에 오시리스를 애도하면서 모든 죽은 자를 위해서 등불을 밝혔다고 기록했다.[26]

플루타르코스의 기록에 따르면, 오시리스가 죽은 아티르 월 17일부터 나흘간은 나일강이 줄어들고 밤이 길어지고 나뭇잎이 떨어져 가는 기간이다. 이집트인은 오시리스의 유해를 발견하는 연극에서 부활을 극적으로 표현했으며, 아누비스신으로 분장한 광대가 흙인형으로 만든 어린 오시리스를 안고 나타나면 극도의 환희를 터트린 뒤에 매장했다는 것이다. 프레이저는 이러한 이집트의 부활의식 속에 위대한 오시리스가 백성들을 먹이려고 자기의 육체를 제공하였고, 백성을 살리려고 자기가 죽었을 뿐만 아니라 저승에서까지 인간에게 영생의 희망을 준다는 의미가 들어 있다고 지적했다. 그래서 이집트인은 사람이 죽으면 신성한 비밀의식을 연극으로 공연하여 주문을 외우고, 오시리스의 등뼈가 묻힌 도시 부시리스나 오시리스의 머리가 묻힌 도시 아비도스에 매장하여 부활하기를 바랐다. 그리고 영혼이 다시 돌아와 육체가 소생하기를 바라면서 미라를 만들었던 것이다. 이는 모든 죽은 사람이 오시리스처럼 부활할 수 있다고 믿었기 때문이다. 재미있는 것은 미라의 두 다리 사이에 진흙으로 빚은 오시리스 상과 함께 곡식의 씨앗도 넣었는데, 이는 곡식처럼 인간도 재생하기를 소망했기 때문이었을 것이다.[27]

이처럼 살해된 왕이 다시 부활하는 이집트의 연극은 예수가 죽은 뒤 사흘 뒤에 부활한 것을 재현하여 세례를 받고 거듭나는 기독교의 의식과 구조적으로 판에 박은 듯이 닮았다. 그러나 육체의 부활을 사실로 믿은 대중들이 있었던 반면 조세르왕의 죽음과 부활의 연극처럼 이를 상징적인 죽음과 부활로 여긴 지식인들이 있었다. 그들이 바로 신비종교의 가입자들이었다. 물론 이 신비의식에는 오시리스신의 죽음과 부활이 중심 주제지만, 그 바탕에는 영혼불멸과 영혼의 윤회가 도사리고 있었다. 이 신비종교의 가입자는 바로 그리스의 현자들, 즉 피타고라스, 소크라테스, 플라톤, 헤로도토스 등이다. 다음 5부에서는 신비종교의 신인들과 예수의 유사한 점을 탐구해 보기로 한다.

1 제24, 제26 왕조의 수도 사이스(Sais)의 수호신은 제1왕조 시기부터 숭배한 네이트 여신인데, 헤로도토스는 그리스의 아테나 여신과 동일시했다.

2 헤로도토스; 앞의 책 상권, 258~259쪽. 펠라스고이는 그리스의 원주민이다. 다나오스는 이집트의 왕 벨루스의 아들인데, 쌍둥이 형의 명령으로 50명의 딸들을 데리고 도망쳐 아르고스의 왕이 되었다. 고립된 아르카디아인은 도리아인의 침략에서 안전했다고 한다.

3 헤로도토스; 앞의 책 상권, 181쪽, 192쪽.

4 헤로도토스; 앞의 책 상권, 186쪽, 187쪽.

5 헤로도토스; 앞의 책 상권, 187~188쪽. 헤로도토스는 그리스의 예언자 멜람푸스가 오시리스의 이름과, 제사, 남근상의 행렬을 테베의 왕 카드모스나 페니키아인들에게 배웠으리라고 추측했다.

6 엘리아데; 앞의 책(세계종교사상사 1권). 450~454쪽, 8쪽.

7 엘리아데; 앞의 책(세계종교사상사 1권). 452~455쪽.

8 프레이저; 앞의 책(황금의 가지 상권), 459쪽.

9 듀런트; 앞의 책 3-2, 261쪽.

10 J. Langhorne; 「플루타르코스의 생애」(플루타르코스: 앞의 책 1, 48~49쪽.)

11 하트; 앞의 책, 80쪽.

12 프레이저; 앞의 책(황금의 가지 상권), 459~463쪽. 장기는 카드, 주사위놀이 같은 보드게임이다.

13 J. Vian; 「Mythologie E'gyptienne(이집트 신화)」 [앞의 책(세계의 신화 3권), 41쪽.]

14 하트; 앞의 책, 58~74쪽.

15 하트; 앞의 책, 28쪽, 57쪽, 59~60쪽.

16 비앙; 앞의 책(세계의 신화 3권), 48~56쪽. 이하 비앙의 해석을 바탕으로 오시리스 신화에 등장하는 신들의 성격을 정리했다.

17 하트; 앞의 책, 87~92쪽. 파피루스 두루마리, 메테르니히 비석에 기록되어 있다.

18 하트; 앞의 책, 92~95쪽. 투린 박물관의 「파피루스 1993」에 기록되어 있다.

19 로키어; 앞의 책, 346-347쪽, 229쪽, 341쪽.

20 로키어; 앞의 책, 350쪽. 64-65쪽. 176쪽. 47쪽과 359쪽. 420쪽.

21 차일드; 앞의 책, 225쪽.

22 롤; 앞의 책(문명의 창세기), 547쪽.

23 베르너; 앞의 책, 163~164쪽. 선사 시대의 족장은 지배능력을 증명하는 체력검증을 받았다. 능력이 부족하면 상징적으로 살해되고 젊은 후계자로 교체되었다.

24 롤; 앞의 책(문명의 창세기), 555~565쪽.

25 베르너; 앞의 책, 72~73쪽.

26 헤로도토스; 앞의 책 상권, 192~193쪽.

27 프레이저; 앞의 책(황금의 가지 상권), 466~476쪽.

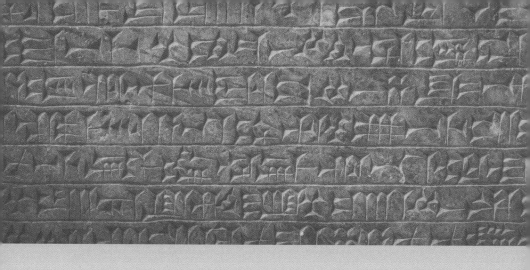

로마 제국과 유대,
신비종교와 예수 신화

등불이 꺼지는 것은 점화되지 않은 것과 마찬가지로 탄생 전과 죽음 이후는 정적이 있을 뿐이고 무(無)의 상태이다. 그러므로 탄생 전에 고통이 없었듯이 사후의 죽음을 두려워하는 것은 바보짓이다.

– 세네카, 『루킬리우스에게 보내는 편지』

디오니소스신은 이집트의 오시리스, 소아시아의 아티스, 시리아의 아도니스, 페르시아의 미트라 신들처럼 별의 징조를 받아 동정녀의 몸에서 태어나지만 수난당하여 죽는다. 이 신인(神人)들은 해마다 봄이 되면 부활하여 인간을 영생으로 이끄는 신비종교의 주인공이 되었고, 후대에 유대인의 구세주 사상에 큰 영향을 주었다.

왕의 신성성과 전능성이 반영된 예수의 기적과 부활은 신인들의 이스라엘 버전이다. 특히 예수의 수난과 구원의례는 이집트 오시리스신의 죽음과 부활이 반영되었지만, 그보다 훨씬 전에 수메르의 두무지왕과 인안나 여신의 신성결혼이 오리엔트 지역에 전파되면서 변형된 것이다.

그런데 20세기에 발견된 영지주의 문헌은 기독교 신학에 큰 충격을 주었다. 초기 기독교에서 예수의 행적을 심오한 상징과 의례로 본 영지주의는 문자주의와 로마의 박해로 사라졌다. 그러나 영지주의는 예수의 신학이 고대의 신비종교, 특히 오시리스 부활의식의 이스라엘 버전임을 깨우쳐 주었다.

5부 전반부의 주안점은 예수의 탄생과 기적, 그리고 죽음과 부활이 신비종교 신인들의 행적이 반영되었다는 사실을 비교하고 증명하는 것이다. 후반부는 그리스 철학과 신비종교에 입각한 영지주의가 사라진 원인과 배경을 밝히는 동시에 고대 이집트와 티베트의 죽음의식을 탐구하여 인류의 죽음의식을 밝히는 것이 주안점이다.

1장

신인들의 탄생과 천체의 징조,
동정녀 수태

　헬레니즘 시대에 유행한 신비종교에서 죽었다가 부활한 인간신(人間神)을 그리스인은 디오니소스라고 불렀다. 반면에 시리아인은 아도니스, 소아시아인은 아티스, 로마인은 바쿠스, 페르시아인은 미트라, 이집트인은 오시리스라고 불렀다. 하지만 이 신인들은 근본적으로 동일한 신화적 존재이다.[1]

　신의 아들로 태어난 인간신은 구세주(救世主)라고 알려졌고 그들의 탄생은 천체가 미리 암시했다. 신인들은 동지 무렵인 12월 25일에 동굴이나 누추한 외양간에서 동정녀에게서 태어나 기적을 행하고 세상의 죄를 대신 짊어지고 죽지만 사흘 만에 부활해서 하늘로 올라간다. 신도들은 최후의 날에 신인이 다시 돌아와 심판하기를 기다리면서 신인의 몸과 피를 상징하는 빵과 포도주를 먹고, 그의 죽음과 부활을 기념한다.[2]

신인의 탄생은 천체와 관련성이 있다

●

「마태가 기록한 기쁜 소식」 1장 1~2절에 "유대의 왕으로 태어나신 분이 어디 계십니까? 우리는 동방에서 그분의 별을 보고 그분에게 경배드리러 왔습니다."라고 기록되어 있다.

이는 점성술로 유명한 고대 페르시아의 사제였던 마기(magi), 즉 동방의 박사들이 제왕을 상징하는 목성을 따라 예수가 태어난 베들레헴까지 찾아간 이야기이다. 고대 오리엔트에서 별이나 행성은 신이거나 신의 징조로 알려져 있었다. 이를테면, 바빌로니아에서 토성은 엘릴, 수성은 에아, 목성은 마르두크, 달은 신, 태양은 샤마시, 금성은 이슈타르 여신이었다.[3]

대체로 오리엔트 문명권에서 예수가 제왕을 상징하는 목성과 관련된 것처럼 신인들의 탄생은 행성이나 별 같은 천체와 관련되어 있었다. 먼저 셀레우코스 왕조의 수도였던 시리아의 안티오키아에서 아도니스신의 신비의식은 구원의 별이 동쪽에 나타났다는 외침과 함께 시작되었다. 그 별은 바로 바빌로니아에서 이슈타르 여신의 상징인 금성 (Venus)이었다. 아도니스는 그리스에서 아프로디테의 연인이지만 원래는 셈족의 탐무즈, 즉 수메르의 두무지를 그리스가 기원전 7세기경에 빌려 온 것이다.[4] 물론 두무지왕을 저승에서 해마다 귀환시키는 이슈타르는 금성을 의인화한 수메르의 인안나 여신이다.[5]

그리스 동북쪽의 트라키아, 혹은 오늘날의 튀르키예의 프리지아에서 무덤이 열리고 아티스신이 부활하여 새로 탄생하는 날은 춘분 전날 해가 진 저녁 무렵이었다. 이 저녁하늘을 가장 먼저 밝히는 행성은 금성이다. 인류학자 프레이저는 이 금성이 동방박사를 베들레헴으로 인도

했다고 볼 수도 있다고 추정하였다.[6]

아도니스나 아티스처럼 그리스에서 디오니소스신의 탄생도 천체와 관련성이 있다. 트라키아, 혹은 프리기아에서 전래된 신으로 추정되는 디오니소스는 제우스신과 세멜레 사이에서 태어난 포도주의 신이다.[7] 그런데 세멜레는 달의 신 셀레네(Selene)에서 그 이름을 따온 것이다.[8] 셀레네의 전설은 헤시오도스의 『신통기』에 나타나 있다.

테이아는 히페리온에게 눌려(성적 교섭으로) / 위대한 헬리오스, 빛나는 셀레네 / 지상에 사는 모든 것들과 넓은 하늘에 사는 / 불사신들을 비춰주는 에오스를 낳았다.[9]

그리스 신화에서 티탄족인 히페리온은 대지의 여신 가이아와 하늘신 우라노스의 아들이다. 그는 누이인 테이아와 결혼하여 태양신 헬리오스, 달의 여신 셀레네, 새벽의 여신 에오스를 낳았다. 결국 밤하늘에서 가장 밝은 달의 여신 세멜레가 디오니소스의 어머니라는 점은 다른 신인들의 탄생이 천체와 관련된 점과 비슷하다.

이집트의 오시리스는 태양이나 별과 관련이 있다. 천문학적으로 오시리스는 해돋이의 의인화이고, 이시스는 시리우스 별의 의인화이기 때문이다.[10] 말하자면 밤하늘에서 70여 일 동안 안 보이던 시리우스가 새벽에 정남쪽에서 태양과 나란히 뜨면 나일강이 범람하여 이집트의 토지가 비옥해졌던 것이다.[11] 그런데 시리우스가 뜨면 동시에 그 위에 자리 잡은 오리온자리도 하늘로 솟아오른다. 따라서 대지의 여신 이시스를 상징하는 시리우스는 곡식의 신이고 저승의 신 오시리스의 출현과 부활을 예고하는 별이었던 것이다.[12]

신인들은 목성이나 금성, 시리우스만이 아니라 오시리스처럼 태양과도 관련성이 있었다. 고대 이란의 미트라신은 우주의 질서를 통제하고 계절의 변화를 관리하는 태양신이었다. 천 개의 눈과 만 개의 귀를 가졌다고 알려진 미트라는 정의의 신이고 전사들의 신이면서 왕의 행운과 신의 영광을 지키는 신이었다. 그런데 미트라신의 탄생을 기리는 축제는 바로 추분에 거행되었다. 그것은 초목이 시드는 가을에 태양신이 따뜻한 햇볕을 비춰 주기를 간절하게 원했기 때문이었다.[13]

지금까지 살펴본 것처럼 고대에 신인들의 탄생은 천체와 관련성이 깊었다. 그런데 고대인이 천제나 천체의 징조를 중시한 까닭은 자연의 흐름에 맞추어 농사를 짓거나 가축을 기르는 생존의 필요성 때문이었다. 특히 사제들은 신의 탄생일을 정확히 파악하고 신의 제사를 지내려던 종교적 의무감 때문에 천체나 천체의 징조를 중시하였다.

이를테면, 이집트인은 시리우스의 출현을 기초로 새해 첫날로 잡아서 자연적인 달력으로 만들었다. 그러나 세월이 가면 오차가 생기므로 달을 중심으로 만든 태음력이 고안되어 태양을 중심으로 만든 태양력과 함께 사용했다.[14] 즉, 백성들은 태양력을 사용하고 사제들은 종교적 행사, 특히 신의 제사에서는 태음력을 사용했던 것이다.[15] 마찬가지로 기독교 세계에서도 성탄절이나 부활절의 날짜를 천문학적으로 정확하게 계산하여 예수의 탄생과 부활을 기념하는 일 중요시되었다.[16]

신인들의 탄생일과 기독교의 성탄절

●

예수의 탄생 시기는 「누가가 기록한 기쁜 소식」과 「마태가 기록한 기쁜 소식」에 서로 다르게 나타나 있다. 먼저 「누가가 기록한 기쁜 소식」 2장 1~16절에서 예수가 태어난 시기는 아우구스투스 황제가 로마 제국 전역에 호구조사, 즉 인구조사를 하라는 명령을 내렸던 무렵의 어느 날 밤이었다. 그러나 호구조사의 시기는 기원후 6년~9년이기 때문에 누가가 약간 혼동한 것으로 보인다.[17]

반면에 「마태가 기록한 기쁜 소식」 2장 1절에서 예수는 유대의 왕 헤롯 시대에 태어났다고 하였다. 헤롯은 기원전 73년에 태어나 기원전 4년에 죽었기 때문에 예수의 탄생 시기는 기원전 3년 이전이다. 따라서 「누가가 기록한 기쁜 소식」 3장 1~2절, 23절에서 예수가 세례요한에게 세례받은 일, 예수의 활동을 종합하면 예수는 기원전 4~6년에 태어났다고 보는 것이 타당하다.[18] 하지만 예수의 탄생 시기는 분명치 않고 또한 정확히 알 수도 없는 일이다. 복음서들은 예수가 죽은 뒤 오랜 세월이 지난 뒤에 쓰였기 때문이다.[19]

그렇다면 예수의 탄생일은 언제일까? 『한국가톨릭대사전』에 따르면, 아르메니아를 제외한 모든 기독교회가 4세기 말부터 성탄절을 12월 25일로 지키는 관습이 서방교회에 퍼져 있었다. 그런데 이 날은 로마에서 크게 유행한 미트라교에서 태양신 미트라의 탄신일이었다. 5세기 초에 서방교회가 이를 차용하여 예수로 바꾸고 성탄절을 12월 25일로 선포했던 것이다. 반면에 동방교회는 예수의 탄생, 동방박사의 경배, 예수의 세례를 동동으로 기념하려고 성탄절을 1월 6일로 정했다.[20]

중요한 것은 서방교회의 12월 25일과 동방교회의 1월 6일이 고대에 모두 동지였다는 사실이다. 왜냐하면 지구의 세차운동에 따라 동지의 날짜가 변했기 때문이다. 현재 북극성이 작은곰자리에 있지만 예전엔 용별자리에 있었고, 미래에는 다시 변하는 천문현상처럼 오늘날은 동

지가 12월 22일~23일이지만, 예전엔 12월 25일이었고 그보다 전엔 1월 6일이었던 것이다.[21]

자료 5-1-1 미트라가 황소를 죽이는 미트라교의 제물의례. 좌측 상단에 태양신, 우측상단에 달의 신이 굽어보고 있다(루브르 박물관 소장)

그런데 기독교에서 미트라의 탄생일을 차용하여 예수의 성탄절로 정한 것은 일종의 종교적 혼합이라고 볼 수 있다. 이는 프레이저에 따르면, 기독교의 사제들이 지역의 토착신앙에 기독교 신앙을 접목시킨 결과였다. 프레이저는 서양의 종교 속에는 동양종교의 모습이 은밀하게 감춰져 있다면서 로마가 열렬하게 숭배했던 동방종교인 페르시아의 미트라교의 교리와 의식, 그리고 미트라의 어머니가 기독교와 많이 닮았다고 지적했다. 그런데 태양신 미트라의 탄생일이며 동지인 12월 25일 한밤중에 시리아인과 이집트인은 "처녀가 애를 낳았네, 빛은 늘어나리!"라고 외쳤다는 것이다.[22]

신인들의 어머니와 동정녀 마리아

●

예수의 탄생 시기도 불확실하지만 출생지도 분명치 않다. 「마태가 기록한 기쁜 소식」 2장 1절과 「누가가 기록한 기쁜 소식」 2장 4절에 예수는 다윗의 도시 베들레헴에서 태어났다고 기록되었다. 그러나 종교학자 노스에 따르면, 이는 초기교회의 영향을 받았기 때문에 부정확한 것이다.[23] 더구나 신약정경은 예수의 사도들이 직접 기록한 것이 아니라 전승된 것을 토대로 기독교 초기에 기록했기 때문에 더욱 신빙성이 부족하다.[24] 결국 두 복음서는 다윗의 후손에서 메시아가 나오리라는 구약의 예언을 충족시키려는 종교적 의도에서 예수의 출생지를 베들레헴에 맞춘 것으로 보인다.[25] 반면에 「마가가 기록한 기쁜 소식」 1장 9절에서 베들레헴은 직접 언급되지 않고 '갈릴리 나사렛의 예수'라고 하였는데, 당시 나사렛은 이스라엘 북부 갈릴리의 작은 마을이었다.

이처럼 예수가 탄생한 시기와 날짜, 탄생지는 불확실하다. 그런데 「마태가 기록한 기쁜 소식」 13장 54~57절에 따르면, 뜻밖에도 동정녀로 불리는 마리아는 예수만 출산한 것이 아니고 여러 자식을 낳았다고 기록되어 있다. 그렇다면 예수의 가족은 대가족이었음이 분명하다.[26] 이는 예수가 고향의 회당에서 가르칠 때 사람들의 증언이 증명해 준다.

"이 사람의 이런 지혜와 기적을 행하는 능력이 어디서 났느냐? 그 사람은 목수의 아들이 아닌가요? 그의 어머니는 마리아이고, 야고보와 요셉과 시몬과 유다는 그의 동생들이다. 그리고 그의 누이동생들도 모두 우리와 함께 있지 않느냐? 그렇다면 이 사람은 이 모든 것을 어디서 얻었느냐?" 하면서 예수님을 배척하였다.

「마가가 기록한 기쁜 소식」 6장 2~3절에도 역시 동일한 내용이 나온다. 말하자면 마리아와 요셉 사이에 여러 자녀들이 있었던 것이다. 그렇다면 예수의 친아버지는 누구일까? 이에 대한 대답이 「누가가 기록한 기쁜 소식」 1장 34~35절에 나타나 있다. 즉, 마리아가 가브리엘 천사에게 "저는 처녀인데 어떻게 이런 일이 있을 수 있겠습니까?" 하고 묻자 천사가 이렇게 대답하였다. "성령님이 네 위에 내려오시고 하나님의 능력이 너를 덮어 주실 것이다. 그러므로 태어나실 거룩한 분은 하나님의 아들이라고 불릴 것이다."

이처럼 「누가가 기록한 기쁜 소식」은 수태고지(受胎告知)가 간결하게 표현되었지만, 「마태가 기록한 기쁜 소식」 1장 18절~21절은 훨씬 더 구체적이고 상세하다.

"예수님의 어머니 마리아는 요셉과 약혼하였으나 아직 결혼 전이었다. 그런데 성령으로 임신한 사실이 알려졌다. 그러나 의로운 사람인 약혼자 요셉은 마리아를 부끄럽게 하고 싶지 않아서 남몰래 파혼하려고 마음먹었다. 그런데 꿈에 천사가 나타나 이렇게 말하였다. '다윗의 아들 요셉아, 마리아를 아내로 맞아들이는 것을 주저하지 말라. 그녀가 임신한 것은 성령으로 된 것이다. 마리아가 아들을 낳을 것이다. 그의 이름을 예수라고 불러라. 그가 자기 백성을 죄에서 구원하실 것이다.'"

단적으로 예수의 탄생은 구약학자 후크에 따르면, 초현실적이고 신화적으로 표현되어 있는 것이다.[27] 더욱 중요한 문제는 기독교에서 예수 다음으로 감동적인 마리아가 동정녀(virgin, 童貞女), 즉 남자와 성적 관계가 없는 처녀라고 여겨진다는 점이다. 물론 앞에서 살펴본 것처럼 마리아는 요셉과 성관계를 하여 다른 자녀들을 출산한 것이 분명하고, 오로지 예수만 처녀 출산한 것이다. 그렇지만 이런 처녀 출산은 다른 신비종교에도 나타나 있다.

인류학자 프레이저에 따르면, 그리스의 디오니소스가 비밀의례에 입문한 프리기아의 키벨레 여신도 마리아처럼 처녀였다. 키벨레는 익은 복숭아, 혹은 석류를 앞가슴에 접촉하여 아티스를 임신했는데, 아티스는 풍요의 여신 키벨레가 사랑한 젊고 아름다운 목자, 혹은 아들이었다고 한다. 결국 프리기아의 신화에서 처녀인 키

자료 5-1-2 기원전 1세기에 만들어진 키벨레 상(© ChrisO, 글립토테크 미술관)

벨레 여신은 혼자 아티스를 수태하고 출산한 것이라고 볼 수 있다.[28]

히브리인 마리아나 프리기아의 키벨레의 소위 기적에 속하는 처녀 수태는 그리스의 디오니소스 신화에서는 다소 합리적으로 표현되었다. 제우스신이 인간으로 변신하여 테베의 왕 카드모스의 딸인 세멜레와 동침하여 디오니소스를 수태시킨 것이다. 말하자면 그리스의 신화작가나 음유시인들은 히브리의 성령수태(性靈受胎)나 프리기아의 단성수태(單性受胎)보다 사실적인 태도로 신화를 관찰하고 의인적으로 사건을 전개하였다. 그 결과 제우스신이 남성으로 변신하여 카드모스왕의 딸 세멜레라는 여인과 성교하여 디오니소스를 수태시켰다고 표현했던 것이다.

이집트의 오시리스 신화에서 여성의 수태는 좀 더 교묘하다. 세트는 그의 형 오시리스를 살해하여 그 시체를 토막 내고 전국에 분산시켜서 매장했다. 이시스는 토막 난 시신들을 찾아 강력한 마법을 사용하여 남편 오시리스의 시체를 복구하고 부활시킨다. 신기하게도 아비도스에 있는 세티 1세의 신전에는 이시스가 오시리스의 정자를 받아 수태하는 두 가지 유물이 있다.

먼저 「아멘모세 명문」에는 솔개로 변신한 이시스가 날개로 오시리스의 육신을 덮어서 생명의 숨을 불어넣어 부활시키고 이로부터 수태하는 내용이 새겨져 있다. 다음에 「소카르 신전」의 벽에는 이시스가 오시리스의 한 손을 자기의 머리 위로 올리고, 다른 손으로는 오시리스의 성기를 잡고 자극시켜 오르가슴에 이르게 한 뒤에 새매로 변신하여 오시리스의 성기에 앉는 장면이 그려져 있는 것이다. 단적으로 이집트에서 인간의 영혼을 상징하는 새매, 즉 이시스의 영혼이 오시리스의 성기와 교접하여 호루스를 임신한 것이다.[29]

이로 보면 이집트의 신화작가는 이시스 여신의 수태를 마술적이지만 상당히 교묘하게 사실적으로 표현한 셈이다. 주목할 것은 이시스 여신의 수태가 「마태가 기록한 기쁜 소식」에서 "성령님이 네 위에 내려오시고 하나님의 능력이 너를 덮어 주실 것이다."는 마리아의 성령수태와 상당히 유사한 면이 있다는 점이다.

그런데 기원전 5세기 그리스의 비판적인 비극작가 에우리피데스의 「박코스의 여신도들」에는 신과 인간의 성교를 의심하는 장면이 디오니소스의 독백을 통해서 다음과 같이 암시되어 있다.

나의 이모들이 터무니없는 말을 지껄여, "디오니소스는 제우스의 아들이 아니다. 세멜레는 신이 아닌 인간과 과오를 범했는데, 카드모스의 조언으로 그 죄를 제우스에게 일러바친 결과 그 거짓말 때문에 제우스로부터 덧없는 죽음을 당하게 되었다."고 그럴 듯하게 퍼뜨렸기 때문이다. 그들을 응징하기 위해 그들을 미치게 하여 집을 뛰쳐나가 방황케 한 것은 내가 꾀한 일이다.[30]

단적으로 세멜레는 인간과 사통(私通)하고 아이를 출산하여 그 죄 값으로 제우스의 번갯불에 타 죽었다는 것이다. 이처럼 에우리피데스는 세멜레의 자매들을 내세워 세멜레의 처녀 수태를 은근히 조롱하고 부정한 것처럼 보인다. 특히 에우리피데스가 활동한 시기는 소피스트 철학자들이 제우스의 문란한 여자관계와 도덕성에 문제를 제기하였고, 플라톤도 학생들이 호메로스에게서 교훈을 배우던 전통을 거부하던 시기였다.[31]

결국 현대 생물학적 관점으로 보면, 디오니소스의 어머니 세멜레나 아티스의 어머니 키벨레의 처녀 수태는 불가능하고, 이시스 여신의 죽은 남편과의 성교와 임신도 당연히 불가능하다. 마찬가지로 예수의 어머니 마리아의 처녀 수태도 비과학적이다. 이런 신화적인 수태와 출산의 배경에는 신화학자 그리말의 지적처럼 자기 민족이 믿는 신의 위력을 과시하거나 자기 민족이나 가문이 신의 혈통이라는 의식이 강하게 작용하고 있는 것이다.

주시할 것은 태양신 라의 혈통인 오시리스가 대지의 신 게브와 하늘의 여신 누트 사이에서 사생아(私生兒), 즉 정식 혼인관계가 아닌 남녀 사이에서 출생한 아이로 태어났다는 점이다. 앞에서 언급한 것처럼 태양신 라는 그의 아내 누트가 부정을 저지르자 분명치 않은 날에 출산하라는 저주를 내렸던 것이다.[32] 헬리오폴리스 사제들이 오시리스의 신성성과 왕위 계승의 신화를 창조한 것처럼[33] 「마태가 기록한 기쁜 소식」의 기록자도 예수가 히브리인의 왕으로 태어났다고 여기고 예수를 히브리인의 족보에 편입시켰다고 볼 수 있다.

그런데 뜻밖에도 영지주의 문헌인 「세상의 기원」은 마리아의 처녀 수태를 자웅동체(雌雄同體 hermaphroditesism)로 설명했다. 소피아, 즉 지혜가 빛을 한 방울 던지자 물위에 떠다니던 그것에서 자웅동체의 여성이 나타났는데, 그녀가 바로 최초의 처녀 이브였다. 반면에 그리스인은 헤르메스와 아프로디테 사이에 태어난 자웅동체의 인간을 헤르마프로디테스(hermaphrodites)를 라고 불렀으며, 히브리인은 생명의 이브, 즉 생명의 교사라고 불렀다.[34] 말하자면 영지주의자들은 동정녀 마리아도 남녀의 생식기관을 다 가진 달팽이나 삿갓조개 같은 자웅동체라고 추정하여 여호와가 아담의 갈비로 이브를 만들었다거나 여호와의 성령이 마리아를 수태시켰다는 비합리적인 신화에서 벗어나려고 시도했던 것으로 보인다.

어쨌건 신의 성령으로 이루어진 마리아의 초자연적인 수태는 오리엔트, 혹은 그리스의 신화적 전통이 반영되어 있는 것이다. 종교학자 후크는 「신약성경에 나타난 신화적 요소」에서 그 점을 대략 다음과 같이 정리했다.

히브리인이 수메르와 바빌론의 창조신화를 차용하고 변형시켜서 「창세기」를 편찬한 것처럼 「마태가 기록한 기쁜 소식」에 기록된 예수의 탄생은 이방종교의 신화적 자료를 차용한 것이라고 보는 학자들이 있다.
다음에 예수의 동정녀 탄생에 대한 신앙의 성립과 발전에 중요한 모티브가 된 것은 고대신화 속의 영웅들, 즉 제우스신과 알크메네의 아들 헤라클레스나 역시 제우스신의 아들이라고 추앙된 알렉산드로스 같은 영웅들의 탄생설화라고 보는 학자도 있다.[35]

특히 히브리 본문에서는 처녀에 의한 기적적인 탄생에 대한 암시가 전혀 나타나지 않는다. 따라서 예수의 동정녀 탄생은 「이사야의 예언」 7장 14절의 "처녀가 잉태하여 아들을 낳을 것이요 그 이름을 임마누엘이라 하리라"를 잘못 번역한 데서 비롯된 것으로 해석할 수 있다. 그런데 이는 단적으로 '젊은 여인('Almah)'을 '처녀'로 잘못 번역한 것이다.

하지만 동정녀 탄생에 대한 믿음은 초대 기독교 안에 뿌리내리고 있었음을 보여 준다. 그보다 동정녀는 당시 야만민족 사이에 널리 유포되었던 모신의 숭배의례에 대한 종교적 영향인데, 로마 제국이 기독교를 국교로 받아들이면서 더욱 강화되었다.[36]

다음 장에서는 신성성과 전능성이 반영된 신인들과 예수의 기적을 살펴보기로 한다.

1   프레이저; 앞의 책(황금의 가지 상권), 413쪽.

2   프리크 · 캔디; 앞의 책, 26쪽.

3   조철수; 앞의 책(수메르 신화), 47쪽.

4   프레이저; 앞의 책(황금의 가지 상권), 438~439쪽, 413쪽.

5   조철수; 앞의 책(수메르 신화), 47쪽.

6   프레이저; 앞의 책(황금의 가지 상권), 443~444쪽, 439쪽.

7   헤로도토스; 앞의 책 하권, 7쪽.

8   프리크·갠디; 앞의 책, 73쪽.

9   헤시오도스; 앞의 책, 61~62쪽.

10   로키어; 앞의 책, 346~347쪽, 229쪽, 341쪽.

11   쟝샤오위안; 앞의 책, 93~96쪽.

12   프레이저; 앞의 책(황금의 가지 상권), 468쪽.

13   커티스; 앞의 책, 30~32쪽.

14   로넌; 앞의 책 1권, 45~49쪽.

15   쟝샤오위안; 앞의 책, 93~96쪽.

16   에브니; 앞의 책(시간의 문화사), 177~179쪽.

17   노스; 앞의 책 상권, 312쪽.

18   노스; 앞의 책 상권, 312쪽. / 듀런트; 앞의 책 3-2권, 228~229쪽.

19   R. Dawkins; The God Delusion(만들어진 신), 김영사, 2007, 이한음 옮김, 148쪽.

20   한국가톨릭대사전 편찬위원회; 앞의 책, 「예수 성탄 대축일」

21   프리크·갠디; 앞의 책, 72~73쪽.

22   프레이저; 앞의 책(황금의 가지 상권), 466쪽, 453쪽.

23 노스; 앞의 책 상권, 313쪽. / 듀런트; 앞의 책 3-2권, 371~372쪽. 예수의 부모는 '여호와의 일꾼'을 뜻하는 예수아(Yeshu'a)라는 무척 흔한 이름을 지었는데, 그리스인은 이에소우스(Iesous), 로마인은 이에수스(Iesus)로 바꾸었다.

24 노스; 앞의 책 상권, 304~305쪽. / 리치; 앞의 책, 47쪽, 89쪽.

25 도킨스; 앞의 책, 148~150쪽.

26 듀런트; 앞의 책 3-2, 372쪽.

27 후크; 앞의 책(중동 신화), 326쪽.

28 프레이저; 앞의 책(황금의 가지 상권), 441쪽.

29 하트; 앞의 책, 64~65쪽.

30 Euripides; 「The Bacchae(바코스의 여신도들)」(희랍비극; 동서문화사, 1978, 조우현 옮김, 469쪽.)

31 그리말; 앞의 책(세계의 신화 1권), 100쪽.

32 프레이저; 앞의 책(황금의 가지 상권), 459~463쪽.

33 하트; 앞의 책, 58~59쪽.

34 Nag Hammadi library(나그함마디 문서); 동연, 2022, 이규호 옮김, 이정순 감수, 253쪽.

35 플루타르코스; 앞의 책, 243쪽. 279쪽. 알렉산드로스 부모의 혈통, 모친의 신혼초야의 벼락과 번개의 꿈, 전투 직전의 외침 등에 제우스 아들로 나타나 있다.

36 후크; 앞의 책, 326~335쪽.

2장

예수와 신인들의
기적

영국의 인류학자 호카드는 가장 초기의 종교는 왕의 신성에 대한 신앙이었다고 보았다. 왕은 신의 화신이고 신의 대리인이기 때문에 전쟁을 승리로 이끌고, 질병을 치료하며, 토지와 인간에게 열매를 맺게 한다는 것이다. 그런데 사제들은 카바, 소마, 암브로시아 같은 환각식물을 사람들에게 복용시켜 신을 맞아드리고 신과 일체화시켜 불사성을 획득하도록 하였다. 왕과 사제는 같은 기원에서 갈라져 나왔지만 서서히 상승하여 마침내 신이 되었다.[1]

예수의 신성성과 전능성
●

복음서에 하느님의 아들인 아담과 아브라함의 후손으로 태어난 예수는 유대인의 왕이며 구세주라고 기록되어 있다. 먼저 「누가가 기록한 기쁜 소식」 3장 23~38절에서 예수는 하느님의 아들인 아담의 후손인데, 그의 부친 요셉은 다윗왕의 41대 손이라고 하였다. 반면에 「마태가 기록한 기쁜 소식」 1장 1~17절에서 아브라함의 후손인 예수의 부친 요셉은 다윗 왕의 28대손이라고 하였다.

이처럼 히브리 민족의 정통성을 지닌 예수는 유대의 왕으로 출생했다고 「마태가 기록한 기쁜 소식」 2장 1~3절에 암시되어 있다. "유대의 왕으로 태어나신 분이 어디 계십니까?"라고 묻는 동방박사의 소문을 들은 헤롯왕은 몹시 근심했으며 온 예루살렘도 떠들썩했다."는 기록이 바로 그 증거이다.

그런데 「마태가 기록한 기쁜 소식」 11장 2~5절에 세례요한이 예수가 메시아, 즉 구세주인지 확인하려고 제자들을 보내 질문을 던지자 예수는 즉답을 피하고 모호하게 대답했다. 즉 "눈먼 이들이 보고, 다리 저는 이들이 제대로 걸으며, 나병 환자들이 깨끗해지고, 귀먹은 이들이 들으며, 죽은 이들이 되살아나고, 가난한 이들이 복음을 듣는다고, 예수는 「이사야의 예언」의 말씀을 들어 응답하였다."[2]

결국 「마태가 기록한 기쁜 소식」이나 「누가가 기록한 기쁜 소식」의 기록자는 인류학자 호카드의 지적처럼 유대인의 왕으로서의 예수의 신성성과 전능성을 주장하려는 의도를 지녔던 것으로 보인다. 물론 예수는 제자들에게 자신을 메시아로 부르지 못하게 했다. 하지만 「마태가 기록한 기쁜 소식」 16장 13~20절에서 예수는 "주님은 그리스도시며 살아계신 하느님의 아들이십니다."라고 대답한 베드로의 말을 받아들였다.

그리고 「요한이 기록한 기쁜 소식」 12장 12~13절에는 죽기 전 마지막

월요일에 예루살렘에서 많은 군중들이 "호산나! 주의 이름으로 오시는 분 이스라엘의 왕에게 찬양을!"하고 외치면서 예수를 환영했다. 또한 「요한이 기록한 기쁜 소식」 12장 37절에서 유대 총독 빌라도가 "그렇다면 네가 왕이란 말이냐?"고 묻자 예수는 "그렇다 나는 왕이다."라고 대답했다. 단적으로 예수의 추종자들은 그의 스승이 로마의 통치권을 무너뜨릴 정치적 메시아로 간주했던 것이다.[3] 군중들도 그런 기대를 했을 것이다. 그러나 옥스퍼드대학교 진화생물학교수 도킨스에 따르면, 예수가 신의 지위를 주장했다는 역사적 증거는 극도로 적고. 자신을 신이라고 생각했다는 역사적 증거는 전혀 없다. 단지 예수가 오해를 받았을 뿐이다.[4]

예수가 행한 여러 기적들

●

신약에 기록된 예수의 기적은 크게 보면, 첫째 치유의 기적, 둘째 악령이나 마귀를 쫓는 기적이다. 먼저 예수가 행한 치유의 기적은 나병환자, 중풍병자, 손이 오그라든 사람, 소경과 장님과 벙어리, 하혈하는 부인 등을 치료하는 내용이다.[5]

다음에 악령의 추방은 세 복음서에 나타나 있다. 먼저 「마태가 기록한 기쁜 소식」 8장 16절에 "예수님은 말씀으로 귀신들을 쫓아내고 병자들을 다 고쳐 주었다." 다음에 「누가가 기록한 기쁜 소식」 5장 33~36절에서 "예수님이 그를 꾸짖으며 "떠들지 말고 그 사람에게 나오너라" 하시자 귀신이 사람들 앞에 그를 내동댕이치고 나가 버렸다." 그런데 「마가가 기록한 기쁜 소식」 5장 1~20절에 그리스의 도시 거라사 지방에서 예수가 귀신들을 돼지 떼에 집어넣어 벼랑으로 떨어뜨린 기적은 대단히 괴이하다.

　귀신들은 예수님께 '우리를 돼지 떼에게 보내 그 속에 들어가게 해 주십시오' 하고 간청하였다. 예수님이 허락하시자 더러운 귀신들이 나와 돼지 떼 속으로 들어갔는데, 거의 2000마리나 되는 돼지 떼가 가파른 비탈로 내리달려 바다에 빠져 죽고 말았다.

수메르 시대부터 질병은 악령이나 마귀가 사람 몸에 들어와서 일으킨다고 여겨졌기 때문에 예수의 악령 추방은 당시 사람들도 자연스럽게 받아들였을 것이다.[6] 『구약성경』 「왕국 건설 1」 28장에도 이스라엘의 초대 왕 사울이 전투에 나가기 전에 엔돌의 마법사와 상의하려고 무녀를 찾아가 죽은 사무엘의 영혼을 불러낸 것처럼 예수의 '거라사의 기적'은 샤먼이나 무녀가 귀신을 부르거나 쫓아낸 주술의식과 상당히 유사하다. 특히 1999년 예식을 개정하여 주교가 인정한 구마사제(驅魔師祭)가 예수의 이름으로 마귀를 쫓는 가톨릭의 의식도 그러하다.[7]

　그런데 역사철학자인 듀런트는 예수 시대에 그리스에서 의술의 신으로 불린 아스클레피오스의 고향이며 그의 신전이 있는 에피다우로스 같은 심령치료(心靈治療) 중심지에서 치료의 효과가 자주 나타났기 때문에 예수의 악령추방의 기적은 몇 개는 예외로 하더라도 믿을 수 없을 정도는 아니라고 보았다.[8] 예수는 치료받는 자의 믿음과 성령의 도움으로 기적을 행할 수 있다고 강조했던 것이다.[9]

　그밖에도 예수가 일으킨 기적은 물 위를 걷고, 풍랑을 가라앉히고, 다섯 개의 떡과 두 마리의 물고기로 5천여 군중을 먹이고, 물을 포도주로 변화시키고, 무화과나무를 말라 죽게 하고, 물고기 입에서 은전을 찾아내고, 물고기를 많이 잡게 하는 기적 등이다.[10] 그러나 이런 기적들은 고대 신화와 신인들의 전설에도 상당히 나타나 있다.

예수가 죽은 나자로를 살린 기적

●

예수의 기적 중에서 가장 신기한 것은 죽은 자를 되살린 사건이다. 이는 네 복음서에 기록되어 있는데, 먼저 「누가가 기록한 기쁜 소식」 7장 11~16절에 나인의 성에서 과부의 외아들을 살린 기적이다. 예수가 관에 손을 대고 "청년아, 내가 너에게 말한다. 일어나라!" 하고 말씀하셨다. 그러자 죽은 사람이 일어나 앉아 말하기 시작하였다.

다음에 「마가가 기록한 기쁜 소식」 5장 21~43절에서 회당장(會堂長) 야이로의 딸이 방금 죽었다면서 살려달라고 하자 예수는 딸이 죽은 것이 아니라 자고 있다면서 소녀의 손을 잡고 "달리다굼!" 했는데, 이 말은 "소녀야, 내가 너에게 말한다. 일어나라!"는 뜻이었다. 그러자 열두 살 된 그 소녀는 곧 일어나 걸어 다녔다.[11]

더 경이로운 기적은 죽은 지 4일이 지난 나사로를 살린 일이다. 「요한이 기록한 기쁜 소식」 11장 1~45절에 죽은 지 4일이 지나 동굴에 매장하고 돌로 막힌 무덤에 간 예수가 "나사로야, 나오너라"하고 크게 외치자 죽었던 그가 손발이 베에 묶인 채 나왔다. 그의 얼굴은 수건으로 싸여 있었는데, 예수는 그들에게 "풀어서 다니게 하라"하고 말씀하셨다.

그런데 뜻밖에도 죽은 나사로를 부활시킨 예수의 기적은 헬레니즘 시대의 신비종교의 입문식과 유사한 점이 보인다. 엘리아데에 따르면, '나사로의 손발이 베에 묶인 채 나왔다.'는 것은 로마의 신화작가 아풀레이우스가 『황금당나귀』에서 전하는 이시스 신비종교의 입문식에서 아마포를 걸친 입문자가 밤에 신전의 예배실에서 죽음과 부활을 경험하고 해가 뜨자 걸어 나오는 모습을 연상시킨다.[12] 단적으로 영지주의 관점으로 해석하면 나자로의 죽음과 부활은 비유이다. 그런 관점에서 보아야 「요한이 기록한 기쁜 소식」 11장 16절에서 디두모라고 불리는 도마가 "우리도 예수님과 함께 죽으러 가자."고 한 말이 이해될 수 있다.[13]

특히 「한국가톨릭대사전」은 「요한이 기록한 기쁜 소식」이 최근에 발견된 영지주의 문헌인 쿰란문서와 유사점이 많이 발견된다고 밝혔다.[14] 이는 중요한 문제를 제기한다. 왜냐하면 예수가 당시 신비종교를 알고 있었다는 것을 암시하기 때문이다.

실제로 예수가 살던 시대에 나사렛 근처의 도시 세포리스의 극장에 디오니소스의 아름다운 모자이크 작품이 새겨져 있었고, 나사렛 동쪽의 도시 가다라에는 이교도 철학자가 살았다. 그런데 가다라는 알렉산드로스의 후계자들이 건설한 그리스의 10개 식민도시의 하나였다. 또한 갈릴리 바다의 남쪽에 있던 그리스의 식민도시 스키토폴리스는 디오니소스 신비종교의 중심지였다. 말하자면 철저하게 헬레니즘화 된 도시로 둘러싸여 있었던 베들레헴은 디오니소스와 오시리스 신비종교가 유행한 도시였던 것이다.[15]

종교학자 노스에 따르면, 예수와 동시대 사람인 사도 바울이 태어난 도시 다루소는 그리스의 스토아철학과 견유학파를 가르치던 대학이 있었다. 로마 시민권이 있던 바울은 그리스의 신비종교와 죽었다가 부활한 예수 사이의 합일을 체험했을 것이다.[16]

그런데 신비종교가 유행한 이유는 당시 억압받던 피지배층은 구원자를 애타게 기다렸는데, 신비종교가 그러한 희망을 널리 전파했기 때문이다. 무엇보다 신인(神人), 즉 구세주를 기다리는 희망이 가장 크고 진지했던 곳은 유대였다. 이를테면, 시메온 같은 늙은 성자나 파누엘의 딸 안나 같은 신비주의 여성은 성전 근처에서 금식하면서 죽기 전에 구원자를 보려고 기도하면서 생을 보냈다는 것이다.[17]

물론 유대의 역사가 요세푸스에 따르면, 그보다 훨씬 이전인 기원전 167년 셀레우코스 제국의 안티오코스 4세는 예루살렘에서 이집트의 프톨레마이오스를 지지하는 유대인들을 수없이 학살하고 그리스 종교를 강요했다. 무엇보다 디오니소스 축제 때 '유대인들은 그리스인처럼 담쟁이덩굴로 장식하고 행렬에 가담해 디오니소스를 기리면서 힘차게 노래하도록' 강요당했던 것이다. 많은 유대인들이 이 요구에 굴복하면서 폭풍이 빨리 지나가기를 기다렸다고 한다.[18]

결국 그리스 언어와 문화가 유행하던 헬레니즘 시대에 디오니소스 신비의식은 예루살렘의 유대인들에게 상당히 익숙한 것이었다. 따라서 나자로의 부활은 디오니소스 신비종교의 입문식으로 볼 수 있다.

『구약성경』에 기록된 기적

●

물론 신약만이 아니라 구약에도 기적이 나타나 있다. 대표적인 기적은 모세가 손을 들어 홍해바다를 가른 사건, 아론의 지팡이가 뱀으로 변한 사건, 여호수아가 태양을 멈추게 한 사건이다.

먼저 「이집트 탈출기」 7장 14~11장 10절에서 모세는 이집트의 파라오 람세스에게 압력을 가하여 이집트에서 탈출하려고 개구리나 파충류, 곤충, 전염병, 우박과 메뚜기, 어둠과 장남의 살해 등 10가지 여러 재앙을 내렸다. 더 널리 알려진 기적은 「이집트 탈출기」 14장 15~22절에서 지팡이를 든 모세의 손이 바다를 가른 초현실적인 사건이다.

> 그 때 여호와께서 모세에게 말씀하셨다. '너는 네 지팡이를 들고 손을 바다 위로 내밀어 물을 갈라지게 하라.' … 모세가 바다 위에 손을 내밀자 여호와께서 밤새도록 강한 동풍을 불게 하셔서 바닷물을 물러가게 하셨으므로 바다가 갈라져 마른 땅이 되었다. 이스라엘 백성이 좌우 물벽 사이로 마른 땅을 밟고 바다를 건너가자. …

다음에 「이집트 탈출기」 17장 6절에 모세의 지팡이가 바위를 치자 물이 솟았다고 기록되어 있다. "내가 시내산 바위 위에서 네 앞에 서겠다. 너는 지팡이로 바위를 쳐라. 그러면 바위에서 물이 나와 백성이 마실 수 있을 것이다." 그래서 모세는 이스라엘 장로들이 보는 앞에서 그대로 하였다.

또한 「이집트 탈출기」 7장 8~13절에서 모세의 대변자 아론의 지팡이가 뱀으로 변한 기적도 마술적이다. 즉 '아론이 바로(파라오)와 그의 신하들 앞에서 자기 지팡이를 던지자 그것이 뱀이 되었다. 그때 바로가 지혜로운 자들과 마법사들을 불렀다. 그들도 마술을 써서 각자 지팡이를 던지자 그것이 뱀이 되었다. 그러나 아론의 뱀이 그들을 삼켜 버렸다.'

무엇보다 『구약성경』에서 가장 비과학적인 기적은 여호수아가 여호와신에게 기도하고 외치자 해와 달이 하루 종일 멈춘 사건을 기록한 「가나안 정복사」 10장 12~13절이다.

> 태양아, 기브온 위에 머물러라! 달아, 너도 아얄론 골짜기에 머물러

라!" 그러자 이스라엘군이 그들의 원수를 다 쳐부술 때까지 해와 달은 그
자리에 머물러 있었다.

그러나 종교학자 후크는 모세의 기적들은 초현실적이기 때문에 역
사성과 현실성이 부족하다고 지적했다.[19] 더구나 『수메르 문명과 히브
리 신화』 3부 5장 「편집된 십계명」에서 논의했지만, 미국 휘튼대학의
구약학교수 월톤은 모세가 이집트에 존재한 기록은 전혀 없다고 단정
했다.[20] 또한 역사철학자 듀런트는 모세의 이집트 탈출이나 가나안 정
복을 직접 언급한 자료도 전혀 없는데, 다만 히브리인은 60만 명이 아
니라 기껏 수천 명이 이집트에 거주했을 가능성은 있다고 보았다.[21]

그런데 뜻밖에도 로마의 역사가 타키투스의 『역사』에 따르면, 기원
전 8세기경 이집트의 보코리스왕 때 이집트에 역병이 발생하여 추방당
한 유대인은 물이 부족하여 죽기 직전에 야생당나귀 무리가 숲의 그림
자가 드리워진 바위 쪽으로 몰려갔는데, 모세가 그 뒤를 따라가 큰 수
맥을 찾아 목숨을 구했다고 한다. 그 후 7일 동안 여행하여 도착한 땅에
서 농경민을 내쫓은 뒤 도시를 세우고 신전을 봉헌했다는 것이다.[22]

말하자면 모세의 당나귀와 물의 일화에서 보듯 신학자 슈미트에 따
르면, 모세의 기적은 허구이고, 아름다운 픽션이고, 신화인 셈이다.[23] 결
국 영국의 종교학자 후크에 따르면, 「이집트 탈출기」는 역사가 아니라
모세가 죽은 뒤 무려 400년 내지 600년 뒤에 히브리 민족의 사제들이
편찬한 유대교 경전의 일부인 것이다.[24]

오시리스의 권능과 수난

●

여호와신의 성령으로 마리아의 몸에서 잉태되어 자기 백성을 죄에서 구원할 왕으로 태어난 예수의 기적, 즉 왕의 신성성과 전능성은 그보다 훨씬 오래전에 만들어진 이집트의 신화에 잘 나타나 있다.

이집트학자 윌슨에 따르면, 이집트의 왕은 태양신 라의 현신이지만 세상의 한 여인의 아들로 태어난다. 두렵지만 자애로운 왕은 초인적인 지식과 능력을 지닌 주술사로서 땅을 비옥하게 하고, 물을 지배하고, 비를 내리게 한다. 또 자연의 힘을 통제하는 왕은 일월성신을 지배하여 우주를 순환시키고, 세상을 정의롭게 한다.[25]

말하자면, 신의 대리자인 파라오는 구부러진 지팡이를 가진 목자(牧者)의 우두머리이고, 비를 만드는 주술사였다. 또한 신왕국 시대의 파라오 람세스 2세(기원전 1279년~기원전 1213년)는 외국에도 비를 내리게 하거나 그치게 하는 존재였고, 세토스 1세(기원전 1291년~기원전 1278년경 재위)는 카나이스에서 수맥을 찾아 광부들의 생명을 구했다. 그리고 신왕국 때 이집트의 왕들은 군대의 선두에서 전쟁을 승리로 이끄는 전사였다. 무엇보다 영원불멸을 소망한 백성들은 오시리스왕을 신으로 숭배하게 되었다.[26]

특히 신화학자 하트에 따르면, 오시리스의 전능성은 기원전 1800년경 「아멘모세의 비석」에 나타나 있다. 오시리스는 모든 자원과 원소들에게 명령하여 이집트 땅에 행운과 풍요를 가져오게 하는 모습으로 새겨진 것이다. 다시 말하면, 오시리스는 물을 통제하고, 북쪽에서 미풍이 불어오게 하며, 식물을 만발케 하고, 동물의 번식을 순조롭게 하였다. 또한 오시리스는 하늘의 별들까지 지배하였다.

그런데 이집트 신화에서 예수처럼 질병을 치료하고 마귀를 쫓는 인물은 오시리스의 아내 이시스 여신이다. 이시스는 주문을 외우면서 출산과 열병, 두통, 위장병에 신음하는 이들의 육체적 질병과 함께 공포심과 불안감이라는 정신적 질병까지 치료했다. 특히 이시스는 전갈에 물린 환자에게 보리빵과 마늘, 소금으로 조제된 약을 처방하고 마력적인 주문을 외우게 하여 치료했다고 「메데르니히 비석」에 기록되어 있다.

흥미로운 것은 예수가 여호와신의 힘을 빌려 기적을 행한 것처럼 투린 박물관에 소장된 「파피루스 1993」에는 이시스의 마력이 최고신인 태양신 라로부터 나왔다고 기록된 점이다. 이시스는 태양신의 침과 흙을 섞은 후 마법을 걸어 독사를 만들고 태양신을 물게 한 뒤에 전갈의 약초, 맥주, 포도주를 혼합한 약을 마시게 하고 주문을 외워서 태양신을 치료해 주었다. 그리고 태양신의 진짜 이름을 알아낸 이시스 여신은 태양신 다음에 가는 위치를 차지할 수 있었다.[27]

특히 이시스 여신은 비블로스의 왕자를 불사신으로 만들려고 하였고, 죽은 오시리스까지 부활시켰다.[28] 즉, 이시스 여신은 사람을 죽지 않게 하는 능력은 물론 예수처럼 죽은 자까지 살리는 능력이 있다는 것이다. 그 상징이 바로 오시리스와 이시스가 들고 있는 앙크(Ankh), 즉 영원한 생명으로 번역되는 이집트 상형문자이다. 이 오시리스와 이시스 신화는 그리스에서 디오니소스신과 데메테르 여신의 모습으로 변형되어 선명하게 나타난다.

디오니소스신의 신성성과 권능성

●

기원전 2세기경 그리스의 신화작가 아폴로도로스의 『신화집』에 따르면, 디오니소스는 동정녀의 몸에서 제우스의 아들로 태어났다.[29] 그런데 그리스의 역사학자 헤로도토스가 "디오니소스신이 이집트의 오시리스신과 같고, 데메테르는 이시스 여신과 같다."라고 밝힌 것처럼 그리스에서 데메테르 신비의식에 참여한 디오니소스는 부활의 신이었다.[30]

디오니소스신의 정체는 그리스의 비극작자 에우리피데스의 「박쿠스의 여신도들」에 더욱 상세하게 나타나 있다. 특히 그리스 대중들이 열광한 디오니소스의 새로운 종교는 인간의 구제가 목적이라고 기록되어 있다.[31] 물론 그리스의 전통종교를 비판한 극작가 에우리피데스는 디오니소스 신비종교에도 회의적이었다.

당시 소피스트와 플라톤이 그리스 신들의 부도덕성을 비판했듯이 에우리피데스는 신탁을 전달하는 예언자를 거짓말쟁이, 예언을 바보 같은 짓이라고 표현하고, 기적도 합리적으로 설명하려고 노력했다. 그는 노예제도와 귀족을 공격하고 여성을 배려하면서 새로운 사회질서를 요구하는 소위 '진보세력'의 대변자였다. 기원전 410년경 신을 모독한 불경죄로 고소당하고 추방당한 그는 마케도니아 왕의 보호를 받아 72살 때 「바쿠스의 여신도들」을 썼다. 중요한 것은 근본적으로 비판적인 이 이야기가 허구적인 것이 아니라 그리스의 종교적 전통을 따르면서 그리스인이 열광한 디오니소스 신비종교의 내막을 상당히 사실적으로 전달하고 있다는 점이다.[32]

먼저 「박쿠스의 여신도들」에서 장님이면서 남녀양성을 경험한, 즉 통찰력이 있는 예언자 테이레시아스는 세멜레의 아들인 디오니소스의 성격과 권능을 대체로 다음과 같이 설명한다.

세멜레의 아드님은 포도의 열매로부터 술을 만들어 인간에게 주셨습니다. 술이 몸속에서 충만 되면 비참한 인간의 고뇌도 멎고, 나날의 노고를 잊게 하는 잠이 찾아옵니다. 이 신은 예언자이기도 합니다. 신들린 무아지경에 이르면 강한 예언의 힘이 생겨납니다. 또 디오니소스가 일으키는 광기는 군사들이 공포에 사로잡혀 싸우기도 전에 전멸하게 됩니다.[33]

하지만 이 세상은 힘이 지배하는 것이 아니라는 예언자 테이레시아스의 충고를 거부한 테베의 왕 펜테우스는 디오니소스를 박해하다가 광기에 사로잡힌 그의 어머니와 박코스 여신도들에게 갈기갈기 찢겨 죽는다. 그리고 예수가 거라사의 마귀를 돼지 떼에게 집어넣어 벼랑에 떨어져 죽게 한 것처럼 디오니소스는 테베의 건설자이며 자기의 외할아버지인 카드모스왕과 그의 아내를 뱀으로 변하게 하여 도시에서 추방시킨다. 마침내 테이레시아스의 예언처럼 디오니소스는 아폴론의 신탁이 내려오던 유명한 델포이에서 예언하는 신이 되었다고 전한다.

디오니소스의 지팡이

●

디오니소스의 권능은 어디로부터 나오는 것일까? 먼저 디오니소스는 번갯불을 무기로 사용하는데, 그것은 그의 아버지 제우스가 번개와 벼락의 주신이기 때문일 것이다. 다음에 디오니소스는 인간이나 동물, 또는 허상(虛像)으로 변신하여 자기를 묶은 쇠사슬이 풀리고 문이 저절로 열려 감옥에서 빠져 나온다. 뿐만 아니라 적대자를 돌고래나 뱀 같은 동물로 변하게 하는 기적을 일으킨다. 마지막으로 디오니소스의 마력은 그의 지팡이에서 발휘된다. 에우리피데스의 「박쿠스의 여신도들」에서 목격자 소몰이꾼은 디오니소스의 지팡이가 일으키는 놀라운 기적을 소개한다.

여신도 한 사람이 지팡이를 들어 바위를 치니 그 바위에서 맑은 물이 흘러나왔습니다. 또 다른 사람이 지팡이를 땅에 꽂으니 놀랍게도 포도주가 샘처럼 솟아올랐습니다. 또 젖을 먹고 싶은 자는 다만 손가락으로 땅을 건드리기만 해도 곧 젖이 쏟아져 나왔으며, 송악덩굴을 감은 지팡이 끝에서는 단 꿀이 흘러내렸습니다.[34]

말하자면 담쟁이덩굴이 새겨진 디오니소스의 영험한 지팡이는 이집트의 파라오, 히브리의 모세, 저승을 드나드는 그리스의 전령신 헤르메스, 죽은 자를 살린 의술의 신 아스클레피오스처럼 그리고 예수의 손이나 그 제자들처럼 초현실적인 기적을 일으켰던 것이다.

자료 5-2-1 영원한 생명을 뜻하는 이집트의 상형문자 앙크 (Ankh)

자료 5-2-2 오른손에 지팡이, 왼손에 앙크를 든 고대 이집트의 파라오(ⓒ Jeff Dahl)

원래 이집트의 상형문자에서 지팡이는 '말'이라는 뜻으로 사용되었다. 이는 자기의 삶을 이끄는 신의 지팡이가 신의 말씀이라는 뜻이기 때문이었다.[35] 특히 이집트에서 작은 지팡이 앙크(ankh)는 '고리 달린 십자가' 또는 '생명의 열쇠'로 알려져 있었다. 그런데 이 앙크의 타원형은 여성의 성기를 가리키고, T는 남성의 성기를 가리키는데, 그것은 이 둘의 결합으로 생명이 탄생하기 때문이다.[36]

오시리스처럼 파라오도 이 앙크를 손에 든 경우가 많지만, 이시스 여신이 손에 든 앙크는 죽은 자를 부활시키는 성물(聖物)의 상징이었고, 후대에 앙크는 이집트에서 콥트 기독교 교회의 상징으로 널리 사용되었다. 마찬가지로 디오니소스의 지팡이도 생명을 상징하는 물이나 포도주, 꿀을 빚어내는 마법의 역할을 한 셈이다. 그런 의미에서 에우리피데스는 「박쿠스의 여신도들」에서 합창단의 입을 통하여 디오니소스신을 다음과 같이 찬미한다.

제우스의 아들, 이 신은 / 향연을 좋아하니 / 총애하는 이 신의 이름은 평화, / 복을 주고 젊은 생명을 지키는 신 / 잘사는 자, 가난한 자 구별 없이 / 슬픔 덜어 주는 술의 지복을 / 나누어 주시건만 …[37]

이처럼 '평화, 생명, 평등, 기쁨, 행복'을 추구하던 디오니소스 신비종교는 과격한 면이 있었지만, 후대에 오르페우스나 피타고라스의 신비종교에서 교리가 정돈되면서 광기에 가까운 열광성이 가라앉게 되었다. 무엇보다 디오니소스가 자기의 신적인 위력을 보여 주면서 인간을 구제하려고 이국의 여신도들을 끌고 그리스의 테베에 왔다는 점을 중요시해야 한다.[38]

예수의 사도들이 행한 기적

●

디오니소스의 여신도들이 기적을 일으킨 것처럼 예수의 사도들도 기적을 행했다. 예수의 사도들은 여호와신의 아들로 여겨진 예수로부터 기적을 행할 수 있는 권한을 부여받았다고 「사도들의 전도 기록(사도행전)」과 복음서에 기록되어 있는 것이다.[39]

특히 「로마 교회에 보낸 편지(로마서)」 15장 18~19절에서 사도 바울은 사도직을 증명하는 징표가 바로 기적이라고 간주했다. 이를테면, 사도 빌립은 사마리아의 한 도시에서 마귀를 쫓는 기적을 보였는데, "더러운 귀신들이 많은 사람들에게서 큰 소리를 지르며 떠나가고 많은 중풍환자와 앉은뱅이가 나아 그 도시에는 큰 기쁨이 있었다."고 「사도들의 전도 기록」 8장 5~8절에 기록되어 있다.

사도 빌립의 기적을 보고 사마리아의 유명한 마법사 시몬은 세례를 받게 된다. 그리고 베드로와 요한이 새로운 신도들에게 손을 얹고 성령을 받는 것을 보고 시몬은 돈을 주고 그 능력을 사려고 했으나 거부당한 내용이 「사도들의 전도 기록」 8장 14~24절에 기록되어 있다. 재미있는 것은 당시 예수의 사도들과 이교도 마법사들은 상대방을 이단적 마술이라고 서로 비난했다는 점이다.

이처럼 기적이 2세기경 기독교도와 이교도 사이에서 큰 논쟁거리였다고 지적한 미국 노스웨스턴대학의 종교역사학교수 킥헤퍼에 따르면, 이교도 작가인 켈수스는 예수가 이집트에서 이적의 기술을 배웠다고 주장했다. 특히 예수의 옷깃을 만진 여인의 병을 나았을 때, 또 예수가 귀먹고 말을 더듬는 사람의 귀에 손가락을 넣고 침을 뱉어 그의 혀에 손을 대서 그를 고쳤을 때, 그리고 자신의 침으로 진흙을 이겨 장님

의 눈에 발라 그를 낮게 한 행위는 마법으로 보이기 쉬웠을 것이다.[40]

왜냐하면 예수가 침으로 질병을 치료한 기적은 수메르 신화에서 신들이 점토에 침을 뱉어 인간을 창조하는 신화와 비슷하기 때문이다.[41] 또한 이집트의 이시스 여신이 흙에 침을 섞어 독사에 물린 태양신을 치료하는 주술적인 방식과 비슷하기 때문이다.[42] 이는 여인들이 술을 만들 때 효소가 들어 있는 침을 뱉어 누룩을 발효시키던 고대의 관습에서 비롯되었을 것이다. 이를테면, 잉카 제국의 여인들은 옥수수 가루를 입에 넣어 침으로 녹말을 분해하고 뱉어 내서 치차 술을 만들었다. 후대에 아메리카에서 원주민은 옥수숫대를 압축하거나 이빨로 씹어서 나온 즙으로 술을 만들었던 것이다.[43]

하지만 예수의 가장 신비로운 기적은 「마태가 기록한 기쁜 소식」 8장 1~16절에서 예수가 손을 대거나 단지 말씀만으로 열병환자, 귀신들린 자들, 특히 문둥병자, 중풍환자까지 고친 일이다. 이를 본 이교도들은 예수가 마법사라고 주장했지만, 반면에 당시 기독교인은 마법은 마귀가 하는 일이고 기적은 여호와신이 하는 일이라고 주장했다.[44]

그러나 크레이머 교수에 따르면, 말로써 기적을 이루는 교리는 중동지방의 전통이었다.[45] 즉, 이집트의 프타신은 말로써 세상을 창조했다.[46] 또한 바빌론의 주신 마르두크는 단지 말로써 별자리들을 사라지게 하고 다시 나타나게 하였다.[47] 마찬가지로 히브리인의 「창세기」에서 "그때 하나님이 "빛이 있으라" 하고 말씀하시자 빛이 나타났다."는 여호와신의 우주창조도 중동신화의 전통을 따른 것이다.[48] 따라서 여호와신의 아들로 여겨진 예수가 단지 말로써 기적을 이룬 것은 그 당시에 아주 자연스러운 일이었다. 더구나 예수나 사도들이 일으킨 기적은 고대 이집트나 그리스, 그리고 수메르와 바빌로니아의 고대신화에서 얼마든지 찾아볼 수 있다.

기적의 이면에 감춰진 비밀

●

우리의 호기심은 끄는 것은 기독교 초기인 2세기에 지중해 세계에는 기적을 행하는 마법사나 예언자들이 수없이 떠돌아 다녔다는 점이다. 이를테면, 기원전 5세기에 그리스의 과학자였던 신인 엠페도클레스처럼 기원후 1세기에 그리스의 기하학자이고 물리학자인 헤론도 과학을 이용한 마술사로 알려져 있었다. 헤론은 증기기관의 원리를 이용하여 하늘에 공을 띄웠고, 노래하는 기계새나 나팔 부는 조각상을 만들었다. 특히 기계장치를 숨기고 사람을 속이는 법을 마술사에게 가르친 헤론은 가열된 물이 넘치면 신전의 문이 스스로 열리는 기적 같은 기계까지 만들어 아주 유명한 마술사가 되었던 것이다.[49] 유대연구가 앙드레 슈라키에 따르면, 히브리인도 마술과 점술의 분야에서 내용이 풍부한 이집트나 메소포타미아의 전통에서 영감을 받았다.[50]

지금까지 주로 인간신 오시리스와 디오니소스, 그리고 예수의 기적을 비교하여 살펴보았다. 그런데 자연과학이 발전하기 시작했던 18세기 후반 영국의 역사철학자 기번은 기적이 고대 후기의 온갖 종교에서 나타나는 현상이라고 보았다. 금식과 철야기도를 통해서 황홀경에 들어서면 신의 계시가 들려오지만, 이런 성령의 기적은 환상이 빚어 낸다는 것이다. 특히 기번은 기독교 초기에는 부활도 흔히 일어났다고 하였다. 당시 지역교회는 선교상 필요하면 단식이나 합동기도회를 열어 사람들을 속이는 마술 같은 기적을 일으켰는데, 방언과 마귀 쫓기도 인위

적인 조작으로 만들어졌다는 것이다.[51]

　19세기 중엽 독일의 종교철학자 포이어바흐는 종교적 기적은 자연의 필연성에서 벗어나 있다고 지적했다. 구약에서 여호수아가 기도하여 해와 달을 사라지게 했지만, 이는 우주의 물리적 에너지가 작용해야 가능한 일이다. 또한 신약에서 신의 명령에 따라 처녀가 혼자 잉태하고, 맹인이 눈을 뜨고, 죽은 자가 살아나는 기적은 자연의 법칙과 모순되거나 초월적이다. 왜냐하면 자연의 기적은 인간 없이도 일어나지만, 종교적 기적은 인간의 이해관계와 이기주의와 얽혀 있기 때문이다. 따라서 종교처럼 기적도 감정과 환상의 산물이고, 의지와 행복욕의 산물이다.[52] 다음 장에서는 신인들과 예수의 수난, 죽음, 부활을 비교해 보기로 한다.

1 츠네오; 앞의 책(문화 인류학의 명저 50), 144-149쪽. 카바는 남태평양의 섬나라 피지(Fiji)의 환각식물이고, 소마는 인도, 암부로시아는 그리스의 환각식물이다.

2 「마태가 기록한 기쁜 소식」 12장 28절, 「누가가 기록한 기쁜 소식」 7장 18~22절.

3 듀런트; 앞의 책 3-2, 389쪽.

4 도킨스; 앞의 책, 147쪽.

5 「마태가 기록한 기쁜 소식」 8장 1~17절, 「누가가 기록한 기쁜 소식」 4장 31~41절, 「요한이 기록한 기쁜 소식」 9장 1~12절 등이다.

6 노스; 앞의 책 상권, 318쪽. / 조철수; 앞의 책(수메르 신화), 504~505쪽.

7 한국가톨릭대사전 편찬위원회; 앞의 책, 「구마」 / 위키백과; 「구마예식」.

8 듀런트; 앞의 책 3-2, 378~379쪽.

9 현대인의 성경 편찬위원회; 앞의 책, 「마태가 기록한 기쁜 소식」 9장 1~34절.

10 예수의 기적은 물 위를 걷기(「마태가 기록한 기쁜 소식」 24장 22~33절), 풍랑을 가라앉히기(「누가가 기록한 기쁜 소식」 8장 22~25절), 오병이어(「마태가 기록한 기쁜 소식」 14장 15~21절), 물을 포도주로 변화시키기(「요한이 기록한 기쁜 소식」 2장 1~12절), 무화과나무를 말라 죽이기(「마태가 기록한 기쁜 소식」 21장 18~22절), 물고기 입에서 은전을 찾아내기(「마태가 기록한 기쁜 소식」 17장 24~27절), 물고기를 많이 잡게 하기(「누가가 기록한 기쁜 소식」 5장 1~11절) 등이다.

11 동일한 내용이 「마태가 기록한 기쁜 소식」 9장 18~26절, 「누가가 기록한 기쁜 소식」 8장 40~56절에도 나타나 있다.

12 엘리아데; 앞의 책(세계종교사상사 2권), 400쪽.

13 도마(Thomas)는 히브리식 이름이고, 쌍둥이라는 뜻을 가진 디두모는 도마의 그리스식 이름인데, 영지주의 복음서인 「도마복음」에 등장하는 인물로 추정된다.

14 한국가톨릭대사전 편찬위원회; 앞의 책, 「요한 복음」. 「요한의 복음서」.

15 프리크, 갠디; 앞의 책, 312~13쪽.

16 노스; 앞의 책 상권, 342~343쪽.

17 듀런트; 앞의 책 3-2, 350쪽.

18 듀런트; 앞의 책 2-2, 341~342쪽. / Josephus; The Amtiquities of the Jews (유대 전쟁사), 생명의 말씀사, 2022, 김지찬 옮김, 19~20쪽.

19 후크; 앞의 책(중동 신화), 284쪽.

20 월튼; 앞의 책, 51쪽.

21 듀런트; 앞의 책 1-1, 492쪽.

22 P. Tacitus; Historiae(역사), 한길사, 2012, 차전환 옮김, 400~401쪽.

23 슈미트; 앞의 책, 403쪽.

24 노스; 앞의 책 1권, 206쪽.

25 J. Wilson; 앞의 책(고대 인간의 지적 모험), 91~110쪽.

26 C. Aldred; The Egyptians Ancient Peoples and Places(이집트 문명과 예술), 도서출판(주 대원사, 1996, 신복순 옮김, 260~268쪽.

27 하트; 앞의 책, 57~60쪽, 87~89쪽, 92~95쪽.

28 서규석 편저; 이집트 사자의 서, ㈜문학동네, 1999, 70쪽.

29 아폴로도로스; 앞의 책, 159~160쪽.

30 헤로도토스; 앞의 책 상권, 181쪽, 192쪽.

31 에우리피데스; 앞의 책, 469쪽.

32 듀런트; 앞의 책 2-2, 114~123쪽.

33 에우리피데스; 앞의 책, 476~477쪽.

34 에우리피데스; 앞의 책, 490쪽.

35 C. Jack; Le Petit Champollion Illustré(이집트 상형문자 이야기), 예문, 1997, 김진경 옮김, 30~44쪽.

36 M. Applegate; The Egyptian Book of Life(이집트 신화), 해바라기, 2002, 최용훈 옮김, 40쪽.

37 에우리피데스; 앞의 책, 480~481쪽.

38 에우리피데스; 앞의 책, 469쪽.

39 「사도들의 전도 기록」 3장 16절, 4장 9~12절, 「마태가 기록한 기쁜 소식」 10장 1절, 「누가가 기록한 기쁜 소식」 10장 17절.

40 킥헤퍼; 앞의 책, 78~80쪽. 차례로 「누가가 기록한 기쁜 소식」 8장 43-48절, 「마가가 기록한 기쁜 소식」 7장 32-34절, 「요한이 기록한 기쁜 소식」 9장 6절 이하에 기록되어 있다.

41 「아트라하시스의 태초 이야기」, 조철수; 앞의 책(수메르 신화), 89쪽.

42 하트; 앞의 책, 93쪽.

43 맥거번; 앞의 책, 359~362쪽.

44 킥헤퍼; 앞의 책, 79쪽.

45 크레이머, 앞의 책, 115~137쪽.

46 하트; 앞의 책, 32~33쪽. / 조철수; 앞의 책(수메르 신화), 53쪽.

47 맥컬; 앞의 책, 122쪽.

48 크레이머, 앞의 책, 115~120쪽.

49 듀런트; 앞의 책 3-2, 325쪽. 292~293쪽. 헤론은 밀펌프, 피스톤과 벨브를 갖춘 소방 펌프, 물시계, 수압 오르간, 증기기관 등을 발명한 인물이다.

50 A. chouraqui; Les hommes de la Bible(성서 시대 사람들), 도서출판 부키, 1999, 박종구 옮김, 162쪽.

51 E. Gibbon; The History of Decline and Fall of the Roman Empire(로마 제국 쇠망사; 까치, 2014, 손더스 편집, 황건 옮김, 260-261쪽.

52 포이어바흐; 앞의 책(종교의 본질에 대하여), 336~353쪽.

3장

예수와 신인들의
수난, 죽음, 부활

고전 시대 그리스의 학교에서 교사들은 호메로스의 사고방식과 행동의 규범, 교훈을 가르쳤고, 학생들은 호메로스의 서사시를 암기했다. 고대 말기까지 학생들의 첫째 교과목은 시를 읽는 것과 신화를 배우는 일이었다. 그런데 기원전 6세기 말에 소피스트 철학자들은 제우스의 문란한 여자관계, 오디세우스의 음험한 모략이나 배신, 거짓말 같은 영웅들의 도덕적인 문제를 제기했다.[1]

그처럼 신의 문란한 여자관계로 태어난 자식들이 죽은 뒤에 신이나 반신, 혹은 별자리가 되는 신화는 그리스, 이집트, 메소포타미아에 나타나 있다. 바로 제우스의 아들인 디오니소스, 이집트의 오시리스, 수메르의 길가메시 같은 인간신들이 죽은 뒤에 부활한 신이라고 알려져 있었다. 따라서 그리스의 신비종교가 유행한 유대에서 예수가 부활했다는 신화는 그다지 낯설지 않았을 것이다.

예수의 십자가 처형

●

예수가 예루살렘에서 열렬히 환영받자 유대의 지도자들은 예수가 반란을 선동하여 로마가 유대의 자치권을 제한할 것이 걱정되었다. 한 고위사제가 "한 사람이 죽어서 민족이 망하는 것을 막아야 한다."면서 종교회의를 요구하자 대다수 고위사제가 동의하여 열린 산헤드린(Sanhedrin)은 예수의 체포를 명령했다.[2]

기원후 30년, 유대력의 니산 월 14일째인 4월 3일 겟세마네 동산에서 예수가 제자들과 만찬을 하던 밤, 성전에서 파견된 경비대가 예수를 체포하여 대제사장 카이아파스 집으로 데려갔다. 다수의 목격자가 예수가 예루살렘 성전을 파괴하면 사흘만에 다시 짓겠다는 말을 하여 신성모독을 했다면서 불리한 증언을 했다. 카이아파스가 "그대는 하느님의 아들인 메시아인가?"라고 묻자 예수는 "그렇다."라고 대답했다. 다음 날 아침, 산헤드린은 예수에게 신성모독죄를 적용하여 사형을 판결하고 로마 총독 빌라도에게 보내기로 결정했다고 「마가가 기록한 기쁜 소식」 14장 53~65절에 기록되어 있다.

다음 날 로마 총독 빌라도는 "네가 유대인의 왕인가?"라고 물었다. 「요한이 기록한 기쁜 소식」 19장 37절에서 예수는 다소 모호하게 대답했지만, 「마태가 기록한 기쁜 소식」 27장 11절, 「마가가 기록한 기쁜 소식」 15장 2절에서 예수는 "그렇다."고 대답했다. 예수의 자백을 근거로 유죄판결이 내려졌고, 빌라도는 마지못해 사형을 선고했다. 당시 예수에게 내린 십자가형은 로마의 잔인한 처벌 방식으로, 심한 경우 2~3일 동안 십자가에 매달려 있었다.

예수는 먼저 채찍질을 당해 피투성이가 되었고, 로마 병사들이 예수에게 면류관을 씌우고 십자가에 아람어, 그리스어, 라틴어로 "유대의 왕, 나사렛 예수"라고 새겼다. 십자가는 아침 9시에 세워졌는데, 예수와 함께 처형된 강도 한 명은 욕설을 퍼붓고, 「누가가 기록한 기쁜 소식」에 따르면 한 명은 예수에게 기도했다.[3] 그런데 「요한이 기록한 기쁜 소식」 19장 25~27절에 사도 요한만이 그 자리에 있었고, 예수 곁에 네 마리아, 즉 예수의 어머니, 이모, 글로바의 아내, 막달레나가 있었다고 기록되었다. 나머지 세 복음서는 "멀리서 이 여자들이 지켜보고 있었다." 라고 기록되었다.

예수가 남긴 마지막 말이 다른 사연

●

가장 먼저 기록된 것으로 알려진 「마가가 기록한 기쁜 소식」 15장 22~37절에 예수의 죽음이 다음과 같이 기록되었다.[4]

낮 12시가 되자 온 땅에 어두움이 뒤덮이더니 무려 세 시간 동안 계속되었다. 오후 3시에 예수님은 '엘로이, 엘로이, 라마 사박다니"하고 크게 외치셨다. 이 말씀은 "나의 하나님, 나의 하나님, 왜 나를 버리셨습니까' 라는 뜻이었다. (중략) 예수님이 큰 소리를 지르시고 숨을 거두시자 성전 휘장이 위에서 아래까지 둘로 찢어졌다.

그런데 뜻밖에도 예수가 최후로 남긴 말, 즉 '엘로이, 엘로이, 라마 사박다니'는 「시편」 22장 1절의 시작 부분과 똑같다.[5] 이를 보면, 「마가가 기록한 기쁜 소식」의 기록자는 예수가 「시편」의 첫 부분과 비슷한 말을 남겼으리라고 추정했다는 것을 알 수 있다. 말하자면, 예수는 고통스럽게 숨을 거두면서 크게 부르짖었던 것이다. 이는 「요한이 기록한 기쁜 소식」을 제외한 세 복음서가 동일하다.

따라서 네 복음서에 기록된 예수의 최후의 말과 죽음 직후의 상황이 서로 차이가 날 수밖에 없다. 하지만 이 차이는 대단히 중요한 문제를 제기한다. 단적으로 '네 복음서의 기록이 역사적 사실인가, 아니면 후대의 추정인가, 아니면 전승된 내용의 해석인가?' 하는 문제이다. 따라서 이 점은 상세하게 검토할 필요가 있다.

먼저 「누가가 기록한 기쁜 소식」 23장 44~46절에서 예수의 마지막 말이 「마가가 기록한 기쁜 소식」과 다르다.

낮 12시쯤 되어 온 땅에 어두움이 뒤덮이더니 오후 3시까지 계속되었다. 해가 빛을 잃었고 성전 휘장이 두 쪽으로 찢어졌다. 그리고 예수님은 큰 소리로 '아버지, 내 영혼을 아버지 손에 맡깁니다' 하고 숨을 거두셨다.

「마가가 기록한 기쁜 소식」에서 예수가 남긴 마지막 말도 역시 「시편」 31장 5절을 인용한 것이다.[6] 그런데 「마태가 기록한 기쁜 소식」 27장 45~53절에서 예수의 마지막 말은 「마가가 기록한 기쁜 소식」과 같으나 예수의 죽음 이후의 기록은 두 복음서보다 훨씬 더 초현실적이고 신화적이다.

예수님은 큰 소리로 '엘리, 엘리, 라마 사박다니' 하고 외치셨다. 이 말씀은 '나의 하느님, 나의 하느님, 왜 나를 버리셨습니까?'라는 뜻이다. … 예수님은 다시 큰 소리를 지르시고 숨을 거두셨다. 그때 갑자기 성전 휘장이 위에서 아래까지 둘로 찢어지고 땅이 흔들리며 바위가 갈라지고 무덤이 열려 잠자던 많은 성도들이 살아났다. 그들은 예수님이 다시 살아나신 후 무덤에서 나와 예루살렘에 들어가서 많은 사람들에게 나타나 보였다.

특히 '무덤이 열리고 잠자던 성도들이 살아나 예루살렘에 들어가서 많은 사람들에게 나타나 보였다.'는 부분과 그 이후의 행동이 대단히 비현실적이고 신화적이다. 이는 기록자가 「이사야의 예언」 26장 19절에 기록된 이사야의 예언이 실현되었음을 강조한 것으로 볼 수 있다. 즉, "죽었던 하느님의 백성들이 / 다시 살아날 것이며 / 그 시체가 다 일어날 것이다." 또는 페르시아 중기의 작품 『분다히시(Bundahish 창조기)』에서 '메시아인 구세주가 온 뒤 죽은 자들이 부활하게 된다.'는 조로아스터교 신화를 모방한 것으로 볼 수도 있다.[7] 어쨌건 가장 나중에, 즉 예수가 죽은 뒤 두 세대가 지난 뒤에 기록된 「요한이 기록한 기쁜 소식」 19장 28~30절에는 마지막 남긴 말이 세 복음서와 다르고, 저자의 관점과 표현이 상당히 신학적(神學的)이다.

예수님은 이제 모든 일이 다 완성된 것을 아시고 성경말씀이 이루어지게 하시려고 "내가 목마르다" 하고 말씀하셨다. 마침 거기에 신 포도주가 가득 담긴 그릇이 있었다. 사람들은 그 포도주에 해면을 적셔 그것을 우슬초[8] 가지에 매달아 예수님의 입에 갖다 대었다. 예수님은 신 포도주를 받으신 다음 "다 이루었다"하시고 머리를 숙이고 숨을 거두셨다.

결국 독일의 신비주의학자 게르하르트 베어에 따르면, 예수의 최후에 대한 네 복음서의 내용이 각각 다른 이유는 예수의 죽음과 부활에 대한 인식보다는 구술(口述)한 이들의 신비체험이 깔려 있기 때문이다. 말하자면 역사적 사실보다는 추정과 해석에 가깝다는 뜻이다. 더 중요한 것은 복음서를 진술한 증인들이 예수와 동시대인이 아니라는 사실이다. 다시 말하면, 초기 기독교의 가장 오랜 기록들도 예수가 죽은 뒤한 세대가 지난 뒤에 누군가에 의해서 저술된 것이다. 그리고 「요한이 기록한 기쁜 소식」은 역사적 사건이 있은 지 두 세대, 즉 60여년이 지난 뒤에 저술된 것이다. 무엇보다 주목할 것은 복음서의 기록자들이 예수의 제자가 아니었다는 사실이다.[9]

결론적으로 복음서의 기록자들은 한 세대나 두 세대 동안 구전된 이야기를 윤색(潤色), 즉 본디의 내용을 과장하고 미화한 것이다. 주목할 것은 복음서를 가장 신화적으로 기록한 마태의 고백이다. 독일의 종교철학자 포이어바흐에 따르면, "마태는 예수가 죽을 때 바위가 갈라졌고 무덤이 열렸으며 그리스도가 죽을 때와 부활할 때 똑같이 지진이 일어났다고 이야기하면서, 그는 '구전된 이야기를 윤색했다.'고 고백하였다."[10] 그런데 『현대인의 성경』「마태가 기록한 기쁜 소식」에는 '구전된 이야기를 윤색했다.'는 표현은 없다.

종교학자 후크에 따르면, 「마태가 기록한 기쁜 소식」의 표현은 과학적 역사적 사실이 아니라 상징적이고 신화적이다.[11] 무엇보다 사회인류학자 리치는 『신약성경』에는 예수의 말과 후대의 주해(註解)가 섞여 있는데, 복음서의 저자들은 각기 다른 문학적 스타일, 정치적 입장, 그리고 신학적 입장을 지니고 있었다고 밝혔다.[12]

사흘 뒤에 예수가 부활한 비밀

●

안식일에 시체가 십자가에 매달려 있는 것을 피하려고 산헤드린에 소속된 아리마대 사람 요셉이 자기 소유의 빈 묘지를 제공하여 예수의 시체를 안치할 수 있었다.[13] 그런데 예수의 부활은 「마가가 기록한 기쁜 소식」 15장 42~47절에서 16장 1~14절까지 대략 다음과 같이 기록되어 있다.

> 안식일 전날 요셉이 빌라도에게 시체를 요구하여 고운 모시천으로 싸서 바위를 쪼아 내어 만든 무덤에 넣고 큰 돌로 입구를 막았다. 이 때 막달라 마리아와 요셉의 어머니는 예수님의 시체를 넣어 둔 곳을 지켜보고 있었다. 그런데 안식일 다음날 동틀 무렵에 막달라 마리아, 야곱의 어머니 마리아, 살로메가 무덤에 가서 보니 큰 돌이 이미 굴려져 있었고 무덤 안에 흰 옷 입은 청년이 오른 편에 앉아 있었다. … 안식일 다음날인 일요일 이른 아침에 예수님은 부활하셔서 전에 일곱 귀신을 쫓아내 주신 막달라 마리아에게 먼저 나타나셨다. … 그 후 두 제자에게 다른 모양으로 나타나셨고, … 그 후 열한 제자에게 나타나셔서 자기가 살아난 것을 본 사람들의 말을 믿지 않는다고 그들을 책망하셨다.

문명사학자 듀런트는 예수가 일곱 귀신을 쫓아내 준 막달라 마리아는 신경질환과 발작으로 고통을 겪었지만 예수의 면전에서는 그 기세가 약해진 것 같았다고 추정했다. 즉, 마리아가 온전한 정신으로 돌아오기 위해서는 예수의 접근이 꼭 필요했다는 것이다. 따라서 마리아는 믿음과 성령의 힘으로 심령적(心靈的) 치료를 한 것으로 추정되는 예수에게 소위 홀렸던 것이다.[14] 그래서 예수의 무덤을 지켜보던 마리아는 자기의 생명을 구해주고 치유해 준 예수 부활의 첫 목격자가 되었을 것이다.

어쨌건 복음서를 자세히 읽어 보면, 당시 예수의 부활은 많은 논란거리를 만들어 낸 것을 알 수 있다. 당시 군인들 사이에는 예수의 제자들이 시체를 훔쳐 갔다는 소문이 널리 퍼져 있었는데, 그 소문은 대제사장들과 장로들이 군인들을 매수하여 퍼진 것이다. 말하자면 예수가 부활했다는 것을 미리 차단한 것이다.

그런데 대제사장들과 바리새파들의 요구를 받아들인 빌라도는 무덤을 단단히 막아 돌에 봉인(封印)하고 경비병을 배치하여 안전하게 지키게 했다고 「마태가 기록한 기쁜 소식」 27장 57~66절에 기록되어 있다. 특히 「요한이 기록한 기쁜 소식」 19장 33~35절에는 유대인들의 요구대로 예수님이 죽은 것을 보고 다리를 꺾지 않고, 한 군인이 창으로 예수님의 옆구리를 찌르자 피와 물이 쏟아져 나왔고, 직접 본 사람이 증거했다고 기록되어 있다. 단적으로 복음서의 기록자들은 제자들이 예수의 시체를 훔쳐 가지 않았다고 하면서 예수의 죽음과 부활을 강조한 것이다.

하지만 「사도들의 전도 기록」 첫머리에 따르면, 예수는 막달라 마리아에게 자기의 모습을 처음 드러낸 지 40일 뒤에 듀런트에 따르면, 승천했다. 승천한 예수처럼 성인의 몸과 생명이 하늘로 옮겨지는 것은 유대인에게 잘 알려져 있었다. 바로 모세, 에녹, 엘리야, 이사야가 승천했다는 것이다.[15]

흥미로운 것은 예수와 동시대 인물이고 피타고라스 학파 수도승이던 아폴로도로스의 제자들도 선동과 마법의 혐의로 고발당한 스승이 죽은 뒤에 자기들 앞에 나타났고 육신이 승천했다고 주장했다는 점이다. 또한 아폴로도로스가 닫힌 문을 통과하고, 귀신을 내쫓고, 죽은 소녀를 되살리는 여러 기적을 행한 신의 아들이라고 제자들이 선전했다고 한다.[16]

따라서 신비종교의 신인들이 부활했다고 널리 알려졌던 시대에 예수의 부활은 대중들에게 자연스럽게 받아들여졌을 것이다. 그런데 예수는 왜 하필 사흘 뒤에 부활한 것일까? 이는 달의 순환운동과 관련이 있을 것이다. 삭망에 그믐달이 3일 동안 보이지 않다가 다시 초승달로 소생하는 천문현상과 관련이 있는 것이다. 다시 말하면 한 달마다 달은 죽음과 부활을 반복하면서 순환하기 때문이다.

그렇다면 예수는 언제 부활한 것일까. 원래 부활절은 기독교 초기에 히브리인의 유월절과 함께 기념되었지만, 325년 콘스탄티누스 황제의 궁전에서 열린 제1회 니케아 공의회에서 춘분 이후 최초의 만월 다음에 오는 첫째 일요일을 부활절로 정했다. 그 날짜는 보통 3월 22일부터 4월 26일 사이이다.[17] 그 무렵에 온갖 꽃이 만발하기 때문에 예수의 부활에 아주 적절한 시기였던 것이다.

하지만 예수만이 아니라 다른 신인들도 주로 계절의 전환점인 춘분 무렵에 죽은 지 3일 뒤에 부활했다. 말하자면 지중해 연안의 고대인은 죽음의 계절인 겨울이 지나고 생명의 계절인 봄이 찾아와서 온갖 식물이 꽃을 피우는 춘분에 대대적인 봄 축제를 열었던 것이다, 이처럼 봄에 식물을 소생시키는 신은 바로 아도니스, 아티스, 미트라, 그리고 오시리스와 디오니소스 같은 인간신이었다.

신인들의 죽음과 부활의 축제

●

서아시아에서 신인의 죽음과 부활의 신앙은 아티스 숭배에 잘 나타나 있다. 그리스에서 아프로디테 여신과 아도니스는 프리기아 왕국에서 키벨레 여신과 아티스신으로 변형되어 나타난다. 이 프리기아는 매년 봄 3월 22일부터 3일 동안 거대한 축제를 벌여 아티스의 죽음을 추모했다. 그런데 3월 23일 저녁에 묘지가 열리고 3월 25일 춘분이 되면 놀랍게도 아티스신이 부활하여 축제장은 환희가 폭발하고 광란의 물결이 흘렀다. 이 아티스 신비종교를 받아들인 로마는 해마다 춘분 무렵에 축제를 열었는데, 특히 신비의식에서 성찬식과 함께 황소를 제물로 바치는 붉은 피의 세례가 이루어졌다.[18]

종교사학자 엘리아데에 따르면, 아티스의 죽음과 부활제처럼 그리스에서 디오니소스의 축제도 춘분 무렵에 3일 동안 치렀다. 기원전 6세기 이후에 아테네에서 네 개의 공적인 디오니소스 축제가 거행되었다. 먼저 3~4월에 치르는 대축제는, '포도주 병의 개봉 → 술 마시기 대회 등 여러 경기 → 신맞이 행진 → 신과 왕비의 신성결혼'으로 진행되었다.

그런데 축제의 둘째 날에 디오니소스는 죽은 자들의 수많은 영혼과 함께 부활하는 것이다. 이는 신기하게도 「마태가 기록한 기쁜 소식」 27장 52절에서 '무덤이 열려 잠자던 많은 성도가 살아났다.'는 기록과 비슷하다. 더구나 이 디오니소스 축제에서는 포도주가 샘처럼 솟아나오거나, 빈 항아리에 포도주가 가득 차거나, 몇 시간 안에 포도나무가 개화하여 열매를 맺는 기적이 나타났다. 이는 바로 풍요와 부활의 신 디오니소스가 일으키는 기적이었다.[19]

아티스, 디오니소스 축제처럼 오늘날에도 이탈리아의 시칠리아, 사르디니아, 칼라브리아 등 남부유럽 도시의 부활절 의식은 아도니스 신비종교의 의식과 너무나도 닮았다.[20] 또한 인류학자 프레이저에 따르면, 예수 수난의 금요일에는 죽은 예수의 인형이 하루 종일 교회의 중앙에 안치되었다가 어두워지면 장례식을 치르는데, 자정이 되면 사제가 '그리스도가 부활하셨다!'고 소리를 지른다. 이러한 의식은 식물의 성장과 부활을 촉진시키려는 고대의 주술을 가톨릭교회가 기독교의 신앙에 접목시킨 것이다.[21]

인류학자 프레이저는 그리스인이 셈족의 탐무즈를 받아들여 셈어인 아돈(Adon), 즉 주님이라는 뜻을 지닌 아도니스의 신화를 만들었다고 밝혔다. 앞에서 살펴보았지만 이 아도니스 숭배는 시리아와 키프로스 섬에서 장엄하게 거행되었다. 하지만 그리스에서 아프로디테의 정부인 군신 아레스는 아프로디테가 사랑한 아도니스를 산돼지로 변신하여 살해했으나 시리아의 레바논 골짜기에서는 곰이 아도니스를 살해한 것으로 바뀌었다. 그런데 봄에 아네모네 꽃이 피어나면 아가씨들은 아도니스가 흘린 피라고 여기고 슬퍼하면서 성대한 제사를 지냈던 것이다.[22] 이처럼 서아시아 지역에서 신인의 죽음과 부활의 신화는 후대의 구약 시대에 유대의 여인들이 탐무즈의 죽음을 슬퍼했듯이 기독교에서 예수의 죽음과 부활 신앙으로 이어진 것으로 볼 수 있다.

예수의 시체에 바른 몰약과 침향의 비밀

●

「요한이 기록한 기쁜 소식」 19장 39~40절에 예수의 시체에 신비로운 몰약과 침향을 바른 기록이 나와 있다.

요셉이 빌라도에게 예수님의 시체를 가져가게 해달라고 요구하였다. (중략) 빌라도가 허락하자 그는 가서 예수님의 시체를 내렸다. 그리고 밤에 예수님을 찾아온 일이 있던 니고데모도 몰약에 침향 썩은 것을 33킬로그램 정도 가지고 왔다. 그 두 사람은 예수님의 시체를 가져다가 유대인의 장례법대로 향료를 바르고 모시 천으로 쌌다. (중략) 그리고 그들은 동산 가까이에 있는 새 무덤에 예수의 시체를 모셨다.

그런데 플루타르코스에 따르면, 오시리스를 상징하는 조각상도 몰약을 발랐고 세마포로 쌌다.[23] 또 이집트에서 미라를 만들 때 몰약이 방부제로 사용되었고, 아마포로 만든 붕대로 시신을 감쌌다.[24] 마찬가지로 아도니스의 신비의식에서도 아도니스 시체의 조각상을 잘 씻은 다음 향료로 발랐고, 세마포나 모직으로 감쌌다.[25] 더구나 그리스 신화에서 아도니스는 어머니인 스미나르가 변한 몰약나무에서 태어난 인물이고 그 나무의 진이 바로 몰약이다.[26]

이상한 것은 사회인류학자 리치에 따르면, 시체를 몰약이나 침향을 바르고 모시천으로 싸는 관습이 히브리인의 장례법이라는 증거는 어디에서도 찾아볼 수 없다는 점이다.[27] 그렇다면 이 장례법은 유대인의 왕이라고 알려진 예수를 이집트의 파라오처럼 대우하고 그에 맞는 매장의 격식을 차린 것을 뜻한다. 특히 몰약과 침향은 이집트에서 미라를 만들 때 사용된 방부제였다. 결국 당시 히브리인들이 예수의 부활을 이집트인의 부활의식과 관련시킨 것이라고 볼 수 있다.

특히 시체를 미라로 처리하는 이집트의 풍습은 기원전 1000년 이후에 널리 보급되었는데, 로마가 이집트를 정복한 기원전 30년 이후에도 미라 제작은 여전히 유행하여 이집트에 거주하던 많은 외국인도 이 풍속을 따랐다는 것이다. 물론 유대인도 이집트의 알렉산드리아에서 상당수 살고 있었다. 그 후 기독교가 전파된 3~4세기에도 미라 풍속을 막지 못했고, 오히려 미라 풍습은 사후의 부활을 믿는 기독교 신앙과 양립될 수 있는 양면을 지니고 있었다.[28] 그렇다면 예수가 사망할 당시에 유대인은 이집트 왕가의 미라의 풍습과 부활의식을 잘 알고 있었다고 볼 수 있다.

예수의 시체가 안치된 동굴의 의미

●

예수는 죽은 지 사흘 만에 동굴 속에서 부활하여 이 세상에 나타났다고 복음서에 기록되어 있다. 마찬가지로 플루타르코스에 따르면, 오시리스도 죽은 지 사흘 만에 되살아난다.[29] 중요한 것은 예수의 시체가 부활한 동굴이 여자의 자궁을 상징한다는 점이다. 인간은 어머니의 자궁이라는 동굴에서 성장하여 10달 뒤에 이 세상에 태어나기 때문이다. 그런데 예수가 죽은 뒤에 동굴에서 부활하여 세 마리아 앞에 나타나는 죽음과 부활의 순환적인 신화는 신비종교에서 아주 중요한 주제였다. 그것은 바로 죽음이 재생, 즉 영적인 부활을 의미하기 때문이다. 이러한 동굴의 상징성은 페르시아의 미트라 신화에 잘 나타나 있다.

페르시아의 미트라교에서 미트라신은 바위에서 태어난다. 알-비루니가 전하는 전승에 따르면, 파르티아의 왕은 즉위식 전날 동굴 속에 은둔하는데, 그의 신하들이 동굴로 다가가면서 왕을 마치 새로 태어난 아기, 즉 초자연적 근원에서 태어난 아기를 대하듯 경배한다. 또한 아르메니아 전승은 미트라신이 동굴에 틀어 박혀 있다가 1년에 한 번씩 그 동굴에서 나온다고 전한다. 그렇게 새로운 왕은 다시 태어난 미트라신이었다. 엘리아데는 미트라신의 주제는 빛으로 가득 찬 베들레헴의 동굴에서 예수 그리스도가 탄생했다고 말하는 기독교의 전설에서 확인된다고 지적했다.[30] 적어도 예수는 매장된 동굴에서 부활한다.

신의 몸과 피를 먹는 성찬식

●

복음서와 「고린도 교회에 보내는 편지」에 따르면, 예수는 죽기 전날 밤 최후의 만찬에서 빵은 자기의 몸이고 포도주는 자기의 피라고 말했다.

예수께서 빵을 들어 축복하시고 제자들에게 나누어 주시며 '너희는 모두 이것을 받아먹어라. 이것은 너희를 위하여 내어줄 내 몸이다.' 하시고, 또 잔을 들어 감사의 기도를 올리시고 그들에게 돌리시며 '너희는 모두 이것을 받아 마셔라. 이는 새롭고 영원한 계약을 맺는 내 피의 잔이니 죄를 사하여 주려고 너희와 많은 이를 위하여 흘릴 피다.'[31]

지금도 가톨릭의 성찬식에서 신도들은 빵과 포도주를 먹는데, 이는 원시부족들이 신을 먹던 의식과 구조적으로 동일하다. 성경 이야기의 구조를 은유로 보는 리치에 따르면, 제물의례란 제물을 바치는 사람을 상징하는 동물을 그 사람 대신 죽이는, 소위 희생양을 바치는 의식이다. 현대의 기독교, 불교, 자이나교, 유대교 등은 동물을 살해하지는 않지만 그 이데올로기는 남아 있는데, 기독교는 가장 극단적인 모습을 계속 유지하고 있다. 즉, 기독교는 죄 사함을 받으려고 한 마리의 동물을 죽이는 것이 아니라 신인 예수라는 인간을 죽이는 것이다. 가톨릭의 성찬의례는 바로 신인 인간의 피와 살을 상징적으로 먹는 종교의식이기 때문이다.[32]

그러나 인류학적으로 보면, 이러한 성찬식은 사람이 곡식을 먹는 것을 의인화한 신화이다. 신화학자 하트에 따르면, 곡식의 신 오시리스의 사지가 12도막으로 찢기고, 멧돼지가 아도니스를 찢어발긴 것은 보리와 밀을 수확하여 타작하고 갈아서 빵으로 만들어 먹는 행동과 관련이 있다.[33] 또 디오니소스교의 신도들이 포도주의 신 디오니소스가 변신한 동물의 팔다리를 찢어 날 것으로 먹는 것은 포도를 밟아 으깨는 과정을 신화적으로 의인화한 것이다. 이처럼 신을 먹고 신과 하나가 되는 성찬식은 신과의 영적인 교섭이라는 상징적인 의미가 있다. 야성적인 디오니소스교를 내성적인 종교로 개혁했던 오르페우스처럼 히브리의 바울이 바로 신과 영적 교섭이라는 신비체험을 한 인물이다.

사도 바울의 신비체험

●

기독교에서 가장 중요시하는 「누가가 기록한 기쁜 소식」 24장 34절과 「고린도 교회에 보내는 편지」 15장 3~5절은 예수의 부활에 대한 신화이다. 특히 「고린도 교회에 보내는 편지」 15장 3~8절에서 바울은 예수의 부활을 상세하게 설명했다.

그리스도께서 성경 말씀대로 우리 죄를 위해 죽으시고 무덤에 묻히셨다가 3일 만에 다시 살아나셨다는 것입니다. 그리고 베드로와 야고보에게 나타나셨고, 그 후 열 두 제자에게 나타나셨으며, 그 다음에는 500명이 넘는 형제들에게 일시에 나타나셨는데, … 맨 나중에는 부족하기 짝이 없는 내게도 나타나셨습니다.

종교학자 노스에 따르면 기독교 역사에서 가장 탁월한 인물로 알려진 바울(Paul, 10?~67?)은 예수를 만난 것 같지는 않다. 원래 바울은 로마 시민권을 가진 부유층이고 엄격한 바리새파였는데, 기독교인을 체포하는 권한을 대사제에게 부여받고 다마스쿠스로 가던 도중에 특별한 체험을 한 것으로 보인다. 그의 특이한 신비체험은 「사도들의 전도 기록」 9장 3~9절에 기록되어 있다.

다마스쿠스에 이르렀을 때 갑자기 하늘에서 빛이 번쩍하여 땅에 엎드렸는데, "사울아, 사울아, 네가 왜 나를 핍박하느냐?"하는 음성이 들려왔다. 그는 "주여, 누구십니까?" 라고 물었다. "나는 예수다." 하는 음성을 들었다. 사울은 눈을 떴으나 앞이 보이지 않아 사람들이 그의 손을 끌어 다마스쿠스로 데리고 왔다. 사흘 동안 앞도 못 보고, 먹지도 마시지도 않았다.

이런 기이한 신비체험을 통해서 바울은 부활한 예수가 자기에게도 나타났다는 확신을 갖게 된 것으로 보인다.[34] 물론 종교심리학적으로 보면, '오랜 여행의 피로, 사막의 강렬한 햇빛, 허약하고 간질병이 있는 몸에 영향을 끼친 갑작스런 마른번개가 의심과 죄로 고통받는 바울의 마음에 영향을 끼쳤다.'고 볼 수도 있다.[35]

특히 바울의 「빌립보 교회에 보내는 편지」 3장 12절의 '붙들림, 사로잡힘'이라는 표현이나, 또 「갈라디아 교회에 보내는 편지」 2장 20절의 '나는 그리스도와 함께 십자가에 달려 죽었습니다.'는 고백은 바울의 신비체험을 명확하게 보여 주는 구절이다.[36]

미국의 종교학자 노스는 바울이 그리스의 신비종교와 예수의 부활이 일치되는 종교적 체험을 한 것 같다고 추정했다. 바울이 태어난 다루소는 그리스의 스토아철학과 견유학파철학을 가르치는 교육기관이 있었고, 디오니소스 신비종교도 잘 알려져 있었기 때문이다.[37] 그런데 엘리아데는 바울이 자기의 신비적인 엑스터시 체험을 예수의 십자가 처형과 비슷한 것으로 해석했다고 보았다.[38]

복음서를 기록한 저자들의 신비체험

●

독일의 신학자 베어에 따르면, 모든 종교에 퍼져 있는 신비주의(神秘主義 mysticism)는 초자연적인 존재와 직관적으로 접촉하는 체험이다. 그런데 그리스에서 유래한 신비주의의 특징은 '자아를 잊는 엑스타시, 절대적인 존재와 하나 되기, 순전한 무아에 이르는 체험'이 특징이다. 그런 뜻에서 「요한이 기록한 기쁜 소식」은 영적인 체험의 기록으로 유명하다. 특히 「요한이 기록한 기쁜 소식」 12장 16절에서 예수의 말씀은 성령의 체험을 강조하였다.

아직도 나는 그대들에게 할 말이 많이 남아 있지만 그대들은 아직 그것을 감당할 수 없다. 하지만 진리의 성령이 임하면 그것이 그대들을 진리 전체로 이끄는 길잡이가 되리라.

하지만 이 기록은 「요한이 기록한 기쁜 소식」을 기록한 인물의 영적이고 신비적인 체험을 뜻한다. 더 중요한 것은 유럽의 신비주의가 그리스의 디오니소스 축제나 소아시아의 키벨레의 축제 등에 뿌리를 두고 있고, 예수가 출현한 이후 신비주의가 기독교에 스며들어 마침내 가득 채우게 되었다는 점이다.[39] 왜냐하면 복음서에는 예수의 부활을 구술한 이들의 신비체험이 깔려 있기 때문이다.

물론 종교심리학적으로 예수의 부활에 대한 마리아나 제자들의 목격은 바울의 신비체험처럼 환상(幻想)에 속한다. 그런데 기독교는 부활한 예수, 즉 그리스도에 대한 체험을 강조하면서 세례와 성찬식을 중요시하고 있다. 먼저 「로마 교회에 보낸 편지」 6장 3절의 기록처럼 세례는 예수의 죽음과 부활을 반복하는 행위라는 것이다.

"세례를 받고 그리스도 예수와 하나가 된 우리는 이미 예수와 함께 죽
었다는 것을 모르십니까?"

다음에 그리스도의 이름으로 빵과 포도주를 받아들이는 성찬식은 예
수의 삶에 신비적으로 참여하는 행위이다. 따라서 수제자 베드로나 요
한 같은 사도들의 이름을 앞세운 복음서의 실제 저자들이 전달하는 것
은 최소한 두 세대 이상에 걸쳐 예수에 대한 신비체험을 현재화하고 내
면화한 결과이다. 그리고 복음서는 명상을 통해서 공동체 안에서 성취
된 것이다.[40] 말하자면, 「마태가 기록한 기쁜 소식」은 마태라는 공동체
가 명상한 기록이다. 이는 기독교가 디오니소스나 키벨레 같은 신비종
교라는 이교신앙을 파괴하지 않고 받아들인 결과였다고 볼 수 있다.[41]

예수의 육체가 부활한 것인가

●

복음서에 십자가에 못 박히고 죽어서 동굴에 안치된 예수가 사흘 뒤
에 부활한 것으로 기록되어 있다. 그런데 네 복음서의 기록은 서로 차이
가 난다. 가장 먼저 기록된 「마가가 기록한 기쁜 소식」 16장 12절 이하에
서 '부활한 예수가 기적을 행하고 하늘로 올리워 가셔서 하나님 오른 편
에 앉으셨다.'고 기록되어 있다. 이는 "순식간에 엘리야가 회오리바람을
타고 하늘로 올라가 버렸다."는 구약의 전승처럼 예수의 육체가 승천한
것을 뜻한다.[42] 역시 「마가가 기록한 기쁜 소식」 16장 19절에도 '예수가

하느님 오른편에 앉으셨다.'고 했는데, 이는 수메르의 길가메시나 이집트의 오시리스처럼 저승의 재판관이 된 예수가 재림하여 최후의 심판을 할 것이라는 유대인의 종말론적 기대감이 강하게 반영된 것이다.

다음에 「마태가 기록한 기쁜 소식」 28장 2절에서 '지진이 일어나 천사가 하늘에서 내려와 동굴을 막은 돌을 굴려 내자 군인들이 기절했다.'는 기록은 신화적인 천사까지 동원하여 부활한 예수의 육체가 무덤을 빠져 나온 것을 강조한 것이다. 특히 육체의 부활이 구체적이고 현실감 있게 강조된 곳은 「누가가 기록한 기쁜 소식」 24장 36~43절인데, 예수는 유령과 달리 살과 뼈가 있다면서 제자들에게 '만져 보라'고 하였다.

심지어 신학적인 「요한이 기록한 기쁜 소식」 20~21장에도 부활을 믿지 못하는 제자들에게 예수는 못 박혔던 두 손과 창에 찔린 옆구리를 보여 준다. 그밖에도 예수는 제자들과 해변에서 빵과 생선으로 아침식사를 하고, 156마리 물고기의 기적 등을 많이 행했다는 기록도 역시 육체의 부활에 대한 증거로 볼 수 있다.

이와 같이 복음서의 기록자들은 예수의 육체적 부활을 강하게 주장한 것이 명확하다. 물론 역사철학자 기번에 따르면, 마카베오 독립 전쟁 이후 하스몬 왕조 시절에 영혼불멸은 유대교의 지배적인 생각이 되었다.[43] 그리고 종교학자 노스에 따르면, 예수 시대에 유대의 바리새파는 육체의 부활까지 믿었던 것이다.[44] 따라서 예수의 육체가 부활했다는 전승은 복음서의 기록자들에게 자연스럽게 수용되었을 것이다. 그런데 영지주의자들은 예수의 부활이 사실이 아니고 비유나 상징에 불과하다고 주장하여 대단한 논쟁과 파란을 일으켰는데, 다음 장에서 다루어 보기로 한다.

1 그리말; 앞의 책, 100쪽.

2 「요한이 기록한 기쁜 소식」 11장 45~57절. 산헤드린은 대사제와 사제, 원로, 율법학자 71명이 유대의 법률적 행정적 종교적 문제를 처리하던 최고 종교회의체이다.

3 요세푸스; 앞의 책(유대 전쟁사), 9쪽.

4 노스; 앞의 책 상권, 353쪽. 노스는 「마가가 기록한 기쁜 소식」은 65년~70년 사이에 안티옥, 또는 로마에서 쓰여진 것 같다고 추정했다.

5 현대인의성경 편찬위원회; 앞의 책, 769쪽. 「시편」 22장 1절의 시작 부분은 '나의 하느님, 나의 하느님, / 어찌하여 나를 버리셨습니까? / 어째서 나를 돕지 않으시고 / 내가 신음하는 소리에 / 귀를 기울이지 않으십니까?'이다.

6 현대인의성경 편찬위원회; 앞의 책, 778쪽. 「시편」 31장 5절은 '내가 주의 손에 / 나의 영을 맡깁니다. / 진리의 하느님이신 여호와여, / 나를 구원하소서.'이다.

7 캠벨; 앞의 책(서양신화), 236쪽. 248쪽.

8 우슬초는 이집트에서 장남을 죽이던 여호와의 징벌을 피하려고 히브리인이 양의 피를 문지방과 문설주에 바를 때 사용한 신화적인 식물이다.

9 G. Wehr; Europäische Mystik(유럽의 신비주의), 도서출판 자작, 2001, 조원규 옮김, 31~40쪽.

10 포이어바흐; 앞의 책(종교의 본질에 대하여), 347쪽.

11 후크; 앞의 책(중동 신화), 338~343.

12 리치; 앞의 책, 273쪽.

13 노스; 앞의 책 3-2권, 336쪽. 「마가가 기록한 기쁜 소식」 15장 42~47절. 「마태가 기록한 기쁜 소식」 27장 57~60절. 「누가가 기록한 기쁜 소식」 24장 50~54절. 「요한이 기록한 기쁜 소식」 19장 38~42절.

14 듀런트; 앞의 책 3-2, 378~379쪽.

15 듀런트; 앞의 책 3~2, 394쪽.

16 F. Philostratus; Life of Apollonius of Tyana(티아나의 아폴로도로스), 박지호 옮김(듀런트; 앞의 책 3-2권, 326~327쪽에서 재인용).

17 한국가톨릭대사전 편찬위원회; 앞의 책, 「부활절」.

18 프레이저; 앞의 책(황금의 가지 상권), 440~445쪽.

19 엘리아데; 앞의 책(세계종교사상사 1), 548~553쪽.

20 프리크·갠디; 앞의 책, 107쪽.

21 프레이저; 앞의 책(황금의 가지 상권), 433~437쪽.

22 프레이저; 앞의 책(황금의 가지 상권), 416~417쪽.

23 프레이저; 앞의 책(황금의 가지 상권), 464쪽.

24 헤로도토스; 앞의 책 상권, 205쪽.

25 프리크·갠디; 앞의 책, 108쪽.

26 오비디우스; 앞의 책 2, 93~94쪽.

27 리치; 앞의 책, 185쪽.

28 듀낭·리슈탕베르; 앞의 책, 36~37쪽.

29 프리크·갠디; 앞의 책, 108쪽.

30 엘리아데; 앞의 책(세계종교사상사 2), 440~441쪽.

31 「마태가 기록한 기쁜 소식」 26장 26-30절. 그밖에도 「누가가 기록한 기쁜 소식」 22장 17~20절, 「마가가 기록한 기쁜 소식」 14장 22~26절, 「고린도 교회에 보내는 편지」 11장 23~25절에도 비슷한 내용이 나와 있다.

32 리치; 앞의 책, 279~280쪽.

33 하트; 앞의 책, 79쪽.

34 노스; 앞의 책 상권, 342~343쪽. 사울(Saul)은 성경식 이름이고 바울(Padul)은 로마식 이름이다.

35 듀런트; 앞의 책 3-2, 404쪽.

36 베어; 앞의 책, 40~41쪽.

37 노스; 앞의 책 상권, 342~343쪽.

38 엘리아데; 앞의 책(세계종교사상사 2권), 474쪽. 「갈라디아 교회에 보내는 편지」 2장 20절.

39 베어; 앞의 책, 8-9쪽, 37~43쪽, 17~19쪽.

40 베어; 앞의 책, 31~35쪽.

41 듀런트; 앞의 책 3-2, 425쪽.

42 현대인의성경 편찬위원회; 앞의 책, 구약 「왕들의 통치 2」, 2장 1~11절.

43 기번; 앞의 책, 254~261쪽.

44 노스; 앞의 책 상권, 272-278쪽.

4장

경이로운 기독교 영지주의 문헌

유대의 대로마 항쟁과 국가의 멸망

알렉산드로스가 사망하자 그의 장군 셀레우코스는 기원전 323년 주로 메소포타미아와 페르시아의 넓은 지역을 차지하여 셀레우코스 왕국을 세웠다. 그 후 안티오코스 4세가 유대를 침략하여 그리스 종교를 강요하자 유대의 마카베오(Maccabeus, ?~기원전 161년) 형제들은 유격대를 끌고 기원전 165년 예루살렘을 탈환했다.[1]

이 마카베오 시대부터 기독교가 출발한 200여 년 동안 팔레스타인의 역사는 아주 복잡다단했다. 당시 중요한 인물은 이집트의 여왕 클레오파트라, 로마의 율리우스 카이사르, 폼페이우스, 안토니우스, 옥타비아누스, 유대 총독 빌라도와 유대 왕 헤롯, 그리고 세례요한과 예수였다. 그 후 기독교는 로마의 역사적 변천과 밀접한 관련 속에서 성장했다.

로마의 역사적 변천

●

알렉산드로스가 정복활동을 벌이던 무렵, 로마는 이탈리아반도의 지배세력이 되었다. 그 후 500년 동안 꾸준히 성장한 로마는 기원전 1세기 말에 서유럽 대부분을 정복하고, 북아프리카의 해상제국 카르타고를 멸망시키면서 지중해를 지배하게 되었다. 그러나 기원전 146년 뒤부터 기원전 30년경까지 로마는 역사상 가장 불안한 시대였다. 그치지 않는 전쟁, 음모와 암살, 반란으로 몸살을 앓던 로마는 사치 풍조가 만연하고 계층의 사이가 극심해졌고, 노예가 무척 증가했다. 기원전 104년 스파르타쿠스가 이끄는 7만 명의 노예가 반란을 일으키자 이를 진압한 로마는 6천 명의 노예를 십자가에서 처형했던 것이다.

불안정한 로마를 개혁한 인물은 그라쿠스 형제였다. 형 티베리우스 그라쿠스는 기원전 133년부터 귀족의 토지소유를 제한하고 빈민에게 토지를 분배하는 등의 개혁을 추진했지만 3백여 명과 함께 살해당했다. 또한 동생 카이우스 그라쿠스는 원로원을 약화시키고 민회의 권한을 강화하는 개혁 등을 추진하다 내란이 터져 역시 3천여 명과 함께 살해당하였다.[2] 그 후 율리우스 카이사르는 폼페이우스를 누르고 패권을 차지하고 원로원을 위협하여 종신 독재관이 되었다. 그런데 기원전 44년, 카이사르를 암살한 브루투스를 처단한 카이사르의 양자 옥타비아누스는 클레오파트라와 결탁한 안토니우스를 악티움 해전에서 격파하여 로마 역사상 가장 찬란한 시대의 문을 열었다.[3]

원로원은 그에게 아우구스투스(Caesar Augustus), 즉 '존엄한 자'라는 칭호를 내렸고 초대 황제가 된 옥타비아누스(기원전 27년~기원후 14년 재위)로부터 약 200년 동안 로마는 광대한 영토를 통치하였다. 당시 로마는 주로 서유럽과 티그리스강 서쪽을 지배했는데, 그것은 사산조 페르시아의 강력한 세력 때문이었다. 즉, 로마와 오랜 전쟁과 내분으로 500년 역사를 지닌 파르티아 제국이 무너졌고, 224년에 아드다시르 1세가 오늘날의 이란 남부에서 건국한 사산조 페르시아(Sassanid Persia 224년~651년)가 로마의 동진을 방해했던 것이다.[4]

특히 기원후 14년 아우구스투스가 사망하자 티베리우스, 칼리굴라, 클라우디우스, 네로가 차례로 황제가 되었고, 그들의 후계자는 모두 황제의 양자거나 인척이었다. 그런데 기독교를 탄압한 네로가 자살한 69년에 내란이 일어나 갈바, 오토, 비텔리우스가 차례로 황제에 올랐지만 1년을 못 채우고 암살당했다. 더구나 오토는 황제에 오른 뒤 석 달 만에 자살했다. 마침내 패권을 차지한 베스파시아누스가 황제가 되었고, 뒤를 이어 그의 아들 티투스가 황제에 올랐다. 이처럼 30여 년 동안 로마는 권력 암투가 심각하여 몹시 불안정했던 것이다.[5] 우리의 관심은 네로 황제가 팔레스타인 특별사령관으로 베스파시아누스를 파견하여 유대의 반란을 평정시켰고, 그의 장남 티투스가 69년에 예루살렘을 완전히 정복했다는 점이다.

로마 제국 시대 유대인의 종교적 정치적 경향

●

로마 제국 시대에 유대인은 크게 보수주의자, 혁신주의자, 절충주의자로 갈라져 극심하게 다투었다. 유대의 마카베오가 셀레우코스 왕조에 대항쟁을 일으켰던 기원전 150년부터 로마군에게 예루살렘이 함락된 기원후 70년까지 유대인은 크게 로마 정권과 결탁한 사두개파, 모세의 율법에 따라 사회참여를 주장한 바리새파, 종말론 입장에서 격리된 생활을 한 에세네파로 나뉘어져 있었다. 당시 예루살렘에서 사두개인은 2천여 명, 바리새인은 6000여명, 에세네인은 4000여명이 살았다고 추정된다.[6]

그런데 예수가 등장하여 바리새파와 사두개파를 자극했던 것이다. 바리새파는 예수가 유대교의 율법인 토라(tôrāh)를 자유롭게 해석하는 것을 분개했고, 사두개파는 메시아(messiah) 신앙이 일으킬 혼란을 염려했다. 결국 엘리아데에 따르면 예수가 설교한 하느님의 나라는 종교적 광신을 불러일으켜 열심당(熱心黨)이 로마에 반역하도록 백성들을 부추겼는데,「마가가 기록한 기쁜 소식」3장 18절에 등장하는 12사도였던 시몬도 열심당원의 추종자였다.[7]

하지만 당시 유대인의 종교적 경향은 상당히 복잡다단했다. 미국의 종교학자 노스에 따르면, 부유하고 귀족적인 사두개파(Sadducees)는 세속적인 고위급 사제와 사회 지도층이었다. 사두개파는 「모세오경」을 신봉하고 천사, 종말사상, 육체의 부활을 비난하면서 그리스의 생활방식을 적극적으로 수용하고 로마인과 타협했다.

반면에 바리새파(Pharisees)는 율법학자, 랍비(Rabbi), 하위층 사제들이었다. 바리새파는 경전을 문자 그대로 믿지 않고 외래사상의 수용에 적극적이었다. 그들은 종말론, 메시아, 최후의 심판, 육체의 부활을 믿으면서 율법을 준수하고 세속적인 권력에 대항하였다. 그래서 마카베오가 사두개파와 너무 가까워지자 바리새파가 반기를 들어 내란이 일어났는데, 시리아에 있던 로마의 폼페이우스(기원전 106년~기원전 48년) 장군이 중재에 나서려고 오자마자 기원전 63년 유대는 로마의 영토가 되고 말았다. 요세푸스에 따르면, 그는 안식일을 이용하여 예루살렘을 점령하

면서 1만 2천여 명의 유대인을 학살했다.[8]

바리새파보다 투쟁적인 젤롯파(Zealot), 소위 열심당은 아우구스투스 황제의 인구조사에 대항하여 기원후 6년 유다스의 지휘로 무력을 사용하여 메시아의 출현을 앞당기거나, 아니면 자기들 가운데 누군가가 메시아라고 생각하여 게릴라전을 전개했다. 특히 젤롯파는 66년부터 3년 동안 로마를 상대로 한 전쟁에서 가장 주도적이었다. 요세푸스는 이 열심당원을 강도(Tyrant, 혹은 Robber)라면서 유대인의 저항 기질과 함께 강도들의 횡포가 유대 멸망의 큰 원인이었다고 비난했다.[9]

반면에 정치에 무관심한 에세네파(Essenes)는 도시에서 도피하여 단식과 기도, 세례와 안식일을 지키는 금욕생활을 하면서 어둠의 자식에 대항하여 자기들을 빛의 자식이라고 부르고 세상의 종말을 기다렸다. 이러한 에세네파의 태도는 페르시아의 조로아스터교와 유사하다고 볼 수 있다.[10]

영지주의 문헌의 발견과 충격

●

기원전 150년경 마카베오의 독립 전쟁부터 로마군에게 예루살렘이 파괴된 기원후 70년까지의 사정을 알 수 있는 놀랄 만한 자료가 2차 대전 직후에 발견되어 크나큰 충격을 주었다. 그 자료는 바로 이스라엘의 사해 주변의 동굴에서 발견된 「사해 두루마리(Dead Sea Scrolls)」와 이집트의 나그함마디(Nag Hammadi) 마을에서 발견된 「영지파 문헌」이다.

「사해 두루마리」는 기원후 68년까지 지속한 유대교 일파였던 에세네파의 문서이고, 「영지파 문헌」은 지중해 연안에서 2세기까지 융성했던 영지파의 문서이다. 종교학자들은 이들을 영적인 지식(Gnosis)을 가진 그노시스파(Gnostics), 즉 영지주의자(靈知主義者)라고 부른다.

근대 고고학의 역사에서 가장 중요한 발견으로 꼽히는 「사해 두루마리」는 가죽과 파피루스에 직접 손으로 쓴 성경이다. 이 문서는 1947년 이스라엘과 요르단 사이에 있는 사해 북서쪽 쿰란(Qumran) 근처의 동굴에서 잃어버린 양을 찾던 두 목동이 우연히 찾아낸 후 1956년까지 계속 발견되었다. 그런데 쿰란 제4동굴에서는 무려 550여 개의 두루마리가 발견되었는데, 지금까지 알려진 두루마리는 800여 개이다. 이 문서는 당시 유대교의 법과 규정, 성경의 해석, 지혜, 메시아의 이해 등 종교적 전통과 그 당시 사회현상을 아는 데 필수적인 자료이다.[11]

자료 5-4-1 사해문서가 발견된 팔레스타인 서안의 동굴들

특히 「사해 두루마리」를 동굴에 감췄던 에세네파는 기원전 2세기 중엽부터 기원후 68년까지 부패한 유대교 사제들에게 반발하여 사해 북

서쪽 시온산에서 200여 명이 재산을 공유하고 집단생활을 하거나 지중해 연안의 도시와 촌락에 흩어져 메시아를 기다렸다. 신약학자 슈테게만 형제는 쿰란의 핵심적인 사람들은 독신으로 살면서 자발적으로 가난하게 살았다고 추측했다.[12] 그들이 가난하게 산 이유는 초기 기독교인처럼 다가올 마지막 날이 역사적으로 시간의 종말이고, 우주적으로 빛과 어둠이 싸우는 종말이라고 생각했기 때문이다. 이 에세네파는 기원전 7세기 초 유대의 예언자 하박국(Habakkuk)의 예언이 실현될 것을 믿고 있었던 것이다.[13]

특이한 것은 에세네파가 종교적 정치적 메시아가 나타나면 최후의 심판에서 자기들만 살 수 있다는 소망을 가지고 있었다는 점이다. 그러나 에세네파는 66년부터 열성당원들과 함께 로마에 항쟁하다가 70년 예루살렘이 함락당하자 두루마리를 동굴에 감추고 피신하거나 초대교회에 흡수된 것으로 보인다.[14]

에세네파의 큰 선생과 초기 기독교의 예수

●

미국 개렛신학교 버로우 교수에 따르면, 에세네파는 로마군에게 정복되기 직전에 거의 완전한 10여 권의 성경 사본을 만들어 동굴에 감췄을 것이다. 특히 에세네파는 자기들을 빛의 아들로 여기고 여호와가 메시아라고 알려진 큰 선생에게만 비밀을 알려 주었다고 믿었다. 그런데 율법을 중시한 에세네파는 금욕과 고행, 은둔과 의식을 귀하게 여기면서 원수를 미워하는 등 예수와 다른 점이 더 많았다는 것이다.[15] 엘리아데에 따르면, 에세네파는 천사들이 포함된 2만 8천 명의 보병, 6천 명의 빛의 군대가 어둠의 군대를 물리치는 종말론적 전쟁계획을 세우고 결혼까지 억제하면서 스스로 성스러운 전쟁에 임하는 군인이라고 여겼다. 그러나 68년 로마군이 쿰란 수도원을 공격하자 흩어지거나 팔레스타인 공동체에 합류했을 것이다.

결국 엘리아데는 에세네파가 초기 기독교와 비슷한 점이 많지만 그 구조와 목적에서 큰 차이가 있다고 보았다. 먼저 에세네파는 예수 대신 정의로운 쿰란 큰 선생을 메시아로 여겼다. 원래 쿰란 공동체의 창시자인 큰 선생은 사두개파의 대제사장이었는데, 당시 하스몬가(家)의 시몬(기원전 142년~기원전 134년)이 대제사장이 되자 제자들을 끌고 예루살렘을 떠나 사막으로 피신했던 인물이다. 특히 시몬이 추방된 큰 선생을 박해하다가 여리고의 지방관이 큰 선생을 살해하자 쿰란을 공격할 시도까지 했다고 전한다.

그런 점에서 엘리아데는 에세네파와 초기 기독교는 먼저 종말론에서 차이가 분명하다고 밝혔다. 에세네파는 사두개파의 제사장인 사제에 중심을 두면서 종교적 정치적 메시아를 기다렸으나 기독교는 구약의 예언자에 그 전통을 두고 종교적인 메시아를 기다렸다. 다음에 에세네파는 영적으로 불결하거나 기형인 자들을 메시아의 만찬에서 배제시켰으나 기독교는 모든 사회계층에 다가가려고 노력했다.[16]

결국 신약학자 슈테게만 형제에 따르면, 예수와 그 제자들은 로마에 대항한 전쟁에 적극적으로 개입한 흔적이 없다는 것이다. 예수의 제자들은 예수의 죽음을 용서와 자기희생으로 해석하여 성경이 예언한 운명으로 여기고 앞장서 기독교를 발전시켰다는 것이다.[17]

나그함마디 문헌과 영지주의

●

주로 에세네파 중심의 「사해 두루마리」와는 달리 나그함마디(Nag Hamadi) 문헌에는 영지주의 문서만이 아니라 이단에서 정통에 가까운 철학적인 문서가 포함된 것이 특징이다. 이집트의 룩소르 북쪽 약 80km 떨어진 나그함마디의 동굴에서 1945년 마호메트 알리라는 농부가 발견한 이 문헌은 350년경~400년경 제작되었는데, 그보다 훨씬 오래된 고대의 원본을 콥트어로 옮긴 사실이 밝혀졌다. 물론 원본은 신약처럼 그리스어로 기록되었고, 120년~150년 이전의 문헌도 포함되어 있다.[18]

나그함마디 동굴에서 발견된 13개의 파피루스 두루마리 중에서 가장 유명한 문서는 「도마복음」이다. 『신약성경』의 네 복음서보다 더 일찍 기록되었다는 「도마복음」은 예수의 말씀 114개를 포함한 어록집이다. 제5복음이라고도 불리는 「도마복음」, 즉 「토마스의 복음서(Gospel According to Thomas)」는 다음과 같이 시작된다.

자료 5-4-2 나그함마디에서 발견된 도마복음 사본(콥트 박물관 소장)

살아계신 예수께서 이야기하시고 예수의 쌍둥이 형제인 디두모 유다 도마가 받아쓴 것이다. 예수가 말씀하시기를, 이 말씀의 뜻을 깨닫는 자는 죽음을 맛보지 않으리라.

찾는 자는 찾을 때까지 계속 찾을 것이니, 찾으면 놀랄 것이요, 놀라면 이상히 여길 것이니, 그가 우주에 군림하리라.[19]

프린스턴대학 종교학교수 엘레인 페이절스는 비밀복음으로 간주된 「도마복음」은 신약과 비슷한 점이 많지만 기독교 전통과는 완전히 다른 점이 보인다고 지적했다. 즉, 예수는 다음과 같이 불교의 선문답처럼 말했다는 것이다.

너희가 너희 안에 있는 것을 내어놓는다면 너희가 내어놓는 것이 너희를 구원할 것이다. 만일 너희가 너희 안에 있는 것을 내놓지 않는다면 너희가 내놓지 않는 것이 너희를 멸망시킬 것이다.[20]

이처럼 예수가 불교 선종에서 스승과 제자가 주고받은 지극히 난해한 선문답(禪問答)처럼 대화한 배경은 오리엔트 지역과 인도의 역사적 교류를 살피면 다소 이해된다. 먼저 기원전 3000년 전경 수메르의 여러 도시에서 인도의 신드와 펀자브 지역에서 생산된 인장, 구슬, 항아리가 발견되었는데, 이는 두 문명이 교역했다는 분명한 증거이다.[21] 그후 3세기경 인도를 통일한 아소카왕은 스리랑카, 미얀마. 시리아, 이집트, 마케도니아, 그리스, 북아프리카 등에 불교 포교단을 공식적으로 파견하여 불교를 세계종교로 격상시켰던 것이다.[22]

페이절스 교수에 따르면, 특히 영국의 불교학자 에드워드 콘즈는 인도 남부의 불교신자들과 도마 기독교도, 즉 「도마복음」과 같은 글을 알고 사용한 기독교도 사이에 교류가 있었다고 보았다. 영지주의가 꽃 피던 80년~200년에 로마 세계와 극동 사이에 통상로가 열리고 불교의 전도사들이 알렉산드리아에서 수 세대에 걸쳐 포교를 펼치던 때였다. 일부 학자들은 「도마복음」의 예수를 부처로 바꾸어도 전혀 무리가 없다고 이야기하는데, 페이절스 교수는 힌두교나 불교가 영지주의에 영향을 준 것 같다고 추정했다.[23]

소피아가 나쁜 창조주 여호와를 만들다

●

유대 사상 연구가 슈라키에 따르면, 히브리인은 18살에 결혼하고 20살에 첫아이를 갖고 36살에 할아버지가 된다.[24] 이상하게 성경은 예수의 교육이나 구도, 연애와 결혼에 대하여 침묵한다. 그런데 영지파 문헌인 「빌립의 복음」에서 당시 30대 초반의 예수와 막달라 마리아의 관계가 신약의 내용과는 너무 다르다. 단적으로 관능적으로 기록되어 있다.

그리스도께서는 제자보다 마리아를 더 많이 사랑하셨으며 그녀의 입에 자주 입 맞추셨다. 나머지 제자들은 그것 때문에 비난을 받았으며 불만을 표했다.[25]

또 「마리아 복음서」에는 "베드로가 마리아에게 말했다. '우리는 주님께서 당신을 모든 여인보다 더 사랑하셨음을 아오이다.'"라고 기록되어 있다.[26] 따라서 갈릴리 호수 서쪽의 소도시 막달라에서 태어난 막달라 마리아는 예수의 연인이나 배우자로 볼 수도 있는 것이다.

더 충격적인 것은 영지주의 문헌 「빌립의 복음」의 저자는 예수의 동정녀 탄생이나 육체의 부활 같은 일반적인 기독교 신앙을 조잡한 오해라고 비판하는 점이다.[27] 이를테면 「빌립의 복음」에서, "어떤 이들은 '마리아가 성령으로 잉태했다.'고 말했다. 그들은 오류 가운데 있다. 그리고 주님께서 먼저 돌아가시고 그 후에 부활하셨다고 말하는 자는 오류 가운데 있다. 그분은 먼저 부활하시고 그 후에 돌아가셨기 때문이다."[28]

더구나 나그함마디 문헌인 「진리의 복음서」는 신성한 지혜의 근원인 뱀의 관점에서 에덴동산의 이야기를 풀어 가면서 아담이 저주받아 추방당하는 이야기를 조롱했다. 즉, 여호와는 아담이 마음의 눈을 뜰까 염려되어 생명나무의 열매를 먹지 말라고 했지만 뒤에는 아담이 어디 있는지도 몰랐으며, 아담이 영생을 할까 근심하여 에덴동산에서 추방했다. 따라서 여호와는 전지전능하지 못하고 진정한 신이 아니라는 것이다. 또한 나그함마디 문서인 「요한의 외경」, 「아르콘의 성질」, 「세계의 기원」은 에덴동산 이야기를 개작하여 뱀을 지혜로운 영웅으로 보고, 창조주 여호와는 사람을 낙원에서 내쫓은 가장 큰 원수로 묘사했다. 심지어 여호와를 '혼돈의 자식', '바보', '죽음의 천사'라는 별명으로 야유했다.[29]

단적으로, 영지주의는 히브리 민족의 신 여호와를 인간적이고 편협한 유대의 부족신일 뿐이라고 경멸하였다. 영지주의는 최고신을 인격신으로 보는 것을 비판하고 만물을 통해 스스로를 드러내는 플라톤적인 보편정신, 즉 범신론(Pantheism 汎神論)으로 이해한 것이다. 결국 신학자 존 다트는 영지주의자들이 생각한 진정한 신은 지혜(Sophia), 믿음(Pistis), 생명(Zoe)이라고 보았다. 특히 이 셋은 모두 여성이라는 점이 특이한데, 소피아가 나쁜 창조주 여호와를 만들었다는 것이다.[30]

그런데 영지주의자들은 최고신 소피아는 여호와가 본분을 다하도록 내버려 두었다가 자기 아들을 세상에 보내서 예수의 몸에 잠시 머무르도록 하여 모세의 그릇된 가르침, 즉 율법으로부터 이 세상을 해방시켰다고 주장했다. 그래서 영지주의자들은 이 세상을 포기하고 진리의 세계를 강조한 것이다.[31] 철학자 러셀은 이러한 사고방식이 플라톤 철학과 결합되어 있다고 지적했다.[32]

영지주의가 보는 예수

영지주의가 보는 예수도 아주 독특하다. 영지주의는 예수가 빛의 아들이며, 십자가 수난 후 이 땅에 밝은 빛으로만 나타났다고 보았다.[33] 이는 여러 영지주의 문헌에 나타나 있지만 초대 기독교인들 즉, 바울이나 요한이 부활 후에 나타난 예수를 빛으로 본 것과 비슷하다. 하지만 영지주의는 놀랍게도 예수의 십자가 수난을 부인한다. 로마 병사들이 예수를 십자가에 못 박을 때 예수의 영혼은 이미 떠나서 무지한 자들의 행동을 비웃었다는 것이다. 이는 베드로가 묻자 예수가 대답한 「베드로 묵시」에 나타나 있다.

> "십자가 위에서 웃는 이는 살아 있는 예수요, 그 팔다리가 못 박히는 이는 그의 육체이다."[34]

이처럼 복잡한 영지주의의 교리를 종교학자 노스는 간결하게 정리했다. 즉, 하느님은 전 우주를 지배하지 않으며, 구약의 여호와는 열등한 존재이고, 구약은 전혀 가치가 없는 것이다. 또 예수의 출생, 수난,

죽음은 실제적인 것이 아니고 육체의 부활은 있을 수 없다. 그러나 노스는 영지주의자들의 교리가 기독교의 역사적인 배경을 무시한 주장이라고 비판하였다.[35]

엘리아데에 따르면, 영지주의자들은 영지(靈智), 즉 그노시스(Gnosis)로 얻은 내적인 자유를 마음껏 누리면서 자기가 원하는 대로 행동할 수 있다고 여겼다. 다시 말하면 영지주의자들은 성령이 내린 결정으로 선택된 엘리트, 완전자, 왕의 아들에 속하기 때문에 그들만이 구원을 받게 될 것이라고 주장했다. 그리고 요가 수행자처럼 영지주의자들은 사회의 규범과 법률로부터 자유로워졌고 선과 악을 넘어서 있다고 느꼈던 것이다.[36]

유대인의 분열과 갈등, 그리고 반란

●

초기 기독교인들은 수천 종파로 분열되어 싸웠다. 그 투쟁은 1세기의 전통 유대교와 이교도의 다툼보다 더 치열했다.[37] 물론 예수가 태어나던 때부터 유대가 멸망한 70년 사이에는 분열과 갈등은 더욱 격렬하고 대립적이었다. 이는 유대인의 정치적 자유와 종교적 열정과 깊은 관련이 있었다.

예수가 태어나던 시기에 유대 왕 헤롯(기원전 73년~기원전 4년)은 로마 황제 아우구스티누스의 재가를 받고 유대를 세 아들에게 다스리게 했다.[38] 당시 250만여 명의 주민이 살던 팔레스티나(Palestine)의 해안도시에는 그리스인, 시리아인 등 이방인들이 주로 살았고, 내지의 촌락에는 거의 유대인이 살았는데, 예루살렘에만 10만여 명이 살고 있었다.

자료 5-4-3 신약시대의 팔레스타인

그런데 유대인과 이방인들은 종교적으로 서로 증오했고, 유대인과 갈릴리의 사마라아인도 서로 적대적이었다. 특히 사마리아는 이스라엘 왕국이 기원전 722년경 아시리아에게 멸망당한 뒤에 여러 인종이 혼합된 도시였다. 말하자면 자그마한 나라 유대는 종족적 투쟁과 정치적 소요, 주기적인 전쟁으로 몸살을 앓았던 것이다. 물론 로마 제국의 권력과 착취를 혐오한 점은 일치했지만 유대는 율법과 정치적 입장에 따라 극심하게 분열되어 있었다.[39]

무엇보다 당시 유대인의 로마에 대항한 전쟁은 크나큰 희생이 뒤따랐다. 요세푸스에 따르면, 기원전 4년 헤롯왕의 후계자 아르켈라오스의 폭정에 맞선 유월절의 반란에서 3천여 명의 유대인이 제사를 드리다가 학살당하고, 오순절의 반란에서 시리아의 총독 바루스의 2만 병력에게 2천여 명의 유대인이 십자가 처형을 당한 것이다.[40]

결국 기원후 6년 유대의 지도자들은 로마의 아우구스투스 황제에게 유대의 왕정을 폐지해 달라고 간청하여 아르켈라오스왕은 폐위당하고 유대는 로마의 속주가 되어 시리아 총독이 임명한 행정장관, 즉 유대 총독의 지배를 받게 되었다.[41] 하지만 유대총독의 수탈과 횡포가 갈수록 심해지자 열심당과 칼잡이로 불린 시카리(Sicarii)들은 반민족적인 유대인을 학살하고 반란을 일으켰지만 3천 6백여 명이 살해당하고 말았다. 그 후 68년 과격한 열심당이 유대의 부자들과 보수파 1만 2천여 명을 죽이면서 결국 반란이 혁명으로 발전했다.[42] 더구나 열심당은 마사다 요새의 로마 주둔군을 포위하고 무장해제를 권유한 뒤에 모두 살해해 버렸다.[43]

바로 그날 로마 제국의 유대 지역 수도이고 항구인 카이사레아의 그리스 주민들이 유대인 2만여 명을 집단학살했다. 이에 격분한 유대의 혁명가들은 떼로 흩어져 팔레스티나와 시리아의 그리스 도시들을 불태우고 주민들을 살해하고, 약탈하면서 예루살렘과 팔레스티나 지역을 거의 장악했다. 그러자 시리아인들도 닥치는 대로 보복했는데, 스키토폴리스의 주민들은 13,000여 명의 유대인을 학살하고 약탈하여 시리아 전역이 혼란과 무질서가 난무했다. 또한 유대인이 특권을 누리던 알렉산드리아에서도 원한이 깊던 그리스인과 분쟁이 격화되자 5천 명의 로마 제국의 군인들이 5만 명의 유대인을 살해했다. 마침내 유대는 각 지역에 군정장관을 임명하여 로마 제국과 본격적인 전쟁을 벌이게 되었던 것이다.[44]

유대의 대로마 전쟁과 국가의 멸망

●

사태의 심각성을 파악한 네로 황제는 기원후 66년 베스파시아누스를 팔레스타인 특별사령관으로 임명하고 3개 군단을 거느리게 했다. 다음 해 봄에 그는 아들인 티투스의 증원군을 받아 제사장 출신의 갈릴리 군정장관 요세푸스가 이끄는 6만 저항군을 포위하여 항복을 받아낸 뒤 그 해 말까지 유대인이 장악한 도시들과 갈릴리 지역을 정복했다. 그리고 기원후 68년 봄에 베스파시아누스는 예루살렘을 제외하고 유대의 모든 지역을 정복했다.[45]

그런데 예루살렘을 공격하기 직전인 6월 9일, 네로 황제가 자살하고 내전이 벌어지자 부득이 전쟁을 연기할 수밖에 없었다. 이처럼 로마 제국이 혼란에 빠지자 유대를 비롯한 여러 민족이 다시 봉기하여 대로마 항쟁을 벌이기 시작했다. 특히 네로의 사망은 로마 제국 전체를 파멸로 몰아넣었다. 불과 18개월 동안 4명의 황제가 차례로 살해되었고, 로마 세계 전체가 군대끼리의 싸움에 휘말려들었던 것이다.[46]

결국 로마의 내란을 통해 권력을 장악하고 황제가 된 베스파시아누스(69년~79년 재위)는 장남 티투스에게 3개 군단을 주고 동방병력을 지원받아 유대 평정의 임무를 맡겼다. 티투스는 예루살렘 성벽 앞 쪽에 진을 쳤지만 산마루에 세워진 예루살렘은 장기전에 대비하여 건축된 철벽의 성채였다. 특히 헤롯왕이 재건설한 도시와 왕궁, 신전은 각기 성벽으로 보호되어 도시 전체가 마치 성채 같았고, 산에서 모인 빗물을 신전 안의 지하 수장고에 저장하여 포위작전에 대비하였다.

그런데 당시 로마군에게 정복당한 도시의 난민들이 흘러들어 10만명이 살던 예루살렘의 인구가 무려 60만여 명으로 불어났는데, 요한이

나 시몬 같은 주전파가 전쟁을 반대하는 세력을 누르고 결사항전의 의지를 지니고 있었다. 그러자 지형적으로 돌파공격이나 기습작전을 감행할 수 없던 로마군은 토성을 쌓고 성벽을 파괴하는 공성망치를 준비하면서 장기적인 포위작전에 들어갔다.[47]

로마군에게 포위당한 예루살렘의 유대인은 5개월 동안 전염병과 자기 아들까지 잡아먹을 정도의 기근, 그리고 내분에 시달려 많은 재물과 성전을 불사르고 버텼지만 끝내 점령당하여 완전히 파괴당하고, 학살당하고, 포로로 끌려갔다. 로마의 역사학자 타키투스는 당시 예루살렘에서 무기를 들고 농성한 자는 60만 명이었다고 기록하였다.[48]

더구나 비참하게 성벽 너머로 11만 6천 구의 시신이 내던져졌고, 금을 삼키고 탈출한 유대인이 사로잡히면 로마군은 배와 내장을 칼로 잘라 금화를 탈취했다고 한다. 그런데 로마군 사령관 티투스를 도와 투항을 권유하다가 반역자로 낙인찍힌 요세푸스는 당시 사망한 유대인이 117만 명이었다고 기록했다. 대부분 무교절에 전국에서 예루살렘을 방문한 유대인이었는데, 갑자기 로마군에게 포위되었다는 것이다. 또한 9만 7천여 명의 유대인이 도피하다 체포되어 노예로 팔려가 대부분 로마의 각 숙주의 경기장에서 검투사로 싸우다 희생되었다고 한다. 심지어 지하 동굴에 2,000여 명이 죽어 있었는데, 싸우거나 자결하거나 굶어 죽은 것으로 추정된다.[49]

특히 예루살렘이 함락된 70년부터 난공불락의 요새 마사다 수비대는 항복을 거부하고 거의 2년을 버티다가 실바 장군이 이끄는 로마군의 공격으로 요새가 함락될 위기에 처했다. 요세푸스에 따르면, 부녀자를 포함한 960명이 로마의 노예가 되는 것을 거부하고 비장하게 자살했다. 즉, 예루살렘에서 도피했던 열심당의 지도자 엘르아살의 설득에 따라 먼저 유대인들은 자기 가족을 죽이고 소유물을 불살랐다. 그리고 제비로 뽑힌 열 명이 그들을 모두 죽이고, 마지막으로 제비로 뽑힌 자가 9명을 죽인 뒤에 마사다의 왕궁을 불사르고 역시 자결했다고 한다. 그런데 지하 동굴 속에 숨은 두 여인과 5명의 자녀들만 살아남아 당시의 처참한 진상을 들려주었다는 것이다.[50]

단적으로 마사다의 집단자결을 이끈 엘르아살은 영혼이 불멸한다고 사람들을 설득한 것으로 보인다. 그는 율법과 플라톤, 인도인의 사상을 영혼불멸의 근거로 제시하고, 유대의 멸망은 하나님의 뜻이라면서 소위 시카리(Sicarii), 즉 열심당원들을 흥분시키고 감동시켜 집단자살에 이르게 했다는 것이다.[51] 로마의 역사가 타키투스도 유대인은 전사하거나 처형당한 자의 영혼은 불멸한다고 믿는다면서 유대인의 죽음에 대한 경시가 바로 거기서 비롯되었다고 단정했다.[52]

자료 5-4-4 마사다 요새(© Godot13, 유네스코 문화유산)

마침내 예루살렘의 성전까지 파괴당한 유대 국가는 종말을 고하여 1백만여 명의 유대인이 지중해 전역으로 뿔뿔이 떠나갔다. 그 후 기원후 115년 랍비 아키바 반 요셉의 주도로 반기를 들었지만 50만 명 가깝게 살해당했다. 또한 기원후 130년에도 로마가 예루살렘 성전 터에 유피테르 신전을 건설한다는 칙령을 공포하자 메시아로 받들어진 코크바가 이끄는 반군이 예루살렘을 탈환하고 3년 동안 대항하다 실패하였고 코크바는 자살했다. 마침내 로마군은 팔레스티나의 985개 도시와 촌락을 파괴하고 58여 만 명을 학살하여 유대지역 거의 전체가 폐허로 변하고 말았다. 그 후 예루살렘 접근이 금지되어 1년에 단 하루만 예루살렘에 들어가 폐허 앞에서 통곡하는 것이 허락되었다.[53]

맥스 디몬트의 『유태의 역사』에 따르면, 1948년까지 약 3000년 동안 유대인은 자기 나라와 군대를 갖지 못한 채 끊임없이 추방과 박해를 당했다. 그리고 독일의 나치는 500만여 명의 유대인을 학살했다. 물론 나치는 700만여 명의 기독교인도 살해했다.[54] 다음 장에서는 문자주의와 영지주의의 대립과 갈등을 탐색해 보기로 한다.

1 요세푸스; 앞의 책(유대 전쟁사), 19~25쪽.

2 플루타르코스; 앞의 책 2, 523~535쪽. 542~553쪽.

3 번즈; 앞의 책 1권, 202~222쪽.

4 이희수; 앞의 책, 280~284쪽.

5 플루타르코스; 앞의 책 2. 플루타르코스는 갈바와 오토의 전기를 썼는데, 갈바의 죽음은 940~942쪽에, 오토의 죽음은 957쪽에 기록되어 있다.

6 조철수; 예수평전, 감영사, 2010, 41~44쪽.

7 엘리아데; 앞의 책(세계종교사상사 2권), 455쪽.

8 요세푸스; 앞의 책(유대 전쟁사), 44~46쪽.

9 요세푸스; 앞의 책(유대 전쟁사), 9쪽.

10 노스; 앞의 책 상권, 272~278쪽.

11 조철수; 앞의 책(예수평전), 9~10쪽.

12 E. Stegemann·W. Stegemann; Urchristliche Sozialgeschichte(초기 그리스도교의 사회사), 도서출판 동연, 2009, 손성현 김판임 옮김, 299쪽. E. Stegemann은 스위스 바젤대학의 신약학교수이고, W. Stegemann은 독일 아우구스타나 신학교 신약학교수이다.

13 캠벨; 앞의 책(서양신화), 327~334쪽. / 요세푸스; 앞의 책(유대 전쟁사), 196~204쪽.

14 조철수; 앞의 책(예수평전), 50~51쪽.

15 M. Burrows; 「The Dead Sea Scrolls 1955(사해 두루마리 1955)」(류형기 편역; 앞의 책, 834~837쪽.)

16 엘리아데; 앞의 책(세계종교사상사 2권), 481~493쪽, 481~493쪽.

17 슈테게만; 앞의 책, 341~342쪽.

18 E. Pagels; The Gnostic Gospels(영지주의 신학), 루비박스, 2008, 하연희 옮김, 13~14쪽. / 캠벨; 앞의 책(서양신화), 426쪽.

19 J. Dart; 「The Laughing Savior(Harper, 1976)」(류형기 편역; 앞의 책, 923쪽.)

20 페이절스; 앞의 책, 12쪽.

21 차일드; 앞의 책, 214쪽.

22 장수일; 앞의 책(고대 문명교류사), 468쪽.

23 페이절스; 앞의 책, 19~20쪽.

24 슈라키; 앞의 책, 162쪽.

25 「빌립의 복음」 [앞의 책(나그함마디 문서), 202쪽.]

26 「마리아 복음서」 [앞의 책(나그함마디 문서), 744쪽.]

27 페이절스; 앞의 책, 13쪽.

28 「빌립의 복음」 [앞의 책(나그함마디 문서), 194~195쪽.]

29 다트; 앞의 글(류형기 편역; 앞의 책, 925쪽.) / 「진리의 증언」 앞의 책(나그함마디 문서), 640쪽.
    「진리의 복음서」와 같은 글로 추정되는데, 저자는 여호와가 질투하고, 예지력이 없
    고, 악의에 차 질투하는 자임을 스스로 보여 주었다고 조롱했다.

30 다트: 앞의 글, 류형기 편역; 앞의 책, 925쪽.

31 「진리의 증언」 [앞의 책(나그함마디 문서), 633~646쪽.]

32 러셀; 앞의 책, 431쪽.

33 다트; 앞의 글(류형기 편역; 앞의 책, 927쪽.)

34 다트; 앞의 글(류형기 편역; 앞의 책, 928쪽.)

35 노스; 앞의 책 상권, 358쪽.

36 엘리아데; 앞의 책(세계종교사상사 2권), 509~511쪽.

37 엘리아데; 앞의 책(세계종교사상사 2권), 511~512쪽.

38 슈테게만; 앞의 책, 355쪽. / 듀런트; 앞의 책 3-2, 457쪽. 187년 이레나이우스는 20개
    의 기독교 종파, 384년 에피파니우스는 89개의 종파가 있었다고 했다.

39 요세푸스; 앞의 책(유대 전쟁사), 191~196쪽. 왕국의 반을 아르켈라오스(이두매, 전 유대, 사마
    리아), 4/1을 빌립, 4/1을 안티파스에게 나누어주었다.

40 듀런트; 앞의 책 3-2, 340~341쪽.

41 요세푸스; 앞의 책(유대 전쟁사), 176~177쪽. 188쪽.

42 요세푸스; 앞의 책(유대 전쟁사), 191~196쪽. / 듀런트; 앞의 책 3-2, 351쪽.

43 듀런트; 앞의 책 3-2, 352~353쪽.

44 요세푸스; 앞의 책(유대 전쟁사), 250쪽.

45 듀런트; 앞의 책 3-2, 353쪽. / 요세푸스; 앞의 책(유대 전쟁사), 258~276쪽. 기원전 63년
    로마가 팔레스티나를 점령하고 요르단강 동쪽에 세운 10개의 그리스 도시가 동맹을
    맺었다.

46 요세푸스; 앞의 책(유대 전쟁사), 432~440쪽.

47 기번; 앞의 책, 101쪽.

48 타키투스; 앞의 책(역사), 399~409쪽. / 요세푸스; 앞의 책(유대 전쟁사), 601~603쪽.

49 타키투스; 앞의 책(역사), 399~400쪽.

50 듀런트; 앞의 책 3-2, 354~355쪽. / 요세푸스; 앞의 책(유대 전쟁사), 601~604쪽.

51 요세푸스; 앞의 책(유대 전쟁사), 656~658쪽.

52 요세푸스; 앞의 책(유대 전쟁사), 647~656쪽.

53 타키투스; 앞의 책(역사), 403쪽.

54 듀런트; 앞의 책 3-2, 358~360쪽.

55 M. Dimont; Jews, God And History(유태의 역사), 대원사, 1991, 김용운 옮김, 12쪽, 213쪽.
    현재 추정된 유대인 희생자는 420만~560만인데, 그 차이는 소련에서 희생된 유대
    인의 수에 따라 달라진다.

5장

영지주의와 문자주의의
갈등

　초기 기독교의 여러 교리는 내용이 복잡하고 표현이 다양하여 후대
에 이단이라고 간주된 것들과 가까웠다. 그런데 기독교 정통파는 구약
의 신학에 충실했지만, 영지주의는 히브리 사상의 원리들을 전체적으로
혹은 부분적으로 거부하였다. 결국 영지주의는 이단으로 몰려 사라지고
말았다. 반면에 정통신학은 명확한 규정이 있었다. 정통신학은『구약성
경』과 다른 문서에서 주장한 사도들의 전통에 충실했고, 영지주의자들
의 지나친 신화적 상상에 저항했다. 그리고 체계적인 사상, 특히 그리
스 철학을 높이 평가했으며 로마의 특유한 법사상을 중요시했다.[1]

예루살렘 파괴 뒤의 유대인들

●

기원후 70년대에 폐허가 된 예루살렘은 로마 군단의 주둔지가 되었다. 유대의 토지는 로마 황제의 재산이 되어 대다수 유대인은 자기 땅에서 억울하게 토지 사용료를 내야만 했다. 또한 예루살렘의 성전이 파괴당하자 바리새파와 율법학자인 랍비들이 유대교의 토대를 강화하여 민족의 정체성을 되찾으려고 노력했는데, 신약학자 슈테게만에 따르면, 대다수 유대인은 예수를 메시아로 인정하는 세력을 배척했다.

하지만 슈테게만은 국가가 망한 유대 안에서 그들의 일상생활은 대체로 조화로운 편이라고 밝혔다. 반면에 추방당한 히브리인은 지중해의 페니키아, 키프로스, 안디오키아, 시리아, 소아시아, 그리스, 알렉산드리아, 로마 등지로 흩어지면서 기독교인과 토착인의 갈등이 심화되었다. 경제적인 점 외에도 특히 유대인의 낯선 생활방식, 즉 우상숭배의 금지, 이방인과의 성관계와 결혼의 금지, 할례 의식, 부정한 음식의 거절, 안식일 등 토라 율법의 준수가 혐오를 일으켰다. 무엇보다 로마 제국은 메시아적 반란의 지도자로 처형당한 유대의 왕 예수를 따르는 기독교 공동체를 경계했다는 것이다.[2] 그래서 철학자 러셀은 사도 바울이 이방인을 포용하려고 개종의 장애물인 할례와 모세의 율법을 주장하지 않기로 결심했다고 보았다[3]

예수의 부활과 제자들의 정치성

●

심각한 문제는 기독교인들끼리 교리의 문제를 두고 격심하게 다툰

점이다. 페이절스 교수에 따르면, 2세기 중반에 예수를 따르는 기독교도인 문자주의와 영지주의 사이에서 갈등이 유난히 심해졌다. 빌라도 치하에서 수난을 당하다가 십자가에 못 박힌 것이 문자 그대로 절대적인 사실이라고 단정한 문자주의는 예수 이야기가 신비한 비유라고 주장한 영지주의를 이단으로 몰아 박해하기 시작했던 것이다.

특히 신은 인간과 다른 존재라고 여기는 정통파 문자주의는 신성과 자아는 동일하다고 본 영지주의에게 대단히 분노했다. 또 정통파는 예수가 신의 아들이고 인간의 구원자라고 여긴 반면 영지주의자는 예수가 영적 안내자에 불과하다고 여겨 영적인 눈을 뜬 인간과 동일시했다. 정통파는 이러한 영지주의를 도저히 용서할 수가 없었던 것이다.[4] 물론 이런 영지주의에 대항하려고 정통파의 교부들은 체계적인 신학을 세우고 교리를 더욱 정교하게 만들었다.

페이절스 교수는 다양하고 복잡한 현대 기독교가 초기 기독교보다 훨씬 더 의견이 일치되어 있다고 지적했다. 현대 기독교가 모두 받아들이는 『신약성경』, 「사도신경」, 그리고 교회의 제도는 뒤늦게 기원후 2세기 말에 비로소 현재의 모습을 갖추게 되었기 때문이다. 그 이전에는 정경인 4복음서 외에도 수많은 복음서, 교훈과 신화, 많은 시도 있었는데, 일부는 나그함마디에서 발견되었지만 대개는 유실되었다. 특히 2세기 전에는 수많은 기독교인들이 각각 개성적인 방식으로 종교의식을 치르고 자기들의 단체를 독자적으로 운영했다. 그러나 200년경 기독교는 '주교- 감독- 집사', 혹은 '주교- 사제- 부사제'라는 세 계층이 주도하는 제도적인 종교가 되었고, 자기들만을 참신앙의 관리자로 여겼으며 나머지는 이단으로 물리쳤다.[5]

특히 페이절스 교수는 정통 기독교는 주로 그리스도의 부활, 즉 '예수 그리스도는 무덤으로부터 일어나셨다!'는 선언으로 시작되었다고 지적했다. 중요한 점은 이 예수의 육체적 부활이 정치적으로 주교들의 사도 계승권을 정당화시켰다는 것이다. 그 근거는 네 복음서에 기록되어 있는데, 후대 기독교인들에게 전해진 누가에 따르면, 예수는 자기 후계자로 베드로를 지명하였고 그를 지도자로 삼았다. 또한 마태에 따르면, 반석(磐石), 즉 너럭바위라는 뜻을 가진 베드로에게 '미래의 교회를 창설하라'고 예수가 결정했다는 것이다. 그리고 요한에 따르면, 부활한 그리스도가 베드로에게 '예수를 대신하여 목자가 되라'고 했다는 것이다. 신기한 것은 예수의 사망 직후에 베드로가 그 집단의 지도자와 대변인의 지위를 차지하게 되었다는 사실이다. 이어서 2세기에 정통교회는 예수 부활의 목격자에게 권위를 부여하는 이론을 발전시켰으며, '권세를 물려주고 40일이 지난 뒤에 부활한 주님이 하늘로 올라가셨다.'고 「사도들의 전도 기록」 1장 6~11절에 분명하게 기록해 놓은 것이다.

페이절스 교수는 이러한 정통파의 독창성이 놀랍다고 감탄했다. 왜냐하면 사도들이 경험한 그리스도의 부활을 기초로 삼아 모든 권위를 세운다는 것은 일종의 종교의 정치성인데, 이는 엄청난 함축성을 갖고 있기 때문이다. 단적으로 그것은 사도(使徒, Apostle)들만이 미래의 지도자를 후계자로 세울 권한을 소유하게 되었다는 뜻이다. 그런데 이런 정치성은 비상한 성공을 거두었다. 즉, 정통파는 예수의 사도들에 이어서 사제와 주교가 바로 예수로부터 2천 년 동안 권능을 위임받은 사람이라고 인정했던 것이다. 또 지금도 선임 대주교인 교황의 권위는 베드로로부터 유래되었다고 주장하고 있는데, 그것은 사도 베드로가 부활의 첫 증인이기 때문이라는 것이다.[6]

기독교의 성립과 사제들의 위계질서

●

예수의 부활을 근거로 400년경에 이르러 '총대주교- 대주교- 주교- 사제'의 위계질서가 성립되었다. 그 결과 사도 베드로와 바울이 활약한 로마에서 주교의 지위가 성장하여 바야흐로 교황이 탄생하게 되었다. 그리고 도시의 주교는 인근의 사제들을 거느렸고, 나아가 대도시의 대주교는 주교들을 관리했으며, 특별한 여러 도시, 즉 로마, 예루살렘, 콘스탄티노플, 안티오키아, 알렉산드리아의 총대주교들의 권위는 주교보다 높았다.

특히 선임대주교인 교황은 그리스도의 대리자로서 죄를 사하고 천국의 열쇠를 부여받았다는 근거를 베드로에 대면서 자기의 지배권을 주장했다. 그런데 330년 콘스탄티누스 황제가 수도를 이스탄불인 콘스탄티노플로 옮긴 뒤에 서로마에는 주권을 행사할 만한 황제가 거의 존재하지 않았기 때문에 로마 교황의 세력이 강력해졌다. 중요한 것은 교회가 기독교의 조직을 통하여 4세기에 로마 제국의 세계를 정복할 수 있었다는 점이다. 특히 5세기에 서로마 제국이 멸망하자 서유럽에서 영향력이 커진 교회가 정부의 역할까지 담당하게 되었다.[7]

더구나 313년 기독교를 공인(公認), 즉 공식적으로 인정한 콘스탄티누스 황제의 지원에 따라 로마교회는 웅장한 라테라노 궁전을 소유하게 되었다. 315년부터 라테라노 대성당, 즉 로마 대성당을 세우고, 베드로와 바울 등 순교자들의 무덤 자리에도 화려한 성당을 세웠다.[8] 그런데 754년 교황 스테파누스 2세의 도움으로 왕이 된 프랑크의 왕 피핀은 롬바르드디아족을 정복하고 승리의 대가로 이탈리아 영토의 일부를 헌납하여 교황은 최초로 교황령(敎皇領)을 얻게 되어 독립을 유지하고 활동을 크게 넓힐 수 있었다. 당시 교황령은 이탈리아 반도의 20%에 해당할 만큼 광대했다.[9]

이러한 초기 기독교의 정치성과 사제들의 권력을 비판한 인물은 18세기 영국의 역사철학자 기번이다. 기번에 따르면, 초기 기독교 행정가들의 순결성은 점차 타락해 갔다. 초기 기독교에서 주교는 신도들과 동등했으며 심부름꾼에 불과하여 각 교회는 독립적 공화국과 같았다. 그러나 2세기 말경 세력이 커진 주교들은 신도들의 권리를 침해했고, 3세기가 되자 신도들에게 명령하기 시작했다. 또 사제들에게 자격을 주는 특권을 독점하고, 신도들이 선거권을 빼앗기면서 기독교는 귀족정치로 변했다. 그리고 소위 성직자들은 포상과 파문을 이용했는데, 포상은 주로 십일조라는 헌금이었고, 처벌은 영적 세속적 생활에 결정적 영향을

끼치는 파문이었다.[10]

무엇보다 정통과 이단을 가른 분수령은 「사도신경」이었다. 대표적인 정통파의 감독 이레나이우스가 주로 영지주의의 공격을 피하려고 기원후 150년~기원후 175년 사이에 만든 「사도신경」은 초기 기독교인의 신앙고백이었다. 나중에 수정을 거쳐 더욱 정통성을 얻게 된 당시 「사도신경」은 다음과 같다.

나는 전능하신 하나님 아버지를 믿습니다. 그리고 하나님의 유일한 아들이며 성령과 성모 마리아로부터 나셨으며, 본디오 빌라도 치하에서 십자가에 못 박히고 땅 속에 묻히셨으며 사흘 만에 죽은 자들 가운데서 살아나셨고, 하늘에 올라 하나님 오른편에 앉으셨으며, 산 자와 죽은 자를 심판하러 오실 예수 그리스도를 믿습니다. 그리고 성령, 거룩한 교회, 죄의 사함, 육체의 부활을 믿습니다.[11]

특히 신비종교의 신인들처럼 죽은 뒤에 부활한 예수의 신화를 역사적 사실로 받아들인 문자주의는 예수의 재림을 문자 그대로 해석했다. 또한 문자주의는 예수가 '자기 말을 듣고 있는 자 가운데 일부는 죽기 전에 재림을 보게 될 것이다.'라고 약속한 「마가가 기록한 기쁜 소식」 「마태가 기록한 기쁜 소식」 「누가가 기록한 기쁜 소식」의 기록을 문자 그대로 믿었다. 그러나 약속한 예수가 나타나지 못하자 신학자로서 순교한 성인 유스티누스(100년경~165년경)는 하느님이 종말을 지연시키고 있다고 해석했다. 또한 신학자인 교부 히폴리토스(170년경~235년)는 종말의 날을 기원후 202년으로 확정지었지만 역시 아무 일도 없이 지나가자 500년으로 늦췄다. 그러나 3세기 중반이 되자 대부분의 기독교인들은 종말의 날에 더 이상 관심을 갖지 않았으며, 5세기 초에는 아예 임박한 재림의 계시에 대한 언급을 삭제해 버렸다.[12]

영국의 인류학자 리치도 2세기 초기의 기독교인들은 대부분 세상의 종말에 살고 있다고 생각했다고 밝혔다. 정통파의 교부 이레나이우스까지도 죽은 자들의 부활이 우화나 비유가 아니고 분명하게 종말이 임박했다고 해석했다는 것이다.[13] 심지어 시리아의 어느 주교는 예수를 만나려고 신도들을 끌고 사막으로 나갔으며, 폰토스의 어느 주교는 예수가 1년 안에 올 것이라고 선언하면서 공동체 생활을 정리했다고 한다. 그런데도 예수의 재림이 실현되지 않자 그 시기를 재해석하여 실망감을 완화시키려고 했다. 더구나 예수가 자기를 대신하여 성령을 보낼 것이라고 한 「요한이 기록한 기쁜 소식」을 근거로 하느님의 나라는 지상에서 천국으로, 현세에서 내세로 옮겨지게 되었다.[14]

그런데도 문자주의는 주교나 사제인 자기들에게 복종하고, 세례를 받고, 신앙을 고백해야 한다고 주장하면서 위계질서가 없이 제비를 뽑아 사제를 정하고 남녀 평등주의를 실천하던 영지주의를 사탄의 대리인이라고 공격했다. 결국 권력욕과 편견, 무지에 사로잡힌 문자주의자들은 광적으로 영지주의를 탄압했다. 말하자면 정통파는 중앙집권적인 종교를 세우려고 정경(正經)을 정리하고 가장 초기에 널리 사용된 「도마복음」, 「헤르메스의 양치기」, 「히브리인의 복음서」를 배척했던 것이다.[15]

네로 황제의 기독교 탄압

●

역사적으로 영지주의자와 문자주의자의 갈등이 절정에 이른 것은 네로(37년~68년) 황제가 기독교를 박해할 때였다. 당시 로마에는 상당수의 유대인이 살고 있었는데, 기원전 63년 폼페이우스가 많은 유대인을 전쟁포로로 잡아 온 뒤에 1세기 말경이 되면 유대인은 로마에서 무려 2만여 명으로 불어나 있었고, 다수의 유대교 회당까지 있었다.[16]

네로 시대인 64년 로마에 대화재가 일어나자 민중은 "네로가 대화재를 명령했다."고 믿어 의심치 않았는데, 네로 황제는 대화재의 책임을 기독교인에게 떠넘겨 희생양으로 삼았다. 그처럼 비판한 로마의 역사가 타키투스는 처참한 학살을 대략 다음과 같이 기록했다.

마음에 안 드는 파렴치한들이 흘러 들어오는 이 수도에서 해롭기 짝없는 미신이 극도로 번성하고 있었다. 먼저 신앙을 고백한 자들이 체포되어 심문받고, 그들의 정보에 기초해 엄청난 자들이 방화죄라기보다 인류 적대죄(敵對罪), 즉 인류를 적으로 대하는 죄를 선고받았다. 그들은 살해당할 때 놀림감이 되었다. 야수의 모피를 뒤집어쓴 채 개에게 물려서 찢겨죽고, 십자가에 붙잡아 매달고, 혹은 불에 타기 쉽게 만들어 해가 지면 등불 대신 불태웠다.[17]

그런데 신약학자 슈테게만은 네로 황제의 대화재 사건 때 놀랍게도 기독교인이라고 고백한 사람들이 자진해서 체포당하거나, 이해관계가 얽힌 주민들이 그들을 고발까지 했다고 지적했다.[18] 중요한 것은 그때 문자주의자들은 예수처럼 순교를 당하여 천국에 가려고 능동적으로 죽으러 간 반면에 영지주의자는 순교를 오해로 보았던 점이다. 왜냐하면 영지주의는 영적 계몽은 그노시스에 대한 신비한 깨달음을 통해서 이루어진다고 보았으며, 예수의 죽음은 상징적인 것이고, 수준 낮은 자아가 죽으면 그리스도로 부활한다고 믿었기 때문이다. 그러자 문자주의자는 영지주의자들을 배신자와 겁쟁이로 보았으며, 박해받는 교회를 단결시키려는 순교를 좌절시키고 있다고 맹렬하게 공격했다. 그러자 영지주의는 문자주의를 무의미하고 극단적인 광신자로 보고 맞섰다.[19]

로마에 번성한 오리엔트 신비종교

●

로마의 집정관과 아시아 총독을 지낸 역사가 타키투스는 『역사』에서 유대인을 대략 다음과 같이 신랄하게 비판했다.

유대인은 로마가 성스럽다고 생각하는 모든 것을 불경하다고 여기는 반면에 로마가 혐오하는 모든 것을 허용한다. 유대인의 관습은 불온하고, 혐오스럽고, 비열하다. 무엇보다 그들은 먼저 신들을 무시하고, 조국을 부인하며, 부모형제와 자식을 대수롭지 않게 여기는 것을 배운다. 특히 유대인은 유일신을 생각하여 신전에 신상을 세우지 않으며 황제도 예우하지 않는다.[20]

그 당시 로마의 종교는 철학자 키케로(Cicero, 기원전 106년~기원전 43년)의 『신들에 관하여』에 나타나 있다. 로마의 종교는 의례(儀禮)와 조점술(鳥占術)이 중심이지만, 델포이 무녀의 예언인 시빌라(Sibylla)의 해석자와 내장점술사의 예언도 중요시되었다. 그래서 평화로울 때는 주로 조점술, 즉 새점을 이용하고, 전시에는 내장점을 이용하였다.[21] 그밖에도 로마인은 점성술, 꿈, 제비뽑기, 벼락점 등을 공적 사적으로 많이 애용하였다.[22]

하지만 로마 제국은 페르시아처럼 정복한 국가가 신봉하는 종교에 너그러운 편이었다. 로마도 자기들의 토착종교에 그리스의 종교와 철학을 동화시켰기 때문이다. 이를테면, 로마인은 기원전 6세기 초부터 그리스의 신들을 받아들여 제우스를 유피테르(Jupiter), 헤라를 유노(Juno)와 동일시하고 숭배했던 것이다. 결국 알렉산드로스 시대처럼 로마에서 일종의 종교적 혼합이 일어났는데, 이러한 종교적 관용의 결과 당시 세계도시 로마에는 외래종교가 난립하게 되었다.

먼저 소아시아의 신 키벨레가 로마 귀족층의 후원을 받았다면 그 뒤에 들어온 오리엔트 종교들은 서민과 수많은 외국인의 환영을 받았다. 반면에 로마의 공적인 종교는 권위를 상실하였고, 주술과 점성술, 그리고 스토아철학이 대중의 인기를 끌었다. 또한 황제 아우구스투스(기원전 63~기원후 14년)의 종교개혁이 퇴색되면서 이집트의 이시스교 같은 신비종교가 인기를 누렸고, 페르시아의 미트라교는 로마의 보호를 받아 융성하게 되었다.[23]

특히 미트라교는 2~3세기에 로마군인들이 주둔한 서부 아시아와 유럽에 확산되어 신전들이 즐비했다.[24] 이미 1세기 전후에 이란의 파르티아 제국의 미트라 신앙이 유럽 전역에 확산되어 강력한 영향력을 발휘하고 있었다. 파르티아는 400년 동안 전쟁 또는 교역을 통해서 로마와 일상적으로 접촉하고 교류했던 것이다.[25] 하지만 로마 군인들만 미트라 신을 숭배한 것이 아니라 로마에 전쟁포로로 끌려온 노예들도 미트라교에 입문하였고, 심지어 콤모두스(180년~192년 재위)부터 율리아누스(361년~363년 재위) 시대까지 여러 황제들도 입문하였다.[26]

더구나 칼리굴라(37년~41년 재위) 황제는 국가의 공적인 기금으로 이시스 신전을 세웠고, 도미티아누스(81년~96년 재위) 황제는 이시스 축제에 직접 참가했다. 특히 콤모두스 황제는 이집트의 저승신 아누비스 조각상을 팔에 안고 이시스 신관들의 뒤를 따라 걸었다고 한다.[27] 이로 보면, 2세기 로마의 작가 아풀레이우스의 『황금 당나귀』에 나타나 있듯이 신의 죽음과 부활을 체험하여 '오시리스 아무개'로 변신하는 이시스교의 신비의식이 로마에 번성했던 것을 알 수 있다.

탄압한 기독교를 로마 제국이 공인한 이유

●

철학적인 면에서 현세적이고 실용적인 로마의 귀족이나 지식인은 그리스의 종교와 함께 그리스의 철학을 받아들여 에피쿠로스학파처럼 무신론과 유물론에 기울어지거나 스토아학파처럼 범신론에 기울어져 있었다.[28] 따라서 로마의 지식인들은 천국, 즉 내세를 주장하고 예수의 육체의 부활까지 신봉하는 기독교를 경멸하면서 앞에서 타키투스가 지적했듯이 그들의 신앙을 미신(迷信), 즉 이치에 맞지 않는 신앙으로 여겼다고 추측할 수 있다.

더구나 신약학자 슈테케만에 따르면, 당시 기독교인은 인류에 대한 증오심이라는 병폐를 지니고 있었고, 이교의 신도와 봉헌물을 도둑질하고, 다른 민족의 신을 모독한다는 혐의를 받았다. 그리고 끝까지 로마에 저항한 유대인처럼 기독교인도 로마의 법과 질서를 반대한다는 추궁을 받았다. 그래서 1세기 후반 도미티아누스(51년~96년) 황제는 국가의 신과 황제의 숭배를 우상숭배라고 거부한 기독교인을 신성모독으로 보고 불경죄와 대역죄인 취급을 했던 것이다. 결국 로마 제국은 정치적으로 폭동을 좋아하고 다윗 가문의 메시아를 믿는 기독교인들의

일부 집단이 로마 제국 전체에 폭동을 퍼뜨릴 것이 불안했던 것이다.[29]

더구나 유대의 작가들은 2세기 중엽부터 은밀하게 「시빌라의 신탁집」을 퍼트려 로마 제국의 붕괴까지 선언했다.[30] 따라서 광대한 지역을 정복하여 수많은 식민지를 거느린 로마 제국은 정치적으로 급진적 세력을 두려워했다. 그래서 로마는 먼저 기원전 186년 신비종교인 오시리스-디오니소스 신앙을 금지하고 성전을 파괴했으며 수많은 입문자들을 처형했다. 그 후 250년 전염병이 휩쓸자 로마 인구의 2% 정도에 불과한 기독교인들이 역시 희생양이 되었다. 더구나 페르시아의 미트라교가 로마의 지도층은 물론 하층민들에게까지 급속히 퍼졌기 때문에 로마 제국은 하나의 신앙이 필요했던 것이다. 그것이 바로 로마가 탄압했던 유일신을 믿는 기독교였다.[31]

특히 253년 사산조 페르시아 제국의 샤푸르 1세가 시리아의 북부 도시에서 로마군을 격퇴하였고, 260년에는 에데사 근처에서 로마 황제 발레리누스까지 생포하여 로마인에게 치욕을 안겨 주었다.[32] 말하자면 사산조 페르시아는 로마의 강력한 적대적 국가였기 때문에 로마 제국은 그들의 종교인 미트라교를 위험시했던 것이다.

역사철학자 기번에 따르면 결국 313년 콘스탄티누스 황제가 마침내 기독교를 공인하고 니케아 신조를 만들어 동의를 거부한 주교들을 제국에서 추방하고 역사를 조작했다. 그리고 『교회사』를 편찬했던 유세비우스 주교가 황제를 신의 대변자로 만들었다. 이것이 오늘날 통용되는 정통 기독교이다. 그로부터 기독교는 편협과 복종과 테러의 종교가 되었다. 386년경 근본주의자 수도사들이 광적인 난동을 부려 파손된 이교도 신전을 391년 테오도시우스(347년~395년) 황제가 완전히 폐쇄했다.[33]

말하자면 콘스탄티누스의 통치기에 기독교는 이교들과 동등한 지위를 부여받았지만, 50년 뒤 테오도시우스 황제는 기독교만 유일한 종교로 허용했던 것이다. 심지어 시리아에서는 유피테르 신전이 파괴되었고, 카르타고의 베누스 신전은 기독교 교회로 바뀌었다. 로마의 만신전은 겨우 보존되었지만 로마 제국 세계의 거의 모든 지방에서 기독교 열광주의자들은 야만적으로 이교의 신전을 파괴했다. 또한 테오도시우스 황제는 우상숭배와 희생제의까지 금지했다.[34] 더구나 로마의 역사가 타키투스에 따르면 로마에서 가장 오래된 전통적인 내장점술까지 금지하고, 가정의 수호신에 대한 신앙까지 억압하여 위반하면 무거운 벌금형으로 다스렸다.[35]

문자주의와 영지주의의 교리 논쟁과 이단 싸움

318년 알렉산드리아에서 주교와 사제들 사이에 교리 다툼이 격렬하게 벌어졌다. 그리스 철학의 영향을 받은 아리우스파는 예수가 신과 동등하다는 사상을 거부했다. 그것은 아버지인 성부가 아들인 성자를 창조했기 때문이다. 이 사상은 플라톤, 스토아학파, 플로티누스, 오리게네스, 아리우스로 이어진 것이었다.

반면에 아타나시우스파는 예수가 신이라고 하면서 성부(聖父), 성자(聖子), 성신(聖神, 聖靈)은 모두 동등하다고 주장했다. 소위 삼위일체(三位一體) 사상이다. 이에 동조한 콘스탄티누스 황제는 아리우스의 책을 불사르고 그의 책을 숨긴 자까지 처형하도록 명령했다.[36] 역사철학자 기번은 이 논쟁은 단적으로 '아버지와 아들이 닮았는가, 아니면 똑같은가?'라고 지적했다. 하지만 이 논쟁은 유혈사태로까지 번져 알렉산드리아에서 4개월 동안 소위 성직자가 선동한 군대가 수많은 신도를 살해하고, 주교와 사제들을 모욕하고, 처녀들을 발가벗겨 구타하고 능욕했다. 심지어 군인들은 부유한 시민들의 재산까지 약탈했다. '종교적 열정이라는 미명하에 아무 제재도 받지 않고, 심지어 박수갈채를 받으면서 온갖 탐욕과 욕정, 그리고 사적인 원한이 마음껏 충족되었다.'고 기번은 강하게 비판했다.[37]

그 뒤에도 문자주의와 영지주의의 대립은 동로마 제국이 사산조 페르시아와 전쟁을 벌일 때 정치적 파벌싸움으로 번졌다. 당시 사산 왕조의 바흐람 5세는 중앙아시아로 세력을 확장하면서 아르메니아를 속주로 편입시켰으며, 421년에는 동로마 제국에게 패배를 안겨 주었고, 기독교인을 박해했던 인물이었다.[38] 그런 전란의 시기인 428년 동로마 제국 콘스탄티노플의 주교이면서 영지주의자였던 네스토리우스는 '예수는 신성(神聖)과 인성(人性)을 동시에 지니고 있고, 마리아도 신이 아니라 인간이다.'라고 주장했다. 이에 반발한 알렉산드리아의 주교이며 문자주의자 키릴루스는 교권의 주도권을 두고 이단 논쟁을 벌였다. 말하자면, 알렉산드리아의 이집트학파는 예수의 신성을 강조하고, 안티오크의 시리아학파는 예수의 인성을 강조했던 것이다.[39]

마침내 네스토리우스는 이집트로 추방당한 뒤에 수도사에게 살해당했고, 동로마 황제 제노로부터 국외 추방 명령을 받은 네스토리우스파는 페르시아로 피신했다. 10년 뒤에 네스토리우스파는 동방 독립교회로 떨어져 나왔고, 651년 사산조 페르시아가 이슬람 세력에게 멸망당하자 멀리 중앙아시아, 중국 등 동아시아로 이동하게 되었다. 그런데 4세기 초부터 기독교는 로마 제국의 정치적 질서와 타협하면서 라틴 서방세계를 중심으로 비약적으로 발전했다. 그 후 기독교는 서방 기독교와 동방 기독교라는 두 흐름으로 갈라져서 교권과 교리의 갈등을 겪다가 마침내 1054년 성 소피아 성당에서 상대방에게 서로 파문을 내리고 결별하게 되었다.[40]

기독교의 성장과 교회의 부패

●

영국의 사회인류학자 리치는 아리우스파가 이단으로 단죄받은 것은 교회의 정치적 위계질서와 함께 로마 제국의 기독교 수용과 연관이 있다고 보았다. 초기 기독교의 각 교파들은 천년왕국주의적이면서 동시에 아리우스적이었다. 왜냐하면 아리우스적 진보주의자들은 정통파 사제에 대항하여 권력 싸움을 감행했는데, 모두가 인정하듯이 극단적 천년왕국운동인 여호와의 증인이 바로 아리우스파의 계승자이기 때문이다. 그래서 권력자들은 새로운 시대가 온다는 주장이나 신이 인간의 모습으로 출현할 것이라는 주장은 정치적으로 체제 전복적이고 파괴적이라고 여겼던 것이다.[41]

그렇다면 기독교가 급성장한 이유는 무엇일까? 기번은 크게 다섯 가지로 압축했다.

첫째 기독교도의 불굴의 그러나 편협한 열정, 둘째 내세에 대한 교리, 셋째 초기 기독교가 보여 준 기적의 힘, 넷째 기독교인들의 순수하고 엄격한 도덕관, 다섯째 로마 제국의 한복판에서 점차 위치를 확보해 간 독자적인 기독교 국가의 통일과 계율이다.[42]

물론 313년 콘스탄티누스의 기독교 공인도 중요했지만 테오도시우스 황제가 380년 기독교를 로마의 국교로 삼고 다른 종교를 일체 금지하는 칙령을 반포한 것이 결정적이었다. 그 뒤 기독교는 사상과 조직, 행동 면에서 중대한 변화를 일으켰다. 먼저 가톨릭교회로부터 분리된 이단교파들에 대한 전면적 파괴와 말살이 진행되었다. 그래서 그들의 모든 집회를 금지하고, 특히 재산을 몰수하여 국가 또는 가톨릭교회가 사용하도록 조처했다.[43]

이단을 말살하려고 심지어 종교전쟁까지 벌인 것은 교황이었다. 1095년 로마 교황 우르바누스 2세는 노예의 자유와 범죄자의 사면을 약속하면서 모집한 10만여 명의 십자군을 동원하여 안티오키아의 유대인을 학살하고, 1098년 성지 예루살렘을 탈환하여 유대인과 수많은 이슬람교도를 무자비하게 학살했다.[44]

그 뒤 200여 년 동안 9차례나 지속된 십자군 전쟁의 진짜 목적은 로마 가톨릭이 비잔티움의 동방교회를 장악하는 데 있었다. 그런데 2차부터 식량이 떨어진 십자군은 주변 국가들을 약탈하고, 4차 때는 소피아 대성당을 공격하고 비잔티움을 초토화하여 동로마 제국이 1453년 오스만 제국의 공격으로 무너지는 계기가 되었던 것이다.[45]

특히 기독교 내부에서 이단교파를 공개적으로 화형(火刑)에 처한 것은 1017년부터 시작되었는데, 20년 동안 수백 명의 알비파(Albigenses) 교도를 잔인하게 불태워 죽였다. 그들이 가톨릭 사제들의 부패를 비판했기 때문이었다.[46] 성경역사학자 디몬트는 십자군에 의해 30년 동안 알비주의파라는 혐의를 받아 100만 명 이상의 프랑스인이 사살되었고, 십자군 원정 200년 동안 피살된 유대인은 약 10만 명으로 추정된다고 밝혔다.[47]

하지만 신화학자 캠벨에 따르면, 12세기 내내 영지주의파와 도나투스파(Donatist)의 이단 교리가 확산되었다. 당시 사제들의 부패와 타락이 심각했기 때문이었다. 이를테면, 1198년 대주교 루즈몽은 성직을 매매하고, 사촌인 대수녀원장과 동거하면서 수녀와 사제의 딸까지 첩으로 두었다. 그런데 교황 인노켄티우스 3세가 그를 사면하자 분노한 농민들은 봉기하여 루즈몽 대주교를 쫓아내고 말았다. 그처럼 사제들의 성적 문란은 교황 그레고리우스 7세가 즉위한 1073년부터 사제의 독신을 강요했기 때문이다. 그래서 결혼한 사제들을 환속당하거나 투옥되었고, 토지까지 빼앗겼던 개혁운동이 효력을 발휘한 것이다. 사제가 가족이 없으면 재산이 교회에 소속되기 때문이었다.[48]

하지만 1209년 교황 인노켄티우스 3세는 광신적인 수도사들, 기병 2만, 보병 20만여 명의 십자군을 동원하여 미트라교가 번진 남부 프랑스의 베지에르에서 2만여 명을 죽이고 그들의 재산을 몰수했는데, 툭히 막달레나 교회에서만 피난민 7천 명이 희생되었다고 한다. 더구나 1252년 교황이 종교재판에서 고문까지 허용하자 잔인하게 불태워 죽이는 화형이 널리 이루어졌다.[49]

그러나 십자군 전쟁과 과학의 발전은 르네상스와 종교개혁의 기폭제가 되었다. 점차 반교황적인 운동이 일어나 프랑스의 왕 필립 4세(1285년~1314년)는 교황을 이단이라고 비난하고 그를 체포하려고 군대까지 파견했고, 16세기에 종교개혁이 터져 가톨릭교회는 개신교와 경쟁하는 신세로 전락했다.[50]

물론 가톨릭 입장에서 사제를 통하지 않고 신과 직접 소통하겠다는 개신교는 엄청난 이단이었다. 이러한 이단 논쟁은 기독교 초기부터 시작되었던 것이다. 그런데 흥미로운 것은 당시 기독교 세계에서 비기독교도로서 남아 있는 것은 단지 유대교를 믿는 유대인뿐이라는 사실이다. 하지만 신성한 예수와 동족인 유대인을 죽일 수 없었기 때문에 개종을 하지 않는 골치 아픈 유대인에게 황색 배지(badge)를 달게 하거나 게토에 가두거나 다른 나라로 추방했다.[51]

네 복음서의 저자에 대한 의문점

●

이집트 나그함마디 동굴에서 발견된 영지주의 문헌은 초기 기독교에 대한 전통적인 생각을 완전히 바꾸어 놓았다. 가장 중요한 것은 경전의 문제였다. 엘레인 페이절스 교수에 따르면, 2세기경 정통 문자주의 신학자 이레나이우스는 기독교의 경전인 『신약성경』의 네 복음서를 기록한 사람들이 예수의 제자들이며 그 추종자들이고, 그 제자들은 저술한 사실을 목격했다고 말했다.

그러나 페이절스는 오늘날 예수와 동시대 사람들이 신약의 네 복음서를 기록했다고 믿는 사람들은 거의 없다고 지적했다. 더구나 네 복음서를 쓴 사람들에 대해서는 그 실상이 알려진 바가 전혀 없다는 것이다. 페이절스는, 다만 그 기록들이 사도나 사도의 추종자들이 썼다고 추정할 뿐이라고 밝혔다.[52] 이를테면 「마태가 기록한 기쁜 소식」은 훨씬 후대에 마태라고 여겨진 집단이 편찬했을 것이라는 뜻이다. 도킨스 교수도 네 복음서의 저자들이 누구였는지는 알 수 없지만 그들이 예수를 개인적으로 만난 적이 없음은 거의 확실하다고 말했다.[53]

그런데 매우 흥미로운 것은 영지주의 복음서에 오시리스 신앙과 닮은 내용들이 보이는 점이다. 즉, 예수가 제자들에게 빛의 천사로 나타나 원무를 그리면서 비밀을 가르쳐 주겠다고 말한 부분이다. 다음 장에서 영지주의가 본 예수, 그리고 이집트의 오시리스 신비종교와 그 유사성을 살펴보기로 한다.

1   엘리아데; 앞의 책(세계종교사상사 2권), 540~544쪽.

2   슈테게만; 앞의 책, 355~358쪽. 530~534쪽. 504~511쪽.

3   러셀; 앞의 책, 430쪽.

4   페이절스; 앞의 책, 18~19쪽.

5   페이절스; 앞의 책, 21~23쪽.

6   페이절스; 앞의 책, 39~49쪽.

7   번즈; 앞의 책 1권, 259~263쪽.

8   키오바로 · 베시에르; 앞의 책, 29쪽, 42~43쪽.

9   위키백과;「교황」

10 기번; 앞의 책, 267-277쪽.

11 노스; 앞의 책 상권, 359~362쪽.

12 프리크·갠디; 앞의 책, 365~367쪽.

13 리치; 앞의 책, 228~229쪽.

14 듀런트; 앞의 첵 3-2권, 438~439쪽.

15 프리크·갠디; 앞의 책, 361~374쪽.

16 듀런트; 앞의 책 3-2, 76~77쪽.

17 타키투스; 앞의 책(연대기), 675쪽, 674~676쪽.

18 슈테게만; 앞의 책, 503~504쪽.

19 프리크·갠디; 앞의 책, 382~392쪽.

20 타키투스; 앞의 책(역사), 399~403쪽.

21 키케로; 앞의 책(신들에 관하여), 225쪽. 97쪽.

22 키케로; 앞의 책(예언에 관하여), 9~11쪽. / 키케로; 앞의 책(신들에 관하여), 160~161쪽. 벼락

점(번개점)은 하늘을 16등분하여 번개 치는 위치에 따라 길흉을 판단했다.

23 엘리아데; 앞의 책(세계종교사상사 2권), 494~502쪽. / 캠벨; 앞의 책(서양신화), 369~370쪽.

24 듀런트; 앞의 책 3-2, 323~323쪽.

25 이희수; 앞의 책, 270~273쪽.

26 캠벨; 앞의 책(서양신화), 307쪽.

27 듀런트; 앞의 책 3-2, 113~114쪽.

28 노스; 앞의 책 상권, 141쪽. / 키케로; 앞의 책(신들에 관하여). 로마의 귀족과 철학자들이
    그리스의 철학을 중심으로 토론한 내용이 대화체로 서술되어 있다.

29 슈테게만; 앞의 책, 513~524쪽.

30 듀런트; 앞의 책 3-2, 347쪽.

31 프리크·갠디; 앞의 책, 392~422쪽.

32 이희수; 앞의 책, 281~284쪽.

33 프리크·갠디; 앞의 책, 392~422쪽.

34 기번; 앞의 책, 479~481쪽. / 캠벨; 앞의 책(서양신화), 448~451쪽.

35 타키투스; 앞의 책(연대기), 435쪽.

36 듀런트; 앞의 책 3-2, 519~523쪽.

37 기번; 앞의 책, 378~379쪽.

38 이희수; 앞의 책, 287~289쪽.

39 캠벨; 앞의 책(서양신화), 468~469쪽.

40 정수일; 앞의 책(고대문명교류사), 535~556쪽.

41 리치; 앞의 책, 230~235쪽.

42 기번; 앞의 책, 244쪽.

43 기번; 앞의 책, 347~348쪽.

44 번즈; 앞의 책 2권, 405~410쪽. / 디몬트; 앞의 책, 30쪽.

45 이희수; 앞의 책, 361~365쪽.

46 캠벨; 앞의 책(서양신화), 568~569쪽.

47 디몬트; 앞의 책, 34쪽.

48 버트하임; 앞의 책, 51쪽.

49 번즈; 앞의 책 2권, 418~419쪽.

50 캠벨; 앞의 책(서양신화), 564~576쪽.

51 디몬트; 앞의 책, 27~29쪽. 41~42쪽. 교황 인노센트 3세가 1215년 유대인에게 황색 배지를 달라고 명령했고, 1516년 베네치아에서 유대인을 격리시키는 최초의 게토가 생겼다. 13~15세기에 영국, 프랑스, 스페인, 포르투갈이 추방한 유대인은 동유럽으로 건너갔다.

52 페이절스; 앞의 책, 57쪽.

53 도킨스; 앞의 책, 153쪽.

6장

기독교 영지주의와
예수의 부활

헬레니즘 시대의 신인(神人)들처럼 예수는 온갖 질병을 치료한 의사였고, 악령에 들린 자들을 해방시켜 준 일종의 주술사였다. 그가 사형에 처해질 만한 범죄인 마술을 시행했다고 의심받은 것은 몇 가지 경이로운 일들이 벌어진 뒤였다. 어떤 사람은 예수가 귀신의 왕 바알세불의 도움으로 귀신을 쫓아낸다고 했고, 또 어떤 사람은 예수를 시험하려고 하늘로부터 기적을 요구하기도 했다.[1]

반면에 신비주의적 관점을 지녔던 영지주의자들은 예수의 신비한 행동을 심오한 비유나 특별한 의례로 해석하였다. 마치 이집트의 오시리스 신비종교에서 오시리스의 수난을 체험하여 정신적 부활을 자각한 것과 비슷하다. 물론 기독교 문자주의자처럼 부활을 물리적으로 생각한 이집트의 왕이나 귀족, 평민들은 미라가 되어 3천 년 뒤에 영혼이 돌아오기를 꿈꾸기도 하였다.

미트라교의 신비의식

●

　이란과 인도에서 미트라신은 우주의 질서를 관리하는 태양신이었다. 밤과 낮, 계절을 조절하는 태양신 미트라는 백마를 타고 무장한 전사로 묘사되었다. 미트라의 가장 중요한 임무는 왕에게 행운을 가져다주고 신의 영광을 지키는 일이었다. 그래서 미트라신의 축제는 태양빛이 시들기 시작하는 추분에 거행되었을 것이다.[2]

자료 5-6-1 조로아스터교의 미트라신
(© dynamosquito)

　헬레니즘 시대에 조로아스터교의 이단이었던 미트라교는 로마 시대에 기독교의 강력한 경쟁 상대가 되었다. 신화학자 캠벨에 따르면, 미트라교는 다른 신비종교처럼 동굴에서 신의 죽음과 부활을 체험하는 신비의식을 치렀다. 입문의식은 7단계로 구성되어 있는데, 황도 12궁을 상징하는 동물의 가면을 쓴 사제가 의식을 진행하고 입문자는 갈가마귀(Corax)라고 불리었다.

황도 12궁은 수메르-칼데아의 천문학이 그리스 사상과 결합되었던 시대에 영원히 회전하는 우주를 나타내고, 지구를 겹겹이 둘러싼 7개의 행성은 인간에게 깊은 영향을 준다고 알려져 있었다. 그래서 미트라교의 입문의식은 육체에 갇힌 영혼이 7단계 행성의 궤도를 통과하여 황도 12별자리의 영적 세계에 도달하도록 깨우치는 것이었다.

입문의식이 시작되면 먼저 죽음의 검은 새인 갈가마귀가 입문자를 싣고 상징적으로 달의 세계로 날아간다. 입문자는 순환을 반복하는 달처럼 탄생과 소멸할 운명을 타고난 육체를 변화의 손에 맡기면서 갈가마귀가 되어 달의 문을 통과하여 두 번째 행성인 수성으로 날아간다. 그리스의 헤르메스신과 이집트의 토트신으로 여겨진 수성(Mukury)에서 신비한 재탄생의 지혜를 얻은 입문자는 '숨은 주인(Cryphius)'이라고 일컬어지면서 금성으로 날아간다.

사랑과 미의 여신으로 숭배된 금성(Venus)에서 입문자는 욕망의 홀림 속에서 신비한 소리를 들은 뒤에 '병사(Miles)'가 되어 태양으로 날아간다. 오만과 힘을 나타내는 태양의 영역에서 입문자는 칼 위에 걸린 왕관을 받지만 손으로 떨어뜨리고 오로지 미트라신만이 자기의 왕관이 되어야 한다고 선포한다. 마침내 입문자는 용맹한 사자가 되고 포도주 섞인 물과 빵을 먹는 성찬식에 참여한다.

태양의 문을 통과한 입문자는 대담하고 무모한 화성(Mars)으로 날아가 프리기아의 모자와 구세주인 미트라의 헐렁한 옷을 입고 '페르시아인(Perses)'이라는 이름을 얻는다. 무모하고 성급한 마음을 진정시킨 입문자는 여섯 번째 단계인 목성(Jupiter)으로 날아가 '태양의 달리기 선수

(Heliodromus)'가 된 뒤에 마지막 일곱 번째 단계인 토성(Saturn)으로 올라가서 '아버지(Pater)'라는 신성한 존재가 된다.[3]

특히 입문자가 7단계를 상승하면서 겪는 시련은 쾌락과 고통에 초연한 스토아학파나 고행하는 수도승처럼 해탈하는 데 크나큰 조력자가 된다. 중요한 것은 오리엔트 신비종교들, 즉 미트라, 디오니소스, 이시스, 키벨레 신비종교가 수백 년 동안 서로 영향을 주고받으면서 내용이 풍부해졌다는 사실이다. 바로 종교의 혼합이 이루어진 것이다. 캠벨은 모든 신비종교의 의식이 삶을 놀랍도록 신성하게 해 주었기 때문에 종교적 혼합이 가능했다고 보았다.[4]

그노시스를 전수한 영지주의 입문식

●

초기 기독교의 영지주의 신앙은 오리엔트의 신비종교와 상당히 유사한 점이 보인다. 이를테면, 영지주의 문헌에서 예수가 제자들에게 빛의 천사로 나타나 원무를 그리면서 비밀을 가르쳐주는 부분이 그러하다. 이는 그리스의 엘레우시스 신비종교나 페르시아의 미트라교의 입문의식에서 입문자를 중심에 두고 황도 12궁을 상징하는 12명이 원을 도는 모습과 비슷하다. 이를테면, 「요한행전」에서 예수를 중심으로 원을 그리면서 제자들이 춤을 추었는데, 예수는 이런 수난을 상징하는 원무를 신성한 비밀이라고 부르라고 하였다.[5]

예수는 우리에게 서로 손을 잡아서 원을 만들게 하시고, 당신은 그 가운데 계셨다. 예수께서 말씀하셨다. "아멘으로 응답하라." 우리는 찬송가를 부르기 시작하였다. "아버지여, 당신께 영광을!" 우리는 모두 둥글게 원을 그리면서 대답하였다. "아멘" "말씀이여, 당신께 영광을! 은혜여, 당신께 영광을!"…[6]

또 초기 기독교의 신학자 오리게네스(185년~254년)는 기독교가 은밀한 신비를 가르치는 것이 오시리스 신앙과 비슷하다고 인정하면서 공개적으로 대중에게 전수하지 않는 은밀한 교리가 있다고 하였다. 더구나 초기 기독교의 가장 위대한 인물로 평가받는 클레멘스에 따르면, 마가는 세 복음을 썼다. 초보자에게 맞는 신약의 복음서 말고 「비밀 복음서」가 있는데, 그노시스를 전하는 다른 한 가지 복음은 구전으로 전해졌다고 한다. 즉, 예수가 죽은 나사로를 살려 낸 「요한이 기록한 기쁜 소식」 11장 43~44절은 원래 입문식을 통한 영적 재생의 비유라는 것이다.[7]

"나사로야, 나오너라." 하고 크게 외치시자 죽었던 그가 손발이 베에 묶인 채 나왔다. 그의 얼굴은 수건으로 싸여 있었다. 예수님은 그들에게 "풀어서 다니게 하라." 하고 말씀하셨다.

또한 「요한이 기록한 기쁜 소식」 11장 15~16절에서 예수가 죽은 나사로를 깨우러 가자고 하자, 디두모라는 도마가 다른 제자들에게 "우리도 예수님과 함께 죽으러 가자."는 부분도 앞에서 언급했지만 입문식에서 죽었다가 되살아나는 비유임이 명백하다.

종교사학자 엘리아데에 따르면, 헬레니즘 시대와 기독교 시대 초기에 모든 위대한 종교 속에는 소수의 전문가들에게 입문식을 통해 어떤 비밀을 전수했던 사실이 입증되고 있다. 유대교, 유대교의 분파들, 에세네파, 사마리아인, 바리새파 사이에서도 정도의 차이는 있지만 입문의 례적인 시나리오, 즉 '비밀스런 가르침-의례-신자들의 분리-침묵의 맹세' 등을 볼 수 있다는 것이다. 어떤 가르침은 다음과 같이 「마가가 기록한 기쁜 소식」 4장 33~34절에도 나타나 있다.[8]

예수님은 이와 같이 많은 비유를 들어 그들이 알아들을 수 있는 데까지 가르치셨다. 그러나 비유가 아니고서는 그들에게 말씀하지 않으셨으며 제자들에는 모든 것을 따로 설명해 주셨다.

그런데 엘리아데는 기독교 교회가 초창기부터 초심자, 숙달자, 완전자의 세 단계로 나누어 입문의식을 거행했다고 지적했다. 이는 오리게네스와 클레멘트도 밝히고 있는데, 이러한 비밀스런 가르침은 바로 영지주의의 전통이라고 볼 수 있다. 단적으로 그 가르침은 '세례, 성찬, 십자가의 상징'을 다루고 있고, 천사장들과 묵시록에 대한 해석을 담고 있다. 특히 영적으로 성숙된 완전한 자에게 계시된 비밀은 천사들이 살고 있는 일곱 개의 하늘을 관통하는 '그리스도의 하강과 상승에 대한 신비들, 개개인의 종말론, 사후 영혼의 신비적인 여행'을 사도들의 전승과 연결시키고 있다. 그러나 사도들의 비밀스런 전승은 영혼의 상승과 천계의 비밀에 관한 유대교의 비밀의례를 계승하고 있는 것이다. 물론 이 비밀의례는 이집트와 이란의 종말론적 사상과 비슷하다.[9]

특히 성경학자 디몬트에 따르면, 유대교의 비밀의례는 계시받은 히브리 민족의 성자가 극소수의 전수자에게 비법을 전했다는 소위 카발라(Kabala)를 말한다. 신에게 직접 다가가는 법을 가르친 밀교적 카발라가 조로아스터교적 부활신화와 영지주의적 이단설을 키웠고, 15~16세기에는 기독교 세계에 널리 퍼졌던 것이다. 결국 중세 때 스스로 메시아라는 인물들이 한 세기마다 나타난 것도 카발라의 영향 때문일 것이다.[10]

예수가 말한 비유의 비밀

●

예수가 사용한 비유의 정체성은 무엇일까? 예수의 비유를 연구한 예레미야스에 따르면, 신약의 네 복음서에 41개의 비유가 등장한다. 하지만 예수의 비유는 전 시대 랍비들의 문헌에서는 거의 보이지 않는 새로운 것들이다. 비유의 내용은 '기쁜 소식, 종말론, 회개, 바리새파와의 대립'이 중심이다.[11]

이러한 주제들은 기독교의 중심인 성찬의례로 종합할 수 있다. 성찬의례(聖餐儀禮)는 예수의 피와 살을 먹는 종교의식이기 때문이다. 즉, 포도주는 예수의 피이고 빵은 예수의 몸인데, 성경에서 이 주제가 되풀이되어 나타난다.[12] 대표적인 비유가 '씨 뿌리는 사람'과 '오병이어'이다.

「요한이 기록한 기쁜 소식」 12장 24절에서 '한 알의 밀이 땅에 떨어져 죽지 않으면 한 알 그대로 있지만 죽으면 많은 열매를 맺느니라.'라는 말은 제자들에게 기쁜 소식을 전하라는 뜻도 있지만, 인류학자 리치에 따르면, 예수의 자기희생과 자기의 죽음을 예언하는 뜻이기도 하다.[13] 이는 「마태가 기록한 기쁜 소식」 13장 4~8절도 마찬가지이다.

"한 농부가 들에 나가 씨를 뿌렸다. 어떤 씨는 길가에 떨어져 새들이 와서 먹어 버렸고, (중략) 어떤 씨는 좋은 땅에 떨어져 100배 60배 30배의 결실을 맺었다."

이 비유에서 밀은 예수로 볼 수 있다. 예수는 사람들을 구원하기 위하여 죽었기 때문에 예수의 피인 포도주를 마시고 예수의 몸인 빵을 먹어 신인 예수와 하나가 되는 성찬의례를 치르는 것이다. 따라서 리치는 빵과 물고기는 물질적인 음식이 아니라 정신적인 음식으로 이해되어야 한다고 보았다.[14]

오병이어의 기적

●

널리 알려진 「마가가 기록한 기쁜 소식」 6장 41~44절에 기록된 오병이어(五餅二魚)의 비유는 예수가 5개의 빵과 두 마리의 물고기로 5천 명의 군중을 먹이는 성찬의례이다.

예수님은 빵 다섯 개와 물고기 두 마리를 받아 들고 하늘을 우러러 감사 기도를 드리신 다음 빵을 떼어서 제자들에게 주시며 사람들 앞에 갖다 놓게 하였다. 그리고 물고기 두 마리도 모든 사람에게 나누어 주셨다. 그래서 제자들이 모두 실컷 먹고 남은 빵과 물고기 조각을 열두 광주리나 거뒀으며 먹은 사람은 남자만 약 5,000명이었다.

물론 예수가 목동이고 군중은 양이라는 점에서 물고기와 빵은 물질적 음식이 아니라 정신적 음식이다. 이는 「요한이 기록한 기쁜 소식」 6장 41절에서 "내가 하늘에서 내려온 빵이다."라고 말하면서 군중들이 먹은 하늘에서 내려온 빵이 바로 예수 자신이라고 분명하게 기록되어 있다. 중요한 것은 리치에 따르면, 성경의 성스러운 이야기는 신화이고 비유로 검토될 수 있다는 점이다. 그리고 이 비유들은 초기 기독교 교

회의 예배의식에서 사용되던 그리스도의 복음 이야기이기 때문에 의미가 있다.[15]

이 점은 조철수 교수도 지적했다. 그의 『예수평전』에 따르면, 예수는 창세기 1장에서 여호와의 천지창조처럼 대부분 말로써 불구자나 병자를 치유했다. 이는 과학적으로 볼 때 불가능한 일이 대부분이고 비유로 해석할 때만 이해될 수 있다. 특히 네 복음서에 모두 기록된 오병이어의 기적은 문자적으로 받아들이기보다는 문맥이나 비유로 해석하는 것이 훨씬 바람직하다.[16]

다시 말하면 오병이어의 이야기는 기적이 아니라 예수가 특별한 만찬의례를 열어 다섯 명의 천부장(千夫長), 즉 1천 명을 거느리는 지도자 5명을 선출했다는 뜻이다.[17] 왜냐하면 사람들에게 빵을 먹였다는 것은 성찬의례를 상징하고, 물고기는 양별자리의 시대가 지나고 물고기별자리가 시작되는 메시아, 즉 예수를 상징하기 때문이다.

특히 5천은 히브리어로 '하메쉐트 알라핌'이지만 히브리어나 아람어는 모음부호가 없어서 '알라핌'을 '알루핌'으로 읽을 수 있다. 따라서 5천은 다섯 천부장이란 뜻이다. 이는 천부장, 재판관, 사제장, 부족장들이 참석하는 에세네파 최고 의결기관의 조직과 비교해 보면 분명히 드러난다. 결국 오병이어 일화는 문자 그대로 배고픈 사람 5천 명을 먹였다는 이야기가 아니고 별자리의 계시를 통해 예수가 하느님의 아들로 세상에 내려온 비유로 볼 수 있다. 왜냐하면 세례요한이 죽은 뒤라 예수 공동체는 새로운 도약이 필요했기 때문에 만찬의례를 벌인 것이다.[18]

그런데 왜 물고기 두 마리인가? 그것은 황도 12궁인 물고기자리(Pisces)는 하늘에서 두 마리의 물고기가 서로 멀어지는 모습을 하고 있기 때문이다. 중요한 사실은 미국의 천문학자 에브니에 따르면, 지구의 세차운동으로 2,160년마다 춘분점이 서서히 변하는데, 예수의 시대에는 양자리에서 물고기자리로 춘분점이 이동하는 천문현상이 일어났다. 따라서 두 마리의 물고기는 예수가 새로운 시대의 메시아라는 하늘의 징표인 것이다.[19]

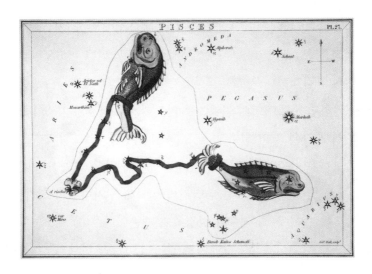

자료 5-6-2 물고기별자리

독일의 종교학자 슈테케만에 따르면, 물론 만찬은 유대인의 관습이지만 누가는 이를 예수와 연결시켰고, 「사도들의 전도 기록」에서는 빵을 떼는 것은 종말의 시기에 구원에 대한 기쁨과 연결되었다. 말하자면 제의적인 면에서 주(主)의 만찬은 여러 기독교인이 하나의 몸임을 상징했던 것이다.[20]

엘리아데도 오병이어는 한 집단의 연대를 확인하고 회복시키는 수단이 된 고대의 의례적인 행동과 관련된 것이라고 지적했다. 그런데 예수가 종말을 예언하자 흥분한 군중은 그 깊은 의미를 이해하지 못하고 예수를 기다려 온 민족의 정치적 메시아로 보았다. 결국 「요한이 기록한 기쁜 소식」 6장 15절에서 '예수는 그들이 몰려와 자기를 끌어다 그들의 왕으로 삼으려 한다는 것을 알았다.' 그래서 예수는 무리들을 해산했고 제자들과 함께 작은 배에 몸을 숨기고 갈릴리 호수를 건넜다.[21]

예수의 비유와 영지주의

●

예수가 비유로 설교한 이유가 「마가가 기록한 기쁜 소식」 4장 11절에 구체적으로 명시되어 있다.

"하느님 나라의 비밀을 너희에게는 주었으나 외인에게는 모든 것을 비유로 하나니, 이는 그들로 하여금 보기는 보아도 알지 못하며 듣기는 들어도 깨닫지 못하게 하여 돌이켜 죄 사함을 얻지 못하게 하려 함이다."

또한 「마태가 기록한 기쁜 소식」 13장 11절에도 예수가 비유로 설교한 이유가 분명하게 나타나 있다. 즉, '천국의 비밀을 아는 것이 너희들에게 허락되었으나 그들에게는 아니 되었다.'

이에 대해서 페이절스 교수에 따르면, 기독교 초기의 영지주의자들은 영적인 성숙도가 이루어진 사람들에게만 사사로운 자리에서 예수가 깊은 비밀을 가르쳐 주었으며 그들만이 영지에 입문할 자격을 소유했다고 주장했다. 또 영지주의자들은 십자가에 못 박혀 죽은 뒤에도 부활한 예수가 환상을 통하여 신적인 신비의 새로운 세계를 열어 보여 주었다고 주장했던 것이다.[22]

이러한 신비적 태도는 사도 바울의 고백에서 잘 나타나 있다. 바울은 「고린도 교회에 보낸편지」 12장 2~4절에서 다음과 같이 고백했다.

나는 14년 전에 세 번째 하늘에 이끌려 갔습니다. 그때 실제로 내 몸이 올라간 것인지 아니면 내 영이 몸을 떠나 올라간 것인지 나는 모르지만 하느님은 아십니다. 나는 낙원으로 이끌려 가서 도저히 표현할 수도 없고 또 누구에게도 알려서는 안 되는 말을 들었습니다.

그리고 「고린도 교회에 보내는 편지」 2장 6절에서 바울은 예수와 영적 교제를 하여 숨겨진 여러 신비와 비밀의 지혜를 발견했는데, 누구에게나 전달한 것이 아니라 믿음이 성숙한 기독교인에게만 나누어 주었다고 말했다. 그런 의미에서 페이절스 교수는 「도마복음」에서 예수가 쌍둥이와 대화하는 모습은 낮은 자아가 수준 높은 자아와 일체가 되는 비유이며, 도마는 예수의 영적인 분신(分身)을 상징한다고 밝혔다. 또 「마리아 복음서」에서 예수와 마리아의 관계는 신비한 교제를 의미했는데, 그것은 영적 경험을 성적인 은유로 묘사하는 것이 모든 신비주의적인 종교의 전통이기 때문이었다.

결국 페이절스 교수는 영지주의는 복음서를 역사적 사실이 아닌 진리를 암호화한 비유적인 문학작품으로 보았다고 지적했다. 마치 오늘날 침례교인이나 퀘이커교도처럼 영지주의는 누구나 성령을 받으면 하느님과 직접으로 교제한다는 신념과 비슷하다는 것이다.[23]

영지주의자들이 보는 예수의 십자가 처형

●

325년 니케아 종교회의는 예수가 신성이 육화되었다는 것과 성부, 성자, 성령이 하느님 안에 함께 존재한다는 삼위일체설을 정통신앙으로 공인했다.[24] 그러나 영지주의자들은 예수가 인간의 육체를 지니고 있지 않다고 강조하면서 예수의 십자가 처형은 환상이라고 주장했다. 다시 말하면 가현설을 믿는 영지주의자들은 예수의 십자가 처형을 역사적 사건으로 보지 않고, 고통을 당하고 죽은 세속적인 자아와 초월적인 자아로 이루어진 비유라고 보았다.

종교에서 가현설(假現設)은 신이나 부처가 사람의 모습으로 이 세상에 잠시 나타난다는 이론이다. 영국의 철학자 러셀은 예수를 신이 아니라 예언자로 인정한 무함마드가 영지주의의 가현설을 받아들였다고 지적했다. 즉, 예수가 십자가에 못 박혀 죽은 것은 단지 환영에 지나지 않는데도 유대인과 로마인이 그런 환영에 현혹될 만큼 무능하고 무지해서 쓸데없는 보복을 했다는 것이다.[25] 이러한 러셀의 설명은 『코란』 4장 157절을 근거로 삼은 것이다.

"우리들은 구세주, 신의 사도, 마리아의 아들 예수를 죽였다."고 말하고 있다. 어째서 잡혀 죽었겠는가. 어찌하여 십자가에 매달렸겠는가. 단지 그와 같이 보였을 뿐이다. … 그들은 절대로 예수를 죽이지 않은 것이 확실하다.[26]

과학사학자 헨라에 따르면, 무함마드의 엄격한 유일신교는 예수가 신성이 육화(肉化)되었다는 것과 삼위일체설을 거부했다.[27] 이슬람교는 예수를 예언자라고 볼 뿐이다. 절대신이 모세와 예수, 무함마드 같은 예언자들에게 계시하여 모세의 『오경』, 예수의 『복음서』, 『코란』 같은 경전이 나왔다는 것이다. 특히 『코란』은 알라신이 20년 동안 천사 가브리엘을 통하여 무함마드에게 내린 계시를 한데 묶은 완벽한 경전이라고 여긴다.[28]

그런데 신화학자 캠벨은 "『코란』은 예수의 십자가 처형에 대하여 예수 아닌 다른 사람이 십자가에 달렸다고 말한다."고 지적했다.[29] 그렇다면 그 다른 사람은 누구일까? 십자가 처형이 비유가 아니고 역사적 사실이라면 처형된 사람은 그의 동생일 가능성도 배제할 수 없다. 외모가 예수와 가장 비슷하기 때문이다. 그런 가능성 속에서 십자가 처형 이후에 예수가 제자들과 함께 빵과 물고기로 식사를 한다든지 유령과 달리 예수의 살과 뼈가 만져지는 비현실적이고 신화적인 예수의 모습이나 행동이 설명될 수 있다.

그러나 영지주의자들은 예수의 죽음을 물리적 사실이 아니라 비유로 보았다. 이를테면, 「위대한 셋의 두 번째 글」에서 예수는 "내게 죽음이 일어났다고 생각했으나 죽음은 그들의 오류와 눈멂 속에서 그들에게 일어났다."면서 다음과 말하였다.

나는 실제로 죽은 것이 아니라 겉보기에만 그러했으니 … 나는 높은 곳에서 즐거워하고 있었다. … 나는 내 모습을 바꾸어 이 형상에서 저 형상으로 변하고 있었기 때문이다. … 나는 위에 계신 아버지의 뜻에 따라 내게 원하는 것을 성취하려는 욕망으로 인해 이런 일들을 하고 있었다.[30]

말하자면 인간들이 본 예수의 육체는 겉모습에 불과하며 진정한 실체는 천상의 거룩한 존재이기 때문에 겉모습은 보는 사람의 정신의 작용이며 실체와는 관계가 없다는 것이다.

중요한 점은 영지주의의 절정기에 인도에서 대승불교가 발전하고 있었다는 사실이다. 대승불교에서 부처의 겉모습은 기독교의 가현설과 똑같은 방식으로 해석되고 있었다. 즉, 부처는 도솔천에서 망상에 사로잡힌 인간에게 깨달음을 주려고 인간의 모습을 하고 이 세상에 나타난 것이다.[31] 물론 이러한 가현설은 주로 부처가 죽은 뒤에 미화되었을 것이다.

「요한행전」도 요한이 예수의 십자가 처형을 가현설의 관점에서 바라본 점에서 주목할 만한 영지주의 문헌이다.

예수께서 가시와 같은 십자가에 달리셨을 때 6시가 되자 온 땅에 어둠이 깔렸다. 그런데 보라, 나의 주님께서는 동굴 한 가운데 서서 동굴을 밝히며 말씀하셨다 … "나는 너를 위하여 이 빛의 십자가를 때로는 말씀이라고 부르겠다" … "그것은 네가 여기서 내려가면 보게 될 나무 십자가가 아니다. 네가 지금 목소리만 듣고 보지 못하는 나는 그 십자가에 달린 사람이 아니다. … 요컨대, 사람들이 나에 대하여 말하는 것을 나는 겪지 않았다"… 그리고 나서 예수께서는 들리어지셨고 … 결국 주님은 인간의 변화와 구원을 위하여 모든 일을 상징적으로 하셨다는 것이다.[32]

영혼의 소생과 신성한 결혼

●

기독교 영지주의 운동이 화려하게 꽃피던 시기는 2세기 중반이었다.

부활했다고 알려진 예수의 재림이 실현되지 않고 영적인 의미로 해석되자 영지주의가 뿌리를 내리고 힘을 얻게 되었는데, 이단의 시조인 마르키온(85년경~160년경)은 바울의 권위에 큰 위협이 되었다.[33] 그런데 이 시기는 피우스 황제와 아우렐리우스 황제가 통치한 로마 제국이 영광의 정점에 도달한 때였다. 특히 로마의 종교적 관용은 자유를 인정하는 태도를 낳았고 종교적인 조화도 낳았다. 다시 말하면 헬레니즘 시대처럼 종교적 혼합이 이루어진 것이다.[34]

그런 시대적 흐름에 따르면서 고대 오리엔트의 신비종교처럼 영지주의 입문식은 영혼을 소생시키는 방법이었고 입문식에서 중요시된 것은 신성한 결혼식이었다. 즉, 환생의 고리를 끊은 자아인 오시리스-디오니소스, 그리고 그 신인(神人)의 신부로 여겨지고 환생한 자아인 입문자는 혼례(婚禮)의 방에서 입문식을 치렀다. 이를 영적 결혼이라고 불렀는데 타락한 소피아인 막달라 마리아를 구해 주는 예수가 바로 그런 비유에 해당된다. 이는 영지주의 문헌인 「영혼의 해석」에 자세하게 설명되어 있는데, 영적인 결혼을 통해서 거듭 나고 부활한 영혼은 하늘로 상승하는 것이다.[35]

그래서 그리스도가 된다는 것은 이집트인이 오시리스 아무개가 되는 것처럼 한 명의 예수가 되는 것이다. 「누가가 기록한 기쁜 소식」 6장 40절에서 '입문한 제자는 그 선생과 같으리라.'가 개역성경에선 입문자 대신 '온전케 된 자'로 번역되었지만, 그는 입문식을 치르고 최종적으로 세례를 통해서 탈바꿈된 인간이다. 그런데 『위대한 로고스의 책』에서 예수는 물, 공기, 불의 세례를 준다. 물의 세례는 물질적 인간의 탈바꿈이고, 공기의 세례는 영적인 깨달음이며, 마지막으로 불의 세례는 모든 가르침을 초월한 그노시스의 깨달음인 것이다.[36]

결론적으로 영지주의는 복음서의 역사성을 부정하지 않았지만 성경을 신화적 비유로 이해했다. 지중해 사람들이 오시리스- 디오니소스 신비종교를 민족적 취향에 따라 각색한 것처럼 유대인도 자기들의 신비종교 버전을 만들었는데, 세월이 흐르자 신화는 사라지고 신화가 역사적 사실로 해석되어 문자주의 기독교가 만들어졌던 것이다.[37]

인류학적 관점으로 보면 성경은 신화이다

●

인류학자 리치는 성경을 바빌로니아의 「길가메시 서사시」처럼 신화적으로 서술된 문서로 보았다. 정경인 네 복음서는 기원전 2세기부터 400여 년 동안 기원도 연대도 다른 다양한 종류의 문서들을 성경의 편집자들이 특별한 문서들만 특정한 방식으로 집대성한 문서이다. 그런데 편집자들은 성경을 역사서처럼 서술하여 대부분의 성경학자들이 성경의 자세한 내용을 진실한 역사라고 확신하고 있다는 것이다.[38]

그런데 성경을 역사서로 확신한 결과 선사고고학자 웬키에 따르면, 17세기 아일랜드의 어셔 주교는 「창세기」에 기록된 아담부터 신약의 예수까지의 나이를 계산하여 여호와가 세상을 창조한 것이 기원전 4004년이라고 계산하였다. 그리고 19세기까지 대부분의 유럽인이 세상의 나이를 6000년으로 보는 어리석음을 범하게 되었다.[39]

또한 유대의 역사학자이며 민족의 배반자로 낙인 찍힌 요세푸스도 신화적인 '노아의 장수'의 이유에 대하여 다음과 같이 억지스런 논리를 발전시켰다.

노아는 홍수 후에 350년간을, 그것도 계속 행복하게 보낸 후에 950세의 나이로 세상을 떠났다. … 이 고대인들은 하나님의 사랑을 받고 있는 데다가 하나님이 손수 만드신 지가 얼마 되지도 않았고, 그들이 먹었던 음식이 생명을 연장시키는데 더 적합했기 때문에 그렇게 장수할 수 있었을 것이다.[40]

현재 한국 천주교는 「사도신경」을 외우고 있다.[41] 한국 천주교에서 사용하는 「사도신경」은 다음과 같다. 이는 1700여 년 전에 만들어진 문자주의적 기독교의 계승으로 볼 수 있다.

전능하신 천주 성부 천지의 창조주를 저는 믿나이다. 그 외아들 우리 주 예수 그리스도님, 성령으로 인하여 동정 마리아께 잉태되어 나시고 본시오 빌라도 통치 아래서 고난을 받으시고 십자가에 못 박혀 돌아가시고 묻히셨으며 저승에 가시어 사흘날에 죽은 이들 가운데서 부활하시고 하늘에 올라 전능하신 천주 성부 오른편에 앉으시며 그리로부터 산이와 죽은 이를 심판하러 오시리라 믿나이다. 성령을 믿으며 거룩하고 보편된 교회와 모든 성인의 통공을 믿으며 죄의 용서와 육신의 부활을 믿으며 영원한 삶을 믿나이다. 아멘.[42]

신화학자 캠벨은 세계는 신화로 가득 차 있지만 사실의 관점에서 보면 그 모두가 허위(虛僞), 즉 진실이 아닌 것을 진실인 것처럼 조작한 것이라고 지적했다. 캠벨은 히브리인의 연대기에서 신화의 시대를 '창조의 7일부터 에덴동산과 타락, 노아의 홍수, 바벨탑'까지로 보았다.[43] 따라서 오늘날 성인이라면 지구, 행성, 짐승, 인간의 기원을 알기 위해서

「창세기」를 들추어 보지는 않을 것이다. 왜냐하면 대홍수도, 바벨탑도, 에덴동산의 첫 부부인 아담과 이브도 존재하지 않았기 때문이다. 오늘날 우리가 과거나 세계의 구조를 알기 위해서는 과학에 의존한다.[44]

구약학자 후크에 따르면, 기독교의 중심신화는 신약에서 예수의 탄생과 부활이다.[45] 그리스의 주신 제우스가 여성 셀레네와 관계하여 디오니소스신이 탄생하는 그리스 신화처럼 여호와신의 성령으로 마리아의 몸에서 예수가 탄생했다고 공관복음서에 기록되어 있다. 또한 죽은 오시리스 왕이 부활하여 저승의 재판관이 되었다는 이집트 신화처럼 예수도 부활하여 하느님의 왼편에 앉아서 최후의 심판 때 지상에 재림한다고 역시 공관복음서에 기록되어 있다. 이와 같은 초자연적인 출생과 죽은 뒤의 부활, 그리고 재림은 신화에 속하고 신비종교의 구세주(救世主), 즉 그리스도 신화에서 비롯된 것이다.

그런데 현대의 대표적 신약신학자 루돌프 불트만은 기독교의 구세주 신화는 그리스 영지주의의 영향을 받은 것이고, 기독교의 핵심인 세례와 성찬식도 이집트와 그리스의 신비종교에서 나온 것이라고 보았다. 물론 불트만은 예수가 설교한 종말론, 하느님의 나라, 그리고 세계관도 신화적이라고 보았다. 특히 불트만은 그리스의 초기 기독교에서 주장한 예수가 사람의 모습으로 이 세상에 잠시 나타났다는 가현설(假現設)도 영지주의의 교리이고 신화적이라는 것은 누구도 부정하지 못할 것이라고 단정했다. 무엇보다 예수는 자신을 신화의 빛 속에서 이해하고 있었던 것은 틀림없는 사실인 것 같다는 것이다.[46] 그런데 과학적인 현대인은 지나가 버린 신화적 세계관은 폐기처분되었다고 여기고 있다. 중요한 것은 신화의 배후에 있는 보다 깊은 의미인데, 바울에 의해서 부분적으로, 요한에 의해서 급격하게 특히 종말론이 비신화화(非神話

化)되었다. 따라서 신화적인 낡은 세계관으로부터 하느님의 말씀을 재해석하고 해방시켜서 예수의 구체적인 말씀을 통한 신앙으로 실존, 즉 절대적인 자유를 얻을 수 있다는 것이다.[47] 불트만의 비신화화는 수십 년 동안 많은 논란을 불러일으켰는데, 다음 장에서는 마지막으로 이집트와 티베트의 죽음의식을 살펴보기로 한다.

1 엘리아데; 앞의 책(세계종교사상사 2), 454~455쪽. 「누가가 기록한 기쁜 소식」 11장 15~16절, 「마가가 기록한 기쁜 소식」 3장 22절, 8장 11절, 「마태가 기록한 기쁜 소식」 12장 24절 38장, 16장 1절. 바알세불(Beelzebul, Baalzebub)은 『구약성경』 「왕들의 통치 2」 1장 1~18절에 기록되어 있다.

2 커티스; 앞의 책, 30~32쪽.

3 캠벨; 앞의 책(서양신화), 297~298쪽

4 캠벨; 앞의 책(서양신화), 312쪽.

5 프리크·갠디; 앞의 책, 174~176쪽.

6 캠벨; 앞의 책(서양신화), 426~427쪽.

7 프리크·갠디; 앞의 책, 178~182쪽.

8 「마가가 기록한 기쁜 소식」 4장 10절 이하, 7장 17절 이하, 10장 10절 이하에도 나온다.

9 엘리아데; 앞의 책(세계종교사상사 2), 503~ 505쪽.

10 디몬트; 앞의 책, 91~97쪽.

11 J. Jeremias; Die Gleichnisse Jesu(예수의 비유), 분도출판사, 1974, 허혁 옮김, 9~11쪽.

12 리치; 앞의 책, 279쪽.

13 리치; 앞의 책, 316쪽.

14 리치; 앞의 책 291~292쪽.

15 리치; 앞의 책, 291쪽, 303~304쪽, 278쪽.

16 조철수; 앞의 책(예수평전), 236~241쪽. 오병이어의 기적은 「마가가 기록한 기쁜 소식」 6장 30~44절, 8장 1~10절, 「마태가 기록한 기쁜 소식」 14장 13~21절, 15장 32~39절, 「누가가 기록한 기쁜 소식」 9장 10~17절, 「요한이 기록한 기쁜 소식」 6장 1~15절에 나와 있다.

17 천부장은 로마 군대의 조직에서 1,000명으로 구성된 부대의 우두머리이다.

18 조철수; 앞의 책(예수평전), 280~290쪽.

19 에브니; 앞의 책(시간의 문화사), 204~205쪽.

20 슈테게만; 앞의 책, 448쪽.

21 엘리아데; 앞의 책(세계종교사상사 2권), 456쪽.

22 페이절스; 앞의 책, 53~54쪽.

23 페이절스; 앞의 책, 58~60쪽.

24 헨리; 앞의 책, 98~99쪽.

25 러셀; 앞의 책, 432쪽.

26 Quran(코란, 쿠란), 명문당, 2011, 김용선 역주, 137쪽.

27 헨리; 앞의 책, 98~99쪽.

28 정수일; 이슬람문명, ㈜창비, 2007, 86~87쪽.

29 캠벨; 앞의 책(서양신화), 512쪽.

30 「위대한 셋의 두 번째 글」 [앞의 책(나그함마디 문서), 512~513쪽.]

31 캠벨; 앞의 책(서양신화), 418쪽.

32 「요한행전」 [캠벨; 앞의 책(서양신화), 429~432쪽.]

33 캠벨; 앞의 책(서양 신화), 433~434쪽.

34 캠벨; 앞의 책(서양 신화), 426쪽.

35 「영혼의 해석」 [앞의 책(나그함마디 문서), 275쪽.]

36 프리크·갠디; 앞의 책, 220~228쪽. / 「세상의 기원」 [앞의 책(나그함마디 문서), 261쪽.]

37 프리크·갠디; 앞의 책, 228~235쪽. / 듀런트; 앞의 책 3-2권, 324~325쪽.

38 리치; 앞의 책, 58~63쪽.

39 웬키; 앞의 책 1권, 30쪽.

40 요세푸스; 앞의 책(유대 고대사 1권), 59쪽.

41 위키백과; 「사도신경」. 한국천주교회는 예식이나 미사에서 고백하고, 개신교회는
    대부분 예배와 예식, 기도회에서 고백한다. 그러나 침례교회, 재림교회, 플리머스 형
    제단, 그리스도의 교회 등의 교단에서는 고백하지 않는다.

42 한국가톨릭대사전 편찬위원회; 앞의 책, 「사도신경」

43 캠벨; 앞의 책(서양신화), 117쪽, 123-124쪽. 전설의 시대는 아브라함과 이집트에 들어
    감, 출애굽과 광야에서 보낸 세월까지이다. 문서의 시대는 가나안 정복부터 바빌론

유수까지이다.

44 캠벨; 앞의 책(서양신화), 593쪽.

45 후크; 앞의 책, 323~345쪽.

46 R. Bultmann; Jesus Christ And Mythology(예수 그리스도와 신화), 한국로고스연구원, 1994, 이동영 옮김. 정훈택 감수. 17~20쪽. 113쪽.

47 불트만; 앞의 책, 21~24쪽. 39~42쪽, 98~99쪽.

이집트와 티베트의
죽음의 기술

구석기 시대 후기부터 죽음은 인류를 사로잡았을 것이다. 그 시기에 매장이 관습이 되었기 때문이다. 이 매장은 내세가 존재한다는 인류의 태도를 암시한다. 특히 5만 년 전 이라크의 샤니다르 동굴에 매장된 샤먼으로 추정되는 네안데르탈인의 머리 곁에 마취환각성 식물이 포함된 꽃다발이 발견되었다.[1] 이러한 장례 모습은 인류의 죽음에 대한 날카로운 자의식이 표현된 것이다.

튀르키예 동남부 네알리 초리에서 발견된 조각상은 신석기 시대인 9,600년경의 것으로 추정되는데, 새의 몸에 사람의 머리를 가진 형태로 미루어 보았을 때 샤먼의 영혼이 초자연적인 존재와 소통했던 것을 암시한다.[2] 그런데 영혼은 꿈속을 자유롭게 출입하거나 빈번하게 나타나는 사자의 출몰에서 원시인류가 추정한 것이다.[3] 또한 신석기 시대에 곡식의 재생에서 삶의 연속성을 자각한 인류는 내세를 가정하면서 부활이나 환생을 꿈꾸게 되었다.[4] 그런 소망이 발전된 것이 수메르의 신성결혼이었고, 이집트의 오시리스 신비의식이었다.

부활을 꿈꾼 왕의 피라미드와 스핑크스

●

상고 시대 이집트인은 사막의 구덩이에 매장한 시신이 부패하지 않는 사실을 알게 되었다. 그런데 메네스왕이 이집트에 통일국가를 세운 기원전 3100년경부터 벽돌이나 석재로 만든 무덤에 안치하자 시신이 부패해져서 기원전 2600년경부터 미라를 만들기 시작하였다. 이 미라는 중왕국 시대에 유행한 오시리스 신앙과 함께 지금껏 보존되고 있다.[5]

군주 절대국가인 고왕국을 세운 조세르왕은 기원전 2770년경 최초로 피라미드를 건설했다.[6] 헬리오폴리스 신전의 대사제 임호테프가 사카라에 석회석으로 만든 이 계단식 피라미드는 높이가 60m나 되는 조세르왕의 거대한 무덤이다.[7] 이 피라미드 광장에서 이집트의 파라오들은 대관식을 치르고, 희년축제를 통해서 왕권을 보장받았고, 밤에 죽음의 의식을 치르고 신으로 부활했다.[8]

고왕국 3왕조부터 6왕조 사이에 절정을 이룬 피라미드는 알렉산드로스의 장군이던 프톨레마이오스왕 시대까지 2,700년 동안 줄곧 건축되었다.[9] 지금까지 80여 기의 피라미드가 발견되었지만 가장 웅장한 것은 기자의 세 피라미드이다. 특히 고왕국 제4왕조(기원전 2600년~기원전 2480년)의 세 파라오는 자기 피라미드를 직접 건축했다.

가장 북쪽에 자리한 쿠푸왕의 대피라미드는 고대의 인류가 세운 가장 웅장한 건물이다. 밑변 230.4m, 높이 147m의 대피라미드는 2.5t의 돌

230만 개가 사용되었고, 지하의 안치실에 왕의 시신과 부장품을 매장했지만 모두 도굴 당했다.[10] 헤로도토스에 따르면, 쿠푸왕의 피라미드는 10만 명의 노동자가 무려 20년 동안 건설했다.[11] 중간에 건설된 4대 왕 카프레의 피라미드의 밑변은 143m, 남쪽의 6대 왕 멘카우레의 피라미드는 66m지만 역시 거대한 건축물이다.[12] 이집트인이 거대한 피라미드를 건설한 이유는 죽은 뒤에도 영혼이 존재한다고 믿었기 때문이다.

자료 5-7-1 북쪽에서 바라본 나일강 계곡 경작지대와 피라미드군(ⓒ Meader, Mary, 1916~2008)

자료 5-7-2 1867년~1899년경 촬영된 발굴 작업 중에 있는 기자의 대스핑크스

쿠푸왕의 대피라미드 남쪽의 신전 근처에 사자의 몸과 사람의 얼굴을 한 거대한 스핑크스가 피라미드를 수호하고 있다. 바위산을 깎아서 만든 길이 74m, 높이 20m의 이 스핑크스는 원래 붉은 얼굴에 수염을 달고 석관을 쓴 모습이었는데, 신왕국 시대에 왕들이 순례하여 경의를 표현했다고 한다. 고고학자 세람은 "인류의 예술사에서 영원을 마주하고 있는 스핑크스보다 더 놀라운 것은 없다."고 경탄했다.[13]

신기한 것은 동쪽 지평선을 바라보는 스핑크스가 매년 춘분과 추분에 태양이 떠오르는 곳에 자리 잡고 있다는 점이다. 천문학자 로키어는 이러한 스핑크스의 천문학적인 배치는 태양신의 저승여행과 태양신의 화신인 파라오들의 죽음과 부활을 암시한다고 지적했다.[14] 특히 보발, 핸콕 같은 학자들은 기자의 세 피라미드는 오리온별자리의 벨트, 즉 허리에 있는 세 별을 모방한 것이라고 주장하면서 파라오들이 자기의 미라를 피라미드에 보관하여 오시리스신의 도움을 받아 부활을 꿈꾸었다는 것이다.[15]

이집트의 장엄한 장례의식

●

이집트에서 사람이 죽으면 시신을 넣은 관을 따라 통곡하는 여자 호곡꾼들이 뒤따랐다. 그 뒤에 얼굴에 흙을 바르고 가슴을 드러낸 가족들의 슬프고 긴 장례행렬이 이어졌다. 이윽고 관은 배에 실려 나일강의 서쪽에 있는 정화소에 도착한다. '위대한 신께 나아가는 아름다운 서쪽'이라 불린 정화소에서 깨끗이 씻긴 시신은 아누비스신의 전당에서 미라로 만들어졌다.

미라의 방부처리가 끝나고 제물을 바친 뒤에 미라의 관은 작은 배나 나무썰매에 실려 상징적인 성지 순례길에 오른다. 그리고 종교적 성지인 사이스, 부토, 헬리오폴리스를 순례한 관은 무덤에 안치되었고, 미라를 대신해서 오시리스신의 무덤이 있는 아비도스를 다녀온 조각상도 함께 묻힌다. 마지막으로 죽은 자에게 평안과 저승의 안녕을 비는 의식이 진행되는데, 장례의식은 보통 70여 일이 걸렸다.[16]

금액에 따라 다르게 제작된 미라

●

기원전 5세기경 이집트를 방문한 헤로도토스는 미라의 제작과정을 상급, 중급, 하급의 순서로 대략 다음과 같이 기록했다.

쇠갈고리를 사자의 콧구멍에 집어 넣어 뇌수를 꺼내고 약품을 주입하여 씻어 낸다. 그리고 예리한 돌로 옆구리를 절개하고 오장육부를 꺼내 야자유와 향료로 씻는다. 이어서 몰약과 계피, 향료로 뱃속을 가득 채우고 봉합하여 천연소다에 담근다. 70일 뒤에 깨끗이 씻은 유체를 아마포로 감싸고 고무를 바른 뒤에 건네 주면 가족은 사람 모양의 목관 속에 미라를 넣어 묘실 안에 세워서 안치한다.

중급의 미라는 삼목의 기름을 항문을 통해서 뱃속에 가득 채워 오장육부를 녹이고, 유체를 천연소다에 담가 살을 용해시킨다. 70일 뒤에 뱃속에서 삼목의 기름을 빼내면 유체는 피부와 뼈만 남은 미라가 된다. 가난한 사람의 시신은 하제로 내장을 세척한 뒤에 70일 동안 천연소다에 담갔다가 가족에게 인도한다.[17]

죽은 육체가 살아나는 정화의식

●

이집트의 장례에서 가장 중요한 것은 정화소에서 치르는 의식이다. 미라의 제작이 끝나면 정화소에서 오시리스 신화를 재현하면서 네 가지 의식을 치렀다. 첫째 입을 여는 의식, 둘째 정화의식, 셋째 음식물을 입에 넣는 의식, 넷째 안장의식이다.

가장 중요시된 입을 여는 의식은 사자의 아들이나 사제가 돌칼로 죽은 자의 입을 건드려 활력과 감각을 되살려 내는 의식이다.[18] 이 상징적인 부활의식에서 「사자의 서」가 낭송된다. 사제가 지혜의 신 도트를 상징하는 '우르헤카우'라는 마법의 지팡이를 사자의 입술, 코, 눈에 대면서 다음과 같은 주문을 외우는 것이다.

자료 5-7-3 입을 여는 의식. 미라의 우측에 아누비스. 원통 상단의 이집트 문자 위에 오시리스, 우측 상단에 새로 표현된 영혼 바가 있다(영국 박물관 소장)

그대의 두 눈을 뜨게 했습니다. … 오시리스가 입을 열었던 것과 같이 호루스가 당신의 입을 열었습니다. 사자는 걸어 다니고 말할 수 있게

되었습니다. 그리고 사자의 육체는 태양의 집에서 위대한 신의 동료가 될 것입니다. …[19]

이집트 「사자의 서」

●

「사자의 서」는 이집트인의 신앙심이 집대성된 주문집이다. 이 문서는 고왕국 5왕조의 마지막 왕 우나스 때 시작되어 제8왕조의 왕 이비까지 만들어졌지만 시대마다 다양한 이집트인의 저승관이 복잡하게 얽혀 있다.[20] 「사자의 서」는 윤리적인 면에서 엄격한 율법이고, 종교적인 면에서 신비한 주술이고, 예술적인 면에서 고귀한 시이다. [21]

「사자의 서」는 장례식부터 오시리스 법정을 통과하여 천국에 가기까지 죽음의식의 전 과정에서 사제가 낭송한 주술적 기도문이다. 내용은 크게 부활을 위한 기도문, 신에 대한 예찬문, 험난한 저승을 통과하는 마법적인 주문으로 나뉜다. 특히 죽은 자가 저승의 오시리스 법정에서 이집트 42개 주의 지방신들에게 고해성사(告解聖事)를 한 뒤에 심장을 저울에 달아 천국으로 가는 길은 무척 어려웠을 것이다. 이를테면, 사자는 두 지방신(地方神)에게 다음과 같이 고백했다.

> 오, 신에게 영광이! 헬리오폴리스에서 온 우세크넴(긴 다리의 신)이여, 나는 죄를 범하지 않았습니다. 오, 신에게 영광이! 케르 아하에서 온 헤프트쉐트(불꽃의 신)이여, 나는 폭력을 행사하지도 강도질을 하지 않았습니다.[22]

특히 이집트인은 오시리스 법정에서 도트신이 죽은 자의 심장을 저울에 달아 심장의 무게를 측정한다고 여겼다. 죄가 없는 심장은 오시리스의 천국에서 토지와 집을 배당받지만, 죄가 많은 심장은 게걸스러운 괴물 암무트가 먹어 버린다고 믿었다.[23]

「사자의 서」, 천국에 가는 기술로 전락하다

●

이집트인은 사자에게 음식을 충분히 공급하지 못하면 영혼인 바(Ba)가 사막을 방황한다고 믿었다. 그래서 미라를 안치한 무덤에 정기적으로 제물을 바치고, 해충과 벌레를 잡았으며, 척추와 목을 보호하는 부적을 만들어 넣었다. 그리고 피라미드 벽에 악어나 사자, 매, 연꽃, 백합, 불사조인 피닉스 등을 그려서 죽은 자가 그 모습으로 환생하기를 바랐다. 다음에 예시한 「내세에서 출현한 후 왕래하기 위한 주문」은 아름답지만 서글픈 서정시이다.

> … 나는 매로 변하여 내세로 갔고, 피닉스로 변하여 다시 부활했습니다. / 샛별이 나에게 길을 만들어 주었고, 나는 아름다운 서쪽의 왕국으로 평화스럽게 들어갔습니다. / 나는 오시리스의 정원에서 살고 있습니다. …[24]

이집트인은 저승에서 독가스와 불, 독사, 사형 집행인을 피하는 주문을 암송하고 죽은 자의 관에도 써 놓았다. 하지만 힉소스와 오랜 동안 전쟁을 치르면서 중세 유럽의 면죄부처럼 이집트 사제들은 오시리스 법정에서 심장이 거짓말하는 부적을 팔았고, 천국에 가는 주문까지 팔았다.[25] 결국 피라미드의 건설과 관리로 자원이 낭비되고 노동력이 착취당하자 지방장관들이 반란을 일으켰고, 기후까지 변화하여 농토가 황폐해지면서 고왕국은 멸망했다.[26]

이집트의 문자주의적 부활의식

●

이집트인은 히브리 민족의 바리새인이나 기독교 문자주의자처럼 육체의 부활을 물리적 사실로 믿고 미라를 만들었다. 헤로도토스에 따르면, 이집트인이 미라를 만든 것은 불멸하는 영혼이 3천년 동안 동물의 몸을 순환하여 다시 인간의 육체 속에 되돌아온다고 믿었기 때문이다.[27]

중요한 것은 이집트인이 부활하여 저승신이 된 오시리스의 모습을 모방하여 미라를 만들었다는 사실이다. 그래서 미라를 만들 때 저승의 재판관인 오시리스신에게 사자를 데려가는 도트신이 무게를 재어 죄를 측정하도록 의식과 느낌이 이루어지는 곳, 즉 영혼이 거주한다고 여긴 심장은 제 자리에 두었다. 그리고 허파, 간, 위, 장을 꺼내서 말린 뒤에 카노푸스 그릇 속에 보관하고 다른 내장은 제거했다. [28]

하지만 도굴꾼들이 무덤을 약탈하자 부활을 기다리던 미라가 훼손당하는 참담한 일이 자주 벌어졌다. 기원전 11세기 말경 아문 신전의 고위 사제들은 파라오들의 미라를 비밀스런 동굴에 감추라는 명령을 내렸다. 그 뒤부터 19세기 말까지 미라는 발견되지 않았다. 그런데 16세기 유럽에서 파우더 바른 미라가 만병통치약으로 알려져 미라가 약국의 선반에 등장하고 수익성이 좋은 사업이 되어 가짜 미라까지 나타났다.[29] 주로 파라오의 미라가 부자들에게 애용되었다고 한다.[30]

그 후 19세기에 유럽이 이집트 열풍에 휩싸이자 보석과 부적만을 귀하게 여겼던 도굴꾼들은 수천 년 동안 부활을 기다려온 미라를 분해하거나 부숴 버렸다. 물론 발굴된 왕들의 미라도 말린 생선처럼 기괴하고 처참한 모습으로 나타났다. 신기한 일은 4세기에 기독교가 이집트에 전파되었지만 기독교의 교리도 미라 풍속을 막지는 못했다는 사실이다. 왜냐하면 시체의 보존은 사후에 육체의 부활을 믿는 기독교인의 신앙과도 일맥상통했기 때문이다. 더 흥미로운 것은 기독교인도 미라가 되었다는 점이다.[31]

이시스와 세라피스 신비의식

●

이집트에는 미라가 되어 부활을 꿈꾼 문자주의 대신 정신적으로 죽음을 극복하는 신비의식이 알려져 있었다. 기원전 3세기 이집트의 왕이 된 프톨레마이오스는 지하세계의 신 세라피스를 국가적인 지위로 끌어올렸는데, 사제들은 태양신 라와 오시리스를 결합하여 새로운 의식인 「이시스와 세라피스 신비의식」을 만들고 신전 앞에서 공연했다. 특히 수난당한 신의 부활을 체험하는 이 비밀의식은 소아시아와 그리스에 널리 퍼져 나갔고, 가원후 1세기 초에 로마에서 대중의 인기를 크게 끌었다.[32]

그런데 이집트 신비종교의 입문의식은 2세기경 로마의 플라톤주의 철학자 아풀레이우스의 『황금 당나귀』에 소개되어 있다.[33] 이 책의 내용은 마술에 걸려 당나귀로 변신한 젊은이가 고난을 겪은 뒤에 이시스 여신의 도움으로 인간의 모습을 회복하고 이시스 신비종교의 사제가 된 이야기이다. 중요한 것은 이시스 신전에서 거행된 신비의식에서 이시스 여신이 살해된 오시리스의 해체된 육체를 찾아 장례식을 치르는 무언극이 공연되었다는 점이다. 그런데 무언극이 끝날 때 대사제가 '신이 부활하셨다!'고 발표하면 신도들은 일제히 환호성을 질렀다고 한다.[34]

그리스의 도시 코린토스의 신비종교 입문식

●

아폴로도로스는 그리스의 도시 코린토스의 신비의식을 상세하게 소개하였다. 먼저 신비의식의 입문식에서 사제는 깨끗한 물로 입문자를 정화시키고 여신상의 발밑에서 10일 동안 금식시킨다. 그리고 서약을 받는 날 사제는 아마포로 만든 흰 린넬 옷을 입문자에게 입히고 신전의 골방으로 데려가는데, 밤에 입문자는 중요한 체험을 한다.

"나는 죽음의 문으로 다가가 프로세르피나의 문지방에 발을 들여 놓았다. 한밤중에 마치 대낮처럼 비추는 태양을 보았고, 지하의 신과 천국의 문 앞에 서서 그들을 찬미했다."

새벽녘에 의식이 끝나면 입문자는 여신상 앞에서 황도 12별자리를 상징하는 12개의 제의를 걸치고, 머리에 햇빛처럼 빛나는 야자수 화관을 쓴 채 오른손에 횃불을 들고 서서 대중의 환호를 받는다. 입문자는 축제가 끝난 뒤에 코린토스를 떠나 로마의 이시스 여신의 신전에서 삭발하고 12일 넘게 금식하면서 오시리스 신비의식을 체험한 뒤에 신전의 관리사제가 된다.

프로세르피나 여신은 항상 죽음이 임박한 노인들을 선택했는데, 여신의 은총을 입게 된 노인들은 새롭고 건강한 삶을 살게 된다고 한다.[35] 그런데 이 신비의식의 입문식에서 가장 극적인 부분은 저승에 내려간 입문자가 어둠 속에서 빛나는 태양을 보면서 오시리스와 태양신 라의 야간여행을 체험하는 장면이다. 결국 입문자는 태양이나 신 같은 모습으로 다시 태어나는 것이다.[36]

프로세르피나 여신의 정체

●

아풀레이우스는 신비종교의 주신이 그리스의 데메테르의 딸이면서 지하세계의 왕 하데스의 아내 페르세포네(Persephone)라고 밝혔다. 여러 민족은 다른 이름으로 이 여신을 경배하지만 그녀의 진정한 이름은 이집트의 이시스 여신이라는 것이다.[37]

자료 5-7-4 로마의 이시스 신전 터(© Lalupa)

주목할 점은 것은 기원후 몇 세기 동안 오시리스의 죽음과 부활을 체험하는 이집트의 신비의식이 대단히 유행했는데, 지중해 연안의 모든 민족은 이시스의 배우자 오시리스의 죽음과 부활을 알고 있었고, 오시리스가 다른 이교들보다 예수 그리스도에 가까웠다는 점이다.[38] 특히 기독교가 이집트에 들어갔을 때 이집트인과 이집트 출신의 그리스인들은 이시스를 마리아로, 그리고 세라피스를 그리스도로 바꾸는 데 큰 어려움이 없었다는 것이다.[39] 세라피스 신비의식은 수난당하고 죽은 신의 부활을 체험하는 것이었기 때문이었다.

피라미드와 관련된 특이한 학설들

●

거대한 피라미드는 이집트 파라오들의 신비로운 무덤이다.[40] 그런데 천문학과 수학을 중시하여 종교로 발전시킨 피라미드교인들은 피라미드가 천체 관측시설, 해시계, 외계인의 우주기지, 에너지 변환기라는 독특한 신념을 지니고 있다. 그래서 피라미드가 왕의 미라를 보존하는 4차원적인 신비한 힘이 있다는 것이다.[41]

또한 쿠푸왕의 대피라미드가 신비한 종교의식을 거행하던 장소라고 주장하는 학자들이 있다. 피라미드는 「사자의 서」를 돌로 표현한 건물인데, 쿠푸왕의 대피라미드의 험난한 내부구조를 통과한 신비종교의 입문자는 죽음이 더 이상 존재하지 않는 불교나 힌두교의 해탈에 도달한다는 것이다.[42]

특히 신지학자(theosophia, 神智學者)들은 기독교와 관련시켜 피라미드가 이집트 신비종교 사제들이 서품을 받던 곳이라고 주장한다. 즉, 피라미드의 내리막길은 암흑의 길, 오르막길은 빛의 길, 왕의 묘실은 신비종교의 의식이 거행되는 곳이다. 신비종교 입문자는 마지막에 왕의 석관 속에서 사흘 동안 깊은 잠을 자는데, 그의 영혼은 지하세계로 내려가 오시리스신과 도트신을 만나 계시를 받는다. 사흘째 밤이 끝날 무렵 입문자는 피라미드 앞에서 동트는 빛으로 깨어나 신비종교의 사제가 된다는 것이다. 이 신지학의 출발점은 신의 계시를 받은 특별한 종족이 피라미드를 건설했다고 주장한 19세기 중반의 테일러였다. 그리고 이를 더 발전시킨 에드거는 피라미드에는 성경의 의미가 베어 있다고 주장했다.[43]

환생, 티베트 불교의 죽음의 기술

●

이집트의 신비의식과 놀랄 만큼 닮은 경전이 「티베트 사자의 서」라는 사실이 알려졌다.[44] 이 경전의 원제목은 「바르도 퇴돌(Bardo Thodol)」, 즉 '사후세계의 중간상태에서 단지 듣는 것만으로 영원한 자유에 이르는 길'이다. 흥미로운 것은 지금도 티베트에서 사람이 죽으면 라마승이 49일간 이 경전을 죽은 자에게 들려주면서 그의 영혼을 구제하고, 장례식에 참여한 가족이나 친지들에게 간접적으로 죽음을 체험시킨다는 점이다.

「티베트 사자의 서」는 세 부분으로 이루어져 있다. 먼저 준비단계는 죽음의 전후에 일어나는 현상들로부터 사자를 인도하는 방법이다. 중간단계는 사자가 사후세계의 중간상태인 중음(中陰)에 있는 49일 동안 존재의 근원으로 인도하는 방법이다. 마지막 단계는 사자가 환생할 곳

을 찾고 있을 때 자궁의 입구를 막아 환생을 피하거나 좋은 곳에 태어나게 하는 기술이다.[45]

티베트 불교와 본교, 그리고 환생

●

인도 나란다대학의 파드마삼바바 교수는 8세기경 비밀의식을 중시하는 북부 인도의 불교를 티베트에 전했다고 알려져 있다. 당시 티베트인을 사로잡은 것은 요가의 신비한 기술과 샤먼의 능력과 비슷한 것이었다.[46] 그런데 요가의 기술을 강조한 것은 인도에서 5~7세기 사이에 절정에 도달한 불교의 유가행파였다. 그들은 석가의 진리는 오직 요가의 수행에 의하여 얻어질 수 있다고 믿었다.[47]

하지만 파드마삼바바의 능력은 티베트의 전통적인 본교의 종교적 기법으로 볼 수도 있다. '본(Bön)'이란 외치는 사람, 또는 신을 부르는 사람으로 샤먼을 뜻하기 때문이다.[48] 원래 본교는 생명체의 영혼이 신체를 떠날 수 있다고 믿었는데, 영혼이 떠나면 육신은 병이 들어 움직일 수 없고 주술사인 샤먼만이 영혼을 불러올 수 있다는 것이다.[49] 특히 본교에서는 샤먼이 사자의 영혼을 저 세상으로 인도한다고 믿고 있다.[50]

물론 티베트의 환생은 인도의 영향을 무시할 수 없다. 인도에서 환생과 윤회사상은 「베다」에는 나타나지 않고 기원전 6세기경 「우파니샤드」에 비로소 등장하여 불교에도 영향을 주었다. 「우파니샤드」에서는 금세공사가 금으로 반지나 목걸이를 만들어 내듯이 죽음은 영혼이 육신을 버리고 다른 모습이 되는 것이라고 비유로 설명했다. 그래서 힌두교인은 계율과 선행, 신과의 합일, 통찰의 지혜를 통해서 해탈에 도달하려고 노력하지만 카르마, 곧 업이 소멸될 때까지 환생은 지속되어 다시 태어나 진화를 계속한다고 여겼다.[51]

「티베트 사자의 서」가 일으킨 반향

●

1927년 「티베트 사자의 서」가 유럽에 소개되자 큰 화제가 되었다. 옥스퍼드대학교 존 우드로프 교수는 이 경전이 이집트의 「사자의 서」, 중세유럽의 죽음의 기술, 그리고 '지하세계로 내려가기'라고 부르는 그리스의 신비종교였던 「오르페우스교의 예배문」과 비슷하다고 지적했다. 그밖에 죽음의 안내서는 힌두교 경전인 『가루다 푸라나』 속에 포함된 「프레타칸다」가 있다. 이 경전은 '임종에 대비하는 절차, 임종의 순간, 장례의식, 새 육체를 만들어 주는 기법, 사후의 심판, 사자가 겪는 여러 상태들, 환생의 기법'을 다루고 있다.[52]

그런데 「티베트 사자의 서」를 편집한 옥스퍼드대학교 종교학교수 에반스 웬츠는 사후에 흩어진 원소들이 3천년 뒤에 육체에 다시 돌아온다는 이집트의 환생에 대한 믿음이나 역시 환생을 믿는 티베트의 죽음의 기술은 상징적으로 해석해야 된다고 강조했다. 원래 이 경전은 그 자체의 성격이나 종교적인 쓰임새 때문에 그 내용이 다양하게 해석되었기 때문이다. 말하자면 이 경전에서 비로자나불이 용기와 지존의 동물인 사자로 표현된 것처럼 여러 신의 성격은 시적으로 비유되었다는 것이다.[53]

집단심리학자인 칼 융은 불교심리학의 핵심이 담겨있는 「티베트 사자의 서」에서 티베트의 고승들이 보여 준 4차원 세계는 집단무의식의 정신층이라고 해석했다. 특히 이 책은 죽음 너머까지 영혼을 치료하는 독특한 면도 있다. 하지만, 러시아의 혁명가 레닌이 미라가 되어 안치되어 있는 것은 육신의 부활을 믿기 때문이 아니라 살아 있는 자들의 심리적 필요성에서 나온 것이라고 단정했다.[54] 말하자면 「티베트 사자의 서」도 살아 있는 자들을 위한 문서라는 것이다.

티베트의 신정정치와 중국 사회주의의 충돌

●

「티베트 사자의 서」의 근저를 이루는 환생의 정체는 달라이 라마(Dalai Lama), 즉 법왕(法王)의 제도에 분명하게 나타나 있다. 티베트인은 법왕이 죽은 뒤 환생하여 다시 법왕으로 이어진다고 여긴 것이다.[55] 이를테면, 1933년 달라이 라마가 죽자 텐진 갸츠오는 14살에 관세음보살의 화신으로 인정되어 법왕이 되었다. 그는 전생의 사물과 인물의 기억, 배우지도 않은 경전의 암송 등 여러 신비한 시험을 거쳐 법왕이 되었다. 그것은 티베트인은 환생이 반드시 어떤 조짐들을 보인다고 여겼기 때문이다.[56]

그런데 텐진 가츠오가 고립된 티베트를 개혁하던 1951년 중국의 인민군은 티베트를 정복하여 중국의 지방정부로 인정하고 사회주의 개혁을 단행했다. 최근 300여 년 동안 티베트는 승려와 관리가 서로 의논하는 신정정치 체제였고, 군대는 단지 국경을 감시하는 존재였기 때문에 국가를 방위할 능력이 전혀 없었다.

반면에 1919년부터 중국은 종교가 국가의 발전에 장애물이 된다고 보았다. 그 후 레닌-마르크스 입장에서 중국은 종교가 제국주의와 자본가의 착취에 저항하려는 민중의 의지를 약화시키는 아편이라고 강조했다. 이는 중국의 종교 변천사에도 잘 나타나 있다.

원래 중국의 샤머니즘적인 토속종교는 사람이 죽으면 음양의 이치에 따라 양기인 혼(魂)은 조상의 세계와 합류하고, 음기인 백(魄)은 해체되어 땅속으로 스며든다고 여겼다.[57] 도교는 이 토속종교와 주역 등의 민간사상을 바탕으로 노자와 장자의 사상을 중심에 두고 불교를 수용하여 만들어진 종교이다. 하지만 도교는 정착되는 과정에서 주술성이 강한 종교가 되었다.[58] 특별한 약의 복용이나 호흡법, 연금술 같은 불로장생법을 개발한 도교는 심지어 시해(尸解), 즉 육체를 불사(不死)의 기관으로 만들려고 노력했던 것이다.[59]

도교가 국교처럼 활성화된 시기에 중국은 불교의 공(空) 사상을 노자의 무(無) 사상으로 이해하고, 삼사라(saṃsāra 흐름)를 윤회(輪回)라는 부적절한 언어로 번역하여 받아들였다. 그래서 인간은 죽은 뒤에 전생의 업에 따라 다시 태어나는 윤회를 반복한다고 여겼다. 특히 7세기부터 아미타불이나 관음보살, 지장보살 등을 경배하면 극락에 간다는 대승불교가 주류를 이루었다.[60]

반면에 기원전 5세기에 조상신과 토지신, 곡식의 신에게 지내는 제사를 미신으로 본 공자, 맹자, 순자 같은 유가는 국가의 통치이론과 윤리성을 중요시하였다. 또한 유가는 신이 존재하지 않거나 존재하더라고 인간의 일에는 무관하다고 주장하였다.[61] 특히 무신론을 주장한 순자(기원전 300년경~기원전 230년경)는 자연에서 일어나는 사건이나 현상은 자연법칙에 따라 발생하는 것이지 초자연적인 존재가 일으키는 것이 아니라고 하면서 신이나 귀신, 조상의 영혼을 부정했다.[62]

실증적인 유물론자 왕충(기원후 27년~?)은 자연(自然)이란 말처럼 만물은 저절로 생겨났다고 보면서 부덕한 왕이 가뭄이나 흉년을 일으킨다는 유가의 전통적 생각을 부정하였다.[63] 그런데 왕충은 죽음이란 불이 꺼지는 것과 같아서 영혼은 존재하지 않는다고 단정했다. 따라서 죽은 자는 귀신이 되지도 않고, 사물을 지각할 수 없다고 강조했다.[64]

물론 중국의 사회주의는 토속신앙이나 도교, 불교가 인정한 영혼의 존재를 거부하면서 죽음과 동시에 영혼은 사라진다고 본 순자나 왕충 같은 사상가를 중요시했다. 그처럼 유물론적 신념으로 무장한 중국의 인민군은 티베트를 침략하여 라마승의 독신생활을 금지하고 사원을 황폐화시켰다. 1959년 티베트에서 저항운동이 일어났으나 실패하여 텐진 가츠오는 인도로 망명하고 6만 명의 티베트인도 조국을 떠났다.[65] 그 뒤에도 1987년 세라 사원의 라마승이 주동이 되어 독립시위를 일으켰지만 12만여 명이 학살당하고 6,000여 개의 불교사원이 파괴되었다.[66]

결국 중국의 마오쩌둥 주석은 주관적 관념이 중심인 종교적 세계관과 환생 같은 이치에 맞지 않는 미신을 티베트인이 포기하고 객관적이고 과학적인 유물론적 세계관을 가져야 된다고 강조했던 것이다.

죽음을 보는 두 가지 태도

●

중국 사상사처럼 서양 철학사에도 죽음을 보는 두 가지 태도가 번갈아 나타난다. 먼저 죽음 뒤에 저 세상이 존재한다는 관점이고, 다른 것은 죽음은 인간의 종말이라고 보는 관점이다. 전자는 영혼과 육체를 이원론적으로 보는 종교적 유심론자들이고, 후자는 영혼은 육체의 기능

이라고 보는 일원론적 유물론자들이다.[67]

종교적 유심론의 대표적인 철학자는 플라톤이다. 플라톤은 노예가 배우지도 않은 기하학을 아는 것처럼 안다는 것은 상기(想起), 즉 이전에 알았던 것을 기억해 내는 것이기 때문에 영혼은 출생 이전에 존재해야 한다고 보았다. 또한 영혼은 이데아처럼 본질이기 때문에 육체가 죽은 뒤에도 영원히 존재한다. 그리고 만물에는 대립물이 있기 마련인데 죽음은 삶의 대립물이기 때문에 죽은 자의 영혼이 지상으로 되돌아온다는 것이다.[68]

결국 플라톤은 『파이돈』에서 소크라테스를 내세워 영혼의 존재와 영혼불멸을 논리적이고 사변적으로 증명했다. 하지만 철학자 러셀은 플라톤의 논증이 대단히 빈약하다고 지적했다. 그런데 플라톤의 이데아와 영혼불멸 사상은 사도 바울, 아우구스티누스, 아퀴나스에게 영향을 끼쳐 중세 기독교 체계가 확립되었다.[69]

반면에 죽음을 경멸하는 일원론적 유물론자는 그리스의 철학자 에피쿠로스(기원전 341년~기원전 271년)이다. 자연철학을 계승한 에피쿠로스는 영혼은 원자로 조합된 육체적인 것이고 사후에 물질인 영혼은 해체되기 때문에 죽음은 우리와 아무런 관계가 없다고 보았다. 그런데 종교가 공포를 일으켜 불행을 장려하는데, 특히 영혼불멸설은 행복에 대한 치명적 장애이다. 따라서 에피쿠로스는 사려 깊은 마음의 평정을 철학의 목표로 삼았다.[70]

에피쿠로스를 계승한 철학자는 로마의 루크레티우스, 키케로, 세네카이고, 근대 영국의 베이컨, 홉스, 가생디, 프랑스의 백과전서파인 디드로, 달랑베에르 같은 계몽 사상가였다. 19세기에는 독일의 포이어바흐, 마르크스가 유물론을 발전시킨 무신론적 철학자였다.[71]

그런데 인류학자들은 현대의 원시인류를 탐구하여 중요한 사실을 밝혀 냈다. 꿈속을 자유롭게 출입하거나 빈번하게 나타나는 사자의 출몰에서 고대인은 영혼이나 초자연적 존재를 추정했다는 것이다.[72] 또한 수면만이 아니라 고대인은 질병, 광기에 의해서도 영혼이 상실된다고 여겼는데, 죽음은 영원한 영혼의 상실이라고 믿었다.[73]

그러나 인지심리학자 스턴버그는 영혼은 두뇌의 신경생리학적 기능과 작용이라고 단정한다. 현대 의학은 폐와 심장의 정지로 뇌가 사망하는 것을 죽음이라고 확정하기 때문에 영혼은 소멸하고 영혼의 활동도 정지한다고 여긴다.[74] 즉, 현대 과학의 성과에 의해서 정신은 고도로 조직화된 물질인 뇌수의 산물이기 때문에 비물질적인 영혼은 인정되지 않는다.[75] 물론 영혼은 수천 년간 관습적으로 사용된 실체가 없는 관념에 불과한 것이다.

19세기 말에 급성장한 과학은 교회와 신학에서 완전히 벗어난다. 독일의 철학자 리스만은 두 번의 세계대전을 겪은 20세기에 죽음은 삶이 다른 상태나 다른 장소로 옮겨 가는 것이라는 견해는 더 이상 철학의 특징이 되지 못한다고 지적했다. 대신 죽음은 돌이킬 수 없는 종말이면서 개인적 삶의 소멸로 제시된다. 그래서 서양철학은 죽으면 고통에서 자유로워진다는 오래된 전통인 에피쿠로스 사상으로 기울어졌다.[76] 물론 에피쿠로스의 소위 쾌락주의는 방탕과 향락이 아닌 마음의 평정심을 유지하고 고통에서의 자유를 뜻한다.[77]

문제는 죽음이란 생명이 있는 유기체가 생명이 없는 무기체로 변하는 필연적 생명현상이지만 아무도 죽음을 체험할 수 없다는 것이다.[78] 그런 의미에서 예일대학 철학교수 셸리 케이건은 죽음의 특징을 다섯 가지로 요약했다. 첫째 반드시 죽는 필연성, 둘째 얼마나 살지 모르는 가변성, 셋째 언제 죽을지 모르는 예측 불가능성, 넷째 어디서 어떻게 죽을지 모르는 편재성, 다섯째 삶이 끝난 다음에 죽음이 따라오는 상호 효과성이다.[79]

'그렇다면 단 한 번뿐인 삶을 어떻게 살아야 하는가?'라고 스스로 반문하면서 케이건은 두 가지 길을 제시한다. 먼저 서양 철학적 관점, 즉 삶은 좋은 것이고 그것의 상실은 나쁜 것이며, 우리가 해야 할 일은 삶을 충만하게 만드는 일이다. 다음에 동양 철학적 관점, 즉 삶은 우리가 일반적으로 생각하는 것처럼 좋은 것이 아니고 따라서 상실은 나쁜 것이 아니라는 사고방식이다. 이를테면, 불교의 사성제(四聖諦)는 삶은 고통이기 때문에 집착을 버리고 실재하지 않는 자아로부터 자유로워지면 죽음의 두려움에서 벗어날 수 있다고 설명한다.[80]

하지만 지금도 힌두교인, 불교인, 티베트인 중에는 윤회와 환생을 믿는 사람이 적지 않다. 그러나 환생을 비유와 상징이라고 본 종교학자 웬츠, 그리고 4차원 세계를 집단 무의식층이라고 해석한 심리학자 융의 해석은 기독교의 문자주의를 거부하고 조롱한 영지주의처럼 주목할 필요가 있다. 말하자면 신비종교나 기독교에서 신의 죽음과 부활을 체험하여 죽음에서 해방되는 것은 육체적 부활이 아니라 정신적 체험인 것이다. 따라서 유물론과 과학적인 관점에서 보면 부활이나 윤회는 지적인 인류가 발견한 죽음의 테크닉이고, 자연적인 순환의 다른 이름인 것이다.

1 웬키; 앞의 책 1권, 347쪽.

2 페이건; 앞의 책(세계 선사 문화의 이해), 230~231쪽.

3 타일러; 앞의 책 2권, 27~28쪽.

4 엘리아데; 앞의 책(세계종교사상사 1), 73~79쪽.

5 뒤낭·리슈탕베르; 앞의 책, 28~30쪽.

6 번즈; 앞의 책 1권, 31~33쪽. 요즘은 통일이 몇 세대 동안 여러 지배자가 이루었다고
   본다.

7 알드레드; 앞의 책, 144~150쪽.

8 베르너; 앞의 책, 162~164쪽, 170~173쪽.

9 베르너; 앞의 책, 141~143쪽. 3왕조에서 6왕조의 시기는 기원전 2686년부터 기원전
   2345년까지이다.

10 세람; 앞의 책(발굴하는 발굴의 역사), 106쪽, 114쪽.

11 헤로도토스; 앞의 책 상권, 230~231쪽.

12 그리스어로 쿠푸는 케오프스, 카프레는 케프렌, 멘카우레는 미케리노스이다.

13 세람; 앞의 책(발굴하는 발굴의 역사), 155쪽, 88쪽.

14 로키어; 앞의 책, 51~56쪽.

15 R. Bauval·G. Hancock; Keeper of Genesis(창세의 수호신), 까치글방, 1997, 유인경, 김
   신진 옮김, 78-98쪽.

16 베르너; 앞의 책, 55~60쪽.

17 헤로도토스; 앞의 책 상권, 204~206쪽.

18 베르너; 앞의 책, 59쪽.

19 서규석 편저; 앞의 책, 92~94쪽.

20 베르너; 앞의 책, 64~68쪽.

21 서규석 편저; 앞의 책, 135~136쪽. 「사자의 서」의 분류는 처음에 샹폴리옹이 시도했지만, 본격적 해석은 1842년에 렙시우스, 1886년에 버시가 이루어 냈다.

22 서규석 편저; 앞의 책, 106~111쪽.

23 V. Ions; Egyptian Mythology(이집트 신화), 범우사, 2003, 심재훈 옮김, 321쪽.

24 서규석 편저; 앞의 책, 284쪽.

25 번즈; 앞의 책 1권, 36~41쪽.

26 베르너; 앞의 책, 450~455쪽.

27 헤로도토스; 앞의 책 상권, 204~206쪽, 229~230쪽.

28 뒤낭·리슈탕베르; 앞의 책, 36쪽.

29 뒤낭·리슈탕베르; 앞의 책, 73쪽, 14~0쪽.

30 세람; 앞의 책(발굴하는 발굴의 역사), 126쪽.

31 뒤낭·리슈탕베르; 앞의 책, 30~38쪽.

32 엘리아데; 앞의 책(세계종교사상사 2), 397~399쪽. / 타키투스; 앞의 책(역사), 391~394쪽.

33 아폴로도로스; 앞의 책, 347~377쪽. 11권, 「이시스와 세라피스 신비의식」에 나온다.

34 엘리아데; 앞의 책(세계종교사상사 2), 399쪽.

35 아풀레이우스; 앞의 책, 367쪽. 프로세르피나(Proserpina), 또는 프로세르피네(Proserpine)는 그리스에서 곡식의 여신 페르세포네(Persephone)의 라틴이름이다.

36 엘리아데; 앞의 책(세계종교사상사 2), 397~403쪽.

37 아풀레이우스; 앞의 책, 351~353쪽. 프리기아는 신들의 어머니 페시눈티카라고 부르고, 아테네와 크레타는 디아나, 키푸로스섬은 베누스, 시칠리아는 프로세르피아, 엘레우시스는 곡식의 어머니 케레스라고 불렀다.

38 엘리아데; 앞의 책(세계종교사상사 2), 402쪽.

39 듀런트; 앞의 책 2-2, 358쪽.

40 베르너; 앞의 책, 544쪽.

41 베르너; 앞의 책, 540~549쪽.

42 R. Noon; The Ultimate Disaster(쿠티), 푸른기획, 1999, 유성환, 안드레 박 옮김, 221~226쪽.

43 베르너; 앞의 책, 538~540쪽.

44 Padma Sambhava; The Tibetan Book of the Dead(「티베트 사자의 서」), 정신세계사, 1995.

웬츠 편집, 다와삼둡 원역, 류시화 옮김. 이하 티벳을 티베트로 바꿈. 파드마삼바바가 가져간 경전을 티베트어로 번역한 100여 권과 후대에 티베트의 동굴에서 발견된 65권의 경전이 「티베트 사자의 서」이다.

45 파드마삼바바; 앞의 책, 230~235쪽.

46 노스; 앞의 책 하권, 745~749쪽. 요가의 신비한 기술은 신을 그린 만다라, 주문을 외우는 만트라, 제물을 바치는 푸자, 여러 손의 모양인 무드라였다.

47 S. Radhakrishnan; Indian Philosophy 2(인도철학사 2; 한길사, 2009, 이거룡 옮김 481쪽, 498~499쪽.

48 정수일; 앞의 책(고대문명교류사), 504~506쪽.

49 심혁재; 「티베트인의 죽음과 환생」[앞의 책(이옥순 외), 80~81쪽.]

50 엘리아데; 앞의 책(세계종교사상사 3권), 424쪽.

51 이옥순 외; 「인도 힌두의 죽음」[앞의 책, 18~20쪽.]

52 J. Woodroffe; 「환생과 비밀」[앞의 책(「티베트 사자의 서」), 205쪽.]

53 E. Wentz; 「비밀의 책을 풀다」[앞의 책(「티베트 사자의 서」), 116쪽, 125쪽.]

54 C. Jung; 「우나 살루스- 대자유에 이르는 길」[앞의 책(「티베트 사자의 서」), 161-167쪽, 181~184쪽.]

55 정수일; 앞의 책(고대문명교류사), 508~510쪽.

56 노스; 앞의 책 하권, 752~753쪽.

57 노스; 앞의 책 하권, 869쪽.

58 노스; 앞의 책 하권, 904쪽.

59 H. Maspero; Le Taoïsme et Religions Chinoises(도교), 까치글방, 1999, 신하령, 김태완 옮김, 44~45쪽. 291~298쪽.

60 마스페로; 앞의 책, 48~49쪽. 52쪽.

61 마스페로; 앞의 책, 9~32쪽.

62 순자; 천론 2, 홍신문화사, 2012, 최대림 역해, 237쪽. 星隊木鳴 國人皆恐. 日 是何也. 日 無何也. 是天地之變 陰陽之化. / 노스; 앞의 책 하권, 984~985쪽. / 로넌; 앞의 책 1권, 252쪽.

63 왕충; 논형 1. 「자연편」 / 로넌; 앞의 책 1권, 268쪽.

64 왕충; 논형 1. 「논형편」 / 노스; 앞의 책 하권, 990~991쪽. / J. Bowker; The Meanings of Death(죽음의 의미), 도서출판 청년사, 2005, 69~70쪽.

65 노스; 앞의 책 하권, 759~760쪽.

66 위키백과; 「세라 사원」. 1959년 세라 사원에는 5,000여명의 승려가 거주했고, 2008년 에는 550명이 거주했지만 그 해 터진 사태 이후에 소수만 남아있다.

67 K. Lacina; Tod(죽음), K. Liessmann 편저, 이론과 실천, 2014, 김혜숙 옮김, 14쪽.

68 플라톤; 앞의 책 6권 파이돈, 37~99쪽.

69 러셀; 앞의 책, 207~212쪽.

70 Epicurus; 「Letter to Menoeceus(메노이케우스에게 보내는 편지)」(라에르티오스; 앞의 책, 722~736 쪽. / 러셀; 앞의 책, 331~345쪽.)

71 리스만; 앞의 책, 40~41쪽.

72 타일러; 앞의 책 2권, 27~28쪽. / 허욱 편집; 세계철학대사전, 「유물론」, 성균서관, 1977.

73 프레이저; 앞의 책(황금가지 상), 240쪽.

74 스턴버그; 앞의 책, 29쪽.

75 허욱 편저; 앞의 책, 「유물론」.

76 리스만; 앞의 책, 71쪽, 100~101쪽

77 에피쿠로스; 앞의 글(메노이케우스에게 보내는 편지) [라에르티오스; 앞의 책, 726~727쪽.]

78 허욱 편집; 앞의 책, 1024쪽.

79 케이건; 앞의 책, 375~392쪽.

80 케이건; 앞의 책, 446~447쪽.